# 中国新型城市化报告 2014

牛文元　主编

科学出版社

北　京

## 内 容 简 介

城市可持续发展能力，既是衡量城市实施可持续发展战略成功程度的基本标志，又是推动城市可持续发展战略实施中着力培育的物质能力和精神能力的总和。因此，在新型城市化道路上，可持续发展的能力建设，是新常态下新型城市化建设的基础性工程，其将在提升城市实力、培育城市竞争力的过程中起到关键的作用。

本报告共分 3 篇 7 章，主题篇从城市的产业、工程、环境、管理和文化五大视角详尽阐述了新型城市的能力建设体系，并对其基本内涵、发展现状、城市实践和未来趋势等进行了深入的探索和研究；指标篇揭示了城乡统筹发展的“动力表征”、“质量表征”和“公平表征”，共同构成了中国新型城市化进程中的统一判别，修正完善了全面衡量中国新型城市化发展的指标体系；统计篇集中表达了“中国新型城市发展能力”的各类数量内涵和动态评估。

本报告可为各级决策部门、行政管理部门，以及从事可持续发展理论与实践的科研工作者、高等院校师生和有关国际组织提供参考。

**图书在版编目(CIP)数据**

中国新型城市化报告 2014 / 牛文元主编 . —北京：科学出版社，2016

ISBN 978-7-03-047207-6

Ⅰ. ①中…　Ⅱ. ①牛…　Ⅲ. ①城市化-研究报告-中国-2014
Ⅳ. ①F299. 21

中国版本图书馆 CIP 数据核字（2016）第 013585 号

责任编辑：李　敏　王　倩 / 责任校对：邹慧卿
责任印制：张　伟 / 封面设计：王　浩

科学出版社 出版
北京东黄城根北街 16 号
邮政编码：100717
http://www.sciencep.com

北京中石油彩色印刷有限责任公司 印刷
科学出版社发行　各地新华书店经销
*
2016 年 2 月第　一　版　开本：787×1092　1/16
2016 年 2 月第一次印刷　印张：18 3/4
字数：445 000

**定价：168.00 元**

（如有印装质量问题，我社负责调换）

# 《中国新型城市化报告》研究学术指导委员会

**总顾问** 陈宗兴　全国政协原副主席

**主　任** 汪光焘　原建设部部长

**委　员** (按姓氏笔画排序)

马　中　中国人民大学环境学院院长

王玉民　中国科学院原副秘书长

王静霞　原国务院参事，原中国城市规划院院长

叶文虎　北京大学可持续发展中心主任

叶裕民　中国人民大学教授

李成勋　中国社会科学院可持续发展中心原秘书长

顾朝林　清华大学建筑学院教授

黄宁生　广东省科技厅厅长

薛　澜　清华大学公共管理学院院长

# 《中国新型城市化报告》研究编纂委员会

**主　编**　牛文元　中国科学院可持续发展战略研究组名誉组长，首席科学家

**副主编**　刘怡君

**成　员**　（按姓氏笔画排序）

马　宁　王　军　王光辉
王红兵　孔令璇　邢跃骞
李倩倩　沈　乾　迟钰雪
张立超　陈思佳　郑爱丽
姜　景　殷新强　黄　远
龚竞超　蒋文静

# 目　录



## 第一篇　主题篇：中国新型城市化报告

## 第二篇 指标篇：中国新型城市化报告



## 第三篇 统计篇：中国新型城市化报告

# 总论　城市可持续发展的能力建设

城市可持续发展能力建设，是新常态下新型城市化建设的基础性工程。恩格斯很早就警告："蒸汽机的第一需要和大工业中差不多一切生产部门的主要需要，都是比较纯洁的水。但是工厂城市把一切水都变成臭气冲天的污水。"党的十八大报告进一步明确提出：到2020年，资源节约型、环境友好型社会建设要取得重大进展。依照科学规律建设、转变增长方式、提升自主创新能力、实现新型城市化建设的目标，都离不开城市可持续发展能力的建设和培育。城市可持续发展能力建设，是一个城市在新型化道路上集聚后劲、提升竞争力、协同发展、城乡和谐、走绿色化道路、建文明幸福社会的基本要求。

## 第一节　城市可持续发展能力建设内涵

城市可持续发展能力（sustainability），既是衡量城市实施可持续发展战略成功程度的基本标志，又是推动城市可持续发展战略实施中着力培育的物质能力和精神能力的总和。因此，在新型城市化道路上，可持续发展的能力建设，将在提升城市实力、培育城市竞争力的过程中起到关键的作用。

全球对于城市可持续发展能力的定义可以表述为："一个特定的城市系统在规定目标和预设阶段内，能够成功地将其发展度、协调度、持续度稳定地约束在可持续发展阈值内的概率"，即"一个特定的系统成功地延伸至可持续发展目标的能力"（牛文元，1994）。

美国的汉森、约纳斯（Hansen and Jones，1996）也有相似的定义，他们将可持续能力直接解释为："一个系统可以达到可持续状态的水平。"

在可持续发展能力研究的开拓中，《科学》杂志（Kates et al.，2001）刊登了由23位世界著名的可持续发展研究者联名发表的题为"可持续发展能力科学"（*Sustainability Science*）的论文，其中对于可持续发展能力有如下的定义："可持续发展能力的本质是如何维系地球生存支持系统以满足人类基本需求的能力"，并由此出发提出了7个核心问题，作为今后进一步研究可持续发展的重点。

在巴西里约地球首脑会议以来的20多年中，人们逐渐从可持续发展的语义、属性和哲学概念的辩论中解脱出来，进而去冷静关注人类面临的更迫切、更实质的问题，由此可持续发展的能力及其能力建设，正在成为城市深入实施可持续发展战略的中心。

在我国"新四化"的实施过程中，新型工业化的推进虽然被视为财富集聚的基本动力，信息化通常被视为财富增长的助推器和倍增器，但是离开新型城市化这个载体与平台，工业化与信息化乃至农业现代化均会遭遇到巨大的困难。而新型城市化的基本标志之一，就取决于城市可持续发展能力建设的水平。

在中国科学院可持续发展战略研究组对于可持续发展能力的认识中，已经总结出可持续发展所包括的三大本质特征，即其内涵中所表达出的3个基本元素"动力、质量、公平"，以及对于这三大内在元素的定量表达"发展度"、"协调度"和"持续度"。在新型城市化能力建设的标志要求中，动力元素的定量表达可以用发展度去衡量，质量元素的定量表达可以用协调度去衡量，而公平元素的定量表达可以用持续度去衡量。这是因为从普遍意义上去理解可持续发展能力，从中提取的本质度量可以集中体现在发展度、协调度和持续度三者的逻辑自洽、均衡匹配，以及三者交集最大化的求取之中，舍此无法构成真实的可持续发展能力，更无法对可持续发展的能力建设进行必要的度量。本书应用可持续发展理论的几何解析加以说明（图 1）。

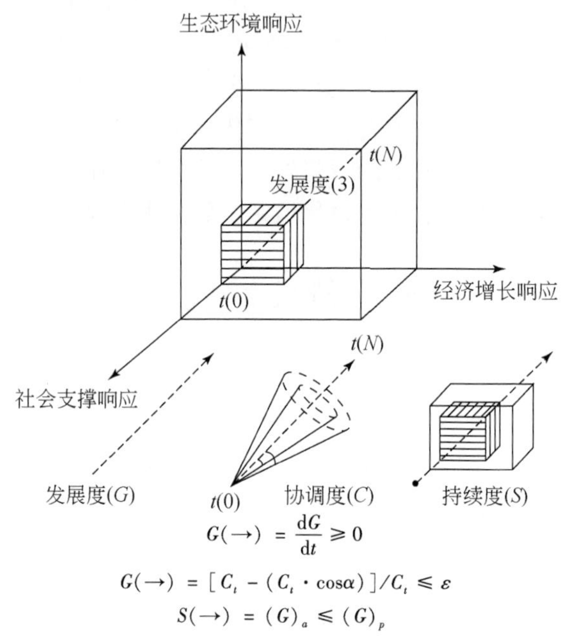


$$G(\rightarrow) = \frac{dG}{dt} \geqslant 0$$

$$G(\rightarrow) = [C_t - (C_t \cdot \cos\alpha)]/C_t \leqslant \varepsilon$$

$$S(\rightarrow) = (G)_a \leqslant (G)_p$$

图 1　可持续发展理论的几何解析

发展度以社会财富的增长、理性需求的满足、生活质量的提高为其基本识别。发展度构成了城市可持续发展能力的“动力表征”，是城市可持续发展能力建设不断提高的引擎。它所具有的内涵如下：

1）城市社会财富增长的度量；

2）城市发展效益提高的度量；

3）城市理性需求满足的度量；

4）城市创新能力培育的度量；

5）城市文化内涵进步的度量；

协调度以环境与发展之间的平衡、效率与公平之间的平衡、物质与精神之间的平衡为其基本识别。协调度构成了城市可持续发展能力的“公平表征”，是城市可持续发展能力建设不断优化的调节者。它所具有的内涵如下：

1）城市人际、代际、城际、区际之间的协调；

2）城市物质文明与精神文明之间的协调；

3）城市经济效率与社会公平之间的协调；

4）城市自由竞争与有序规范之间的协调；

5）城市开拓创新与有效继承之间的协调；

持续度以人均财富的世代非减、投资边际效益的世代非减、城市生态服务价值（value of ecological serve）的世代非减为其基本识别。持续度构成了城市可持续发展能力的“质量表征”，是推进城市可持续发展能力建设的促进剂。它所具有的内涵如下：

1）城市逼近“三零状态”，即生态赤字为零、环境胁迫为零、生态价值与生产价值之比逐渐变化为零；

2）城市向自然的索取与对自然的回馈相平衡，充分建立人与自然的协同进化机制；

3）城市充分尊重自然遗产和历史文化遗产，同时担负起为后代城市人扩大文明积累的责任；

4）城市逐步实现“自然-经济-社会”复杂巨系统的可持续发展目标，并表达出向可持续发展目标前进的矢量特征。

城市可持续发展能力的本质度量，在总体认识城市可持续发展能力建设中所呈现出的发展度、协调度、持续度的共同贡献中，应当可以作出更加抽象的理论表达。

## 第二节 城市可持续发展能力建设方程

1992 年，里约会议通过的联合国《21 世纪议程》，对于可持续发展的能力建设有如下明确的阐述：“一个国家的可持续发展能力，在很大程度上取决于在其生态和地理条件下人民和体制的能力，具体地说，能力建设包括一个国家在人力、科学、技术、组织、机构和资源方面的能力的培养和增强。能力建设的基本目标就是提高对政策与发展模式评价和选择的能力，这个能力提高的过程是建立在该国家的人民对环境限制与发展需求之间关系正确认识的基础上的。所有国家都有必要增强这个意义上的国家能力。”

因此，在实施新型城市化的过程中，在可持续发展战略、绿色战略、青山绿水也是金山银山等的要求下，城市需要在行动上和实践中确立以能力建设为核心的执行体系、保障体系和支撑体系。

为了在实现可持续发展战略目标的过程中着力培育城市的可持续发展能力，所以应将能力建设置于中心地位。这种努力已经充分反映在中国的“国家发展规划”、“国家行动纲领”（如《21 世纪议程》）、“国家重点工程”（三北防护林、三峡工程、西气东输、南水北调、退耕还林还草，以及科技的国家创新工程、教育的 211 工程等）和“国家基本国策”（人口控制、资源节约、环境保护等）中，这些都从根本上推动了中国可持续发展的能力建设。

一个城市的“可持续发展能力”(sustainability）与“可持续发展的能力建设”（capacity building of sustainability）既有联系也有区别。如果认为可持续发展“能力”是一个城市系统在特定时刻所具有的数量表征和质量表征，那么这个城市可持续发展的“能力建设”则是获得此种表征的动因来源、基础设施和促进未来继续增长的潜在准备。没有城市可持续发展的能力建设就不可能产生和保持“城市的可持续发展能力”；而没有城市的可持续发展能力就不可能对城市可持续发展的能力建设进行动态地比较和有效地度量。

城市可持续发展的能力建设首先要着眼于中国的国情，以及在中国城市所具有的生态基础、自然状况、地理条件和区位特征的条件下，如何认识该城市的发展成本，如何选择城市的发展道路和如何进行城市的制度建设。在这一方面，中国决策层在审慎思考各种情况之后，对于中国城市未来发展道路作出了决断：沿着可持续发展之路，将经济、社会与生态环境之间的整体关系置于综合平衡之中，以实现“自然-经济-社会”复杂巨系统的整体效益最大化为基本出发点，规划了城市发展战略、具体行动和一系列的体制机制保证，使得中国的城市在可持续发展能力建设方面取得巨大的成就。

## 一、城市可持续发展能力建设方程

从可持续发展能力建设的基础概念出发，城市的能力建设方程具有以下所拟定的三个本质识别体系。

其一，它必须能表达和衡量一个城市或区域的“发展度”，即能够判别一个城市或区域是否在真正地发展？是否在健康地发展？以及是否在保证生活质量和生存空间的前提下不断地发展？它主要表达了城市可持续发展能力建设的“数量维”。

其二，它必须能衡量一个城市或区域的“协调度”，即要求定量地诊断或在同一尺度下去比较能否维持城市在环境与发展之间的平衡？能否维持城市在效率与公正之间的平衡？能否维持城市在市场发育与政府调控之间的平衡？能否维持城市在当代与后代之间在利益分配上的平衡？协调度更加强调内在的效率和质的概念，即强调合理地优化城市调控财富的来源、财富的积聚、财富的分配，以及财富在满足全人类需求中的行为规范。它主要表达了城市可持续发展能力建设的“质量维”。

其三，它必须能衡量一个城市或区域的“持续度”，即判断一个城市或区域在发展上的长期合理性。这里所指的“长期”，近者可能包含五代或十代人的时间，远者直至整个城市发展的未来。持续度更加注重城市在“时间或过程”上对于发展度和协调度的调控把握。换言之，城市可持续发展能力建设内涵中所提炼的发展度和协调度，不应是在短时段内的发展速度和发展质量。它们必须建立在充分的、长时间的调控机理之中。因此，城市的可持续发展持续度主要表达了城市可持续发展能力建设的“时间维”。

构筑城市可持续发展能力建设所依据的理论体系，所表明的三大特征，即数量维（发展度）、质量维（协调度）、时间维（持续度），从根本上表征了对于城市可持续发展能力建设实施度量的完满追求。因此，三维空间所构建的城市可持续发展能力建设方程，除了避免从词义上和内部关系上产生的各种误解外，将从逻辑构架和表述方式上对城市于可持续发展能力建设作出更深层次的解析：

$$\mathrm{CSD} = F(Q,\ M,\ T) \tag{1}$$

式中，CSD 表示城市可持续发展能力建设的整体度量；$Q$ 表示城市可持续发展能力建设中的数量维特征；$M$ 表示城市可持续发展能力建设中的质量维特征；$T$ 表示城市可持续发展能力建设中的时间维特征；$F$ 表示城市系统中所包含的一组复杂函数关系。

在城市可持续发展能力（capacity of sustainable development，CSD）的解析中，共有 5 种支持能力的建设，包括生存支持能力（$L$）、发展支持能力（$D$）、环境支持能力（$E$）、社会支持能力（$S$）、智力支持能力（$I$），因此将城市可持续发展总能力表示成如下的理论模型（典型的矩阵结构）：

$$\mathrm{CSD} = F_i(L, D, E, S, I) \times \int_{t_0}^{t_1} [(1 - X_i)\exp(Y_i)]\exp(Z_i)\mathrm{d}X_i \times \int_{m_0}^{m_1} d_0 \mathrm{e}^{-bX_i}(2\pi X_i)\mathrm{d}X_i \quad (2)$$

式中，$F_i$ 表示内部逻辑函数的矩阵表达；$X_i$ 表示供给能力变量，$X_i \in [0, 1]$；$Y_i$ 表示发展限制变量，$Y_i \in [0, 1]$；$Z_i$ 表示预测能力变量，$Z_i \in [0, 1]$；$t_0$ 表示起始时段；$t_1$ 表示终止时段；$i = L, D, E, S, I$；$m_0$ 表示城市地理空间的中心区；$m_1$ 表示城市地理空间的边沿区；$d_0$ 表示城市地理梯度参数；$b$ 表示城市集聚强度参数。

该模型的理论内涵阐释了城市可持续发展的总能力（等式右边第一项）、城市可持续发展总能力的限制项（等式右边第二项）和城市地理空间非均衡梯度演变（等式右边第三项）之间的相依关系。由此可以看出，城市可持续发展理论框架模型概括了“自然-经济-社会”主元素的有机关联，以及在时间过程与空间分布上的对称共轭。

## 二、城市可持续发展能力建设方程的本质识别

城市可持续发展能力的提供和培育，必须体现出对于城市可持续发展目标的实现程度上，即能达到以下城市调控六大平衡的能力水平：

1）城市对人与自然的平衡；

2）城市对环境与发展的平衡；

3）城市对经济效率与社会公正的平衡；

4）城市对开发（创新）与保护（继承）的平衡；

5）城市对物质生产与精神富足的平衡；

6）城市对自由竞争与整体规范的平衡。

城市对可持续发展能力建设方程所演化出的统计指标体系，是用于反映城市可持续发展能力状态及其外部影响因素的统计指标整体，一般由具有一定对应关系的状态指标体系与控制指标体系构成。根据城市可持续发展能力建设方程的研究对象特点，其统计指标体系均按数量维（发展度）、质量维（协调度）和时间维（持续度）3 个子系统进行设计。

## 三、城市可持续发展能力建设方程的统计识别

城市可持续发展的能力建设方程，从理论上必须满足“数量维”、“质量维”、“时间维”的要求，即应从发展度、协调度、持续度三者的逻辑自洽中寻求满意解。但是在统计分析中，往往受到诸多因素的限制，需要重新构建可操作的指标体系，才能定量地逼近所要认识的城市可持续发展能力建设的结论。

城市可持续发展的能力建设，在新型城市化战略层面上需要有 5 个方面的整体把握，只有这样才能把可持续发展的理念和行动充分贯彻到城市各类能力建设的领域中去，也才能促使城市可持续发展战略目标的顺利完成。

1）认识中国目前城市可持续发展能力建设的现状水平，是各级城市决策者制定行动纲领的前提条件。世界自签署里约宣言 20 多年以来，中国在城市可持续发展的能力建设

方面已取得长足的进步，这种进步的幅度和速率，是认识未来和规划未来城市可持续发展能力建设的依据和出发点。

2）认识中国目前城市可持续发展能力建设的“支撑性”因素，是各级城市计划部门在投入的分配方面所必须掌握的“基础要点”。所谓城市可持续发展能力建设的支撑性因素，是指构建可持续发展平台的支柱型能力建设，如城市的生存安全能力建设和生态环境能力建设。如果此类能力建设不能达到基本的临界阈值，城市的可持续发展是难以为继的。

3）认识中国目前城市可持续发展能力建设的“带动性”因素，是中国城市各级政府部门推动可持续发展战略的“核心要点”。所谓城市可持续发展能力建设的带动性因素，是指引导可持续发展列车加速的引擎式能力建设，如城市的人力资源能力建设和发展水平能力建设。此类能力建设的根本出发点着眼于整体提高城市可持续发展平台的原动力培育。

4）认识中国目前城市可持续发展能力建设的“保证性”因素，是目前城市各级决策部门调控可持续发展战略的“关键要点”。所谓城市可持续发展能力建设的保证性因素，是指城市实现可持续发展目标的整合型、规范型能力建设，如城市的社会有序能力建设和政府服务能力建设。此类能力建设的根本出发点是创造有序的组织环境和高度规范的服务功效，以确保城市可持续发展总体目标的实现。

5）认识中国目前城市可持续发展能力建设的监测性体系，是目前城市各类能力建设的组织者、培育者和调控者识别可持续发展能力动态变化的指示器。它要求从复杂事物中抽象出能从本质上反映可持续发展能力的参数和变量，经过进一步的逻辑组合与函数组合后，形成对于可持续发展能力过程轨迹的动态识别和实时描述，从而为城市可持续发展能力建设的组织者、培育者和调控者提供定量的、可视的参考依据和虚拟现实的方案演示。

以上 5 点是设计城市可持续发展能力建设统计识别的指导原则。在中国城市可持续发展能力建设的定量比较和动态识别中，应当首先提取出反映能力建设本质的三大类型，即城市的“约束性”能力建设（基础作用）；城市的“带动性”能力建设（核心作用）；城市的“保证性”能力建设（关键作用）；其后方能分别认识它们在城市可持续发展能力建设中的基础作用、核心作用与关键作用。

## 第三节　城市可持续发展能力建设指标度量的四个层次

中国科学院可持续发展战略研究组经过较长时间的探索与反复比较，尤其是在仔细研讨 20 多年前《21 世纪议程》和其后一些国际组织所公布的概念后，感到应当还有更深层次的理论体系需要揭示，尚有更加本质的关系需要认识，因此在本报告之前，已经做过诸多方面的尝试。在反复磨砺之后，获得了对于城市可持续发展能力建设方程的构造框架，企图对城市可持续发展能力建设的实际水平和演化程度加以定量地描述和动态地追索。

所拟定的城市可持续发展能力建设的度量体系，共分四大层次。

第一层次是城市可持续发展能力建设的“总水平”。它标志着一个城市或地区在形成可持续发展能力中，所作出的物质上的、能量上的、信息上的、制度上的、文化上的综合“努力程度”。城市可持续发展能力建设的总水平越高，意味着将会获取更大的竞争力与可持续发展能力，也就意味着能够更加顺畅地实现可持续发展的既定目标。一般而言，一个城市的可持续发展能力高，并不直接代表其可持续发展能力建设水平也高；相反，如果一个城市的可持续发展能力低，只要不断加大可持续发展能力建设的力度，也能加速提高城市的竞争能力。因此，在衡量城市可持续发展能力建设指标体系的第一层次上，实质上表征了一个城市和地区对于可持续发展所投入的自然和人文的力度。同时亦应认识到，城市可持续发展的能力建设随着时间、状况的不同会有所变化，如北京市在认识到环境质量是限制城市发展的关键因素后，加强了对生态环境的能力建设，几年来已经取得了显著的成绩，所有这些都将为北京市未来可持续发展能力的提高奠定可靠的基础。

第二层次是城市可持续发展能力建设的“功能层”。它标志着城市可持续发展能力建设中内部功能的差异。认识到这一点，对于一个城市进行可持续发展能力建设时的投入分配至关重要，它将城市可持续发展的能力建设依照其功能特点分解为三类：第一类是城市约束性能力建设，这是任何一个城市和地区形成可持续发展能力的基础，或称为临界平台，它表征着城市如果不能形成这样的平台，该城市的可持续发展能力将缺乏基础支柱，从而就有崩溃的危险。第二类是城市带动性能力建设，这是一个城市或地区增强可持续发展能力的核心，或称为心脏和引擎，它表征着城市带动可持续发展能力不断升级到更高的水平，是城市实现可持续发展目标的动力。第三类是城市保证性能力建设，这是一个城市或地区提供可持续发展能力以优化环境的关键。城市可持续发展保证性的能力建设为城市可持续发展能力的形成和增强创造了一个内部和外部的适宜环境，使其能在规范的、有序的、合理的轨道中，去实现培育、积累和提高城市可持续发展能力的要求。

第三层次是城市可持续发展能力建设的“识别层”。它针对城市约束性能力建设、带动性能力建设和保证性能力建设的三大功能分异，分别予以本质上的识别。其中，约束性能力建设包括了生存安全能力建设和环境容量能力建设两大内容，前者是对人类“生存”最基础需求的满足，后者是对人类“发展”最基础需求的满足。带动性能力建设包括了人力资源能力建设和自主创新能力建设两大内容，前者是生产力要素中最活跃、最具创造力的组成成分。后者是推动经济增长的火车头。保证性能力建设包括了社会有序能力建设和政府服务能力建设两大内容，前者是提供组织程度和整合能力的保证，后者是提供制度能力和执行能力的保证。

第四层次是可持续发展能力建设的“要素层”。它是进行定标、量化、动态演示与实时调控的单元和要素，也是度量城市可持续发展能力建设的最具体、最直接、最基层的元素。

## 第四节　21 世纪以来中国城市的可持续能力建设

从 2001 年始到目前的 15 年来，中国城市的可持续发展能力建设在以下 7 个方面作出了巨大成绩，在国际社会中创造了在经济高速发展条件下全面协调“自然–社会–经济”复杂系统和全面推进“人口–资源–环境”协调能力整体提高的典范。这 7 个方面如下：

1）坚定选择新型工业化和资源节约型的经济体系；

2）努力推进社会公平和社会和谐的社会体系；

3）充分重视提高城市创新能力的科技体系；

4）始终保持城市自然支持能力的生态体系；

5）大力促进城市环境质量提高的环境体系；

6）全面提高城市国民整体素质的人口体系；

7）持续规范合理行为的政策法规体系。

其中，具体体现在以下几个方面。

1）城市的政府调控能力建设：可持续发展中的政府调控能力建设主要表现在对于制度选择和政策评价的“自信能力”；对于整体发展和宏观经济的“决断能力”；对于社会舆论和公众意识的“引导能力”；对于不同社会诉求和利益集团的“整合能力”；对于全体公民和企业发展的“服务能力”。

2）城市的生存安全能力建设：生存安全能力是指在一定的社会经济条件下，一个城市的生存资源对该地区人口基本生存需求的满足程度、保证程度和承载潜力的总和。

3）城市的人力资源能力建设：人力资源能力建设的本质是提高城市的素质和全社会的劳动生产率。它通过对于物质、能量和信息的结构增效、替代增效、转化增效和产出增效，去克服传统生产力要素投入的边际效益递减规律。

4）城市的生态环境能力建设：生态环境的能力建设，实质上是提高“生态服务”的总价值（value of ecological serve）、扩大生态环境的总容量（ecological carrying capacity）、增强生态环境的总质量（keeping ecological quality）。

5）城市的科技创新能力建设：科学技术是生产力中最活跃、最革命、最主要的因素，是“第一生产力”；科技进步是推动经济和社会发展的决定性力量；科技创新是社会生产力解放和大发展的重要标志；自主创新能力是一个城市、一个民族国际竞争能力的核心内容；科技创新能力的培育与建设是解除经济与社会发展约束的“瓶颈”、推进城市经济与社会可持续发展、加速城市现代化建设步伐的关键之举。

6）城市的社会发展能力建设：城市的社会发展能力包括 5 个基本方面，即整个城市社会系统“健康有序、稳定”的运行能力；城市全体社会成员享受公共财富的公平能力；城市社会系统抵抗与缓解外部（如自然灾害等）和内部（如重大决策失误、社会动乱等）的干扰和冲击的能力；全社会认识、尊重、保护、发扬城市文明的传承能力；城市对于理性的和自觉的人文关怀精神的培育能力。

# 第一篇　主题篇：中国新型城市化报告

# 第一章　中国新型城市化产业能力建设

## 第一节　产业能力建设的基本内涵

### 一、产业发展理论

#### （一）产业的概念和内涵

在传统社会主义经济学理论中，产业主要指经济社会的物质生产部门，一般而言，每个部门都专门生产和制造某种独立的产品，某种意义上每个部门也就成为一个相对独立的产业部门，如“农业”、“工业”、“交通运输业”等。

产业从内涵上来说，是指生产物质产品的集合体，包括农业、工业、交通运输业等部门，一般不包括商业。因此，一般情况下，产业泛指一切生产物质产品和提供劳务活动的集合体，包括农业、工业、交通运输业、邮电通信业、商业饮食服务业、文教卫生业等部门。从构成来看，产业是指由利益相互联系的、具有不同分工的、由各个相关行业所组成的业态总称，尽管它们的经营方式、经营形态、企业模式和流通环节有所不同，但是它们的经营对象和经营范围是围绕着共同产品而展开的，并且可以在构成业态的各个行业内部完成各自的循环。

#### （二）产业发展基本理论

1. 产业结构演变理论

产业结构演变理论是指产业结构同经济发展相对应而不断变动，在产业高度方面不断由低级向较高级演进，在产业结构横向、联系方面不断由简单化向复杂化演进，这两方面的演进不断推动产业结构向合理化方向发展。产业结构演进一般服从配第-克拉克定理，即随着经济的发展、人均收入水平的提高，劳动力首先由第一产业向第二产业转移；人均收入水平进一步提高时，劳动力便向第三产业转移；劳动力在第一产业的分布将减少，而在第二、第三产业中的分布将增加。人均收入水平越高的国家和地区，农业劳动力所占比重相对较小，而第二、第三产业劳动力所占比重相对较大；反之，人均收入水平越低的国家和地区，农业劳动力所占比重相对较大，而第二、第三产业劳动力所占比重则相对较小。库兹涅茨（Simon Kuznets）在配第-克拉克研究的基础上，通过对各国国民收入和劳动力在产业间分布结构的变化进行统计分析，得到新的理解与认识，指出了产业结构变动的一般规律：①随着时间的推移，农业部门的国民收入在整个国民收入中的比重和农业劳动力在全部劳动力中的比重均呈不断下降的趋势；②工业部门的国民收入在整个国民收入中的比重大体上是上升的，但是工业部门劳动力在全部劳动力中的比重则大体不变或略有上升；③服务部门的劳动力在全部劳动力中的比重基本上都是上升的，然而它的国民收入在整个国民收入中的比重却不一定与劳动力的比重一样同步上升，综合地看，其大体不变或略有上升。

2. 区域分工理论

从区域分工的角度确定城市产业发展定位是城市发展的客观要求。从区域角度分析城市在区域中的优势、劣势和发展潜力等，确定城市在区域中所发挥的作用、扮演的角色，进而确定城市产业，避免“就城市论城市”的产业确定方式。

3. 比较优势理论

比较优势理论是城市规划过程中产业定位比较常用的理论之一，主要包括绝对优势理论和相对优势理论。

绝对优势理论：1776 年，亚当·斯密在其《富国论》中，对国际分工与经济发展的相互关系进行了系统阐述，提出了绝对优势理论。他认为，不同国家或地区在不同产品或不同产业生产上拥有优势，对于相同产业说，各国则存在生产成本的差异，贸易可以促使各国按生产成本最低原则安排生产，从而达到贸易获利的目的。

相对优势理论：1817 年，大卫·李嘉图在《政治经济学及赋税原理》中以劳动价值论为基础，用两个国家、两种产品的模型，提出和阐述了相对优势理论。他指出，由于两国或两个地区劳动生产率的差距在各商品之间是不均等的，因此在所有产品或产业生产上处于优势的国家和地区不必生产所有商品，而只应生产并出口有最大优势的商品；而处于劣势的国家或地区也不是什么都不生产，可以生产劣势较小的产品。这样，彼此都可以在国际分工和贸易中增加自身的利益。长期以来，相对优势理论成为指导国家或地区参与分工的基本原则，并得到许多经济学家的进一步阐释和发展。

4. 新贸易理论

随着传统产业理论缺陷的逐步显现，以及现实经济发展的不断提速与变化，美国经济学家保罗·克鲁格曼提出了新贸易理论。他认为，不同国家或地区之间的贸易，特别是相似国家或地区同类产品的贸易，是这些国家根据收益递增原理而发展专业化的结果，与国家生产要素禀赋差异关系不大。发展任何一种专业在一定程度上都具有历史偶然性，在不完全竞争和同类产品贸易的条件下，生产要素的需求和回报状况取决于微观尺度上的生产技术条件。生产技术的变化，可以改变生产要素的需求结构和收益格局，从而影响相似要素条件下的贸易，促成同类产品的贸易。

新贸易理论还认为，不完全竞争和收益递增的存在，为国家和地区采取战略性贸易政策、创造竞争优势提供了可能。例如，有一些部门规模经济（特别是外向型经济）十分突出，可通过促进这些部门的出口和发展获得竞争优势，从而改变其在国际或区域经济中的专业化格局，向着有利的方面发展。

5. 发展阶段理论

发展阶段理论比较有影响力的是 H. 钱纳里的发展阶段理论和 W. 霍夫曼提出的“霍夫曼定理”。

美国经济学家 H. 钱纳里运用投入产出分析方法、一般均衡分析方法和计量经济模型，通过多种形式的比较，研究考察了以工业化为主线的第二次世界大战以后发展中国家的发展经历，构造出具有一般意义的“标准结构”，即根据国内人均生产总值水平，将不发达经济到成熟工业经济整个变化过程分为三个阶段六个时期：第一阶段是初级产品生产阶段(或称农业经济阶段)；第二阶段是工业化阶段；第三阶段是发达经济阶段。

德国经济学家 W. 霍夫曼通过对当时近 20 个国家的时间序列数据进行统计分析，提出了著名的“霍夫曼定理”：随着一国工业化的进展，霍夫曼比例是不断下降的。霍夫曼比例是指消费资料工业净产值与资本资料工业净产值之比，即霍夫曼比例＝消费资料工业净产值/资本资料工业净产值。霍夫曼定理的核心思想是在工业化的第一阶段，消费资料工业的生产在制造业中占主导地位，资本资料工业的生产不发达，此时霍夫曼系数为 5 (±1)；第二阶段，资本资料工业的发展速度比消费资料工业快，但在规模上仍比消费资料工业小得多，这时霍夫曼系数为 2. 5 (±1)；第三阶段，消费资料工业和资本资料工业的规模大体相当，霍夫曼系数为 1 (±0. 5)；第四阶段，资本资料工业的规模超过了消费资料工业的规模。

### (三) 产业的生命周期

产业生命周期是每个产业都要经历的一个由成长到衰退的演变过程，是指从产业出现到完全退出社会经济活动所经历的时间。一般分为初创阶段、成长阶段、成熟阶段和衰退阶段 4 个阶段。

产业的初创阶段。产业的形成期指由于新技术、新业务的出现，由此而产生的具有某种同类属性的新企业出现，逐渐具备产业的基本特点的过程。处于初创期的产业通常是区域的幼小产业，政府的政策对幼小产业的发展有重要的作用。通常政府采用保护政策，使其克服技术、资金、市场等方面的不完善，逐渐向新兴产业过渡。

产业的成长阶段。产业的成长期指产业形成后，随生产实践的发展，产业技术水平的不断完善，生产力水平的提高，企业数量增加的阶段。产业的成长期是产业发展过程中非常重要的一个环节，此时产业已经度过了幼年时的危险期，但能否进入成熟期是该时期产业发展面临的主要问题。处于成长期的产业通常是一国的新兴产业，或称为支柱产业，由于其发展速度快，增长率高，代表了现代社会技术产业化的较高水平，因此对社会经济的运行和发展起导向的作用，是先导产业。

产业的成熟阶段。产业在成长期生产能力扩张到一定阶段后，进入一个稳定发展的时期，此时生产规模、技术水平、市场供求都很稳定。处于成熟期的产业可能会成为区域的支柱产业。

产业的衰退阶段。产业衰退期是产业从繁荣走向不景气，进而衰退的过程。处于衰退期的产业也被称为夕阳产业。产业的衰退期较长，可能比前 3 个阶段的总和还要长很多，大量的产业会衰而不亡，如英国服装业在衰退，但该产业产品已经成为人们消费习惯的一部分，市场仍有长期的需求。

政府对衰退期产业的政策通常有两种，一是对其进行高新技术改造，通过增加技术含量来创造新的需求；二是进行产业转移，由于服装业是一种劳动密集型的产业，随着全球产业结构的调整，纺织工业的重心由发达国家转移到了发展中国家。

## 二、产业能力建设的基本要素

经济学家配第提出“土地为财富之母，而劳动则为财富之父和能动的要素”，将土地和劳动作为生产的两个最基础的要素。在此之后，经济学家亚当·斯密又将资本列为生产要素之一，并在他的代表作《国富论》中提出“无论在什么社会，商品的价格归根结底都分解成为这三个部分（即劳动、资本和土地）”，从而形成了“生产要素三元论”。19 世纪末 20 世纪初，西方经济学家马歇尔在其著作《经济学原理》中将组织作为第四生产要素，与劳动、资本、土地共同构成“生产要素四元论”。后来的经济学家又将技术列为第五生产要素，从而将“生产四元素”提升到“生产五元素”。20 世纪 80 年代，我国著名学者徐寿波提出六种资源，即人力、财力、物力、运力、自然力和时力，被称为“生产要素六元论”。还有一些学者将信息归为第六要素，认为劳动、土地、资本、组织、技术、信息为生产的六要素。

在我国城市经济整体处于工业化后期阶段时期，产业作为生产活动的主要载体，在产业能力建设方面更为强调技术、劳动力、市场以及政策要素，下面主要从这四个方面阐述产业能力建设主要的要素组成。

### （一）技术要素

一般来说，产业的形成，是由于技术进步推动下的专业化生产形成的规模经济降低了产品的单位生产成本，从而使得社会总收益在不断上升，这种总收益超过了不同产业之间进行交换的交易成本，也就是不同产业在产品交换后双方可以获益更多，于是产业逐渐从大的产业走向专业化细分产业。因此，技术要素是产业能力建设的第一要素。

技术创新的新古典学派认为经济增长率取决于资本和劳动的增长率、资本和劳动的产出弹性，以及随时间变化的技术创新。1957 年，索洛在其发表的《技术进步与总生产函数》一文中，推算出 1909 ~ 1949 年美国制造业总产出中约有 88% 应归功于技术进步，索洛残差是技术进步的结果。新熊彼特学派强调技术创新和技术进步在经济增长中的核心作用，主要是将技术创新视为一个相互作用的复杂过程，重视对“黑箱”内部运作机制的揭示，并在分析这样一个过程的基础上先后提出了许多著名的技术创新模型。

自改革开放以来，经过多年的努力，我国技术创新水平与国外差距总体上呈缩小趋势，不少领域的差距由过去的“望尘莫及”发展到现在的“望其项背”。2011 年，我国研发支出上升到世界第二位，占全球的比重由 1993 年的 2. 2% 增加到 12. 7%。专利申请数跃居全球第一，国际专利申请量与发达国家差距明显缩小。在产业能力建设方面更加强调技术创新的引领作用。李克强在全球研究理事会 2014 年北京大会开幕式致辞时强调，让创新成为实现中国经济升级的强大动力。李克强总理强调：中国发展既处于难得的重要战略机遇期，又面临一系列重大结构性问题。持续下好中国经济这盘棋，实现升级是方向，这需要不断深化体制改革，激发全社会创新动力、创造潜力、创业活力。注重基础研究和应用研究比翼齐飞，促进科技成果加快转化为现实生产力，形成新产品、新服务、新业态，创造新的就业岗位。

### （二）劳动力要素

劳动力资源指一个国家或地区，在一定时点或时期内，拥有的劳动力的数量和质量，包括劳动者的生产技术、文化科学水平和健康状况总和的劳动适龄人口。

一个城市劳动力资源的状况，是城市产业能力建设的重要组成部分，也是制定产业发展战略的重要依据之一。中国是一个劳动力人口众多的国家，合理开发和充分利用劳动力资源，对于国民经济和社会发展具有决定性的作用。开发和利用劳动力资源，涉及宏观和微观两个方面。宏观目标是在全社会范围内合理分配劳动力，逐步实现充分就业，并形成良好的就业结构。微观目标是在各个企业、事业单位实现劳动力资源和物质资源的有效结合，以取得较高的劳动效率和经济效益。在劳动力资源中，人才资源是具有较高质量的部分。它与一般劳动力资源相比，形成时间较长、培养费用较大、专业特定性较强。在中国的现阶段，受过中等专业以上教育、具有专业职称的人员是人才资源的主要部分。对人才资源的合理使用，通常可以取得较大的效益。在中国，开发和利用人才资源的措施有对人才资源的供给和需求进行预测，制定人才培养的规划；合理安排教育投资，改革教育内容与教学方法；挖掘各方潜力，通过多种途径办学；合理组织人才流动，提高人才的使用效益。

### （三）市场要素

良好的市场运行机制是市场经济总体功能的集中体现，是城市经济成长过程中最重要的驱动因素，是产业能力建设的核心要素之一。从经济变革历史来看，工业革命的发动是建立在市场运行机制基础上的，或者说以工业化为核心的现代生产力的成长过程是在市场运行机制的驱动下进行的。市场运行机制是经济社会化乃至经济全球化发展不可缺少的重要方面。

我国处于社会主义市场经济条件下，经济运行与调节机制可分为两大模块，即市场机制和宏观调控机制。其中，市场机制作为在一定的市场形态下，价格、供求、竞争等市场基本要素相互制约、互为因果所形成的自动联结系统、运转形式和调节方式，是市场制度的核心内容。从实践角度看，市场的正常运行必须通过市场机制来实现，而且市场机制的作用范围和力度衡量着市场经济的发展程度。

### （四）政策要素

政策要素相对于市场要素来说，更偏向于国家宏观调控机制，通过一系列的调控政策手段，有效配置资源，达到刺激产业发展，促进经济良性增长。具体来说，产业能力建设的政策要素，称为产业发展政策，是指围绕产业发展，旨在实现一定的产业发展目标而使用多种手段所制定的一系列具体政策的总称。

产业发展政策是以一定时期内的产业发展目标为出发点，因此产业发展目标具有多维性特点，既包含有经济性目标，又涉及社会性目标。在经济性目标中，主要有经济增长、技术进步、充分就业、物价稳定、国际收入平衡等；在社会性目标中，主要有社会安定、国防安全、民族团结、国民素质提高等。产业发展政策目标必须综合考虑经济性目标和社会性目标的要求，在权衡比较中确定具体的政策策略。就产业发展政策涵盖面来看，产业发展政策包含着产业结构政策和产业组织政策的内容。因此，总体来说，产业发展政策反映区域社会、经济发展规律的总体要求，而产业结构反映了区域某个时期企业与市场之间协调发展的规律的总体要求。

## 三、产业能力建设与城市化

### （一）产业分工与城市化

对于分工与城市化之间的关系，杨小凯和张永生（2000）在其新兴古典城市化理论中进行了详尽的阐述。早在古罗马时期，色诺芬（Xenophon）就认识到，分工同城市之间存在着某种内在的联系。17 世纪，英国经济学家配第也认为，城市能够减低交易费用，从而提高分工水平。杨小凯和赖斯 1994 年建立了第一个新兴古典城市化的一般均衡模型，它能显示城市的起源，即城乡的分离都是分工演进的结果。在他们的模型中，由于食物的生产需要占用大量的土地，农业活动不能像工业活动那样集中在一个小区域内。而工业品的生产由于不需要占用大量土地，故它们既可以分散分布在广大地区，也可以集中布局在城市。假定生产每种商品都有专业化经济，即专业化程度越高，生产效率也越高，同时贸易会产生交易费用，这就会出现一个专业化经济同交易费用之间的两难冲突。假如交易效率很低，人们就会选择自给自足，此时没有市场，且城市也不会出现。假如交易效率得到些许提高，分工结构就会从自给自足转变为局部分工，出现半专业化的农民和半专业化的工业品生产者。因为农民要求占用大量土地，而生产工业品没有这种要求，所以农民就只能分散居住，而工业品生产者则选择离农民最近的地方居住，以降低分工带来的交易费用。因此，如果农业和制造业之间的分工水平较低，就不可能产生城市。如果交易效率进一步提高，在农业和制造业的分工之外，则会在制造业内出现专门以制衣、修建房屋、制造家具等为职业的制造业者。由于制造业者既可以分散居住，也可以集中在一个城市，为了节省由不同非农职业之间交易带来的交易费用，从事工业生产的人们就会居住在一个城市里。由于专业制造者和专业农民，以及不同制造业之间出现了高水平的分工，因此就出现了城市以及城乡的分离状况。

由于分工有网络效应，如果与分工有关的交易集中在一个地方，那么分工的网络效应和集中交易就提高交易效率之间的交互作用，从而推动了城市化进程。这种地理上的集中交易，是特殊的分工网络所要求的。分工的正网络效应和地理集中之所以能节约交易费用，是因为它能降低每个人交易的行程。因此，城市化就能通过一个大的交易网络集中到一个小区域来降低交易费用，从而提高分工水平。一个城市地价最重要的决定因素便是分工网络的大小，这一大小又同该城市在交易中所处的重要程度有关。同时，分工网络的大小取决于交易效率，而交易效率又取决于分工的水平。

### （二）增长极与产业集聚

1950 年，著名的经济地理学者弗朗索瓦·佩鲁（Francois Perroux）在其论文《经济空间：理论与应用》中，探讨了经济增长的空间机制，得出了增长过程容易极化的著名论点。1955 年，佩鲁在《论增长极概念》中提出，增长是由具有较高强度的点极地区，通过各种渠道向其他地区扩散的传导路径。对于具体的传导机制，佩鲁在论述中引入了产业综合体的概念，其核心是推进型产业。该产业对增长过程的推进是通过被经济学家布代维尔（J. R. Boudeville）称为“里昂惕夫乘数效应”的作用产生的，即规模较大、具有较高生产率的推进产业，通过对与之存在投入-产出经济关系的一般产业的关联和带动使其获得增长，这种紧密的经济联系最终导致在特定地域空间内产业综合体的形成。其后经赫希曼、韩森等学者进一步发展的“增长极”理论认为，经济发展并非均衡地发生于地理空间，而是以不同的强度在空间呈点状分布，并经各种传播途径，对整个区域经济发展产生不同影响，这些点就是具有成长空间集聚效应的增长极。根据佩鲁的观点，增长极是否存在，决定于先导产业部门在某些地域的集聚和发展。不仅如此，还将取决于它是否具有生产中心、贸易中心、金融中心、交通运输中心、信息中心、服务中心、决策中心等集聚功能，并通过各种扩散效应来带动周边地区经济发展。

产生集聚的主要因素在于一些企业在价值链上具有上下游的关系；企业间的横向联系十分密切；企业与其他机构，如高校、科研机构的紧密联系；政府在集聚中的作用发挥。城市经济的存在基础和特征与集聚密切相关，而经济外部性则是城市中各种经济要素、经济活动相关性与结构性产生的重要机制。以工业化经济为基础的城市集聚经济结构具有突出的空间密集性和时间过程同步性的特点。这种集聚经济结构能够提高能源利用率、产生规模经济、降低交通运输成本、使供给与需求充分邻近市场、降低交易成本、促进公共经济部门发展等，从而产生最大的外部经济效益。基于集聚和外部性因素所形成的广泛和强大的集聚力，城市的内容和规模在工业化经济环境中获得了空前的发展。

### （三）产业升级与城市转型

随着经济发展程度的提升、产业的发展和竞争的加剧，旧有城市发展模式的局限性越来越凸显，现在已到了由城市化来拉动经济发展、拉动经济转型升级的关键时期。特别是产业发展进入工业化后期阶段，城市化质量的落后已经开始制约城市的进一步发展，提高城市化发展水平将为产业转型升级创造有利条件，能够吸引高端产业进驻和高级人才落户，从而推动产业转型升级，促进人口结构优化。

新经济增长理论认为，一个城市的经济增长情况取决于该城市的知识积累、技术进步和人力资本水平。一个城市的现代服务业聚集区恰恰是该城市的知识中心、技术创新中心和文化进步中心，无疑是城市实现转型升级和经济增长的新动力所在。城市现代服务业的发展在推进城市产业空间重组的进程中也带来了城市集聚效应和大区域城市空间要素的“集约化”。现代服务业的高度产业融合性，在延伸城市产业链的同时大大拓展了城市产业的发展空间，通过科技、文化、制造和服务业的融合带来的城市集聚效应，使城市形成各种特色城区。同时，现代服务业以规模经济效应和资源整合效应，强化了中心城市强大的整体服务能力和创新能力，并进一步促成了以中心城市为核心的城市群或城市圈主体的新型城市体系。

# 第二节　产业能力建设的发展现状

## 一、产业能力建设的主要成果

### （一）科技创新正在成为发展内生动力

从总体上来看，我国科技创新投入大幅增长，逐渐成为经济增长内生的主要驱动力。2014 年，研究与试验发展（R&D）经费投入达到 1.3 万亿元，占 GDP 的比例达到 2.09%，企业作为创新主体的作用越来越明显。科技成果产出持续扩大，每万人口发明专利拥有量达到 4.85 件，突破一批核心关键共性技术，特别是超级计算、探月工程、卫星应用等重大科研项目取得新突破。

本报告采取科技支出占财政总支出的比重和科技从业人员占从业人员总数的比重来分析我国主要城市技术要素状况，见表 1-1。从表 1-1 中可以看出，2013 年我国主要城市科技支出占财政总支出的比重平均为 3.13%，其中最高的为深圳，比重高达 7.86%，其次为苏州、无锡、上海、北京，分别为 6.61%、6.23%、5.81%、5.80%。最低的城市为西宁，仅为 0.37%。科技从业人员比重在一定程度上能够反映技术要素的状况，排在前 5 位的分别为大庆、北京、西安、西宁、呼和浩特，因为这一指标包含勘探从业人员，相对依靠矿产资源勘探的城市比重较高，而像东莞、中山、威海等缺少科技资源（如大学、研究机构）的地区比重较低。两项指标均体现了科技投入和科技资源在城市间分布的不均衡性，相对而言，发达地区的科技投入水平较高。

**表 1-1　主要城市 2013 年技术要素状况分析**

| 城　市 | 科技支出比重/% | 科技从业人员比重/% |
|---|---|---|
| 北　京 | 5.80 | 8.19 |
| 天　津 | 3.39 | 3.89 |
| 石家庄 | 1.98 | 5.39 |
| 唐　山 | 2.14 | 1.04 |
| 太　原 | 3.88 | 4.13 |
| 呼和浩特 | 1.05 | 5.74 |
| 包　头 | 1.58 | 1.63 |
| 沈　阳 | 3.75 | 4.37 |
| 大　连 | 5.22 | 1.78 |
| 长　春 | 1.61 | 3.59 |
| 哈尔滨 | 1.82 | 3.21 |
| 大　庆 | 1.35 | 10.09 |
| 上　海 | 5.81 | 3.32 |

续表

| 城　市 | 科技支出比重/% | 科技从业人员比重/% |
|---|---|---|
| 南　京 | 4.72 | 3.05 |
| 无　锡 | 6.23 | 1.62 |
| 苏　州 | 6.61 | 1.04 |
| 南　通 | 3.49 | 1.20 |
| 杭　州 | 5.78 | 3.25 |
| 宁　波 | 4.12 | 1.56 |
| 温　州 | 2.89 | 1.78 |
| 合　肥 | 4.87 | 2.09 |
| 福　州 | 2.17 | 3.96 |
| 厦　门 | 3.17 | 1.12 |
| 南　昌 | 1.43 | 2.47 |
| 济　南 | 2.42 | 2.68 |
| 青　岛 | 2.89 | 1.82 |
| 烟　台 | 3.57 | 2.02 |
| 威　海 | 4.36 | 0.87 |
| 郑　州 | 2.53 | 3.35 |
| 洛　阳 | 2.45 | 5.08 |
| 武　汉 | 3.16 | 4.02 |
| 长　沙 | 3.41 | 5.61 |
| 广　州 | 4.05 | 4.51 |
| 深　圳 | 7.86 | 1.72 |
| 东　莞 | 3.83 | 0.43 |
| 中　山 | 4.46 | 0.59 |
| 南　宁 | 1.69 | 4.10 |
| 桂　林 | 2.65 | 2.64 |
| 北　海 | 2.87 | 2.30 |
| 海　口 | 1.46 | 2.92 |
| 重　庆 | 1.55 | — |
| 成　都 | 1.59 | 2.66 |
| 贵　阳 | 2.74 | 2.60 |
| 昆　明 | 1.80 | 4.47 |
| 拉　萨 | — | — |
| 西　安 | 1.18 | 6.41 |
| 兰　州 | 1.45 | 5.59 |
| 西　宁 | 0.37 | 6.18 |
| 银　川 | 1.98 | 3.31 |
| 乌鲁木齐 | 1.96 | 3.66 |

资料来源：中华人民共和国国家统计局城市社会经济调查司.2014. 中国城市统计年鉴2014. 北京：中国统计出版社.

### （二）劳动力供应充足，就业平稳

国家统计局表示，第六次全国人口普查显示，全国劳动力资源人口为92 148 万人，比10 年前增加了近1 亿人。至少在“十二五”期间，劳动力供应总体是充裕的。但是，从2013 年以后，我国的劳动力资源逐步下降。2013 年，中国实现城镇新增就业 1310 万人，比 2012 年多增 44 万人。全年城镇登记失业率保持在 4. 1% 左右的较低水平，去年四季度末为 4. 05% 。

2013 年，全国人力资源市场供求基本平衡，放缓的经济增速未对就业造成大的冲击。市场求人倍率，即市场岗位空缺与求职人数的比率延续了往年“求略大于供、保持基本平稳”的态势。不过，据对全国 21 736 户企业的失业动态监测显示，去年年末企业提供岗位 1672. 08 万个，比 2012 年年末减少了 1. 33% （中国产业信息网，2014）。

劳动力和就业水平是城市产业能力建设的基本要素，本报告采取从业人员占城市总人口的比重和城镇登记失业率两项指标来分析我国主要城市劳动力要素状况，见表 1-2。从表1-2 中可以看出，2013 年我国主要城市从业人员占城市总人口的比重平均接近40% ，说明了城市劳动力供给比较充分。在选取的 50 个主要城市中，比重最高的为深圳和东莞，由于外来人口较多及户籍控制，从业人员数量超过年平均人口总数，分别高达 152. 93% 和130. 27% ，其次依次为成都、厦门、中山，分别为 75. 46% 、67. 2% 、59. 31% 。比重最低的城市为北海，仅为 15. 72% 。城镇登记失业率主要反映城市就业状况，50 个城市平均登记失业率为 4. 31% ，排在前 5 位的分别为包头、呼和浩特、天津、银川、石家庄，而这些地区的从业人员比重均低于 50 个主要城市的均值，说明这些地区的就业压力较大，岗位需求不足。相对应的东莞、深圳、北京等从业人员比重较高、岗位需求量较大的城市，登记失业率较低。因此，从城市劳动力要素分析可以看出，劳动力供应相对充裕，失业率保持较低水平。

**表 1-2　主要城市 2013 年劳动力要素状况分析**

| 城　市 | 从业人员比重/% | 登记失业率/% |
|---|---|---|
| 北　京 | 58. 63 | 0. 89 |
| 天　津 | 33. 17 | 8. 00 |
| 石家庄 | 22. 23 | 7. 63 |
| 唐　山 | 20. 20 | 3. 08 |
| 太　原 | 30. 74 | 5. 16 |
| 呼和浩特 | 26. 28 | 8. 81 |
| 包　头 | 26. 13 | 12. 79 |
| 沈　阳 | 27. 03 | 5. 53 |
| 大　连 | 34. 18 | 6. 55 |
| 长　春 | 30. 05 | 4. 25 |
| 哈尔滨 | 23. 11 | 6. 15 |
| 大　庆 | 36. 09 | 7. 56 |
| 上　海 | 44. 85 | 4. 20 |

续表

| 城　市 | 从业人员比重/% | 登记失业率/% |
|---|---|---|
| 南　京 | 33.72 | 3.05 |
| 无　锡 | 33.61 | 3.95 |
| 苏　州 | 45.38 | 1.60 |
| 南　通 | 28.71 | 2.61 |
| 杭　州 | 55.66 | 1.38 |
| 宁　波 | 43.90 | 5.63 |
| 温　州 | 26.21 | 2.27 |
| 合　肥 | 47.19 | — |
| 福　州 | 49.07 | 2.47 |
| 厦　门 | 67.20 | 2.35 |
| 南　昌 | 39.64 | 1.26 |
| 济　南 | 34.43 | — |
| 青　岛 | 27.60 | 5.56 |
| 烟　台 | 31.40 | 6.95 |
| 威　海 | 40.21 | 1.58 |
| 郑　州 | 43.04 | 3.34 |
| 洛　阳 | 21.75 | 5.40 |
| 武　汉 | 31.22 | 5.04 |
| 长　沙 | 29.60 | 5.30 |
| 广　州 | 44.51 | — |
| 深　圳 | 152.93 | 0.85 |
| 东　莞 | 130.27 | 0.30 |
| 中　山 | 59.31 | 0.99 |
| 南　宁 | 27.03 | 3.27 |
| 桂　林 | 28.83 | 5.83 |
| 北　海 | 15.72 | 4.99 |
| 海　口 | 29.93 | — |
| 重　庆 | — | — |
| 成　都 | 75.46 | 1.26 |
| 贵　阳 | 37.21 | 3.13 |
| 昆　明 | 33.04 | 2.81 |
| 拉　萨 | — | — |
| 西　安 | 30.73 | 5.20 |
| 兰　州 | 28.41 | 2.24 |
| 西　宁 | 22.97 | 6.06 |
| 银　川 | 27.90 | 7.71 |
| 乌鲁木齐 | 27.17 | 4.85 |

资料来源：中华人民共和国国家统计局城市社会经济调查司.2014. 中国城市统计年鉴2014. 北京：中国统计出版社.

### （三）新兴市场带动产业快速发展

新技术和新商业模式催生的新兴产业大量涌现，经济新增长点生机显现。节能环保、新一代信息技术、生物、高端装备制造、新能源、新材料、新能源汽车七大战略性新兴产业规模快速扩大，占工业主营业务收入比重提高到 14.8％。面对经济下行压力较大、世界经济回暖乏力等不利因素的影响，战略性新兴产业抓住新兴市场机遇，积极顺应经济增长方式转变的要求，实现了相对较快的增长，支撑了工业的平稳增长，有力地促进了工业结构的转型升级。

市场要素是产业能力建设的一个重要方面，通过上面的分析可以看出，我国整体新兴市场成长迅速，基本呈现良性发展的趋势。城市产业能力建设的市场要素主要体现在消费和投资两个方面，因此本报告采用社会消费品零售总额占地区生产总值的比重来反映消费市场对产业的拉动作用，选取居民储蓄余额占金融机构各项存款余额的比重来反映投资市场状况。从表 1-3 可以看出，2013 年我国主要城市社会消费品零售总额占地区生产总值比重的平均值近 45％，其中福州、温州、哈尔滨、桂林、南宁地区的比重较高，均超过 60％，说明了产业发展对消费市场的依赖度高，尤其是对社会消费品市场的依赖。而北海、大庆、东莞、苏州、银川地区的比重均低于 30％，说明了产业发展对社会消费品市场依赖较低。在这些地区中北海的产业偏重于高新技术和旅游业，大庆、银川的产业偏重于能源和制造业，东莞和苏州是以加工制造业为主，因此它们对社会消费品市场的依赖性不强。

**表 1-3　主要城市 2013 年市场要素状况分析**

| 城　市 | 社会消费品零售总额占 GDP 比重/% | 居民储蓄余额比重/% |
|---|---|---|
| 北　京 | 42.51 | 27.12 |
| 天　津 | 31.44 | 33.56 |
| 石家庄 | 54.30 | 39.44 |
| 唐　山 | 34.56 | 52.56 |
| 太　原 | 53.76 | 32.40 |
| 呼和浩特 | 51.75 | 30.48 |
| 包　头 | 34.20 | 48.34 |
| 沈　阳 | 49.82 | 40.13 |
| 大　连 | 41.42 | 34.53 |
| 长　春 | 43.42 | 35.97 |
| 哈尔滨 | 68.01 | 38.72 |
| 大　庆 | 22.19 | 55.61 |
| 上　海 | 37.38 | 30.59 |
| 南　京 | 44.08 | 27.05 |
| 无　锡 | 42.14 | 35.44 |
| 苏　州 | 28.63 | 28.00 |
| 南　通 | 37.75 | 46.07 |

续表

| 城　市 | 社会消费品零售总额占 GDP 比重/% | 居民储蓄余额比重/% |
|---|---|---|
| 杭　州 | 45.81 | 27.26 |
| 宁　波 | 32.67 | 29.85 |
| 温　州 | 71.24 | 42.33 |
| 合　肥 | 38.38 | 22.81 |
| 福　州 | 83.57 | 30.63 |
| 厦　门 | 32.29 | 30.56 |
| 南　昌 | 43.30 | 26.60 |
| 济　南 | 56.81 | 27.40 |
| 青　岛 | 37.28 | 33.00 |
| 烟　台 | 33.53 | 44.65 |
| 威　海 | 55.47 | 45.85 |
| 郑　州 | 49.55 | 31.42 |
| 洛　阳 | 53.75 | 42.38 |
| 武　汉 | 46.66 | 32.30 |
| 长　沙 | 48.69 | 31.16 |
| 广　州 | 45.98 | 36.17 |
| 深　圳 | 30.58 | 31.14 |
| 东　莞 | 27.08 | 51.87 |
| 中　山 | 33.75 | 51.04 |
| 南　宁 | 60.00 | 31.56 |
| 桂　林 | 67.33 | 48.54 |
| 北　海 | 18.71 | 54.53 |
| 海　口 | 54.17 | 36.70 |
| 重　庆 | 42.53 | 38.17 |
| 成　都 | 47.29 | — |
| 贵　阳 | 43.92 | 30.20 |
| 昆　明 | 55.12 | 30.81 |
| 拉　萨 | — | — |
| 西　安 | 58.64 | 37.56 |
| 兰　州 | 53.89 | 35.41 |
| 西　宁 | 42.52 | 32.57 |
| 银　川 | 29.81 | 39.72 |
| 乌鲁木齐 | 44.09 | 33.71 |

资料来源：中华人民共和国国家统计局城市社会经济调查司.2014. 中国城市统计年鉴2014. 北京：中国统计出版社.

居民储蓄余额占金融机构各项存款余额的比重，不仅反映了居民的富裕程度，更重要的是体现了对投资市场的信心。这项指标50个主要城市的平均值为36.54%，其中大庆、北海、唐山、东莞和中山地区的比重均超过 50%，说明了这些城市投资市场前景不乐观。相应地，合肥、南昌、南京、北京和杭州等地区的比重较低，反映了这些城市投资市场的前景较好。

总体来说，经济进入转型低速发展期，大多数城市产业能力建设面临转型和升级压力，消费和投资市场基本稳定，具有很大的开拓潜力。

### （四）产业转型升级步伐加快

制造业是国家间经济角力和竞争的主战场，彰显着经济实力和综合国力。近年来，我们一手抓淘汰落后，积极化解产能过剩矛盾；一手抓转型升级，改善品质质量，取得了良好成效。以数字化、网络化、智能化为特征的智能制造开始兴起，成为制造业的新生力量。一批拥有自主品牌和核心技术的企业脱颖而出，带动了基础材料、基础工艺、基础零部件水平提高，拉动了产业整体素质提升。

服务业发展保持良好势头。服务业取得大发展，2014 年服务业增加值占 GDP 比重提高到 48.2%，今年上半年进一步提高到 49.5%，自 2012 年起超过二产，成为经济最主要的组成部分。在企业越来越依靠服务维持市场地位、产业越来越趋向服务引领制造的新趋势下，生产性服务业加快发展，生活性服务业有效供给不足、质量不高的问题有所改善。

“十二五”以来，我国经济发展进入转型期，核心的政策体现在“转方式、调结构”，因此本报告采取第三产业产值比重和万元工业总产值废水排放量来分析我国主要城市政策要素状况，见表 1-4。从表 1-4 中可以看出，2013 年我国主要城市第三产业产值比重平均为 53.24%，其中最高的为北京，比重高达 77.26%，其次为呼和浩特、拉萨、石家庄和海口，分别为 74.86%、74.84%、73.42%、69.59%，这些地区第三产业产值比重维持较高水平，产业结构调整的政策效果显著。万元工业总产值废水排放量主要反映发展方式转变的政策状况，较低的 5 个地区的分别为威海、深圳、长沙、北京和长春，万元工业总产值废水排放量均低于 0.6t，说明这些地区发展方式转变的效果比较明显。总体来看，我国政策要素的宏观调控需要加大力度，以保障城市转型期产业能力建设。

**表 1-4　主要城市 2013 年政策要素状况分析**

| 城　市 | 第三产业产值比重/% | 万元工业总产值废水排放量/t |
|---|---|---|
| 北　京 | 77.26 | 0.55 |
| 天　津 | 48.76 | 0.71 |
| 石家庄 | 73.42 | 3.64 |
| 唐　山 | 32.60 | 1.21 |
| 太　原 | 56.72 | 1.63 |
| 呼和浩特 | 74.86 | 1.39 |
| 包　头 | 52.01 | 2.20 |
| 沈　阳 | 48.42 | 0.62 |
| 大　连 | 52.62 | 2.27 |

续表

| 城　市 | 第三产业产值比重/% | 万元工业总产值废水排放量/t |
| --- | --- | --- |
| 长　春 | 40.03 | 0.59 |
| 哈尔滨 | 58.99 | 1.32 |
| 大　庆 | 16.64 | 1.15 |
| 上　海 | 62.33 | 1.41 |
| 南　京 | 54.38 | 2.01 |
| 无　锡 | 49.56 | 1.55 |
| 苏　州 | 47.14 | 2.21 |
| 南　通 | 44.10 | 1.30 |
| 杭　州 | 57.12 | 3.16 |
| 宁　波 | 47.65 | 1.51 |
| 温　州 | 51.26 | 1.65 |
| 合　肥 | 46.26 | 0.80 |
| 福　州 | 62.49 | 0.69 |
| 厦　门 | 51.60 | 5.78 |
| 南　昌 | 48.58 | 2.39 |
| 济　南 | 64.14 | 1.80 |
| 青　岛 | 51.37 | 0.66 |
| 烟　台 | 42.00 | 0.69 |
| 威　海 | 40.69 | 0.46 |
| 郑　州 | 53.52 | 1.08 |
| 洛　阳 | 46.47 | 1.26 |
| 武　汉 | 53.06 | 1.31 |
| 长　沙 | 52.99 | 0.52 |
| 广　州 | 67.14 | 1.31 |
| 深　圳 | 56.54 | 0.52 |
| 东　莞 | 53.75 | 2.13 |
| 中　山 | 42.00 | 1.57 |
| 南　宁 | 55.75 | 3.81 |
| 桂　林 | 57.51 | 2.08 |
| 北　海 | 29.00 | 1.40 |
| 海　口 | 69.59 | 1.65 |
| 重　庆 | 44.29 | 2.12 |

续表

| 城　市 | 第三产业产值比重/% | 万元工业总产值废水排放量/t |
| --- | --- | --- |
| 成　都 | 53.33 | 1.15 |
| 贵　阳 | 61.04 | 1.12 |
| 昆　明 | 58.02 | 1.49 |
| 拉　萨 | 74.84 | 4.64 |
| 西　安 | 54.77 | 2.00 |
| 兰　州 | 53.46 | 2.03 |
| 西　宁 | 56.62 | 2.32 |
| 银　川 | 56.05 | 3.21 |
| 乌鲁木齐 | 59.29 | 2.06 |

资料来源：中华人民共和国国家统计局城市社会经济调查司.2014. 中国城市统计年鉴2014. 北京：中国统计出版社.

## 二、产业能力建设存在的问题

### （一）发展方式粗放落后，经济结构不合理

改革开放30多年来，我国经济建设虽然取得了举世瞩目的伟大成就，但必须清醒地看到，这种发展是粗放的，缺少内涵、质量和效益，是不可持续的。我国的经济增长主要停留在粗放经营方式上，单纯追求经济增长，忽视生态环境保护的传统发展模式。人与自然、人与社会、人与环境发展不协调，导致资源严重缺乏。据有关方面测算，我国经济增长中依靠资本和劳动投入增加的贡献率占72%，依靠科技进步等促使要素效率提高的贡献率仅占28%，而发达国家后者占50%～70%。具体来看，其一，在经济效益方面，我国经济运行并没有从根本上克服“高投入、高消耗、高污染、低效益”的痼疾；其二，在经济结构方面，产业结构的失调依然存在，农业基础薄弱、发展缺乏后劲、地区产业结构趋同化、第三产业发展滞后等。

### （二）经济发展面临下行压力

中国经济以9.8%的速度持续增长了30多年，2012首次“破8”，为7.8%，2013年为7.7%，发展速度继续放缓。过去作为支柱产业的房地产正进行宏观调控，日趋减缓；内需乏力仍是我国长期经济发展的顽疾。随着人口红利的逐步消失、劳动力成本的提高，支撑外贸出口高速增长的国际环境也在改变，使得中国经济快速发展的因素正在消减和逆转。目前，虽然国内经济仍保持较快增长，但发展中不平衡、不协调、不可持续的问题突出，繁荣的背后有太多的泡沫。

### （三）区域发展不平衡

长期以来，由于我国改革开放的“梯度发展”政策，优先发展了东部沿海地区。在让一部分人先富起来、一部分地区先富起来政策的指导下，经过30多年的发展，迅速拉大

了沿海与内地的经济发展差距。从地区生产总值来看，2011 年 GDP 最高的广东为 52 674 亿元，约是西部 10 省 GDP 的总和，是最低的西藏（606 亿元）的 87 倍，是中部江西（11 584 亿元）的 4.5 倍，是北部吉林（10 531 亿元）的 5 倍。与此同时，中东部地区差距、南北差距、城乡差距也随之越来越大，地区发展不平衡问题日益凸显。区域发展不平衡成为制约中国经济进一步发展的一大障碍。

### （四）市场和资源环境有待改善

市场环境的好坏关乎经济的发展，也会影响社会稳定。近年来，我国食品、医疗事件频发，安全问题层出不穷。从三聚氰胺、瘦肉精，到苏丹红、地沟油，形形色色的安全问题，严重威胁着人们的生命健康；假冒伪劣、社会欺诈现象依然十分突出；社会诚信和社会道德水平依然不高。这些不良的社会现象严重污染市场环境，也严重影响人们的消费信心，阻碍内需的发展。此外，伴随着工业化的快速发展，我国资源短缺、环境污染现象严重，资源环境问题也日益成为制约我国经济增长的重要因素。我国高碳的能源结构使我国的发展处境极为不利，如果不能在低碳化方面取得积极进展，经济的增长空间将进一步被压缩。

## 三、产业能力建设的战略选择

### （一）调整人口政策，延续人口红利

“单独二胎”政策有利于促进房地产的需求和婴儿消费，中小城市落户放开助力需求存量调整。全面放开建制镇和小城市落户限制，有序放开中等城市落户限制，有助于实现人口资源更市场化的合理配置和促进人口在部门间流动，提升全要素增长率。

### （二）通过新土改继续房地产资本化进程

新土地改革（土改）强调在符合规划和用途管制下的前提下，允许农村集体经营性建设用地出让、租赁、入股，实行与国有土地同等入市、同权同价。成功的新土改将继续为工业化和城镇化提供低成本土地要素供给、资金和动力。

### （三）加快科技投入和机制改革以促进技术进步

研发经费高速增长，科技进步加速，各类高尖端技术涌现，一些领域和项目上已经实现批量向国外输出，企业部门的自主知识产权的比例越来越高。

### （四）推进国企改革，重焕经济生机

多数时期，工业企业利润增长快于国有企业，总资产利润率高于国企，即意味着私人企业的绩效优于国企。十八届三中全会给予非公有制经济和公有制经济前所未有的重视和平等的经济地位，给予非公有制经济更多发展空间，将释放低效率的资源占用，有效提升全社会的生产率。

#### （五）推进金融改革使之更好服务于实体经济

从要素看，汇率改革倒逼经济转型：人民币升值的正面影响是传统出口行业的盈利空间受到大幅挤压，倒逼产业升级和效率提高，社会资源得到优化配置。从机构看，融资多元化促进资源配置：信托等非银行金融和直接融资，特别是债券融资得到快速发展，金融资源对经济资源得以再配置。以私募融资为例，其对于新兴产业给予大量的资金支持，有利于提高经济活力和中小企业、新兴产业的发展。

## 第三节 产业能力建设的城市实践

“十二五”以来，成都保持了超全国平均水平的 GDP 增速，经济规模总量位居全国省会城市前列。成都在施“创新驱动 产业升级”战略方针的指导下，经过近几年的不断努力，产业能力建设效果显著，在电子信息等产业领域形成了鲜明的特色与突出的优势，建立了较为齐全的产业体系，产业升级不断增强了成都经济发展的整体活力。下面从产业能力建设的四个方面来介绍成都的先进经验。

### 一、创新能力驱动产业转型升级

成都市科技局结合科技创新工作职能，召开校（院）地协同创新工作座谈会，组织开展专题调研，征集企业、高校院所科技创新需求，制订了《成都市加快科技创新驱动发展实施方案（2014—2017 年）》及配套措施。大力实施创新驱动发展战略，突出科技经济一体化发展主线和经济转型升级战略任务，深入推进企业能力提升工程、产业升级牵引工程、区域创新示范工程、校（院）地协同创新工程、科技人才发展工程和创新生态优化工程。

#### （一）实施产业升级牵引工程

促进传统产业高端化发展、高新技术产业集群化规模化发展、都市现代农业转型发展，加快培育三产联动、创新驱动、优势突出的现代产业新体系。研制完成大数据、物联网、干细胞等重点产业技术路线图，突破一批关键共性技术，形成一批战略性新兴产品、重点新产品和国际标准、行业标准。

#### （二）实施区域创新示范工程

以培育一批特色优势产业群为核心，加快推进国家级产业基地领先发展、重点区（市）县提质发展、全域创新创业竞相发展，努力打造充满活力、特色鲜明、创新发展的区域经济。力争打造国内领先、具有国际竞争力和区域特色的创新驱动发展示范区、高科技园区 3 ~ 5 个，形成具有全球比较优势、全国速度优势、西部高端优势的创新型产业集群 5 ~ 10 个，形成科技引领、创新驱动、多点支撑的经济发展新格局。

### （三）实施校（院）地协同创新工程

以促进科研成果本地转移转化、增强产学研协同创新能力和效益为核心，搭建校地协同创新平台，促进深度合作交流；搭建科技成果转化平台，促进成果转移转化；搭建区域科技资源共享平台，促进资源开放共享。形成产学研协同创新的政策体系和统筹协调机制，建设一批“2011 协同创新中心”、环高校知识经济圈和校（院）地科技创新产业园。

### （四）实施科技人才发展工程

以激发人才在本市创新创业热情为核心，着力引进聚集高层次创新创业人才、加快培育创新人才和技能型人才、规划建设国际化的“人才特区”，力争把成都建设成为国内外高层次人才向往集聚、创业创新活跃的人才高地，增强全市创新驱动发展智力支撑。重点引进一批高层次创新创业人才，建设一支能力突出、规模宏大、结构合理的创新型人才队伍，建设中西部创新创业首选地和科技人才高地。

### （五）实施创新生态优化工程

以营造功能健全、要素齐备、充满活力和富有效率的创新创业生态环境为核心，着力加快科技孵化培育体系、科技金融投融资体系、知识产权保护体系和科技对外开放合作体系建设，提高创新资源全球配置能力和效率，打造国内一流的创新创业环境，促进全球创新资源在本市聚集利用，塑造成都的创新优势、产业优势和竞争优势。

## 二、制度保障劳动力转移与就业

统筹城乡的制度和政策创新对农村劳动力人口转移推动和保障。人口管理制度上的创新，在全国率先破除了农村劳动力人口流动的制度障碍，实行了统筹城乡的户籍管理制度，解除了农村劳动力人口的刚性制度约束。农村生产经营制度的创新，在城乡统筹中推动现代农业和农业产业化经营的发展，推广了基于土地确权基础上的土地流转制度，解决了农村劳动力人口转移的后顾之忧。统筹城乡就业的政策创新，致力于建立统筹城乡发展的劳动力市场，在就业培训、就业援助、就业信息管理等方面进行了一系列制度和政策创新，为农村劳动力人口转移就业提供了各方面的支持。社会保障制度创新，出台了农民养老保险试行办法，建立了农民工综合保险制度，鼓励有条件的农民实现城市化，在很大程度上解决了困扰农村劳动力人口转移的社会保障问题。

农民向城镇集中带来的要素集聚有利于农村劳动力人口转移。遵循“因地制宜、农民自愿、依法有偿、稳步推进”的原则，科学规划建设城镇新型社区和农村新型社区，有组织、分层次地梯度引导农民向城镇转移；农民向城镇集中促进了城市化水平的提高，带动了城镇第二、第三产业的发展。数据显示，成都城市建成区面积不断增加，城市化水平进一步提高，在城乡人口格局上已经形成城市社会的雏形。

土地向规模经营集中有利于农村劳动力人口转移。农业产业链的延伸，形成新的就业空间，使富余农村劳动力人口从农民转变为农业产业工人；通过土地流转形成稳定的土地收益，有助于富余农村劳动力非农化转移就业；农业生产率的提高，形成了农村劳动力人口转移推力，推动富余农村劳动力人口脱离传统农业生产，向城市及城市经济产业转移。

## 三、新兴市场拉动产业发展活力

促进旅游消费。鼓励成都收费景区实行景区通票制（天府通熊猫卡）和景区年票制。对区（市）县举办品牌特色节庆活动给予经费补贴。大力促进入境旅游和休闲度假旅游，打造乡村旅游升级版，培育工业旅游新热点。购物街区和旅游景区的政府定价停车场，对旅游大巴实行免费。落实和鼓励带薪休假。

支持居民合理住房需求。优化房地产政策，促进居民首套房和改善性住房消费。加快住房公积金贷款发放进度，优先满足公积金缴存者首次购房贷款需求。积极支持人才住房消费，对列入“成都人才计划”的人才，正常缴纳公积金的可优先享受公积金贷款，并在贷款额度和年限上给予优惠。

培育新的消费热点。加快信息消费软硬件设施建设，鼓励发展移动电子商务，促进政务信息、商务信息和移动消费服务应用。加大政府购买服务和财政补贴力度，鼓励学校、企事业单位体育场馆延长对社会开放时间，鼓励书店、演艺场所延长营业时间，改善经营环境，促进市民体育文化消费。鼓励发展社区健康及家庭健康护理业、养老服务业，满足市民健康、养老需求。

促进产品销售。鼓励政府集中采购、医疗机构药物采购及政府投资项目材料设备采购等在同等条件下优先就近采购市内名优产品（服务）。对成都工业企业全年采购本地工业企业产品及加工服务金额达到 500 万元，或其他法人单位（政府投资公司和政府采购单位除外）全年采购成都名优产品（服务）达到 1000 万元以上的，按采购额给予最高 200 万元奖励。

## 四、政策保障产业体系稳定成长

支持工业提速增效。对 100 户重点监测保障工业企业在流动资金、劳动用工、交通运输等方面予以优先协调，保障电力、天然气方面的需求。对半年完成主营业务收入 3 亿元以上且增速超过全市平均增速 8 个百分点以上的工业企业，给予最高 30 万元奖励；对上规入库的亿元以上重大工业项目，给予最高 50 万元奖励；对当年主营业务收入增速超过全市平均增速 5 个百分点以上的规模以上工业企业、超过全市平均增速 8 个百分点以上且达到上规入库条件的规模以下工业企业，其当年新增的流动资金金融机构贷款，按中国人民银行当期基准利率计算利息金额的 50% 给予一年以内最高 150 万元的贴息；对纳入成都规模企业培育计划并首次上规入库的企业，给予企业经营者 5 万元奖励。

加快服务业发展。对 2 万 $m^2$ 及以上商务楼宇，凡楼宇内入驻企业上缴成都年度税收总额首次超过 1 亿元的，对楼宇业主或招商运营主体给予资金奖励；对整体持有物业产权且面积超过 2 万 $m^2$ 的商务楼宇给予“二次招商”运营补贴；对 2 万 $m^2$ 及以上且同一行业或特定产业关联企业、机构入驻率达到一定比例的专业楼宇给予招商补贴。对电子商务创新创业赛事、网络促销、投融资对接活动、行业性电子商务平台和产业园区建设予以资金支持；对交易结算规模以上的第三方支付企业给予奖励；支持符合条件的电子商务示范企业申报认定高新技术企业。对重大展会组展商给予补贴。对新评为全国百强的旅行社和年接待入境旅游者10万人次以上的旅行社给予奖励；对旅游饭店、旅行社年营业收入首次分别超过2亿元、5亿元的给予市场营销奖励；对新开发具有成都特色的旅游商品企业给予贴息扶持（单个项目不超过100万元）；对旅游商品参展参赛获奖给予最高12万元奖励。对新开、加频国际（地区）货运航线给予补贴；对经双流机场的国际（地区）进、出港货物及中转货物给予补贴；支持设立货运基地航空公司，鼓励投资建设国际航空货物转运中心。对“营改增”而导致实际税负增加的企业给予适当财政补贴。

引导金融支持实体经济。建立重点企业、重点项目信贷审批绿色通道，对进入《成都市大企业大集团培育名单》、《成都市中小企业成长工程名单》且生产经营正常的企业不抽贷并继续加大信贷支持力度，实行优惠利率。深入推进“小微企业金融服务提升工程”，鼓励金融机构探索开发面向中小微企业的金融产品，支持银行业金融机构发行专项金融债券用于小微企业贷款。对银行及小额贷款公司增加小额贷款（单笔500万元及以下）年度贷款总额的，银行每增加1亿元或村镇银行和小额贷款公司每增加5000万元，给予10万元奖励，最高奖励50万元。

## 第四节　产业能力建设的未来趋势

### 一、产业能力建设趋势预测

#### （一）技术要素发展趋势分析

技术创新是我国产业能力建设的主要动力，因此科技支出比重和科技从业人员比重在“十二五”后期以及“十三五”时期设定年增长为0.2，与“十二五”前期的增长量保持相对稳定，在2020年以后随着产业升级和新兴产业的发展，将呈现较快的增长水平，因此这两项指标在2020～2025年及2025～2030年增长量分别设定为0.25和0.3，保持加速增长的水平，根据增长量设定标准，具体技术要素发展趋势预测见表1-5。

表1-5　技术要素发展趋势预测

| 年份 | 科技支出比重/% | 增长量 | 科技从业人员比重/% | 增长量 |
|---|---|---|---|---|
| 2011 | 2.97 | — | 2.81 | — |
| 2012 | 3.18 | 0.20 | 2.93 | 0.12 |
| 2013 | 3.32 | 0.15 | 2.78 | -0.15 |
| 2020 | 4.77 | 年均0.2 | 4.18 | 年均0.2 |
| 2025 | 6.02 | 年均0.25 | 5.43 | 年均0.25 |
| 2030 | 7.52 | 年均0.3 | 6.93 | 年均0.3 |

资料来源：中华人民共和国国家统计局城市社会经济调查司.2012. 中国城市统计年鉴2012. 北京：中国统计出版社.

中华人民共和国国家统计局城市社会经济调查司.2013. 中国城市统计年鉴2013. 北京：中国统计出版社.

中华人民共和国国家统计局城市社会经济调查司.2014. 中国城市统计年鉴2014. 北京：中国统计出版社.

### （二）劳动力要素发展趋势分析

劳动力要素是我国产业能力建设的基础要素，结合我国人口增长以及老龄化趋势，在劳动力供给方面，2013～2020 年设定年增长为 0.3，2020～2025 年及 2025～2030 年分别设定 0.2 和 0.1 的增长量，在劳动力供给增长方面，设定与我国人口增长趋势相匹配的增长量水平。我国城市登记失业率一直保持比较低的水平，因此在后期其下降空间不大，设定 2013～2020 年年下降 0.3，2020～2025 年年下降 0.2，之后保持比较平稳的水平。根据以上增长量设定标准，具体劳动力要素发展趋势预测见表 1-6。

**表 1-6　劳动力要素发展趋势预测**

| 年份 | 从业人员比重/% | 增长量 | 登记失业率/% | 增长量 |
|---|---|---|---|---|
| 2011 | 21.98 | — | 4.69 | — |
| 2012 | 22.36 | 0.39 | 4.46 | -0.23 |
| 2013 | 26.79 | 4.43 | 3.90 | -0.56 |
| 2020 | 28.89 | 年均 0.3 | 1.80 | 年均-0.3 |
| 2025 | 29.89 | 年均 0.2 | 0.80 | 年均-0.2 |
| 2030 | 30.89 | 年均 0.1 | 0.80 | 年均 0 |

资料来源：中华人民共和国国家统计局城市社会经济调查司 . 2012. 中国城市统计年鉴 2012. 北京：中国统计出版社 .
中华人民共和国国家统计局城市社会经济调查司 . 2013. 中国城市统计年鉴 2013. 北京：中国统计出版社 .
中华人民共和国国家统计局城市社会经济调查司 . 2014. 中国城市统计年鉴 2014. 北京：中国统计出版社 .

### （三）市场要素发展趋势分析

市场要素是最不稳定和难以预测的，从整个产业发展趋势出发，参考发达国家产业发展过程中市场要素变化规律。设定社会消费品零售总额占 GDP 的比重在 2013～2020 年年增长为 0.5，主要考虑参考“十二五”前期的增长量以及转型期社会消费品市场的拉动作用；设定 2020～2025 年及 2025～2030 年这一指标呈下降趋势，年减少量分别为 0.5 和 1.0，主要考虑其他消费品市场的拉动超过社会消费品市场，以及服务业的发展。居民储蓄余额比重设定为自 2013 年以后年下降 0.5，主要考虑到新常态下逐渐稳定的投资市场，以及实体经济发展对资金的需求增加。根据以上增长量设定标准，具体市场要素发展趋势预测见表 1-7。

**表 1-7　市场要素发展趋势预测**

| 年份 | 社会消费品零售总额占 GDP 比重/% | 增长量 | 居民储蓄余额比重/% | 增长量 |
|---|---|---|---|---|
| 2011 | 38.84 | — | 37.12 | — |
| 2012 | 39.92 | 1.09 | 37.75 | 0.63 |
| 2013 | 40.88 | 0.96 | 37.13 | -0.63 |
| 2020 | 44.38 | 年均 0.5 | 33.63 | 年均-0.5 |

续表

| 年份 | 社会消费品零售总额占 GDP 比重/% | 增长量 | 居民储蓄余额比重/% | 增长量 |
|---|---|---|---|---|
| 2025 | 41.88 | 年均-0.5 | 31.13 | 年均-0.5 |
| 2030 | 36.88 | 年均-1.0 | 28.63 | 年均-0.5 |

资料来源：中华人民共和国国家统计局城市社会经济调查司. 2012. 中国城市统计年鉴 2012. 北京：中国统计出版社.
中华人民共和国国家统计局城市社会经济调查司. 2013. 中国城市统计年鉴 2013. 北京：中国统计出版社.
中华人民共和国国家统计局城市社会经济调查司. 2014. 中国城市统计年鉴 2014. 北京：中国统计出版社.

### （四）政策要素发展趋势分析

政策要素是我国产业能力建设的基本保障，根据产业结构发展的一般规律，结合我国在转变发展方式方面的基本政策，设定第三产业产值比重在 2013～2020 年、2020～2025 年、2025～2030 年年增长量分别为 1.0、1.5、2.0，设定万元工业总产值废水排放量在 2013～2020 年、2020～2025 年、2025～2030 年年减少量分别为 0.1、0.05、0.025。随着经济发展进入较为缓慢的调整期，第三产业产值比重持续上升是政策调整的主要目标，因此设定第三产业产值比重增长量是加速增长，而万元工业总产值废水排放量下降空间有限，因此设定其减少程度逐渐降低。根据以上增长量设定标准，具体政策要素发展趋势预测见表 1-8。

**表 1-8　政策要素发展趋势预测**

| 年份 | 第三产业产值比重/% | 增长量 | 万元工业总产值废水排放量/t | 增长量 |
|---|---|---|---|---|
| 2011 | 47.40 | — | 2.70 | — |
| 2012 | 48.62 | 1.22 | 2.32 | -0.38 |
| 2013 | 49.54 | 0.92 | 2.03 | -0.29 |
| 2020 | 56.54 | 年均 1.0 | 1.33 | 年均-0.1 |
| 2025 | 64.04 | 年均 1.5 | 1.08 | 年均-0.05 |
| 2030 | 74.04 | 年均 2.0 | 0.96 | 年均-0.025 |

资料来源：中华人民共和国国家统计局城市社会经济调查司. 2012. 中国城市统计年鉴 2012. 北京：中国统计出版社.
中华人民共和国国家统计局城市社会经济调查司. 2013. 中国城市统计年鉴 2013. 北京：中国统计出版社.
中华人民共和国国家统计局城市社会经济调查司. 2014. 中国城市统计年鉴 2014. 北京：中国统计出版社.

## 二、产业能力建设政策建议

### （一）技术创新驱动产业转型升级

对于传统产业升级，采用技术引进以及在此基础上的模仿性创新再到自主创新的“渐进性”技术进步路径；对于新兴产业发展，采用自主创新的“一步到位”式技术进步路径。具体来说，针对中国传统产业的升级，应该采取“渐进式”的技术进步路径，即首先吸收先进国家的先进技术，充分发挥技术的后发优势，通过模仿性创新和二次创新，加大技术引进的消化吸收力度和效率，缩小与技术先进国家的技术差距。随着技术差距的逐步缩小，开始逐步向自主创新为主的技术进步路径转移，尤其是在关键技术上寻求突破，从而在某些技术领域实现追赶甚至超越技术先进国家，最终通过自主创新的全面实施来全面超越技术先进国家。针对新兴产业的技术进步路径而言，应该采取"一步到位式"技术进步路径，即在核心技术和关键技术上采取自主创新为主的技术进步路径，实现与先进国家技术齐头并进或者技术领先战略。但并不是所有的新兴产业都应该采取这种一步到位式的技术进步路径，对于那些技术基础薄弱，人才短缺的新兴产业还是应该强调技术和人才的积累；而对于那些技术积累雄厚，人才丰裕的新兴产业则可以实现一步超越式技术进步路径。在新兴产业技术创新上，要着重在关键技术和核心技术上寻求超越，而不是在一些非核心技术上的超越，只有这样，才能够在技术上实现领先。

产业结构调整面临的最大困难是技术准备严重不足，产业升级的技术平台缺失。产能过剩的淘汰是个市场化的技术升级过程，需要通过市场化，在管理水平、装备能力、技术水平等各项关于产品升级换代的能力中解决。创新的最大问题是以人才为主导在市场化条件下的创新，在各类人才组合条件下充分利用市场化的作用，在没有政府干预的条件下进行，要放开政府的手，调动一切人为的管理、技术、经营理念，推行公平教育的创新思考能力，结构性减税，推动实体企业成为创新的原动力。

### （二）促进劳动力流动与充分就业

2013 年 9 月 10 日，国务院总理李克强在大连会见出席 2013 夏季达沃斯论坛的企业家代表时表示，就业是每个政府都要面对的突出问题。对于中国政府来说，我们发展的目的是为了保障和改善民生，而最大的民生就是就业。在促进劳动力流动和充分就业方面，需要健全劳动力市场体系及就业社会服务体系。

健全劳动力市场体系。建立城乡统一开放的劳动力市场。深化就业制度改革，建立城乡平等、统一的劳动就业管理体制。取消对农民进城就业的限制性规定，建立农民工工资支付监控管理制度，维护农民工的合法权益。健全农民职业培训教育制度，整合城乡各种职业培训教育资源，加强对农民的职业技能培训教育，提高农民的就业能力。突出解决农村富余劳动力的转移，重点解决好土地被征占农民的就业问题。完善和拓展劳动力市场的功能，打破影响劳动力流动的制度壁垒，增加就业机会，形成统一开放的劳动力市场和有序竞争的就业机制。统筹城乡就业，特别是取消农村劳动力在城镇就业所面临的户籍、子女上学、社会保障等各种显性和隐性限制，形成全社会劳动力平等竞争、人尽其才的就业格局。完善扩大就业的社会保障，筹措社会保障基金，发挥失业保险预防失业和促进就业的功能。

健全就业社会服务体系。畅通就业信息传递渠道，及时收集公布不同地区、行业劳动力供需双方信息，主动应对劳动力市场的供求矛盾。形成就业指导长效机制，规范发展就业中介机构，为求职者提供高质量的职业指导、求职技巧、能力测评、政策咨询等就业中介服务。设立就业援助基金，为长期失业和低技能失业者提供必要的就业培训。

### （三）加快完善现代市场体系建设

党的十八届三中全会通过的《决定》提出，“建设统一开放、竞争有序的市场体系”，并且从企业、消费者、商品与要素3个层面阐明了要求，充分阐释了“现代市场体系”的基本特征，这是在建设现代市场体系方面的一大理论突破，也为今后进一步发展与完善我国的市场体系指明了方向。

以市场为基础的价格形成机制是现代市场体系的核心，也是市场配置资源的中心环节。1992年，以党的十四大明确提出的“建立社会主义市场经济体制”为标志，我国开始大力推进市场在资源配置中的基础性作用。党的十四届三中全会制定了社会主义市场经济体制的总体规划，提出建立全国统一开放的市场体系，以实现城乡市场紧密结合，国内市场与国际市场相互衔接，促进实现资源优化配置的目标。

此次十八届三中全会更加突出了市场在资源配置中的作用，强调了“市场决定资源配置是市场经济的一般规律，健全社会主义市场经济体制必须遵循这条规律”，这也意味着否定和取消政府在资源配置中的决定性作用，对“建设统一开放、竞争有序的市场体系”提出了更高要求，为今后中国建设成熟的现代市场体系提供了理论指南。

### （四）积极发挥政策宏观调控作用

2012年以来，宏观经济由高速增长期进入中高速增长期，当前中国经济处于经济增长速度换挡期、前期扩张政策消化期和结构调整阵痛期3期叠加阶段，正经历着在增长中实现转型和在转型中积蓄动力的过渡期，经济进入“新常态”。“新常态”下的中国经济，在新旧增长动力接替进程中总体延续下行态势，供给与需求条件都正在发生深刻的变化和调整。

首先，应将新“四化”同步发展作为稳增长和调结构的基础。工业化、信息化、城镇化和农业现代化“四化”同步发展是中国下一阶段经济发展的重要特征，也是针对我国发展中存在的深层次问题提出的重大战略。其次，应进一步扩大开放，实施进出口平衡的外贸战略。实施进出口平衡的发展战略，意味着改变过去片面追求贸易顺差的思维，以更加开放的政策，促进进出口的平衡发展。最后，应鼓励制造业企业“走出去”。目前，我国在经济规模上已经进入工业化中期，因此也进入了对外直接投资迅速增长的时期。我国应进一步完善海外投资审批制度和外汇管制制度，减少审批环节，提高工作效率，为企业境外投资排除制度上的障碍。同时，要大力改善企业“走出去”的国际环境。我国政府、企业、非政府组织应共同行动，坚持推动和深化改革开放，反对贸易保护主义，维护世界贸易组织（WTO）的自由贸易原则。

# 第二章　中国新型城市化工程能力建设

## 第一节　工程能力建设的基本内涵

工程能力是城市运行的基础能力，从微观层面上工程能力是指市政工程，即指市政设施建设工程。在我国，市政设施是指在城市区、镇（乡）规划建设范围内设置、基于政府责任和义务为居民提供有偿或无偿公共产品和服务的各种建筑物、构筑物、设备等。城市生活配套的各种公共基础设施建设都属于市政工程范畴，如常见的城市道路、桥梁、地铁，如与生活紧密相关的各种管线，雨水、污水、上水、中水、电力（红线以外部分）、电信、热力、燃气等，还有广场、城市绿化等的建设，都属于市政工程范畴。

从宏观上一切的城市建设活动都属于工程能力建设的范畴，如产业工程、形象工程、环境工程、文化工程等，由于本报告其他部分都有涉及，本章的工程能力建设主要以基础设施工程为主，还包括社区建设工程、智慧城市工程和生态文明工程，下面从这 4 个方面展开叙述。

### 一、基础设施工程

基础设施是指为社会生产和居民生活提供公共服务的物质工程设施，是用于保证国家或地区社会经济活动正常进行的公共服务系统。它是社会赖以生存发展的一般物质条件。

基础设施包括交通、邮电、供水供电、商业服务、科研与技术服务、园林绿化、环境保护、文化教育、卫生事业等市政公用工程设施和公共生活服务设施等。它们是国民经济各项事业发展的基础。在现代社会中，经济越发展，对基础设施的要求越高；完善的基础设施对加速社会经济活动，促进其空间分布形态演变起着巨大的推动作用。建立完善的基础设施往往需要较长时间和巨额投资。对新建、扩建项目，特别是远离城市的重大项目和基地建设，更需优先发展基础设施，以便项目建成后尽快发挥效益。

基础设施建设具有所谓的“乘数效应”，即能带来几倍于投资额的社会总需求和国民收入。一个国家或地区的基础设施是否完善，是其经济是否可以长期持续稳定发展的重要基础。

### 二、社区建设工程

城市社区是指在特定的城市区域内，由一定规模的、从事各种非农业劳动职业人群所组成的基层社会。现代城市社区，是组成现代城市的一个基本细胞，是城市建设和发展的基础单元，它的含义是指“在现代城市中的一定地域内发生各种社会关系和社会活动，具有特定的生活方式，并具有归属感的人群所组成的一个相对独立的社会实体”（叶南客，

2003)。在我国，城市社区建设指的是城市基层社会在党和政府的支持、指导下，通过调整、强化社区自治组织和其他社区组织，依靠社区力量，利用社区资源，整合社区功能，发展社区事业，改善社区经济、社会和文化环境，把社区与整个国家的社会生活融为一体。

社区建设指的是一种社区工作，是指在党和政府的领导下，依靠社会力量，利用社会资源，强化社区功能，完善社区服务，解决社区问题，促进社区政治、经济、文化、环境协调和健康发展，不断提高社区成员的生活水平和生活质量的过程。社区建设是一项新的工作，大力推进社区建设，是我国城市经济和社会发展到一定阶段的必然要求，是当前我国城市现代化建设的重要途径。

## 三、智慧城市工程

智慧城市就是运用信息和通信技术手段感测、分析、整合城市运行核心系统的各项关键信息，从而对包括民生、环保、公共安全、城市服务、工商业活动在内的各种需求作出智能响应。其实质是利用先进的信息技术，实现城市智慧式管理和运行，进而为城市中的人创造更美好的生活，促进城市和谐、可持续地成长。

随着人类社会的不断发展，未来城市将承载越来越多的人口。目前，我国正处于城镇化加速发展的时期，部分地区的“城市病”问题日益严峻。为解决城市发展难题，实现城市可持续发展，建设智慧城市已成为当今世界城市发展不可逆转的历史潮流。

智慧城市通过物联网基础设施、云计算基础设施、地理空间基础设施等新一代信息技术，以及维基、社交网络、微观装配实验室（fab lab）、应用创新实验室（living lab）、综合集成法、网动全媒体融合通信终端等工具和方法的应用，实现全面透彻的感知、宽带泛在的互联、智能融合的应用，以及以用户创新、开放创新、大众创新、协同创新为特征的可持续创新。伴随网络帝国的崛起、移动技术的融合发展以及创新的民主化进程，知识社会环境下的智慧城市是继数字城市之后信息化城市发展的高级形态。

从技术发展的视角，智慧城市建设要求通过以移动技术为代表的物联网、云计算等新一代信息技术应用实现全面感知、泛在互联、普适计算与融合应用。从社会发展的视角，智慧城市还要求通过维基、社交网络、微观装配实验室、应用创新实验室、综合集成法等工具和方法的应用，实现以用户创新、开放创新、大众创新、协同创新为特征的知识社会环境下的可持续创新，强调通过价值创造，以人为本，实现经济、社会、环境的全面可持续发展。

2010 年，国际商业机器公司（IBM）正式提出了“智慧的城市”愿景，希望为世界和中国的城市发展贡献自己的力量。IBM 经过研究认为，城市由关系到城市主要功能的不同类型的网络、基础设施和环境 6 个核心系统组成：组织（人）、业务/政务、交通、通信、水和能源。这些系统不是零散的，而是以一种协作的方式相互衔接的。而城市本身，则是由这些系统所组成的宏观系统。

## 四、生态文明工程

在城市中植树造林、种草种花，把一定的地面（空间）覆盖或者是装点起来，这就是城市绿化。城市绿化是栽种植物以改善城市环境的活动。城市绿化作为城市生态系统中的还原组织，城市生态系统具有受到外来干扰和破坏而恢复原状的能力，就是通常所说的城市生态系统的还原功能。城市生态系统具有还原功能的主要原因是由于城市中绿化生态环境的作用。对城市绿化生态环境的研究就是要充分利用城市绿化生态环境，使城市生态系统具有还原功能，能够改善城市居民生活环境质量这一重要性质。

城市绿化的建设过程、功能要求和经营目的与林业有所不同，但都是生产建设的组成部分，一个是以取材为主，一个是以环境保护为主。城市绿化是对社会环境资本的投入，其经济回报是多方面的，而且是十分丰厚的。城市对园林的需求分为两个方面：一是作为基础设施；二是作为休闲设施。前者应当由市政当局作为公共产品提供给全体市民，后者则可以由法人实体作为法人产品提供给部分市民。

园林城市是在中国传统园林和现代园林的基础上，紧密结合城市发展，适应城市需要，顺应当代人的需要，以整个城市辖区为载体，以实现整个城市辖区的园林化和建设国家园林城市为目的的一种新型园林。它的总目标是“空气清新，环境优美，生态良好，人居和谐”。它的一个突出特点是城中有乡，郊区有镇，城镇有森林，林中有城镇，总之，你中有我，我中有你，互相渗透，共同提高。

## 第二节　工程能力建设的发展现状

### 一、工程能力建设主要成果

#### （一）基础设施：投入力度加大

2013 年，在经济转型的压力下，以公路、高速铁路等为代表的国家基础设施领域建设取得了一系列的成绩（表 2-1）。在铁路建设方面，2013 年年末全国铁路营业里程达 10.31 万 km，比上年年末增加 5519km。路网密度为 107.4km/万 $km^2$，增加 5.7km/万 $km^2$。其中，复线里程为 4.83 万 km，增加 4538km，复线率为 46.8%，提高 2.0 个百分点；电气化里程为 5.58 万 km，增加 4782km，电气化率为 54.1%，提高 1.8 个百分点。

**表 2-1 “十二五”时期基础设施投资状况**

| 指标 | 单位 | 2011 年 | 2012 年 | 2013 年 | “十二五”平均增速（%） |
|---|---|---|---|---|---|
| 新增 220kV 及以上变电设备 | 万 kVA | 20 906 | 18 208 | 19 631 | -2.55 |
| 新建铁路投产里程 | km | 2 167 | 5 382 | 5 586 | 76.08 |
| 其中：高速铁路 | km | 1 421 | 2 723 | 1 672 | 26.51 |
| 增建铁路复线投产里程 | km | 1 889 | 4 763 | 4 180 | 69.95 |
| 电气化铁路投产里程 | km | 3 398 | 6 054 | 4 810 | 28.81 |
| 新建公路里程 | km | 55 285 | 58 672 | 70 274 | 12.95 |

续表

| 指标 | 单位 | 2011 年 | 2012 年 | 2013 年 | “十二五”平均增速（%） |
|---|---|---|---|---|---|
| 其中：高速公路 | km | 9 124 | 9 910 | 8 260 | -4.02 |
| 港口万吨级码头泊位新增吞吐能力 | 万 t | 26 639 | 49 522 | 33 119 | 26.39 |
| 新增光缆线路长度 | 万 km | 209 | 267 | 266 | 13.69 |
| 房地产开发投资 | 亿元 | 61 740 | 71 804 | 86 013 | 18.04 |
| 其中：住宅投资 | 亿元 | 44 308 | 49 374 | 58 951 | 15.42 |

资料来源：中华人民共和国国家统计局 . 2011. 2011 年国民经济和社会发展统计公报 . http：//www. stats. gov. cn/tjsj/tigb/ndtjgb/qgndtjgb/201202/t20120222_30026. html.

中华人民共和国国家统计局 . 2012. 2012 年国民经济和社会发展统计公报 . http：//www. stats. gov. cn/tjsj/tigb/ndtigb/qgndtjgb/201302/t20130221_30027. html.

中华人民共和国国家统计局 . 2013. 2013 年国民经济和社会发展统计公报 . http：//www. stats. gov. cn/tjsj/zxfb/201402/t20140224_514970. html.

在公路建设方面，年末全国公路总里程达 435. 62 万 km，比上年年末增加 11. 87 万 km。公路密度为 45. 38km/100km$^2$，提高 1. 24km/100km$^2$。公路养护里程为 425. 14 万 km，占公路总里程的 97. 6%，提高了 0. 4 个百分点。全国等级公路里程为 375. 56 万 km，比上年年末增加 14. 60 万 km。等级公路占公路总里程的 86. 2%，提高了 1. 0 个百分点。其中，二级及以上公路里程为 52. 44 万 km，增加了 2. 25 万 km，占公路总里程的 12. 0%，提高了 0. 2 个百分点。

各行政等级公路里程分别为国道 17. 68 万 km（其中普通国道 10. 60 万 km）、省道 31. 79 万 km、县道 54. 68 万 km、乡道 109. 05 万 km、专用公路 7. 68 万 km，比上年年末分别增加了 0. 35 万 km、0. 58 万 km、0. 73 万 km、1. 39 万 km 和 0. 31 万 km。全国高速公路里程达 10. 44 万 km，比上年年末增加了 0. 82 万 km。其中，国家高速公路里程为 7. 08 万 km，增加了 0. 28 万 km。全国高速公路车道里程为 46. 13 万 km，增加了 3. 67 万 km。

### （二）社区建设：初步形成体系

社区服务体系，是指以社区为基本单元，以各类社区服务设施为依托，以社区全体居民、驻社区单位为对象，以公共服务、志愿服务、便民利民服务为主要内容，以满足社区居民生活需求、提高社区居民生活质量为目标，党委统一领导、政府主导支持、社会多元参与的服务网络及运行机制。

目前，全国有 6923 个城市街道，8. 7 万个城市社区。“十一五”期间，各地认真贯彻落实《国务院关于加强和改进社区服务工作的意见》（国发〔2006〕14 号），社区服务体系建设取得显著成效。一是社区服务设施建设取得初步进展。全国共建成街道社区服务中心 3515 个，社区服务站 44 237 个，社区综合服务设施覆盖率达 50. 81%。二是社区服务内容不断拓展。劳动就业、社会保险、社会服务、文化娱乐、社会治安等政府公共服务事项逐步向社区覆盖，社区志愿者注册登记制度广泛推行，社区志愿服务蓬勃开展。家政服务、物业管理、养老托幼、食品配送、修理服务、再生资源回收等便民利民服务项目及超市、菜场、早餐等服务网点逐步进入社区，方便了社区居民生活，提高了生活质量。三是社区服务队伍不断壮大。依法选举产生一批社区居委会成员，逐步面向社会公开招聘专职社区工作人员。一大批素质高、能力强、作风正、愿意为群众服务的居民走上社区工作岗位。截至2010年年底，全国共有社区居民委员会成员43.9万人，社区公共服务从业人员105.9万人。有507.6万社区居民成为社区志愿者，活跃在社区服务各领域，成为推动社区建设和社区服务的重要力量。四是社区服务方式不断改善。不少地方依托街道社区服务中心、社区服务站，实行“一站式”服务；利用现代信息技术，推动社区信息化建设，方便快捷地满足了居民多样化需求。有的地方通过政府购买服务、设立项目资金、开展项目补贴等方式，引导社会组织、企事业单位和居民参与社区管理和服务活动，增强了社区服务的活力和社会组织的服务能力。五是社区服务制度环境初步形成。国家围绕老年人、未成年人、残疾人权益保护工作出台了法律，围绕社区卫生、社会救助、劳动就业、文化教育、社区服务设施等内容出台了相关政策，各地也相继出台了积极推进社区服务的政策措施，社区服务的政策法规逐步完善，各级党委政府对社区服务的重视程度越来越高，社区居民对社区服务的认同感和归属感越来越强。

**专栏2-1　“十二五”期间社区公共服务发展的目标任务**

——发展社区劳动就业、社会保险和社会服务。依托社区综合服务设施，加强街道和社区劳动就业、社会保险和社会服务平台建设，配备标准化的设施设备，完善服务功能。大力发展以家政服务、养老服务、社区照料服务和病患陪护服务等为重点的家庭服务业，实施家庭服务业从业人员定向培训工程，社会保障卡、社会服务信息落到社区。

——发展社区医疗卫生和计划生育服务。建立居民健康档案、健康教育、预防接种、儿童保健、孕产妇保健、老年人保健、慢性病管理、重性精神疾病管理、传染病及突发公共卫生事件报告和处理、卫生监督协管等国家基本公共卫生服务免费向社区居民提供，逐步拓展和深化基本公共卫生服务内容。提供计划生育宣传教育、政策咨询、技术服务、优生优育指导、药具发放、随访服务、生殖保健、人员培训、流动人口计划生育服务及计划生育行政事务办理、实有人口动态信息采集等服务。

——发展社区文化、教育、体育服务。广泛开展社会文化活动，全国所有建成的社区综合服务设施中都建立具备综合服务功能的文化中心，推进建立公共电子阅览室和公益性未成年人上网场所。广泛开展社区教育，创新社区教育发展的体制、机制与模式，重点建设一批标准化、示范性的全民学习中心，普及科学文化知识，建设学习型社区。社区普遍建有体育场地，配有体育设施，50%以上的城市、城区建有“全民健身活动中心”，50%以上的街道、社区建有便捷、实用的体育健身设施。

——发展社区法律、治安服务。完善社区综合服务设施的法律、治安服务功能。推动人民调解、安置帮教、法制宣传教育、法律援助等服务进社区，实现法律服务在社区全覆盖。深入推进社区警务战略，加强群防群治队伍建设，全面提高社区治安综合治理水平。

——发展社区便民利民服务。积极推进社区菜店、家政服务网点、社区早餐服务网点建设。补建更新城镇存量居民楼信报箱。

资料来源：《国务院办公厅关于印发社区服务体系建设规划（2011—2015年）的通知》，国办发〔2011〕61号，2012.12.20.

### (三) 智慧城市：发展势头迅猛

2012年9月，有96个城市已经将相关智慧城市建设列入规划或正在建设中。从中国七大区域分布情况来看，华东地区的城市数量最多，为27个，占到全国总数量的28.13%。华北地区次之，有20个城市，约占全国总量的20.83%。此外，有19个城市分布在华南地区，12个分布在华中地区，分别占到了总量的19.79%和12.5%。东北、西北和西南地区在全国处于相对落后的地位，相关城市数量较少，均为6个，占总数的比例均为6.25%。中华人民共和国住房和城乡建设部（住建部）在2013年1月公布的第一批的试点城市总计为90个，包括有37个地市，50个区县和3个镇。第二批试点城市总计103个（表2-2），在2013年8月公布。比2012年国脉物联统计的全国正在建设的智慧城市数量增加了97个，增长率约为100%，可见其发展势头之迅猛。

**表2-2　2013年公布国家智慧城市试点名单**

| 地　区 | 智慧城市试点区域 |
| --- | --- |
| 北　京 | 北京经济技术开发区、房山区长阳镇 |
| 天　津 | 武清区、河西区 |
| 重　庆 | 永川区、江北区 |
| 河　北 | 唐山曹妃甸区、唐山滦南县、保定博野县 |
| 山　西 | 阳泉、大同城区、晋城、朔州怀仁县 |
| 内蒙古 | 呼伦贝尔、鄂尔多斯、包头石拐区 |
| 黑龙江 | 齐齐哈尔、牡丹江、安达 |
| 吉　林 | 四平、榆树、长春高新技术产业开发区、白山抚松县、吉林船营区搜登站镇 |
| 辽　宁 | 营口、庄河、大连普湾新区 |
| 山　东 | 烟台、曲阜、济宁任城区、青岛崂山区、青岛高新技术产业开发区、青岛中德生态园、潍坊昌乐县、平度明村镇 |
| 江　苏 | 南通、丹阳、苏州吴中太湖新城、宿迁洋河新城、昆山、徐州丰县、连云港东海县 |
| 安　徽 | 阜阳、黄山、淮北、合肥高新技术产业开发区、宁国港口生态工业园区、六安霍山县 |
| 浙　江 | 杭州拱墅区、杭州萧山区、宁波（含海曙区、梅山保税港区、鄞州区咸祥镇）、宁波宁海县、临安昌化镇 |
| 福　建 | 莆田、泉州台商投资区 |
| 江　西 | 新余、樟树、共青城、上饶婺源县 |
| 河　南 | 许昌、舞钢、灵宝 |
| 湖　北 | 黄冈、咸宁、宜昌、襄阳 |
| 湖　南 | 岳阳岳阳楼区、长沙长沙县、郴州永兴县、郴州嘉禾县、常德桃源县漳江镇 |
| 广　东 | 肇庆端州区、东莞东城区、中山翠亨新区 |
| 广　西 | 南宁、柳州（含鱼峰区）、桂林、贵港 |
| 云　南 | 红河哈尼族彝族自治州蒙自、红河哈尼族彝族自治州弥勒 |
| 贵　州 | 贵阳、遵义（含仁怀、湄潭县）、毕节、凯里、六盘水盘县 |

续表

| 地　区 | 智慧城市试点区域 |
|---|---|
| 甘　肃 | 兰州、金昌、白银、陇南、敦煌 |
| 四　川 | 绵阳、遂宁、崇州 |
| 西　藏 | 林芝地区 |
| 陕　西 | 宝鸡、渭南、延安 |
| 宁　夏 | 银川、石嘴山（含大武口区）、银川永宁县 |
| 新　疆 | 乌鲁木齐、克拉玛依、伊宁 |

注：包含 103 个城市（区、县、镇），不包括试点范围扩大 9 个。

资料来源：中华人民共和国住房和城乡建设部 . 2013. 2013 年度国家智慧城市试点名单 . http：//www. gov. cn/gzdt/2013-08/05/content_2461584. html.

宽带网络建设方面，中国的宽带带宽逐年提升。据统计，在 2012 年 6 月，4M 宽带及以上的用户超过了一半，相比 2011 年提高了 14%，有 12 个省区市的 4M 以上宽带超过了 60%，大部分省区市的测试网速都高于 1. 0 M/s，发达地区的宽带平均上网速度超过了 1. 5M/s，为 10 ~ 20M 的带宽。

三网融合方面，已经在中国 54 个地区进行试点工作。覆盖地区的人口数量超过了 3 亿人，有 17 家网络广播电视台和 600 多家网络视听节目机构通过了国家新闻出版广电总局的审批。此外，20 家开展移动通信网手机电视业务和 7 家开展互联网电视业务的单位得到了国家新闻出版广电总局的批准，网络协定电视（IPTV）的分平台播控权也得到了政策的保障。

在智慧能源基础设施方面，智能电网的建设也受到国家的重视和积极推动，我国政府工作报告中多次提到要加强智能电网的建设，“十二五”规划也将其纳入其中。截至 2012 年，有 200 多个试点项目建成投产。

### （四）生态文明：重视程度提升

1995 年，我国环境保护部门启动实施生态建设示范区。2000 年以来，中华人民共和国环境保护部（环保部）以生态省、生态市、生态县、生态乡镇、生态村、生态工业园区 6 个层级建设为主要内容，构建工作体系、制定量化指标、出台管理规程，积极推进生态建设示范区创建工作。目前，全国有 16 个省正在开展生态省建设，1000 多个县、市、区在开展生态市、县建设。从全国来看，已形成生态建设示范区创建梯次推进格局。东部沿海地区自北向南，生态建设示范区创建全面展开，辽宁、山东、江苏、浙江和福建连成一片；中部稳步推进，安徽、河南、湖南、湖北等省生态建设示范区创建活动正在大力实施；西部地区四川、陕西、贵州等省生态建设示范区创建开局良好，形势喜人。

2013 年 6 月，中央批准将“生态建设示范区”正式更名为“生态文明建设示范区”。生态文明建设示范区相对生态建设示范区而言，是全面深化和提标升级，实现了质的提升与超越。在认识理念上，生态文明建设示范区立足于人与自然、环境与经济、人与社会和谐发展的生态文明新高度，来审视解决资源环境问题，强调把生态文明建设融入经济建设、政治建设、文化建设、社会建设各方面和全过程。在基本内涵上，生态文明建设示范区以实现人与自然和谐发展和建设美丽中国的新要求为目标，在价值取向、建设目标、基本原则、实现途径和保障举措等方面，更全面、系统和深入。在建设内容上，生态文明建设示范区强调在区域内新型工业化、城镇化、农业现代化、信息化和生态化“五化”同步，统筹城乡协调发展，系统建立安全的生态空间、发达的生态经济、良好的生态环境、适度的生态生活、完善的生态制度和先进的生态文化六大体系。在方式方法上，生态文明建设示范区大都以地方党委政府为主导，环境保护部门牵头，多部门联动，不仅借助必要的行政手段，更强调体制机制创新和政策法规引导推动。

环保部印发《关于大力推进生态文明建设示范区工作的意见》，出台《国家生态文明建设试点示范区指标（试行)》，设定生态经济、生态环境、生态人居、生态制度和生态文化5方面28项指标，各项工作在积极有序推进。

## 二、工程能力建设现状分析

### （一）基础设施建设现状分析

基础设施建设是城市工程能力建设的基础，本报告采取房地产投资占固定资产投资总额的比重和城市道路面积占城市建设总面积的比重两项指标来分析我国主要城市的基础设施建设状况。主要城市房地产投资占比平均值为33.42%，房地产投资仍占固定资产投资的很大比重，相对而言，其他民生基础设施的投资比重偏低，不利于城市可持续发展。这项指标排在前五位的城市依次是北京、呼和浩特、郑州、上海和昆明，比重都在50%左右，北京和上海固定资产投资总额较高，相对而言，除房地产以外的其他基础设施投资额度的绝对值也较高，而呼和浩特、郑州和昆明，房地产投资占比过高，造成其民生基础设施建设相对投入较低。道路覆盖率反映的是交通基础设施建设情况，道路面积比重越高则表示交通基础设施越发达。主要城市道路覆盖率的均值为15.72%，其中最高的为东莞、青岛、石家庄、无锡和济南，都超过20%，而北京、乌鲁木齐、宁波等地区的比值较低。总体上，基础设施建设中房地产建设投入过高，交通以及其他民生基础设施建设力度需要加大，各个城市具体情况见表2-3。

**表2-3　主要城市2013年基础设施建设状况分析**

| 城　市 | 房地产投资占比/% | 道路覆盖率/% |
|---|---|---|
| 北　京 | 50.88 | 6.39 |
| 天　津 | 16.06 | 16.90 |
| 石家庄 | 42.79 | 21.21 |
| 唐　山 | 21.80 | 15.89 |
| 太　原 | 27.76 | 12.57 |
| 呼和浩特 | 50.22 | 8.75 |
| 包　头 | 8.55 | 13.46 |
| 沈　阳 | 43.06 | 17.09 |
| 大　连 | 35.87 | 11.21 |
| 长　春 | 21.66 | 15.91 |

续表

| 城　市 | 房地产投资占比/% | 道路覆盖率/% |
|---|---|---|
| 哈尔滨 | 21.03 | 12.45 |
| 大　庆 | 31.72 | 10.74 |
| 上　海 | 49.96 | — |
| 南　京 | 20.37 | 18.02 |
| 无　锡 | 30.46 | 21.19 |
| 苏　州 | 28.36 | 18.23 |
| 南　通 | 27.96 | 17.83 |
| 杭　州 | 46.95 | 13.27 |
| 宁　波 | 34.62 | 8.27 |
| 温　州 | 31.83 | 16.82 |
| 合　肥 | 27.18 | 15.03 |
| 福　州 | 40.99 | 11.41 |
| 厦　门 | 39.77 | 12.66 |
| 南　昌 | 15.41 | 15.86 |
| 济　南 | 36.54 | 20.03 |
| 青　岛 | 32.50 | 38.71 |
| 烟　台 | 28.54 | 11.75 |
| 威　海 | 33.73 | 13.45 |
| 郑　州 | 50.10 | 11.15 |
| 洛　阳 | 31.56 | 11.94 |
| 武　汉 | 36.51 | 11.80 |
| 长　沙 | 34.03 | 9.19 |
| 广　州 | 34.21 | 14.89 |
| 深　圳 | 35.49 | 13.23 |
| 东　莞 | 35.96 | 91.72 |
| 中　山 | 41.45 | 9.52 |
| 南　宁 | 21.03 | 12.69 |
| 桂　林 | 16.91 | 13.13 |
| 北　海 | 29.61 | 12.26 |
| 海　口 | 39.49 | 12.02 |
| 重　庆 | 33.53 | 13.81 |
| 成　都 | 39.90 | 14.34 |
| 贵　阳 | 41.04 | — |
| 昆　明 | 49.19 | 9.62 |
| 拉　萨 | — | — |
| 西　安 | 35.13 | 16.71 |

续表

| 城　市 | 房地产投资占比/% | 道路覆盖率/% |
|---|---|---|
| 兰　州 | 32.85 | 14.70 |
| 西　宁 | 32.32 | 11.36 |
| 银　川 | 48.75 | 12.33 |
| 乌鲁木齐 | 21.87 | 7.45 |

资料来源：中华人民共和国国家统计局城市社会经济调查司.2014.中国城市统计年鉴2014.北京：中国统计出版社.

### （二）社区建设现状分析

社区建设是政府职能转变的主要载体，是社会治理的主要方面，城市社区将承担更多社会治理的工作。本报告采取公共管理和社会组织从业人员与城市从业人员总数比重和每百人公共图书馆藏书来分析我国主要城市社区建设状况，见表2-4。从表2-4中可以看出，2013年我国主要城市公共管理和社会组织从业人员比重平均为5.77%，其中由高到低依次为乌鲁木齐、呼和浩特、北海、银川和石家庄，可以看出，除石家庄以外均是少数民族自治区省会和城市，少数民族地区社区建设相对较为复杂，因此需要更多的管理人员。相对而言，经济发展程度较高的城市这一指标值较低，如珠三角的东莞、中山和深圳，以及上海和苏州，公共管理和社会组织从业人员比重均低于3.5%。每百人公共图书馆藏书主要城市平均值为201.98，即人均两本左右，说明社区公共资源不足，排在前五位的城市依次是深圳、东莞、上海、大连和北京，可以得出，经济发展水平越高的城市，公共资源的供应越充分。公共管理和社会组织从业人员与城市从业人员总数比重在一定程度上反映了社区建设的管理队伍数量，每百人公共图书馆藏书反映的是社会公共资源的供应量，从上面的分析可以看出，主要城市社区管理队伍比较庞大，需要精简数量，提高质量，而公共资源的供给明显不足，应该加强投入。

**表2-4　主要城市2013年社区建设状况分析**

| 城　市 | 公共管理和社会组织从业人员比重/% | 每百人公共图书馆藏书/(册、件) |
|---|---|---|
| 北　京 | 5.63 | 418.80 |
| 天　津 | 4.87 | 174.30 |
| 石家庄 | 8.76 | 163.90 |
| 唐　山 | 7.43 | 45.40 |
| 太　原 | 6.06 | 222.14 |
| 呼和浩特 | 11.42 | 230.00 |
| 包　头 | 5.72 | 202.60 |
| 沈　阳 | 5.40 | 235.50 |
| 大　连 | 4.60 | 437.74 |
| 长　春 | 5.17 | 212.91 |
| 哈尔滨 | 5.68 | 148.29 |
| 大　庆 | 4.71 | 163.16 |

续表

| 城　市 | 公共管理和社会组织从业人员比重/% | 每百人公共图书馆藏书/(册、件) |
|---|---|---|
| 上　海 | 3.27 | 526.75 |
| 南　京 | 3.71 | 234.11 |
| 无　锡 | 4.10 | 104.44 |
| 苏　州 | 3.00 | 105.47 |
| 南　通 | 3.61 | 100.94 |
| 杭　州 | 4.08 | 354.55 |
| 宁　波 | 4.81 | 200.18 |
| 温　州 | 7.59 | 339.74 |
| 合　肥 | 3.81 | 159.13 |
| 福　州 | 4.72 | 69.28 |
| 厦　门 | 2.42 | 231.32 |
| 南　昌 | 6.11 | 185.04 |
| 济　南 | 5.88 | 297.04 |
| 青　岛 | 5.37 | 121.58 |
| 烟　台 | 4.96 | 173.08 |
| 威　海 | 4.79 | 111.97 |
| 郑　州 | 5.80 | 95.65 |
| 洛　阳 | 8.54 | 50.83 |
| 武　汉 | 4.83 | 226.61 |
| 长　沙 | 6.53 | 324.11 |
| 广　州 | 4.38 | 260.32 |
| 深　圳 | 3.07 | 920.77 |
| 东　莞 | 2.04 | 561.22 |
| 中　山 | 2.59 | 86.82 |
| 南　宁 | 7.30 | 258.54 |
| 桂　林 | 7.55 | 334.55 |
| 北　海 | 10.60 | 56.09 |
| 海　口 | 8.35 | 35.15 |
| 重　庆 | — | 51.57 |
| 成　都 | 2.28 | 18.81 |
| 贵　阳 | 6.71 | 116.93 |
| 昆　明 | 6.14 | 46.73 |
| 拉　萨 | — | — |
| 西　安 | 4.97 | 105.58 |
| 兰　州 | 8.21 | 36.44 |
| 西　宁 | 7.28 | 118.95 |

续表

| 城　市 | 公共管理和社会组织从业人员比重/% | 每百人公共图书馆藏书/(册、件) |
|---|---|---|
| 银　川 | 9.93 | 100.10 |
| 乌鲁木齐 | 12.24 | 121.79 |

资料来源：中华人民共和国国家统计局城市社会经济调查司.2014. 中国城市统计年鉴2014. 北京：中国统计出版社.

### （三）智慧城市建设现状分析

作为重大的创新和投资的驱动力，智慧城市的建设将引领未来城市工程能力建设的发展趋势。本报告采取移动电话用户数与城市平均人口数量的比重（移动电话接入率），以及宽带接入用户数与城市平均人口数量的比重（宽带接入率）来分析我国主要城市智慧城市工程建设状况，见表2-5。从表2-5中可以看出，2013年我国主要城市移动电话接入率平均值为3.44，即移动电话用户数是平均人口数的3.44倍，比值排在前五位的城市依次是东莞、深圳、温州、宁波和桂林，说明这些地区移动电话和网络的使用率较高，相对比较落后的地区有重庆、南京、天津、乌鲁木齐和沈阳，比值均低于2倍。宽带接入水平低于移动电话接入水平，宽带用户数与平均人口比重主要城市的平均值为57.28%，排在前面的城市依次是温州、深圳、威海、东莞和广州，均超过110%。移动接入率和宽带接入率均反映了城市居民对网络使用程度较高，也体现了智慧城市建设的基础比较雄厚。

**表2-5　主要城市2013年智慧城市建设状况分析**

| 城　市 | 移动电话接入率 | 宽带接入率/% |
|---|---|---|
| 北　京 | 2.71 | 42.96 |
| 天　津 | 1.61 | 22.88 |
| 石家庄 | 3.88 | 76.07 |
| 唐　山 | 2.66 | 45.23 |
| 太　原 | 2.55 | 46.68 |
| 呼和浩特 | 3.21 | 36.12 |
| 包　头 | 2.68 | 27.32 |
| 沈　阳 | 1.94 | 28.78 |
| 大　连 | 3.02 | 43.16 |
| 长　春 | 2.18 | 33.26 |
| 哈尔滨 | 2.37 | 32.94 |
| 大　庆 | 2.97 | 35.19 |
| 上　海 | 2.35 | 37.46 |
| 南　京 | 1.54 | 33.43 |
| 无　锡 | 3.36 | 59.36 |
| 苏　州 | 4.43 | 82.01 |
| 南　通 | 3.02 | 57.47 |

续表

| 城　市 | 移动电话接入率 | 宽带接入率/% |
| --- | --- | --- |
| 杭　州 | 3. 43 | 75. 20 |
| 宁　波 | 5. 40 | 109. 84 |
| 温　州 | 7. 85 | 156. 95 |
| 合　肥 | 2. 92 | 42. 77 |
| 福　州 | 4. 63 | 101. 13 |
| 厦　门 | 3. 19 | 69. 61 |
| 南　昌 | 2. 78 | 51. 24 |
| 济　南 | 3. 50 | 49. 52 |
| 青　岛 | 3. 44 | 62. 23 |
| 烟　台 | 4. 57 | 71. 59 |
| 威　海 | 4. 51 | 114. 80 |
| 郑　州 | 2. 42 | 39. 45 |
| 洛　阳 | 3. 24 | 71. 39 |
| 武　汉 | 3. 24 | 71. 99 |
| 长　沙 | 3. 63 | 47. 78 |
| 广　州 | 4. 63 | 111. 56 |
| 深　圳 | 8. 22 | 139. 45 |
| 东　莞 | 9. 80 | 114. 35 |
| 中　山 | 4. 06 | 64. 89 |
| 南　宁 | 2. 51 | 55. 77 |
| 桂　林 | 4. 72 | 88. 66 |
| 北　海 | 2. 49 | 42. 45 |
| 海　口 | 2. 36 | 32. 48 |
| 重　庆 | 1. 33 | 28. 26 |
| 成　都 | 4. 03 | 45. 49 |
| 贵　阳 | 3. 31 | 41. 25 |
| 昆　明 | 3. 27 | 48. 43 |
| 拉　萨 | 3. 12 | 0. 00 |
| 西　安 | 3. 72 | 45. 99 |
| 兰　州 | 1. 99 | 26. 31 |
| 西　宁 | 2. 23 | 31. 48 |
| 银　川 | 3. 32 | 37. 72 |
| 乌鲁木齐 | 1. 82 | 33. 49 |

资料来源：中华人民共和国国家统计局城市社会经济调查司 . 2014. 中国城市统计年鉴 2014. 北京：中国统计出版社 .

### （四）生态文明建设现状分析

党的十八大报告站在全局和战略的高度，把生态文明建设与经济建设、政治建设、文化建设、社会建设一道纳入中国特色社会主义事业总体布局，因此城市工程能力建设中生态文明工程是一个很重要的方面。生态文明包括很多方面，对于城市而言，重点是城市环境建设，因此本报告采取建成区绿化覆盖率和人均绿地面积两项指标来分析城市生态文明建设状况。主要城市建成区绿化覆盖率的均值为40.62%，其中覆盖率从高到低前五位依次是北京、东莞、威海、合肥和大庆，均超过45%，说明了这些地区的绿化程度相对较高。人均绿地面积反映城市生态承载力的状况，主要城市的均值为65.31m$^2$，排在前五位的城市分别为深圳、东莞、广州、大庆和南宁，人均绿地面积均超过140m$^2$，可以看出，珠三角城市生态压力较小，生态文明建设效果显著。在这些城市中，东莞和大庆建成区绿化覆盖率和人均绿地面积都较高，生态环境优良和承载空间较大。总体来说，生态绿化建设的绝对量已经取得了一定的成果，建成区绿化覆盖率均值接近50%，而人均绿地面积相对较低，说明城市生态建设面临的压力较大，各个城市具体情况见表2-6。

**表2-6　主要城市2013年生态文明建设状况分析**

| 城　市 | 建成区绿化覆盖率/% | 人均绿地面积/m$^2$ |
|---|---|---|
| 北　京 | 51.10 | 51.51 |
| 天　津 | 35.40 | 28.23 |
| 石家庄 | 42.89 | 36.63 |
| 唐　山 | 41.14 | 31.75 |
| 太　原 | 39.88 | 39.28 |
| 呼和浩特 | 36.47 | 68.59 |
| 包　头 | 42.31 | 51.39 |
| 沈　阳 | 42.22 | 55.70 |
| 大　连 | 44.69 | 60.76 |
| 长　春 | 27.18 | 29.49 |
| 哈尔滨 | 36.06 | 28.15 |
| 大　庆 | 45.28 | 162.55 |
| 上　海 | — | 91.12 |
| 南　京 | 44.63 | 133.91 |
| 无　锡 | 42.79 | 75.57 |
| 苏　州 | 42.06 | 64.03 |
| 南　通 | 42.05 | 34.25 |
| 杭　州 | 40.27 | 37.87 |
| 宁　波 | 38.27 | 47.91 |
| 温　州 | 38.00 | 46.03 |
| 合　肥 | 45.30 | 65.74 |

续表

| 城　市 | 建成区绿化覆盖率/% | 人均绿地面积/$m^2$ |
|---|---|---|
| 福　州 | 42.72 | 50.05 |
| 厦　门 | 41.78 | 89.39 |
| 南　昌 | 42.33 | 44.21 |
| 济　南 | 38.96 | 36.18 |
| 青　岛 | 44.66 | 76.44 |
| 烟　台 | 43.19 | 63.51 |
| 威　海 | 47.95 | 94.94 |
| 郑　州 | 33.10 | 26.00 |
| 洛　阳 | 37.23 | 31.78 |
| 武　汉 | 38.87 | 34.91 |
| 长　沙 | 34.37 | 32.11 |
| 广　州 | 41.00 | 191.44 |
| 深　圳 | 45.08 | 311.42 |
| 东　莞 | 50.96 | 207.33 |
| 中　山 | 40.61 | 23.19 |
| 南　宁 | 42.10 | 144.27 |
| 桂　林 | 42.12 | 32.97 |
| 北　海 | 39.07 | 37.50 |
| 海　口 | 42.36 | 28.63 |
| 重　庆 | 41.66 | 26.93 |
| 成　都 | 40.16 | 33.78 |
| 贵　阳 | — | 56.09 |
| 昆　明 | 39.29 | 52.32 |
| 拉　萨 | 28.83 | 55.33 |
| 西　安 | 42.20 | 27.10 |
| 兰　州 | 33.92 | 24.44 |
| 西　宁 | 38.55 | 25.87 |
| 银　川 | 40.95 | 71.69 |
| 乌鲁木齐 | 37.95 | 95.31 |

资料来源：中华人民共和国国家统计局城市社会经济调查司. 2014. 中国城市统计年鉴 2014. 北京：中国统计出版社.

## 第三节　工程能力建设的城市实践

2014 年 3 月发布的《国家新型城镇化规划》提出，在推进新型城镇过程中，要“以综合承载能力为支撑，提升城市可持续发展水平”。《成都市城市总体规划（2011—2020 年）》

中提出了成都建设的总体目标：全面贯彻落实科学发展观，以转变经济发展方式为主线，以统筹城乡经济社会发展、深入推进城乡一体化为根本要求，以改革开放、科技进步和人才开发为动力，以创建西部地区创业环境最优、人居环境最佳、综合实力最强的现代特大中心城市为途径，努力实现工业新跨越，增创服务业新优势，开拓现代农业新局面，不断完善城市功能，统筹推进新型工业化、新型城镇化互动发展，加快构建和谐成都，促进城乡同发展共繁荣，全面建成小康社会，成为国家实施西部大开发的主要战略基地，城乡一体化、全面现代化、充分国际化的世界生态田园城市。本报告从工程能力建设的 4 个方面出发来介绍成都建设的先进经验。

## 一、大力度高效益的基础设施投资

大力度、高效益的基础设施投资，不仅能够促进城乡基础设施的加快完善，奠定支撑城市长远发展的硬件基础，更重要的是带动了城市空间、生态和城乡形态的转型升级、民生福祉持续改善。2013 年，成都在基础设施建设方面，部署了 27 个项目，其中 19 个属于新建项目，8 个为续建项目。续建项目主要是去年未完成建设的，包括蜀龙路五期、金芙蓉大道（货运大道）、天丰路改造工程（含天丰路下穿宝成铁路隧道工程）、川陕路新都段改造、北部商城基础设施建设、地铁 3 号线一期工程等。新建项目则是新建、改造一批道路和交通节点，包括新凤凰大道、商贸大道北延线工程、凤凰大道、天龙大道（天斑路）、十里店五路口改造工程、金粮路（羊西线至沙西线段）、万石路（绕城段）、成绵高速底层改造、一里塘片区道路、二仙桥片区道路等。

## 二、现代化便民社区服务体系

随着我国发展模式转型、体制深层次转轨、政府职能转变和城市化进程的不断加快，一些企事业单位的社会职能逐步被剥离，致使一部分单位人变成了社会人，以及大量的农村务工人员涌入城市，使现行城市社区的社会管理和服务工作面临许多新情况、新问题，如计生、优抚、救助、服务、流动人口管理、环境卫生等。因此，社区工程建设对于维护社会稳定、保障经济持续发展具有重要的现实意义。2013 年，成都在社区建设方面取得了一系列成果，主要集中在交通先行、教育助学、就业促进、社会保障、扶贫解困、医疗卫生、百姓安居、文化体育、基础设施以及生态环境等方面。随着社会老龄人口的不断增加，2013 年成都民生工程将加大社区养老建设，除了筹建 1. 2 万个养老服务床位外，建成 125 个规模不低于 10 张床位的社区养老服务机构。在民生工程方面，新增 2000 辆公交车，60 所公益幼儿园，19. 4 万学生受惠营养改善计划，17 万农民工将接受职业技能培训。

## 三、基础建设与智慧应用并举

“智慧城市”建设对激发科技创新、转变经济增长方式、推进产业转型升级和经济结构调整、转变政府的行为方式、提高政府效率、改善民生等方面有着重要的意义。宽带是“智慧城市”建设的基础，也是国民经济新增长点的引擎，宽带对经济增长的拉动和促进可持续发展是有目共睹的。2013 年 8 月 17 日，国务院发布了《“宽带中国”战略及实施方案》，标志着“宽带中国”上升为国家战略，宽带成为国家战略性公共基础设施。作为西部的信息枢纽中心、西部的“硅谷”城市，成都成为全国首批 20 个智慧城市试点示范城市之一。成都各区县政府高度重视信息化建设，纷纷将光网建设纳入民生工程加快推动。作为成都信息化建设的主力军，中国电信成都分公司与各区县密切配合，一方面贯彻“宽带中国”战略，全力建设光网城市，有效提升成都信息化水平，巩固成都的西部通信枢纽地位。另一方面，合作打造智慧应用，以智慧家庭、智慧社区、综治 E 通、计生 E 通、平安医院、智慧教育等为代表的民生项目全面推进“智慧成都”建设，以信息化助力市民生活、城市管理及经济发展，给天府之国带来新的生机和活力。

## 四、城乡环保一体化均衡发展

在生态文明建设方面，成都注重从整体设计上反映生态规划理念，早在 2007 年就已经启动《成都生态市建设规划（2008—2015 年）》，在规划目标中，2015 年，全市达到国家生态市建设指标体系要求，基本形成城乡环保一体化均衡发展优势。相对于规划设计，成都制定了一系列的制度进行保障，如建立了《成都市排污权交易管理规定》、《成都市环城生态区保护条例》、《成都市大气污染防治管理规定》、《成都市饮用水水源保护条例》、《成都市城市扬尘污染防治管理暂行规定》、《成都市特种垃圾管理办法》、《成都生态市建设实施方案》、《成都市生态保护条例》、《成都市农村环境保护条例》、《成都市机动车排气污染防治管理办法》等，力求建立健全生态建设制度化过程。目前，成都以生态细胞为基础构建了多层次、多领域的生态创建格局，推进生态县（市、区）、生态乡镇、生态村、生态家园 4 个层级建设，大力开展绿色学校、绿色建筑、绿色酒店、绿色社区等创建活动。截至 2013 年，双流县、温江区、郫县、蒲江县被环保部正式确定为全国生态文明建设试点县，并命名为国家生态县（区），成都共建成国家级生态乡镇 144 个，省级生态乡镇 78 个，国家级生态村 5 个，市级以上生态村 2387 个，13 462 户农户被命名为市级生态户。

# 第四节　工程能力建设的未来趋势

## 一、工程能力建设趋势预测

### （一）基础设施建设发展趋势分析

基础设施建设在我国未来城市建设过程中将从房地产建设投入逐渐转向民生方向，参考 2012 年和 2013 年的增速，因此设定房地产投资占比在 2013 ~ 2020 年年下降量为 0.5，2020 ~ 2025 年及 2025 ~ 2030 年的下降量分别为 1.0 和 1.5，呈现逐渐增加的下降趋势。相对而言，交通基础设施建设随着经济的增长呈现稳定的上涨趋势，因此设定道路覆盖率在 2013 ~ 2020 年、2020 ~ 2025 年、2025 ~ 2030 年年增长量分别为 1.0、0.5、0.2，到 2030

年左右基本处在一个稳定的区间内。根据增长量设定标准，具体基础设施建设发展趋势预测见表 2-7。

**表 2-7　基础设施建设发展趋势预测**

| 年份 | 房地产投资占比/% | 增长量 | 道路覆盖率/% | 增长量 |
|---|---|---|---|---|
| 2011 | 29.21 | — | 11.29 | — |
| 2012 | 28.45 | -0.76 | 13.32 | 2.03 |
| 2013 | 28.35 | -0.10 | 14.52 | 1.20 |
| 2020 | 24.85 | 年均-0.5 | 21.52 | 年均 1.0 |
| 2025 | 19.85 | 年均-1.0 | 24.03 | 年均 0.5 |
| 2030 | 12.35 | 年均-1.5 | 25.03 | 年均 0.2 |

资料来源：中华人民共和国国家统计局城市社会经济调查司 . 2012. 中国城市统计年鉴 2012. 北京：中国统计出版社 .
中华人民共和国国家统计局城市社会经济调查司 . 2013. 中国城市统计年鉴 2013. 北京：中国统计出版社 .
中华人民共和国国家统计局城市社会经济调查司 . 2014. 中国城市统计年鉴 2014. 北京：中国统计出版社 .

### （二）社区建设发展趋势分析

城市社区组织，是未来我国城市社会治理和政府职能转移的主要载体，社区建设将是城市工程建设的主要方面。公共管理和社会组织从业人员比较高，社会管理人员数量较多，参考 2012 年和 2013 年的增速，设定公共管理和社会组织从业人员比重在 2013～2020 年、2020～2025 年及 2025～2030 年的年下降量分别为 0.1、0.05 和 0.02，2030 年之后维持在一个相对稳定的区间。每百人公共图书馆藏书表征社区公共资源供给，因此其将处于逐渐减少的增长趋势中，设定其在 2013～2020 年、2020～2025 年及 2025～2030 年的年增长量分别为 10.0、5.0 和 2.5，2030 年以后将处于较低的增长区间中。根据增长量设定标准，具体社区建设发展趋势预测见表 2-8。

**表 2-8　社区建设发展趋势预测**

| 年份 | 公共管理和社会组织从业人员比重/% | 增长量 | 每百人公共图书馆藏书/(册、件) | 增长量 |
|---|---|---|---|---|
| 2011 | 7.29 | — | 121.72 | — |
| 2012 | 7.31 | 0.01 | 156.47 | 34.75 |
| 2013 | 6.01 | -1.29 | 130.00 | -26.47 |
| 2020 | 5.31 | 年均-0.1 | 200.00 | 年均 10.0 |
| 2025 | 5.06 | 年均-0.05 | 225.00 | 年均 5.0 |
| 2030 | 4.96 | 年均-0.02 | 227.50 | 年均 2.5 |

资料来源：中华人民共和国国家统计局城市社会经济调查司 . 2012. 中国城市统计年鉴 2012. 北京：中国统计出版社 .
中华人民共和国国家统计局城市社会经济调查司 . 2013. 中国城市统计年鉴 2013. 北京：中国统计出版社 .
中华人民共和国国家统计局城市社会经济调查司 . 2014. 中国城市统计年鉴 2014. 北京：中国统计出版社 .

### （三）智慧城市建设发展趋势分析

智慧城市是未来城市发展的主要方向，因此相关的建设进程将处在稳定的增长过程中。移动电话和宽带已经成为现代生活不可缺少的部分，因此在未来发展中它们的增长空间不大，增长趋势逐渐放缓。设定移动电话接入率年增长量在 2013 ~ 2020 年、2020 ~ 2025 年及 2025 ~ 2030 年分别为 0.1、0.05 和 0.02，2030 年之后将处在一个稳定区间中。宽带接入率增长量在 2013 ~ 2020 年、2020 ~ 2025 年及 2025 ~ 2030 年分别为 3、1.5 和 1.0，2030 年之后将处在一个低速增长区间中。根据增长量设定标准，具体智慧城市建设发展趋势预测见表 2-9。

**表 2-9 智慧城市建设发展趋势预测**

| 年份 | 移动电话接入率 | 增长量 | 宽带接入率/% | 增长量 |
|---|---|---|---|---|
| 2011 | 1.42 | — | 25.10 | — |
| 2012 | 2.94 | 1.52 | 44.96 | 19.86 |
| 2013 | 3.08 | 0.14 | 51.02 | 6.06 |
| 2020 | 3.78 | 年均 0.1 | 72.02 | 年均 3.0 |
| 2025 | 4.03 | 年均 0.05 | 79.52 | 年均 1.5 |
| 2030 | 4.13 | 年均 0.02 | 84.52 | 年均 1.0 |

资料来源：中华人民共和国国家统计局城市社会经济调查司. 2012. 中国城市统计年鉴 2012. 北京：中国统计出版社.
中华人民共和国国家统计局城市社会经济调查司. 2013. 中国城市统计年鉴 2013. 北京：中国统计出版社.
中华人民共和国国家统计局城市社会经济调查司. 2014. 中国城市统计年鉴 2014. 北京：中国统计出版社.

### （四）生态文明建设发展趋势分析

生态文明建设是我国未来城市建设的一项重要任务，因此建成区绿化覆盖率和人均绿地面积在今后一段时期都将处于上涨趋势，之后稳定在一定水平。因此，设定两项指标呈现逐渐减少的上涨趋势，在 2013 ~ 2020 年、2020 ~ 2025 年及 2025 ~ 2030 年的增长量分别为 1.5、1.0 和 0.5，到 2030 年以后基本处在一个稳定的区间内。根据增长量设定标准，具体生态文明建设发展趋势预测见表 2-10。

**表 2-10 生态文明建设发展趋势预测**

| 年份 | 建成区绿化覆盖率/% | 增长量 | 人均绿地面积/$m^2$ | 增长量 |
|---|---|---|---|---|
| 2011 | 37.37 | — | 44.76 | — |
| 2012 | 39.08 | 1.71 | 46.46 | 1.7 |
| 2013 | 43.62 | 4.54 | 47.65 | 1.19 |
| 2020 | 54.12 | 年均 1.5 | 58.15 | 年均 1.5 |
| 2025 | 59.12 | 年均 1.0 | 63.15 | 年均 1.0 |
| 2030 | 61.62 | 年均 0.5 | 65.65 | 年均 0.5 |

资料来源：中华人民共和国国家统计局城市社会经济调查司. 2012. 中国城市统计年鉴 2012. 北京：中国统计出版社.
中华人民共和国国家统计局城市社会经济调查司. 2013. 中国城市统计年鉴 2013. 北京：中国统计出版社.
中华人民共和国国家统计局城市社会经济调查司. 2014. 中国城市统计年鉴 2014. 北京：中国统计出版社.

## 二、工程能力建设政策建议

### （一）基础设施：促进合理布局，拓宽融资渠道

目前，我国市政基础设施建设过程中仍面临很多重要问题，集中体现在投资融资、机制体制、统筹协调、运营模式和市场化改革等方面。例如，在投资融资方面，我国城市市政基础设施投资的资金来源中，财政资金和国内银行贷款两项所占比重为54.4%，企业自筹资金约占市政基础设施总投资的32%，发行债券只占0.3%。在统筹协调方面，我国城市市政基础设施专项规划编制不完善，基础设施选址和建设布局难以落实，专项规划设施建设用地不能得到保障，造成基础设施建设布局不合理，尤其是对环境有一定影响的垃圾处理设施往往难以选址新建或扩建。

推进高效、集约的空间布局。发达地区城市未来市政基础设施配置的发展方向以优化建设为主，即通过对旧有基础设施改造和新增设施的配置，使市政基础设施体系能够更好地为城市发展服务，集约合理利用城市空间和城市资源。基础设施立体配置模式可能是今后发展的概念模式之一，是未来现代化城市发展的一种趋势，特别是交通网络的布局采用立体配置模式，能够最大限度地节省城市空间，充分利用土地资源，实现集约化、科学化配置。

多元化、社会化的融资建设。未来高配置水平城市的市政基础设施建设主要采用建设-经营-转让（BOT）、移交-经营-移交（TOT）、建设-移交（BT）等融资建设模式。其中，BOT模式可以动员民间资本参与市政基础设施建设，减轻政府财政压力，民间投资者可通过收费获得投资回报。TOT模式集中体现租赁特点，中标者一次性向政府支付租金，政府既回收了设施建设资金，盘活了存量资产，又解决了公用设施的管理和运营问题。这种模式直接租赁、管理现成项目，不需要承担建设期的风险。BT模式适合于缺乏收入补偿机制的设施。例如，实践中污水管网的建设投资，对建设财力薄弱的地方政府或融资能力强的承包商具有很大的吸引力。

### （二）社区建设：创新治理方式，提升居民参与

今年我国社会工作在政府和社会各部门的努力下，已经取得了很大的进展，基本上建立了现代化的社区服务体系，然而还存在很多问题，主要体现在以下几个方面。首先，我国社会自制程度普遍偏低，政府往往通过行政命令和强制手段直接控制社区的治理工作。政府过多地干预了非政府社会组织的自主权利，使得一些地方的居委会承担了一些应由非政府社会组织承担的事务性职能，如社区文化活动、公益慈善活动、志愿者活动等。其次，我国城市社区普遍面临资源匮乏、配套支持难以满足社区治理需要的困境，主要包括人力资源和政策资源的配套缺失。由于编制等历史原因，当前从事社区治理与服务工作的多是下岗职工、家庭妇女、离退休职工等，专业人员和管理人员比例偏低。最后，居民的社区参与性不强。社区治理的目标就是通过多元的社区组织实现对社区治理的参与，治理的主体既有党团组织和政府组织，也有非营利组织和市场组织，还有居民个人。现阶段社区内居民参与和社会组织参与的积极性都不高，社区活动的行政化痕迹明显。

针对现阶段我国社区建设面临的主要问题，应该从创新政府管理方式、加大人才队伍建设，以及提升社区居民参与度 3 个方面推动社区建设工程实施。

创新政府管理方式。虽然我国的社区治理模式大多数还是政府主导，但是参照武汉、上海等社区管理的创新经验，发现城市社区管理体制由单一行政管理模式转变为政府与社区互动的治理模式，这是构筑政府依法行政与社区依法自治相结合的管理体制模式，也是架构“小政府、大社会”的创新社会管理途径。一要明确居委会与各职能部门所担负的职责。各职能部门必须独立承担行政管理责任，对于自己职能内的事务不推给社区，如果需要社区协助，应该提供工作人员和相关经费，其他如社区保障、群众文化等社会性服务工作应从行政职能中分离出来，按“权随责走、费随事转”的原则移交社区，并界定社区自治管理的职责，包括社区社会机构的管理、邻里关照等社区公益事业建设等。二要创新社区评议的考核监督机制。对社区的考核由上级部门的单向考核转变为上级部门、驻区单位、社区居民共同参与的多向考核；政府职能部门在社区建立公示制、承诺制，接受社区成员的监督和评议；考核管理社区、服务居民的内容应当以社区居民的满意度为主，并取消考核与社区职能无关的内容，切实为社区工作减负。

加大人才队伍建设。2011 年，国务院办公厅印发了《社区服务体系建设规划（2011—2015 年）》（简称《规划》），《规划》指出，要积极推进社区服务人才队伍专业化、职业化，落实“一社区一名大学生”政策，实施 50 万大学生服务社区计划。对各种不同类型的人才，要采取公开推荐、民主推荐、群众推荐、组织推荐、个人自荐等方式，引入竞争机制，推行竞争上岗，创造公开、平等、竞争、择优的用人环境。针对社区管理特点，要开展形式多样的培训活动，建立培训登记管理制度，鼓励社区工作者参加各种职业资格考试和学历教育，对社区服务人员进行系统培训，切实提高社区干部的计算机操作、口头表达、文字组织、矛盾协调等技能。另外，要认真落实政务公开、财务管理、民主评议干部等规章制度，保障社区人才队伍的稳定，从而使社区管理服务水平向规范化、专业化、制度化发展迈进。

提升社区居民参与。社区居民参与度的高低，决定着社区建设与城市基层民主化实现程度的高低，是创建和谐社区的基础，也是实现社区建设自治发展的关键。首先，要引导居民群众在社区民主管理中发挥作用。通过建立社区网站、张贴宣传通知等各种方式实行居委会工作公开；开展试行社区事务听证制度，增加社区管理的透明度，提高居民责任感，对影响居民生活的大小事情，通过召开听证会、楼道会等形式解决。其次，开展各类丰富多彩的社会活动和互助活动，融洽邻里关系，消除矛盾纠纷，满足社区居民多方面的精神需求，并通过树立社区活动积极典型，引导居民自觉参与社区的管理，形成和谐邻里、平等互助的良好社区风气。

### （三）智慧城市：建立标准规范，重视技术创新

智慧城市建设是一个复杂的系统工程。在建设过程中，必须发挥政府指导的作用，统一规划、循序推进，同时引导资金、技术和人才等要素的有效配置。然而，在实际开展过程中，由于缺少标准规范，以及缺乏市场机制和成本预算约束而导致建设效率低、重复建设及应用层次不高等问题。因此，应当从以下几个方面加强智慧城市工程建设。

重视规划引领，构建行业标准。当前，国家层面关于智慧城市建设的专门性规划尚未

出台，现有规划主要对物联网、云计算等相关智慧技术的发展和应用方向作出了原则性和纲领性指导。联合各部门成立智慧城市建设标准委员会，设定建设智慧城市的行业规范和标准，统一平台接口，消除由标准差异造成的成本过高。

注重市场导向，提升应用效果。一些城市政府视智慧城市为“政绩工程”、“形象工程”，注重投巨资购买容易量化的信息基础设备，以产品技术的领先性彰显建设成效，却忽视了市场需求，忽视了方便市民的应用开发和普及推广，导致系统功能与市场实际所需相去甚远，市民对相关的操作使用也一无所知，改善民生成为一句空谈。配套设施和制度的缺位不仅使得本有市场前景的智慧项目“名存实亡”，而且导致设备不能物尽其用，造成资源浪费。

强调技术支撑，优化创新环境。智慧城市是信息技术的创新与应用，是以物联网为核心的新一代信息技术对城市自然、经济、社会系统进行智能化改造的结果。智慧城市建设必须依托技术创新并结合战略性新兴产业的发展，推进城市成为知识中心与创新孵化器。要加强技术研发、应用试验、评估检测等方面的公共服务平台建设，着力推进企业与高校、科研院所的产学研合作，增进企业之间的合作，优化智慧城市技术创新的软硬件环境。

### （四）生态文明：健全投入机制，加强制度保障

我国自从改革开放以来，伴随经济的高速发展产生的是环境污染加剧和资源能源的大量消耗，生态破坏极为严重。据有关资料统计，我国创造1万美元价值所消耗的原料，是日本的7倍、美国的近6倍、印度的3倍。目前，我国仍有61%的城市没有污水处理厂，不足20%的城市生活生产垃圾能够按环保的方式处理，1/3的土地遭遇过酸雨的袭击，七大河流中一半以上的水资源完全不可用，1/4的中国人没有纯净的饮用水，1/3的城市人口不得不呼吸被污染的空气。据中国科学院测算，目前由环境污染和生态破坏造成的损失已占GDP总值的15%，超过了经济增长速度。

建立多元化投入体制。生态建设涉及方方面面，资金投入大，见效时间长。因此，必须积极整合项目资金、财政资金、社会资金，努力探索与市场经济相适应的全方位、多元化的资金投入机制。一是要加大财政扶持力度。不断完善生态文明建设的财政、金融、价格等保障体系，加大对生态文明建设的财政投入力度。积极落实各项财税扶持政策和绿色信贷政策，鼓励新能源开发利用和环保产业发展。二是要积极争项争资。认真研究国家投资政策，把握生态建设投资导向，科学规划各类生态建设项目，不遗余力向上争取项目资金。三是要挖掘社会资金。鼓励和引导各种社会和民间资本、外来资本和金融信贷参与生态环保基础设施建设和经营。支持符合条件的环保型企业，通过上市、发行债券等资本运作方式筹措发展资金，切实以多元化、大力度的投入加快推进生态城市建设步伐。

完善生态文明建设的法规和制度保障。制订和完善生态城市资源合理利用以及生态环境保护等地方性法规，建立环境承载力评价制度，为重大决策与重大项目管理提供科学依据；加大对区域生态经济建设、生态环境保护，以及循环经济发展方面的政策扶持力度；强化环境保护与生态建设的法律监督，加强对有关生态环境保护法规实施情况的执法检查和司法工作。

健全生态文明建设的综合评价体系。要加快建立各级党政领导班子、领导干部生态文

明建设综合考评体系，将环境质量监控、污染物总量减排、资源能源节约、生态环境治理、清洁能源推广、再生资源利用等相关生态文明指标任务的完成情况与各级领导实绩考评、任免工作以及各类评优创先挂钩。根据各地主体功能定位，实施分类考核评价，实行层级目标责任管理，建立健全适应各县、市、区不同功能定位的评价指标和政绩考核办法。

引导城市生态文明建设的社会参与。生态建设不是一朝一夕就能建成的，它是长久的、持续的，涉及方方面面，不是哪一级、哪个部门的事，必须发动群众，共同参与、共同建设。要充分发挥企业和行业协会的重要作用，引导企业树立环保意识和科学财富观，促进企业的活动方式和产品功能向产品绿色化、服务人性化和环境友好化转变。大力开展生态环保主题宣传活动，充分利用各类新闻媒体，采取各种宣传手段，增强社会各界的环保意识、生态意识和维权意识。大力发展环保志愿者队伍，积极支持各类民间环保组织和环保热心人士开展工作，加强环境保护社会监督员队伍建设，提高广大人民群众环境保护的自我组织能力。进一步提升全体公民投身生态文明建设的责任意识和参与意识，积极开展违法环境行为有奖举报活动，定期召开生态环境保护新闻发布会，推进环境信息公开，重大决策、规划、项目要实行环境影响评价告知、听证，切实保障公民的环境知情权、参与权和监督权。

# 第三章 中国新型城市化环境能力建设

## 第一节 环境能力建设的基本内涵

### 一、新型城市化产生的环境问题

城市化是伴随工业化发展，非农产业在城镇集聚、农村人口向城市集中的自然历史过程，是人类社会发展的客观趋势，是国家现代化的重要标志。新型城市化的实质是人口和生产要素的集中过程，如何积极稳妥、扎实有序地推进新型城市化是中国发展进程中的一个重大命题。在当前城市化快速发展过程中出现的一个重大问题就是“土地的城市化”快于“人口的城市化”，由此产生了一系列的自然环境与社会环境问题。

#### （一）自然环境：资源枯竭、环境恶化

过分依赖资源，实施低附加值的产品开发，形成高环境成本的经济增长、人口富裕，与此同时出现资源枯竭、环境恶化、疾病多发等问题，这样的城市化不是我们希望看到的城市化。首先，城市扩张产生各种类型的环境污染，包括大气污染、水污染、固体废弃物污染和噪声污染等，另外城市中密集的无线电广播、电视信号发射、微波通信等产生的电磁污染更是无处不在；其次，城市化进程变更了原始土地用途，削减自然环境范围，同时产生的各类污染物使城市周边的自然环境持续恶化；最后，城市化进程造成的环境污染将对城市居民的身心健康造成严重损害。从总量上看，我国的城市自然环境污染问题十分严峻；从结构上看，各城市的污染程度和治理水平差异显著；从国际上看，我国的城市自然环境问题要重于世界平均水平，根据世界银行等机构提供的数据，在全球污染最重的20个城市中，有16个城市位于中国，其中前10位中，中国占7个。我国二氧化硫排放量为世界第一，碳排放量为世界第二，4亿城市人口呼吸不到新鲜空气，1/3的城市污染非常严重。

因此，应当明确以生态文明为核心诉求，以环境生态和人文生态为双轮驱动的城市化发展思路，以城市化建设能够实现可持续发展、实现包容式增长为基本出发点，改善城市化进程中的自然环境问题。

#### （二）社会环境：各种“城市病”严重

在城市化过程中，城市的盲目扩张必然会导致一些城市空间无序开发、人口过度集聚，而地方政府在重经济发展、轻环境保护，重城市建设、轻管理服务的错误思想的导向下，诱发了“城市病”。所谓“城市病”，是指人口向大城市过度集中而引起的一系列社会问题，表现为人口膨胀、交通拥堵、住房紧张、就业困难等，将会加剧城市负担、制约

城市化发展，以及引发市民身心疾病等。

城市病产生的一方面原因是人口集聚，尤其是特大型城市通常对人口具有强大的集聚作用。在人口快速集聚的过程中，一旦城市建设和管理跟不上迅速增长的需求，导致各类城市基础设施的供给滞后于城市人口的增长，就会引发一系列矛盾，出现环境污染、就业困难、治安恶化等城市病。例如，19 世纪末前后，英国城市人口急剧膨胀，造成住房短缺，贫民窟比比皆是；公共卫生设施奇缺，空气及水源污染严重，环境恶劣；就业竞争激烈，工人处境艰难；犯罪率居高不下；等等。另一方面，交通拥堵也是城市化进程中的一个首要问题。迅速推进的城市化，以及大城市人口的急剧膨胀，使得城市交通需求与交通供给的矛盾日益突出，不但造成交通拥堵，还由此带来空气污染、事故安全、汽车噪声等一系列问题。交通拥堵不仅会导致经济社会诸项功能的衰退，而且还将引发城市生存环境的持续恶化，成为阻碍发展的“城市顽疾”。交通拥挤对社会生活最直接的影响是增加了居民的出行时间和成本，无形中浪费了能源和资源，不利于城市的长远发展。

基于此，本报告提出新型城市化的环境能力建设，从自然环境和社会环境两大维度出发，涉及快速城市化过程中的资源环境能力建设、生态环境能力建设、出行环境能力建设和人居环境能力建设 4 个要素（图 3-1），旨在加快转变城市发展方式，优化城市空间结构，增强城市经济、基础设施、公共服务和资源环境对人口的承载能力，有效预防和治理“城市病”，建设和谐宜居、富有特色、充满活力的现代城市。

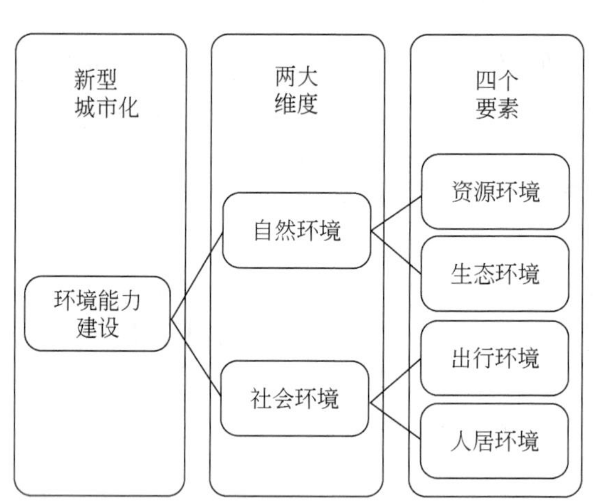


图 3-1　新型城市化环境能力建设内涵

## 二、新型城市化环境能力建设四要素

### （一）资源环境能力建设

城市资源环境规划是城市环境总体规划的核心任务之一，其重点任务是分析城市发展的资源环境约束与安全阈值，引导城市建设与产业合理发展。提升环境资源承载力是实现可持续发展的方法和手段。

资源环境是工业化时期城市发展必不可少的条件，那些依靠开发、利用自然资源而发展起来的城市，称为一般意义上的资源型城市，具体指以本地区矿产、森林等自然资源开采、加工为主导产业的城市（包括地级市、地区等地级行政区和县级市、县等县级行政区）。资源型城市之所以称为“资源型”城市，主要是因为资源开采和资源利用在该城市产业构成中居主导地位。

资源型城市作为我国重要的能源资源战略保障基地，一方面是国民经济持续健康发展的重要支撑；但另一方面，由于缺乏统筹规划和资源衰减等原因，这些城市在发展过程中积累了许多矛盾和问题，主要是经济结构失衡、失业和贫困人口较多、接续替代产业发展乏力、生态环境破坏严重、维护社会稳定压力较大等。本报告将以资源型城市的发展为例探讨城市资源环境能力建设的相关问题。

### （二）生态环境能力建设

迅速的城市化进程，必然伴随着城市人口增加，随之而来的就是各种城市生态环境问题，包括垃圾处理问题、污水排放问题、空气污染问题、城市绿化率降低问题等。以上诸多问题的产生，使我们认识到，城市的发展过程应该是一个利用生态环境、改造生态环境、保护生态环境、美化生态环境及创造生态环境的过程，这是一个系统的人与自然的和谐过程（杜学君，2012）。

在城市客观生态环境条件下，基于环境保护与生态建设的城市发展是唯一选择。人类离不开自然，实现人与自然高度和谐是社会发展的最高境界。因此，如何在城市发展中，强化城市生态环境建设，促进人与自然的和谐相处；如何创造优美、协调的城市生态环境与景观，实现城市的合理规划和质量控制，已经是现代城市发展无法回避的问题。

### （三）出行环境能力建设

随着快速的城市化进程和社会生活的急剧变化，交通出行问题已成为社会与经济发展中众多矛盾的焦点。例如，交通拥堵程度加剧、交通事故频发、公共交通分担率偏低、交通规划建设滞后等。因此，近年来城市交通出行环境的持续恶化已经严重降低了城市交通服务的效率和城市居民的生活质量。如何为城市居民创造便捷、舒适、健康、优美的出行环境成为城市化进程中城市环境能力建设的一个重要研究内容。

发达国家的经验表明，采用提高车辆机动性的方式来满足城市交通发展的需求，势必会造成供给与需求的非良性循环，产生经济、社会、环境的巨大负面作用（陈红等，2004）。因此，城市居民的出行环境建设应以公共交通建设为主，积极探寻未来城市绿色出行环境建设的理想模式。

### （四）人居环境能力建设

城市人居环境建设是城市化进一步发展的基础，是提升城市化水平和城市竞争力的重要手段，城市化进程的每一步都会引起城市人居环境的变化，城市人居环境已成为衡量城市化水平的重要标志。

广义的人居环境涉及与人类活动密切相关的所有空间和地域，是人类借以生存和发展、利用自然和改造自然的物质基础、生产资料和劳动对象。在城市化进程中，城市成为城镇居民生活和从事生产活动的主要物质空间，也是进行人居环境建设的重点空间。因此，广义的城市人居环境具有多元性，包括人们在城市中生活的自然方面、经济方面、社会方面和文化方面的环境（张琳，2013）。创建良好的人居环境，则要融入可持续发展与和谐共生的理念，同样它也是人类生存的理想模式。在本报告中，将分项重点分析城市生态环境和资源环境，因此将“城市人居环境”的范围具体化，主要指城市居民的居住环境、公共服务环境、人文环境等。

**专栏 3-1　《国家新型城镇化规划（2014—2020 年）》摘选**

第二章　发展现状

——城镇空间分布和规模结构不合理，与资源环境承载能力不匹配。东部一些城镇密集地区资源环境约束趋紧，中西部资源环境承载能力较强地区的城镇化潜力有待挖掘；城市群布局不尽合理，城市群内部分工协作不够、集群效率不高；部分特大城市主城区人口压力偏大，与综合承载能力之间的矛盾加剧；中小城市集聚产业和人口不足，潜力没有得到充分发挥；小城镇数量多、规模小、服务功能弱，这些都增加了经济社会和生态环境成本。

——城市管理服务水平不高，“城市病”问题日益突出。一些城市空间无序开发、人口过度集聚，重经济发展、轻环境保护，重城市建设、轻管理服务，交通拥堵问题严重，公共安全事件频发，城市污水和垃圾处理能力不足，大气、水、土壤等环境污染加剧，城市管理运行效率不高，公共服务供给能力不足，城中村和城乡结合部等外来人口集聚区人居环境较差。

第二十七章　强化生态环境保护制度

完善推动城镇化绿色循环低碳发展的体制机制，实行最严格的生态环境保护制度，形成节约资源和保护环境的空间格局、产业结构、生产方式和生活方式。

——建立生态文明考核评价机制。把资源消耗、环境损害、生态效益纳入城镇化发展评价体系，完善体现生态文明要求的目标体系、考核办法、奖惩机制。对限制开发区域和生态脆弱的国家扶贫开发工作重点县取消地区生产总值考核。

——建立国土空间开发保护制度。建立空间规划体系，坚定不移实施主体功能区制度，划定生态保护红线，严格按照主体功能区定位推动发展，加快完善城镇化地区、农产品主产区、重点生态功能区空间开发管控制度，建立资源环境承载能力监测预警机制。强化水资源开发利用控制、用水效率控制、水功能区限制纳污管理。对不同主体功能区实行差别化财政、投资、产业、土地、人口、环境、考核等政策。

——实行资源有偿使用制度和生态补偿制度。加快自然资源及其产品价格改革，全面反映市场供求、资源稀缺程度、生态环境损害成本和修复效益。建立健全居民生活用电、用水、用气等阶梯价格制度。制定并完善生态补偿方面的政策法规，切实加大生态补偿投入力度，扩大生态补偿范围，提高生态补偿标准。

——建立资源环境产权交易机制。发展环保市场，推行节能量、碳排放权、排污权、水权交易制度，建立吸引社会资本投入生态环境保护的市场化机制，推行环境污染第三方治理。

——实行最严格的环境监管制度。建立和完善严格监管所有污染物排放的环境保护管理制度，独立进行环境监管和行政执法。完善污染物排放许可制，实行企事业单位污染物排放总量控制制度。加大环境执法力度，严格环境影响评价制度，加强突发环境事件应急能力建设，完善以预防为主的环境风险管理制度。对造成生态环境损害的责任者严格实行赔偿制度，依法追究刑事责任。建立陆海统筹的生态系统保护修复和污染防治区域联动机制。开展环境污染强制责任保险试点。

资料来源：中共中央国务院 . 2014.《国家新型城镇化规划（2014—2010 年）》摘选 . http：//www. gov. cn/gongbao/content/2014/content_2644805. htm［2014-03-16］.

# 第二节　环境能力建设的发展现状

## 一、资源环境：城市资源枯竭，转型难

根据资源型城市的原则、标准等，截至 2002 年全国共有 118 个资源型城市，占全国城市总数的 18%，涉及人口 1. 54 亿人（图 3-2）。

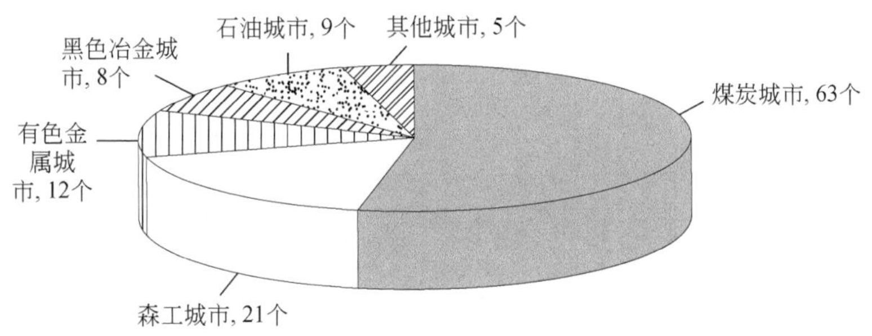


图 3-2　全国资源型城市主要分类

从资源开发的历程看，资源开发具有鲜明的周期性，即先后经历了勘探开发、扩大生产、兴盛、衰退以及枯竭等阶段。资源型城市的兴起与繁荣都是建立在资源开发的基础上的。因此，资源型城市的生命周期和资源型经济发展的周期基本吻合（贾敬敦等，2004）。同时，资源的不可再生性和储量限制也决定了资源型城市发展的周期性，一般将资源型城市的生命周期分成 4 个阶段：①预备期，资源开发前的准备阶段；②成长期，全面投产到生产达到设计规模阶段；③成熟期，生产达到设计规模后继续发展阶段；④转型期或衰退期，以矿业等为主体的产业地位下降阶段（鲍寿柏，2000）（图 3-3）。如果有新的产业兴起，城市的性质和功能转变，一般演变成综合性的工商业中心城市；如果没有新的产业兴起，城市开始衰退、消失。

国家发展和改革委员会先后于 2008 年、2009 年、2011 年分三批在全国确定了 69 个资源枯竭型城市（县、区）（表 3-1）。其中，正在衰落的十大资源型城市包括：鄂尔多斯

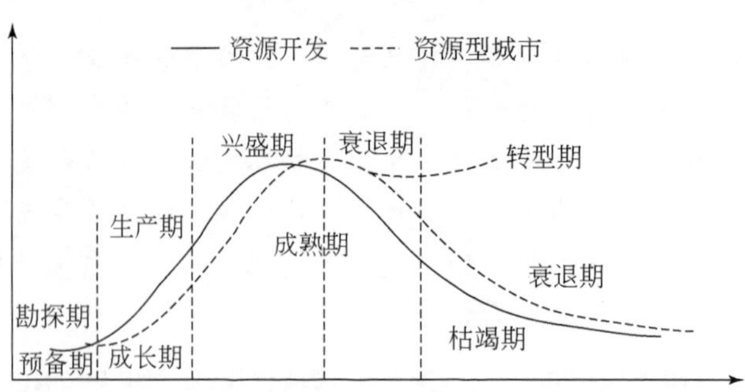

图 3-3 资源开发与资源型城市的生命周期示意图

(煤都神话的破灭)、陕北神木（煤炭王国风光不再)、甘肃玉门（聚散皆因油)、湖北黄石（矿竭城衰)、云南东川（“天南铜都”的困境)、景德镇（千年瓷都的失落)、长春(中国的底特律)、广州（汽车制造负增长)、温州（劳动力密集型产业的绝路)、海口(房地产泡沫破灭)。

**表 3-1 全国资源枯竭型城市（县、区）名单**

| 所在省（自治区、直辖市） | 第一批（12 个） | 第二批（32 个） | 第三批（25 个） | 大小兴安岭林区参照享受政策城市（县、区）(9 个) |
|---|---|---|---|---|
| 河　北 | | 下花园区、鹰手营子矿区 | 井陉矿区 | |
| 山　西 | | 孝义市 | 霍州市 | |
| 内蒙古 | | 阿尔山市 | 乌海市、石拐区 | 牙克石市、额尔古纳市、根河市、鄂伦春旗、扎兰屯市 |
| 辽　宁 | 阜新市、盘锦市 | 抚顺市、北票市、弓长岭区、杨家杖子、南票区 | | |
| 吉　林 | 辽源市、白山市 | 舒兰市、九台市、敦化市 | 二道江区、汪清县 | |
| 黑龙江 | 宜春市、大兴安岭地区 | 七台河市、五大连池市 | 鹤岗市、双鸭山市 | 逊克县、瑷珲区、嘉荫县、铁力市 |
| 江　苏 | | | 贾汪区 | |
| 安　徽 | | 淮北市、铜陵市 | | |
| 江　西 | 萍乡市 | 景德镇市 | 新余市、大余县 | |
| 山　东 | | 枣庄市 | 新泰市、淄川区 | |
| 河　南 | 焦作市 | 灵宝市 | 濮阳市 | |
| 湖　北 | 大冶市 | 黄石市、潜江市、钟祥市 | 松滋市 | |
| 湖　南 | | 资兴市、冷水江市、耒阳市 | 涟源市、常宁市 | |
| 广　东 | | | 韶关区 | |

续表

| 所在省（自治区、直辖市） | 第一批（12个） | 第二批（32个） | 第三批（25个） | 大小兴安岭林区参照享受政策城市（县、区）（9个） |
|---|---|---|---|---|
| 广　西 | | 合山市 | 平桂管理区 | |
| 海　南 | | | 昌江县 | |
| 重　庆 | | 万盛区 | 南川区 | |
| 四　川 | | 华蓥市 | 泸州市 | |
| 贵　州 | | 万山特区 | | |
| 云　南 | 个旧市 | 东川市 | 易门县 | |
| 陕　西 | | 铜川市 | 潼关县 | |
| 甘　肃 | 白银市 | 玉门市 | 红古区 | |
| 宁　夏 | 石嘴山市 | | | |

为支持资源枯竭型城市转型，国家发展和改革委员会设立了资源型城市吸纳就业、资源综合利用、发展接续替代产业和多元化产业体系培育中央预算内投资专项，中央财政更是给予这69个城市财力性转移支付资金支持。

2013年，国务院发布《全国资源型城市可持续发展规划（2013—2020年）》，在全国确定了262个资源型城市，并分为成长型、成熟型、衰退型和再生型4类，这是国家首次在资源型城市可持续发展领域发布的国家级专项规划。值得注意的是，其中衰退型城市有67个，占比已超1/4，亟待寻求替代产业进行转型。资源型城市普遍存在资源型产业“一业独大”的问题，一旦资源开发接近枯竭，就会出现“矿竭城衰”的现象。

## 二、生态环境：破坏污染多样，治理难

城市化发展在带给城市居民大量经济利益和生活便利的同时，也给城市生态环境带来了严重负担。生态环境的承载能力已经接近并即将超过临界线，并且预计在未来的城市化进程中，对生态环境造成的压力有不减反增的趋势。为了承受城市生活产生的工业废弃物或生活垃圾，城市内部及周边的生态环境不断恶化，与此同时，也影响了城市居民的生活质量。

常见的城市污染类型包括垃圾污染、水污染和大气污染。其中，①城市生态环境中的垃圾污染主要是生活垃圾，生活垃圾数量大、种类多。目前，对城市垃圾处理的主要方法是垃圾填埋，这种处理方法不仅浪费了大量宝贵的土地资源，还影响了土质，当雨水、雪水等降水渗透过地下的垃圾填埋场时，便会污染地下水源，甚至污染城市居民的生活用水。因此，生活垃圾污染是城市生态环境的主要污染源之一。②城市生态环境水污染主要有两大污染源，包括工业废水和生活污水，其中工业废水中常含有重金属或其他化学污染物质，对环境造成的危害更大，不仅污染河流、湖泊，还会破坏地下水脉、破坏土壤，甚至一些重金属离子会随着生物链传递，最终在人体内堆积，给人类的生命健康造成危害。③城市是大气污染的重灾区，尤其是近年来频发的“雾霾”，使居住在城市的居民深受其

害，主要的空气污染源有 3 种，分别是工厂废气污染、汽车尾气污染和家庭供暖燃烧煤炭造成的污染。

目前，我国城市生活垃圾的处理模式主要存在垃圾资源化利用不足、垃圾分类推行效果不佳、垃圾综合处理率较低、垃圾处理系统规划缺乏等问题（李旭辉，2013）。具体表现为垃圾收集、处理方式单一，混合收集的方法导致大量资源浪费，也增加处理成本；城市垃圾分类意识淡薄，绝大部分的城市垃圾都是混合原生垃圾；垃圾处理方式上填埋、堆肥、焚烧的比例分别是 79.2%、18.8% 和 2%，应用新技术处理垃圾的比例很小；另外，国内城市生活垃圾处理均以城市为单元各自为政，缺乏系统的一体化规划，这将导致垃圾处理站点布局不合理，处理方法之间不协调，造成垃圾处理站点的作用发挥不足等。

由环保部公布的 2013 中国环境状况公报显示，2013 年全国城市环境空气质量不容乐观。全国酸雨污染总体稳定，但程度依然较重。其中，空气质量相对较好的前 10 位城市是海口、舟山、拉萨、福州、惠州、珠海、深圳、厦门、丽水和贵阳，空气质量相对较差的前 10 位城市是邢台、石家庄、邯郸、唐山、保定、济南、衡水、西安、廊坊和郑州。对全国 74 个主要城市的空气质量进行测评，结果显示平均达标天数比例为 60.5%，平均超标天数比例为 39.5%。10 个城市达标天数比例为 80% ~100%，47 个城市达标天数比例为 50% ~80%，17 个城市达标天数比例低于 50%（图 3-4）。

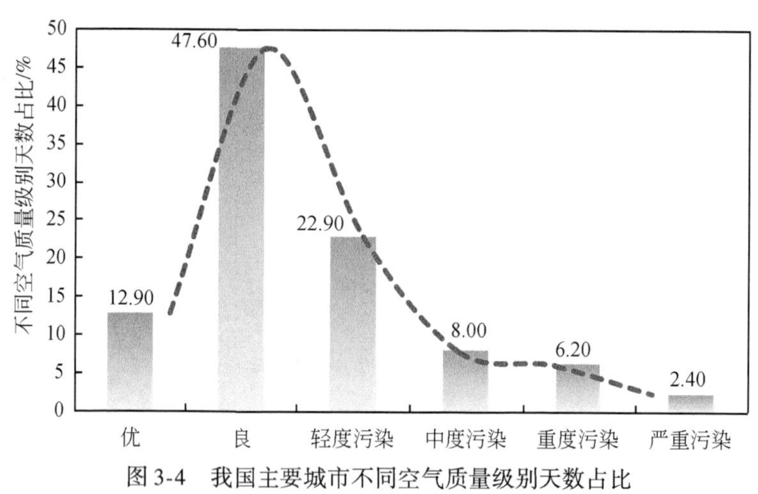


图 3-4　我国主要城市不同空气质量级别天数占比

以上城市生态环境问题的产生部分是城市发展的必然“衍生物”，但也与人为因素密切相关，如城市居民环保意识淡薄，浪费现象、垃圾非分类处理等随处可见；另外，相关法律法规也不健全、不完善，在管理体制上，相关政策措施常常由于缺乏有效的监管和惩处措施而流于形式，影响了城市生态环境保护效果。

## 三、出行环境：拥堵雾霾加剧，缓解难

随着我国经济的快速发展，人民生活水平逐渐提高，城市汽车保有量也逐年增长，目

前我国汽车保有量已占世界汽车总量的15%，我国跑步进入“汽车社会”阶段①。截至2014年年底，我国机动车驾驶人数量突破3亿人，其中汽车驾驶人为2.44亿人。我国驾驶人数量位居世界第一。尽管各市政府加大了基础设施建设的投入力度，城市道路数量增加、宽度增加，但道路拥堵、尾气污染、事故频发等出行环境问题仍愈发凸显出来，具体如下：

### （一）交通拥堵程度加剧

随着城市化进程的加快，交通拥堵不再是北、上、广等地特有的现象，拥堵问题已经向二三线城市蔓延，交通拥堵成为各个城市的“通病”，“堵在路上”更是越来越成为城市居民出行时的“口头语”。

直观来看，交通拥堵带来的最大问题是出行消耗时间的延长。根据出行时间的消耗标准，北京提出首创的综合反映道路网畅通或拥堵的概念性数值，即交通拥堵指数，它又称为交通运行指数（traffic performance index，TPI），简称交通指数。交通指数取值范围为0～10，每2个数为一个等级，分别对应“畅通”、“基本畅通”、“轻度拥堵”、“中度拥堵”、“严重拥堵”5个级别，数值越高，表明交通拥堵状况越严重。交通指数能够帮助居民判断出行时间的消耗，如在畅通状况下，上班通勤的时间为30min，那么当路网处于中度拥堵时，就要多预留出大约30min的时间提前出门以免迟到。

高德最新发布的《2014年第二季度中国主要城市交通分析报告——市民躲避拥堵出行建议》显示，2014年第二季度全国重点城市拥堵排名上海居首，杭州、北京、重庆、深圳、广州、福州、沈阳、成都、济南紧随其后，称为十大“堵城”。具体地，2014年第二季度，部分特大型、大型城市拥堵延时指数均在2以上，即因为交通拥堵，公众出行需花费非拥堵状态下2倍以上的时间到达目的地。上海拥堵程度排名居首，拥堵延时指数为2.16，出行平均拥堵时长为15.73min；杭州赶超北京成第二拥堵城市，季度平均拥堵延时指数为2.10。

深入分析，交通拥堵也带来巨大经济损失。根据中国交通部发表的数据显示，交通拥堵带来的经济损失占城市人口可支配收入的20%，相当于每年国内生产总值（GDP）损失5%～8%，每年达2500亿元。汽车拥堵致使驾驶员需频繁启停车辆，造成燃料的额外消耗，据统计，仅北京每年在机动车燃料一项上就浪费了722.9万L燃油，平均每辆车每月损失400元左右。

### （二）交通事故频繁发生

我国是交通事故多发的国家，2000年以来，我国交通事故死伤亡总人数一直位居全球

① “汽车社会”来自日语的“车社会”。20世纪70年代，随着日本社会家庭轿车的普及，带来许多相关的社会问题，汽车社会这个特定的称谓词应运而生。国际上通常认为，一个国家或地区进入汽车社会的标志是每百户居民的汽车拥有量达到20辆。据公安部最新统计，截至2014年年底，我国平均每百户家庭拥有25辆私家车（其中北京每百户家庭拥有63辆私家车，广州、成都等大城市每百户家庭拥有私家车超过40辆），已经超过了国际上公认的汽车社会的标准线。汽车社会的到来，深刻影响着人们的生活方式和生活理念，同时也带来了环境污染、交通拥堵等一系列严重的社会问题，引起全民广泛关注。

首位。从国家内部分析，近 10 年来，车祸发生件数急剧下降，死亡人数也从 2012 年起降低到 6 万人以下，直接经济损失虽有所波动，但整体呈下降趋势；从世界范围来看，2013 年中国道路安全论坛指出：我国汽车保有量明显少于美国，但因交通事故造成的死亡人数却比美国高出近 1/3，另外我国交通事故死亡人数占伤亡总人数的比例约为 21%，日本为 0.54%，约为我国的 1/200（图 3-5）。

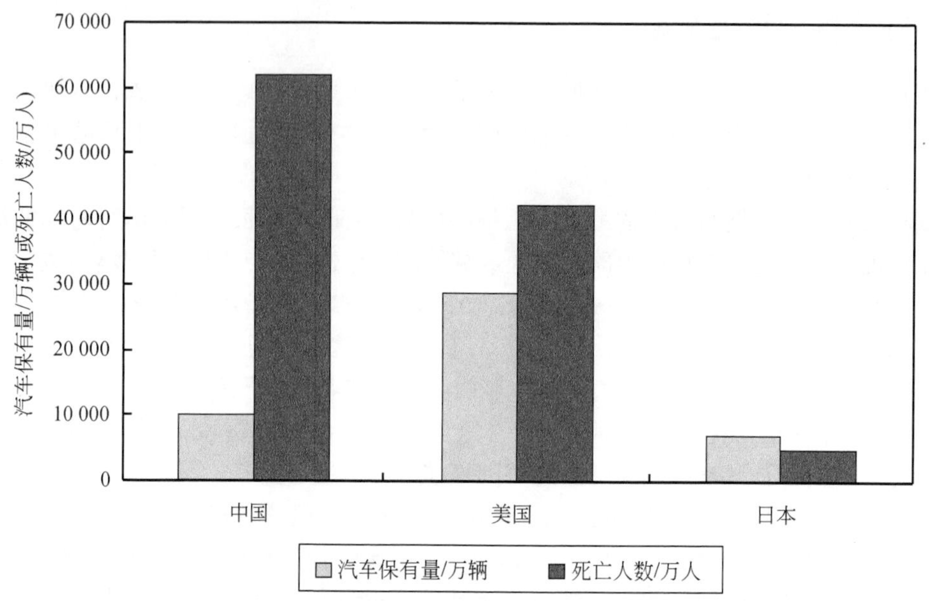


图 3-5　代表国家汽车保有量与交通事故死亡人数对比（2011 年）

我国交通事故频繁，会造成重大经济损失与人员伤亡，这一方面与国家政治、经济形势的发展密切相关，也与驾驶人员和行人忽视交通安全相关；另一方面主要是因为城市道路的增长和车辆增长比例失调，车辆出行环境拥挤。例如，自新中国成立以来，上海城市道路面积仅增长 65%，而机动车和非机动车的拥有量却分别增长了 9 倍和 12.8 倍，两者严重失调。道路基础设施落后与车辆流量急剧增长的矛盾日益尖锐，这也成为车祸频发的主要原因。

### （三）雾霾天数占比增加

"雾霾"与"堵车"密不可分，有莫大联系。国家环境保护部研究表明，机动车尾气是 $PM_{2.5}$的主要来源之一，以杭州为例，机动车尾气对 $PM_{2.5}$的"贡献率"接近 40%；并且，汽车怠速状态下排放的 $PM_{2.5}$是顺畅行驶时的 5 倍以上。

据中国气象局发布的《2014 年中国气候公报》显示，2014 年全国平均气温为 10.1℃，较常年偏高 0.5℃。大气污染扩散气象条件总体较差，平均霾日 17.9 天，京津冀霾日 61 天。

以雾霾问题比较严重的北京为例，北京市环保局于 2014 年初正式公布"北京 2013 年全年空气质量状况"，$PM_{2.5}$年均浓度值为 89.5μg/m³。这是北京发布的首个 $PM_{2.5}$年均浓度，该数值超过《环境空气质量标准》中标准值 35μg/m³ 约 1.5 倍。在重污染天数方面，五级和六级重污染天数累计出现58天，占全年总天数的15.9%，平均下来，相当于每隔6天或7天，就会出现一次重污染天气（图3-6）。

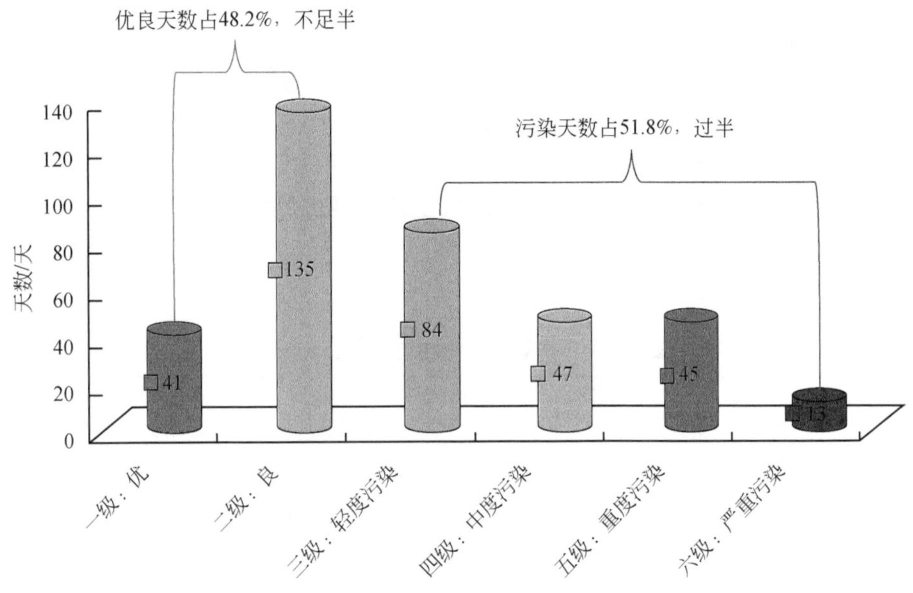


图3-6　2013年北京全年空气质量状况

资料来源：中国行业研究网. 2014. 北京市环保局——公布2013年全年空气质量状况. http：//www. chinairn. com/news/20140107/165838667. html［2014-01-07］.

## 四、人居环境：时空差异显著，平衡难

通过对我国城市人居环境质量的评价，客观准确地分析目前我国城市人居环境质量的现状，揭示中国城市人居环境质量存在的问题，对于预测未来我国城市人居环境质量的发展趋势，以及城市人居环境的改善、建设和相关政策的制订起着促进作用，有利于引导城市人居环境朝着科学、健康、可持续的方向前进。

目前，已有研究应用城市人居环境综合评价指标体系客观有效地反映城市人居环境质量的优劣，并分析了我国城市人居环境质量的基本特征（李雪铭和晋培育，2012）。所构建的指标体系包括社会经济环境、居住环境、基础设施和公共服务环境，以及自然生态环境4个一级指标和28个二级指标，其中二级指标包括人均GDP、人均可支配收入、人口密度、人均居住面积、人均家庭生活用水量、人均家庭生活用电量等。然后，应用熵值法（郭显光，1998）对我国286个地级以上城市的人居环境多元指标体系进行综合评价。另有研究同样以人居环境综合指标体系的构建为基础，利用因子分析法对我国主要城市的人居环境建设现状与结构进行实证分析。

通过以上城市人居环境综合评价过程，可以得出我国目前主要城市的人居环境现状，主要归纳为以下几个方面。

## （一）人居环境级别差异明显

参考城市化质量测度中的计算公式，对我国城市人居环境质量进行分级（韩增林和刘天宝，2010），即对286 个城市人居环境质量进行等级划分，结果见表3-2。在4 个时间断面上，一级城市、六级城市的数量在逐渐增加，与之相反的是二级城市的数量却在逐渐减少，三级、四级和五级城市的数量变化较不稳定，三级、五级城市数量先减少后增加，四级城市数量先增加后减少。2000 年、2003 年、2006 年和2009 年一、二级城市所占比例很低，依次为24. 1%、24. 5%、26. 2%和25. 2%，仅占城市总数的1/4，而四级、五级和六级占的比例较大，依次为52. 8%、54. 2%、56. 3%和55. 6%，达到城市总数的一半多，说明中国城市人居环境质量级别差异明显。

**表 3-2　中国城市人居环境质量分级统计**　　单位：/个

| 年份 | 一级城市 | 二级城市 | 三级城市 | 四级城市 | 五级城市 | 六级城市 |
|---|---|---|---|---|---|---|
| 2000 | 32 | 37 | 66 | 55 | 62 | 34 |
| 2003 | 40 | 30 | 61 | 59 | 60 | 36 |
| 2006 | 43 | 32 | 50 | 66 | 57 | 38 |
| 2009 | 48 | 24 | 55 | 56 | 60 | 43 |

资料来源：李雪铭，晋培育. 2012. 中国城市人居环境质量特征与时空差异分析地理科学，5：521-529.

## （二）人居环境空间差异显著

按东、中、西、北、南对不同级别的城市分别进行统计。从东西方向看，一、二、三级城市集中分布在东部地区，占东部城市的70%以上，尤其是一级城市比重逐渐增加，说明东部地区整体人居环境水平高，人居环境建设提升速度快。中部地区主要以三、四、五级城市为主，其中四级城市的比重逐渐上升，五级城市的比重则逐渐下降，说明中部大量五级城市人居环境正在不断改善，逐渐向四级城市转变。西部地区最为集中的是五级和六级城市，二者比重约占全区的60%，且各级城市比重变化较小，比较稳定，这说明西部地区整体人居环境水平发展缓慢，人居环境建设力度不足，与东中部地区差距明显。综上所述，中国城市人居环境质量空间差异显著，呈现出与经济发展水平（东部地区经济发展水平最高，其次是中部地区，西部地区最为落后）相似的从东部到中、西部依次递减的地带性空间分布特征，以及南高北低的分布状况。

## （三）人居环境影响因素不同

应用因子分析法对我国35 个主要城市（各省会城市和计划单列市）的人居环境进行综合评价，得分从高到低进行排名，前五位为北京、深圳、昆明、广州、杭州，排名后五位为贵阳、长春、哈尔滨、石家庄、兰州。济南、大连、青岛、合肥、宁波等城市排在中等以上水平，属城市人居环境较好的城市。从总体排名上可以看出，各大主要城市中总体情况是经济发达的东南沿海城市人居环境发展水平较好（祝志川和于海波，2014）。再深入对影响城市人居环境的主要因子进行分析，发现广州在居住资源和人均收入消费上发展较好，但在城市绿化与生活节水方面有待改进；而北京综合评价虽然排名第一，人居环境总体上发展较好，但是居住资源、空气环境和人口密度等方面建设情况较差。综合各因子排名可以看出，城市人居环境建设水平与科技水平、人居资源、生活消费等因素关联度较大，同时各城市人居环境发展水平在结构建设上发展不均衡。

## 第三节 环境能力建设的城市实践

### 一、沈阳：建设铁西新城，发展工业文化

沈阳是在20世纪50年代优先发展重工业的方针下发展壮大起来的工业型城市，它为国家的经济建设提供了重要的能源和原材料，其中铁西区更是工业企业高度集中的区域，成为发展的重中之重。铁西工业区自形成至今，经历了形成期、辉煌期、衰落期和兴起期4个阶段（陈雪松，2009）。其中，20世纪末，由于我国国有体制改革和转型，铁西工业区由辉煌走向落寞。21世纪开始，在国家振兴东北老工业基地政策的影响下，铁西旧工业区进行了全面改造，成为资源型城市或区域的产业转型典范。

#### （一）建设特色城区

由于铁西区拥有众多龙头企业、世界级企业，因此在铁西区约有20万产业大军。这些产业大军每天早晨从市内各个方向，大概要花费2h车程到开发区工厂上班，而且晚上还要花费2h，不仅自己身心疲惫，还给城市交通造成巨大压力，工厂每年通勤支出都是数以千万计。2013年，以上情况催生铁西区构建两大新城，具体为滨河生态新城和宝马新城，在浑河沿岸再造一个拥有百万人口的新铁西，预计在2020年之前逐渐呈现。

铁西区规划建设滨河生态新城还有一个目的就是推动生产性服务业发展。例如，物流、科技研发设计；还有公共服务平台，包括公共计算平台、公共信息平台、公共人才培养和交流平台、公共检验检测平台；还要把为企业服务的银行、保险、证券、基金、风投、咨询聚集到这里。而学校、医院、幼儿园、急救中心等社会配套设施也将逐步建设。宝马新城则突出明显的德式风格，其中宝马在铁西开发区的生产基地是全球最大的，随着宝马的扩大，米其林也在这里建设了世界上最大的生产基地。

另外，铁西区还将打造兴华街为铁西的新商业区，打造兴工街成为全国名小吃一条街，建设万达广场为居民休闲娱乐的场所，从而建设一个全新、强大、幸福、生态文明的新铁西。

#### （二）传承工业文化

为了防止多年来铁西区形成的淳朴民风和有着浓厚工业气息的城市文化氛围逐渐淡薄，即保证工业文化作为铁西旧工业区特有的文化品质继续传承，沈阳铁西区提出“用工业文化点亮历史和照耀未来”。在老工业基地加速全面振兴的伟大进程中，铁西人选择了用工业文化点亮历史和照耀未来，推动铁西振兴发展，不断寻求新境界、开拓新领域、跃升新高度。

例如，废弃电炉盖创意成了休闲座椅，三通管摇身变成果皮箱，焖火炉侧壁烧嘴竖立

成红色的风笛，车床中心架成了轮船上的方向舵，巨型螺栓无言坚守、默默守护着市民广场的人行道……工业符号、工业文化仿佛一部默片电影，不需陈述，老工业基地往昔的峥嵘岁月便存在于人们的记忆里。

从 2006 年开始，铁西区确立了挖掘保护、传承工业文明的目标任务。制定工业文物保护办法，成立工业遗产保护组织机构，确保工业遗产得到有效保护和利用；建成中国工业博物馆，不仅记录了新中国艰辛奋进续写辉煌的历史，也填补了我国工业类综合博物馆建设的空白；另外，进一步展示工业文明，弘扬劳模精神，用铁西区特有的劳模文化影响和感染一代又一代人，推动以劳模精神为主体的城市精神构建，开展丰富多彩的工业文化主题活动等。

## 二、厦门：自然风光优美，城市环境整洁

厦门是我国生态环境较好的城市之一，一方面决定于厦门良好的地理气候条件，另一方面也与厦门城市生态环境管理理念密切相关。近年来，厦门始终坚持“生态立市，文明兴市，保护优先，科学发展”的理念，努力使环境保护与经济发展齐头并进。从下面这组数据可以看出，无论城市发展到哪个阶段，生态文明始终都是厦门紧握的最重要的一张底牌：特区设立 30 多年来，在全市生产总值从 7. 4 亿元增长到 2535. 8 亿元，建成区面积扩大了约 19 倍，常住人口增长了约 10 倍的大背景下，厦门的水中化学需氧量浓度却基本保持不变，空气中的二氧化硫浓度则下降了一半以上。

### （一）垃圾综合处理系统

厦门建立了生活垃圾综合处理系统。实施生活垃圾全过程管理，以及配套的综合处理系统，立足于“村收集、区运输、市处理”三级体系，分级建立。为实现“减量化、无害化、资源化”目标，厦门在垃圾处理方面做好了以下 4 个转变：①要从“单一处理”转变到“组合处理”。垃圾综合处理系统应该是固体废物的收集、运输、处理/处置、回收和资源再生等多种方式的有机组合。②要从“末端处置”转变到“源头控制”。生活垃圾综合处理的重心前移，趋于建立以垃圾减量、资源利用为主体，焚烧处理和填埋处置作为必需的倒三角形特征的综合处理系统。③要从“等级模式”转变到“动态模式”。综合处理系统的方案不唯一，方案中各种处理技术的组成顺序也不固定，而是动态模式，具有自适应性、可伸缩性、兼容性。④要从“孤立系统”转变到“开放系统”。根据可持续发展理论，垃圾综合处理系统作为大环境系统下的一个特殊体系，不再是孤立的，而应该是开放的。

另外，厦门建立垃圾分类处理厂，实现垃圾收运处理的全程分类，其成为实现垃圾减量化、资源化、无害化，避免“垃圾围城”的重要途径。

### （二）空气质量治理行动

几十年前，老厦门人间曾流传一个“白鹭变黑鹭”的笑话：三只白鹭飞过一根大烟囱，结果一只就变成了黑色。如今，这样的日子已一去不复返，蓝天白云成为厦门人最常炫耀的事情之一。通过表 3-3 可以看出，近几年来，厦门的空气质量优良率均在 90% 以

上，这与厦门不断推行的保证空气质量管理政策直接相关，如“清洁空气行动计划”、“城市空气大扫除”、“扬尘治理每月一评”等。

**表 3-3　2010～2014 年厦门空气质量**

| 年份 | 优/天 | 良/天 | 轻度污染/天 | 重度污染/天 | 优良率/% |
|---|---|---|---|---|---|
| 2014 | 111 | 237 | 17 | 0 | 95.30 |
| 2013 | 78 | 263 | 24 | 0 | 93.40 |
| 2012 | 176 | 189 | 0 | 0 | 100 |
| 2011 | 124 | 239 | 2 | 0 | 99.45 |
| 2010 | 156 | 200 | 7 | 2 | 97.53 |

资料来源：厦门市环保局. 2011. 厦门市环境质量公报.
厦门市环保局. 2012. 厦门市环境质量公报.
厦门市环保局. 2013. 厦门市环境质量公报.
厦门市环保局. 2014. 厦门市环境质量公报.

与此同时，厦门空气质量每年也存在少数污染天数，这与经济发展、能源消耗、气候变化等因素密切相关。相关环境监测结果显示，随着经济的快速发展，厦门空气污染呈现由 20 世纪以 $PM_{10}$、二氧化硫为代表的煤烟型污染，转化为近年来的以臭氧、$PM_{2.5}$、二氧化氮为代表的区域复合型污染。其中，厦门空气污染源中，机动车尾气排第一，工业污染物排放排第二，公路工地等扬尘排第三。为进一步达到连续全年优良率 100%，并且优良率不断上升，可从以上 3 方面着手开展空气治理工作，如控制机动车保有量、实施机动车限行或者倡导绿色能源汽车等。

## 三、成都：发展公共交通，倡导绿色出行

近年来，本着“公交优先，就是百姓优先；发展公交，就是发展民生”的思想（宋涛和刘莉，2013），出行环境的改善作为政府对接城市公众最密切的服务“管道”，成都公交不断树立“标杆”：在发展公共交通方面实施“交通先行”战略；将成都纳入“公交都市”示范城市；成都公交应用清洁能源、新能源，成为“绿色公交”的先行者；欧盟公交组织，积极推荐“成都经验”等。

本报告以成都为例，利用 Space-L 方法①构建成都（市区）公共交通网络拓扑连接，从物理结构上分析成都公交网络的复杂统计特性，挖掘关键公交站点信息。在所构建的成都公共交通网络中，共包含成都市区的 143 条公交线路，涉及 1596 个站点。

将公交站点抽象为节点，将站点之间的公交线路抽象为连边，构建成都公交系统网络图（图 3-7）。其中，节点的大小表示对应公交站点通过的公交线路数量，通过的公交线路越多节点越大；连边的粗细表示相连两个节点（公交站点）之间的公交线路数量，两个

① Space-L 方法，将公交站点抽象为网络中的节点，若某一公交线路上的两个站点是相邻的，则认为它们之间存在连边；另外还有 Space-P 方法，也是将公交站点抽象为网络中的节点，连边建立由两个站点之间是否有直达线路决定。

站点之间的公交线路越多连边越粗。

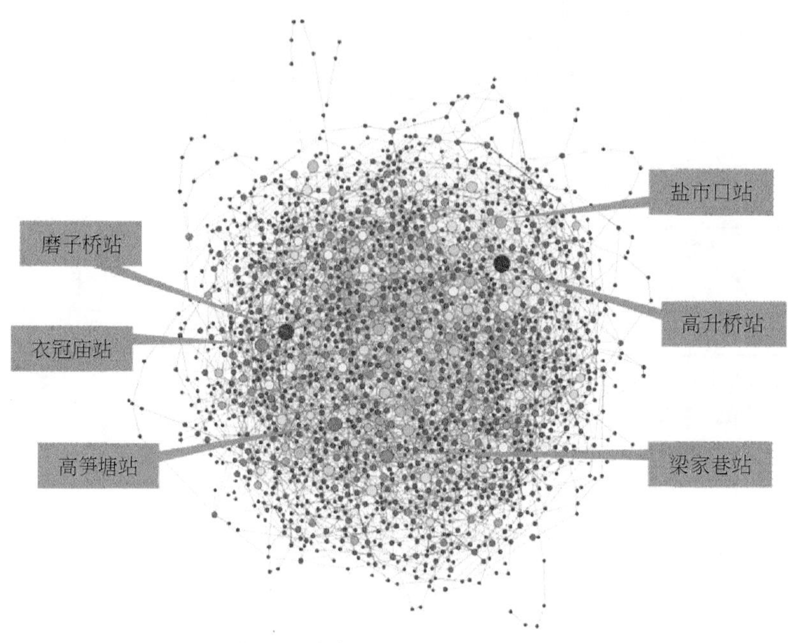


图3-7　成都公交系统复杂网络图

应用复杂网络分析法中的相关测度指标挖掘成都公交系统复杂网络中的“公交枢纽站点”和“公交负载站点”。

### (一) 公交枢纽站点方便乘客换乘

复杂网络分析中，节点 $i$ 的介数定义为网络中所有的最短路径经过节点 $i$ 的数量所占的比例，用 $B_i$ 表示：

$$B_i = \sum_{mn} \frac{g_{mn}(i)}{g_{mn}} \quad (m, n \neq i, m \neq n)$$

式中，$g_{mn}$表示节点 $m$ 与节点 $n$ 之间的最短路径；$g_{mn}$（$i$）表示节点 $m$ 与节点 $n$ 之间经过节点 $i$ 的最短路径。

在公交系统复杂网络中通过介数大的节点的最短路径条数最多，反映了该节点在网络中的影响力，将这些介数大的节点称为“公交枢纽站点”。“公交枢纽站点”是网络中通过最短路径较多的站点，也就是在城市居民选择公交出行时，若没有直达目的地的公交车，可选择换乘较多的站点，这些站点比较“隐蔽”，不能通过简单统计某站点通行公交车数量分析，而需要通过“介数”来判断以上站点。这些位于出发地与目标地之间最短路径上的站点，对提高乘客换乘后通达效率和提高换乘便捷性具有重要作用。通过表3-4可以看出，成都公交网络中具有高枢纽换乘能力前十名的站点分布在市辖区五个城区（锦江、青羊、金牛、武侯、成华）中的四个，分布较均衡，方便成都市民出行换乘。

表 3-4　成都公交枢纽站点地理信息

| 排名 | 公交站点名称 | 行政区 |
|---|---|---|
| 1 | 磨子桥站 | 武侯区 |
| 2 | 高升桥站 | 武侯区 |
| 3 | 人民北路站 | 金牛区 |
| 4 | 衣冠庙站 | 武侯区 |
| 5 | 茶店子站 | 金牛区 |
| 6 | 梁家巷站 | 金牛区 |
| 7 | 红星路口站 | 青羊区 |
| 8 | 三环路川陕立交桥南站 | 成华区 |
| 9 | 八宝街站 | 青羊区 |
| 10 | 万年场站 | 成华区 |

### （二）公交负载站点缓解交通压力

对城市公交系统进行复杂网络分析，其中存在部分连接度值大的节点，即交通网络运行时负载最重的节点，将这些节点对应的站点称为“公交负载站点”，它们在城市公交系统复杂网络中起着至关重要的作用，连接了众多公交站点，经过该站点的线路数量较多。

连接度较大的公交站点体现了其在公交网络中不可缺少的重要作用，一般是城市人口的重要集聚中心，也通常是交通拥堵严重的地区。通过对成都公交系统复杂网络节点度分布进行统计，发现绝大多数的节点度小于10，$k<10$ 的节点占节点总数的99%，仅有13个节点的节点度大于或等于10，且最大为 $k=15$。从表3-5可看出（仅列出连接度10以上的站点），成都公交负载能力较强的站点分布于市辖区五个不同的行政区，规划合理，有利于分散和缓解各个区域及全市公共交通的压力。

表 3-5　成都公交负载站点地理信息

| 排名 | 公交站点名称 | 公交负载能力 | 行政区 |
|---|---|---|---|
| 1 | 高升桥站 | 15 | 武侯区 |
| 2 | 磨子桥站 | 14 | 武侯区 |
| 3 | 高笋塘站 | 12 | 金牛区 |
| 4 | 梁家巷站 | 12 | 金牛区 |
| 5 | 衣冠庙站 | 12 | 武侯区 |
| 6 | 盐市口站 | 10 | 锦江区 |
| 7 | 茶店子站 | 10 | 金牛区 |
| 8 | 水碾河站 | 10 | 锦江区 |
| 9 | 三环路川陕立交桥南站 | 10 | 成华区 |
| 10 | 红星路口站 | 10 | 青羊区 |
| 11 | 万年场站 | 10 | 成华区 |
| 12 | 人民北路站 | 10 | 金牛区 |
| 13 | 红瓦寺站 | 10 | 武侯区 |

## 四、杭州：人居环境良好，居民幸福感高

我国有句俗话：上有天堂下有苏杭。杭州地处东南沿海的浙江西北部，是浙江的省会和经济文化中心，四季分明、温和湿润、光照充足、雨量充沛，形成了“美丽西湖依城而栖，苍翠群山抱城而居，京杭运河穿城而过，汹涌钱江划城而出”的优越的自然环境。杭州是我国七大古都之一，独特的地理位置孕育了以独特的西湖文化、杭州文化、钱塘江文化为代表的杭州文化。“钱塘自古繁华”，古时就以“鱼米之乡”著称的杭州，在当代仍致力打造风景秀美、环境宜人、和谐幸福的“美丽杭州”。

### （一）获人居环境奖

城市发展未来的竞争，不仅是经济水平等硬件环境的竞争，也是包括人居环境在内的软环境的竞争，更是城市综合实力的竞争。因此，随着经济社会的发展，市民对工作和生活环境有了更高的要求，打造最佳的人居环境符合人民群众的基本需求。

2000 年以来，杭州通过西湖综合保护系列工程、西溪湿地综合保护工程与大运河（杭州段）综合整治和保护开发工程“三大工程”的科学整治，不仅大大丰富了城市景观，而且搭建起了城市生态环境的稳定架构。杭州是我国首批国家生态文明先行示范区。2001 年，杭州市政府获“联合国人居环境奖”，该奖项为全球人居领域最高规格的奖项；2001 年和 2006 年两次荣获“中国人居环境奖”。2014 年，杭州分别获国内最佳旅游城市、网络人气城市、最具魅力会议目的地等荣誉；在中国社会科学院城市与竞争力研究中心发布的《2014 中国宜居城市竞争力报告》中，杭州的宜居竞争力在 289 个城市中排名前十。

### （二）居民幸福感高

幸福感是一种心理体验，它既是对生活的客观条件和所处状态的一种事实判断，又是对于生活的主观意义和满足程度的一种价值判断，表现为在生活满意度基础上产生的一种积极心理体验。而城市幸福感则是指城市居民主体对所在城市的认同感、归属感、安定感、满足感，具体表现在市民普遍感到城市宜居宜业、地域文化独特、空间舒适美丽、生活品质良好、生态环境优化、社会文明安全、社会福利及保障水准较高等。

2014 年，杭州人口平均期望寿命已达 80.98 岁，相当于世界发达国家的居民健康水平；城乡居民养老保险和医疗保障参保率分别达到 97.07% 和 98.94%，并成为全国首批养老服务综合改革试点城市，充分实现老有所养、老有所医。为提高城镇总体功能、打造舒适的生活和工作环境，杭州于 2009 ~ 2014 年先后开展了“小河直街历史文化街区保护项目”、“中山南路综合保护工程项目”、“危旧房改造项目”和“公租房体系”，不仅显著改善了城乡宜居质量，而且荣获我国人居环境建设领域的最高荣誉——“中国人居环境范例奖”。相对而言，杭州比较适中的地理位置、土地劳动力价格，比较好的投资环境，又决定了杭州创业环境良好，成为国内的“创业之都”。

# 第四节　环境能力建设的未来趋势

## 一、城市环境能力建设趋势预测

### （一）资源环境能力建设预测

资源型城市的经济增长总是与资源消耗或废物排放量等“挂钩”，甚至同步增长。经济增长一直在无限制地继续，而自然资源和环境容量总是有极限的，所以经济总量发展到一定水平就受到自然资源和生态环境承载力的限制。通过产业转型和技术进步等途径，提高资源利用效率，可以实现经济增长与资源消耗不同程度的“脱钩”，这是突破自然极限、提高城市资源环境能力建设的重要途径。

在脱钩理论中（陆钟武等，2011），当 GDP 年增长率为正值时，若脱钩值 $D\geqslant 1$ 表示绝对脱钩，$0<D<1$ 表示相对脱钩，$D\leqslant 1$ 表示未脱钩。本节以城市水资源消耗为例，应用脱钩理论，具体分析了目前的脱钩水平（2011～2013 年），并以 2030 年实现水资源消耗与经济增长的完全脱钩为目标，设定 GDP 增速约为 7%，预测 2013～2030 年的单位 GDP 水资源消耗水平变化趋势（表 3-6）。

**表 3-6　资源环境能力建设趋势预测**

| 年份 | GDP/万元 | 供水总量/万 t | 单位 GDP 水资源消耗/(t/万元) | 脱钩指数 |
|---|---|---|---|---|
| 2011 | 2 930 255 301 | 4 400 531 | 15. 02 | — |
| 2012 | 3 273 819 205 | 4 444 510 | 13. 58 | 0. 91 |
| 2013 | 3 633 251 155 | 4 679 415 | 12. 88 | 0. 52 |
| 2020 | 5 834 207 404 | 7 161 743 | 12. 28 | 0. 72 |
| 2025 | 7 807 485 573 | 9 045 811 | 11. 59 | 0. 86 |
| 2030 | 9 964 549 887 | 10 789 721 | 10. 83 | 1 |

### （二）生态环境能力建设预测

城市中人均公园绿地面积是城市生态环境优劣的最直观表现，另外减少危害城市生态环境的生活垃圾或工业废水、废气产生量，也是促进城市生态环境能力建设的重要方面。结合数据的可靠性、连续性，参考 2012 年和 2013 年的增速，设定城市人均公园绿地面积的年均增长率在 2013～2020 年、2020～2025 年及 2025～2030 年分别为 0. 03、0. 02 和 0. 01，2030 年之后维持在一个相对稳定的区间；随着科学技术水平的发展，单位 GDP 废水排放量逐年减少，设定其年均增长率在 2013～2020 年、2020～2025 年及 2025～2030 年分别为-0. 05、-0. 02 和-0. 01，2030 年之后维持在一个相对稳定的区间。根据增长量设定标准，具体城市生态环境能力建设的发展趋势预测见表 3-7。

**表 3-7　生态环境能力建设趋势预测**

| 年份 | 人均公园绿地面积/($m^2$/人) | 增长率 | 单位 GDP 废水排放量/(t/万元) | 增长率 |
|---|---|---|---|---|
| 2011 | 11.20 | — | 4.31 | — |
| 2012 | 11.80 | 0.05 | 3.65 | -0.15 |
| 2013 | 12.26 | 0.04 | 3.25 | -0.11 |
| 2020 | 15.08 | 年均 0.03 | 2.27 | 年均-0.05 |
| 2025 | 16.65 | 年均 0.02 | 2.05 | 年均-0.02 |
| 2030 | 17.50 | 年均 0.01 | 1.95 | 年均-0.01 |

资料来源：全国绿化委员办公室. 2012. 2011 中国国土绿化状况公报. http://www.forestry.gov.cn/ [2014-06-20].
全国绿化委员办公室. 2013. 2012 中国国土绿化状况公报. http://www.forestry.gov.cn/ [2014-06-20].
全国绿化委员办公室. 2014. 2013 中国国土绿化状况公报. http://www.forestry.gov.cn/ [2014-06-20].
中华人民共和国国家统计局城市社会经济调查司. 2012. 中国城市统计年鉴 2012. 北京：中国统计出版社.
中华人民共和国国家统计局城市社会经济调查司. 2013. 中国城市统计年鉴 2013. 北京：中国统计出版社.
中华人民共和国国家统计局城市社会经济调查司. 2014. 中国城市统计年鉴 2014. 北京：中国统计出版社.

### (三) 出行环境能力建设预测

城市平均上班时间不但反映了一个城市交通拥堵情况，更是可度量人们生活幸福感的民生指标。参照《2011 中国新型城市化报告》，给出城市平均上班时间的计算方法，本节统计了 2011 年、2012 年、2013 年包括北京、天津、上海、重庆 4 个直辖市，以及广州、杭州、厦门、深圳、西安目前拥堵情况比较严重的 9 个城市的出行相关数据，分别计算了现实交通情景下的平均上班时间以及理想状态下的平均上班时间，从而得到城市交通拥堵的时间概况，并依据以上 3 年的数据对未来上班路程所需时间进行预测。

根据计算可得，不同城市之间的上班花费时间以及拥堵时间差异较大，其中上班时间平均大于 30min 的有 4 个城市，处于 20 ~ 30min 的有 4 个城市，小于 20min 的仅一个城市；拥堵时间处于 10 ~ 18min 的有 3 个城市，处于 5 ~ 10min 的有 6 个城市（表 3-8）。以 2013 年现实上班出行用时为基础，通过各城市出行环境能力建设的提升，为在 2030 年使上班花费时间达到理想用时，以上 9 个城市的上班出行时间预测结果见表 3-9。

**表 3-8　主要城市上班出行时间及未来趋势预测**　　单位：/min

| 城　市 | 2011 年 | | | 2012 年 | | | 2013 年 | | |
|---|---|---|---|---|---|---|---|---|---|
| | 现实 | 理想 | 拥堵时间 | 现实 | 理想 | 拥堵时间 | 现实 | 理想 | 拥堵时间 |
| 北　京 | 65.51 | 49.60 | 15.91 | 54.87 | 41.54 | 13.33 | 57.40 | 43.45 | 13.95 |
| 天　津 | 21.80 | 16.57 | 5.24 | 21.83 | 16.58 | 5.25 | 21.42 | 16.27 | 5.15 |
| 上　海 | 55.93 | 42.44 | 13.49 | 65.81 | 49.95 | 15.86 | 70.75 | 53.66 | 17.10 |
| 重　庆 | 31.11 | 23.63 | 7.49 | 34.79 | 26.42 | 8.37 | 38.90 | 29.54 | 9.37 |
| 广　州 | 24.52 | 18.60 | 5.92 | 25.95 | 19.69 | 6.26 | 25.56 | 19.38 | 6.18 |
| 杭　州 | 44.12 | 33.50 | 10.62 | 44.17 | 33.54 | 10.63 | 44.27 | 33.61 | 10.65 |
| 厦　门 | 24.27 | 18.47 | 5.80 | 25.71 | 19.56 | 6.15 | 27.88 | 21.21 | 6.67 |
| 深　圳 | 23.06 | 17.50 | 5.55 | 24.59 | 18.67 | 5.92 | 39.22 | 29.82 | 9.40 |
| 西　安 | 18.27 | 13.86 | 4.42 | 18.19 | 13.80 | 4.39 | 21.26 | 16.12 | 5.14 |

**表 3-9　主要城市上班出行时间预测**　单位：/min

| 年份 | 北京 | 天津 | 上海 | 重庆 | 广州 | 杭州 | 厦门 | 深圳 | 西安 |
|---|---|---|---|---|---|---|---|---|---|
| 2020 | 52.3 | 19.5 | 64.5 | 35.5 | 23.3 | 40.4 | 25.5 | 35.8 | 19.4 |
| 2025 | 47.7 | 17.8 | 58.8 | 32.4 | 21.3 | 36.8 | 23.2 | 32.7 | 17.7 |
| 2030 | 43.45 | 16.27 | 53.66 | 29.54 | 19.38 | 33.61 | 21.21 | 29.82 | 16.12 |

### （四）人居环境能力建设预测

城市人口密度和居住面积大小直接影响了人居环境水平，为严格控制城市人口，2014年初，北京、上海、杭州、武汉等地纷纷出招严控人口规模，如启动产业转移外迁；重大项目推“人口评估”，建设城市副中心；探索积分落户政策；等等。因此，在对城市人居环境能力进行预测时，设定城市人口密度逐年减少，即增长率在2013～2020年、2020～2025年及2025～2030年分别为-0.01、-0.015和-0.02；相应地，城市建设中居住用地面积占比相对增加，在3个变化阶段的增速分别为0.01、0.015和0.02。根据增长量设定标准，具体城市人居环境建设的发展趋势预测见表3-10。

**表 3-10　人居环境能力建设趋势预测**

| 年份 | 人口密度/(人/km$^2$) | 增长率 | 居住用地面积占比/% | 增长率 |
|---|---|---|---|---|
| 2012 | 618.85 | — | 30.9 | — |
| 2013 | 615.41 | -0.006 | 31.1 | 0.008 |
| 2020 | 573.60 | -0.010 | 33.4 | 0.010 |
| 2025 | 531.85 | -0.015 | 35.9 | 0.015 |
| 2030 | 480.75 | -0.020 | 39.7 | 0.020 |

资料来源：中华人民共和国国家统计局城市社会经济调查司.2013. 中国城市统计年鉴2013. 北京：中国统计出版社.
中华人民共和国国家统计局城市社会经济调查司.2014. 中国城市统计年鉴2014. 北京：中国统计出版社.

## 二、城市环境能力建设政策建议

结合城市环境能力建设的自然环境问题和社会环境问题两大维度，提出城市环境能力建设的政策建议。

### （一）加强生态文明建设，保护城市资源和环境

面对资源约束趋紧、环境污染严重、生态系统退化的严峻形势，党的十八大明确提出要加强生态文明制度建设，并把生态文明建设与经济建设、政治建设、文化建设和社会建设提到同等的高度，并列为中国特色社会主义“五位一体”的总体布局之一。党的十八届三中全会进一步强调，必须建设完整的生态文明制度体系，用制度保护生态环境，健全自然资源资产产权制度和用途管制制度，划定生态保护红线，实行资源有偿使用制度和生态补偿制度，改革生态环境保护管理体制。在中央的大力号召下，我国近年来努力倡导绿色发展、低碳生活，各大城市的污染减排力度也逐步增大，与此同时，城市的生态建设、环

境保护基础设施建设和工业企业污染设施建设与管理水平均有一定程度的提高，即城市生态环境与资源利用正朝积极改善的方向发展，然而其改善程度与改善速度不能够良好地满足社会需求，如雾霾、水污染、土地污染等环境污染问题广为公众诟病，水资源、土地资源、矿产资源、森林资源等的匮乏也严重影响城市发展，在此情况下，不断治理和改善城市生态环境、优化和调整城市资源结构显得尤为必要。第一，要调整政府预算，加大环保投入；第二，要合理设置交通规则，严格控制机动车污染；第三，要扩展垃圾管理过程，从垃圾处理的末端转向全过程；第四，要实行严格的政府监测，深入推进重金属污染控制；第五，要科学规划城市发展，逐步推进生态城市建设；第六，要创新开拓城市支柱产业，从单一产业扩展为多元产业发展格局。城市生态环境保护与城市资源环境持续利用是一项系统的社会工程，必须树立生态城市的理念，协调经济、社会和生态环境之间的关系，才能真正解决在城市化进程中遇到的各种环境问题。

### （二）优化居住出行环境，提高城市居民幸福感

城市居民生活幸福感的提高与否直接表明居民对于城市生态环境、居住环境或出行环境的认可与否。为提高城市居民幸福感，一是树立正确的城市发展观，城市的可持续发展必须依靠经济增长、资源节约与环境保护相协调的健康发展模式，优化城市布局，加强市政建设，因地制宜建立城市生态项目。二是加大城市居民生活、文化、卫生、教育等各类基础设施建设，美化环境，加大绿色项目投入，促进城市人居环境和谐健康发展（祝志川和于海波，2014）。三是构建城市绿色交通出行系统，结合城市道路交通环境的可达性、愉悦性与可持续性等社会属性（丁良川和金勇，2005），构建城市主要站点的自行车租赁系统，进一步满足步行者或公共交通使用者的可达性需求；铺设高品质的人行道和自行车道，使其连续无障碍、具有足够宽度、夜间照明良好、绿植隔离机动车尾气等，安全舒适和有吸引力的步行或骑车环境将使出行成为一种愉悦美好的城市体验，需要道路规划者从单纯功能模式向人本模式转变；鼓励引导城市居民应用公共交通系统是实现交通环境可持续性的关键，应提高目前现有交通系统的服务品质和运营管理水平，如公交车实时信息查询系统、公共交通车载移动网络等，搭建不同运载能力、不同运行速度的多层网络交通系统，并积极推广新能源公共交通工具等。

# 第四章　中国新型城市化管理能力建设

## 第一节　管理能力建设的基本内涵

自从出现了城市，城市管理就应运而生。城市管理是以城市为对象，政府依靠法律、行政、技术等手段，对城市运行过程中的问题进行反馈、处置、指挥、协调和控制，以保障城市各项功能高效运转和有序进行而采取的多元调控行为。

中国经济发展进入新常态后，新型城市化将是中国继续保持健康稳定发展的重要基石。自改革开放以来，中国的城市化率不断增长，2014 年达到 54.77%。目前，中国正处于城市化的高速发展期，平均以每年一个百分点的速率在增长。《国家新型城镇化规划(2014—2020 年)》指出，到 2020 年，常住人口城镇化率达到 60% 左右。随着城市化进程的不断加快，城市规模的不断扩张，城市这个“复杂巨系统”面临的社会问题也越来越多。

中共十八届三中全会提出“全面深化改革的目标是完善和发展中国特色社会主义制度，推进国家治理体系和治理能力现代化”。《国家新型城镇化规划（2014—2020 年)》也提出，要“树立以人为本、服务为先理念，完善城市治理结构，创新城市治理方式，提升城市社会治理水平”。城市管理对城市发展质量的影响越来越重要，将影响新型城市化的建设能力。

**专栏 4-1　习近平谈创新社会治理**

全面深化改革必须着眼创造更加公平正义的社会环境，不断克服各种有违公平正义的现象，使改革发展成果更多更公平惠及全体人民。如果不能给老百姓带来实实在在的利益，如果不能创造更加公平的社会环境，甚至导致更多不公平，改革就失去意义，也不可能持续。(《切实把思想统一到党的十八届三中全会精神上来》)

维护社会大局稳定是政法工作的基本任务。要处理好维稳和维权的关系，要把群众合理合法的利益诉求解决好，完善对维护群众切身利益具有重大作用的制度，强化法律在化解矛盾中的权威地位，使群众由衷感到权益受到了公平对待、利益得到了有效维护。要处理好活力和秩序的关系，坚持系统治理、依法治理、综合治理、源头治理，发动全社会一起来做好维护社会稳定工作。

保障人民安居乐业是政法工作的根本目标。政法机关和广大干警要把人民群众的事当作自己的事，把人民群众的小事当作自己的大事，从让人民群众满意的事情做起，从人民群众不满意的问题改起，为人民群众安居乐业提供有力法律保障。要深入推进社会治安综合治理，坚决遏制严重刑事犯罪高发态势，保障人民生命财产安全。（《坚持严格执法公正司法深化改革 促进社会公平正义保障人民安居乐业》）

遇到关系复杂、牵涉面广、矛盾突出的改革，要及时深入了解群众实际生活情况怎么样，群众诉求是什么，改革能给群众带来的利益有多少，从人民利益出发谋划思路、制定举措、推进落实。（《把抓落实作为推进改革工作的重点 真抓实干蹄疾步稳务求实效》）

治理和管理一字之差，体现的是系统治理、依法治理、源头治理、综合施策。（《推进中国上海自由贸易试验区建设加强和创新特大城市社会治理》）

享有更好的教育、更稳定的工作、更满意的收入、更可靠的社会保障、更高水平的医疗卫生服务、更舒适的居住条件、更优美的生产生活环境，是中国人民和世界人民的共同梦想。（《让工程科技造福人类、创造未来》）

户籍制度改革是一项复杂的系统工程，既要统筹考虑，又要因地制宜、区别对待。要坚持积极稳妥、规范有序，充分考虑能力和可能，优先解决存量，有序引导增量。要尊重城乡居民自主定居意愿，合理引导农业转移人口落户城镇的预期和选择。要促进大中小城市和小城镇合理布局、功能互补，搞好基本公共服务，还要维护好农民的土地承包经营权、宅基地使用权、集体收益分配权。（《改革要聚焦聚神聚力抓好落实 着力提高改革针对性和实效性》）

本报告从城市灾害应急、突发事件处置、城市就业管理、城市人口管理和城市交通管理 5 个方面阐述城市管理能力建设。

## 一、城市灾害应急能力

城市灾害包括自然灾害、人为灾害，以及自然与人为混合灾害，如城市内涝、台风、泥石流、山体滑坡、地震等灾害，以及煤气泄漏、火灾事故等。我国约有 70% 的城市分布在灾害频发的沿海及东部地区，所以一直都认为城市灾害主要是区域性概念。然而，随着城市化进程的加快，城市还面临着新能源、新材料使用、基础设施和技术带来的灾害，如建筑保温材料容易引发的火灾，城市热岛效应、空气污染、光化学污染、电磁污染等。由城市灾害造成的伤亡人数已占全部灾害伤亡人数的 60%（郭济等，2005）。城市灾害的应急能力提升就是要有效监控城市灾害风险，有效预防和处置城市灾害事件，最大限度地减少灾害对城市运行的负面影响。

## 二、突发事件处置能力

本书所指的突发事件为公共的突发事件，具体而言，是指突然发生、造成或者可能造成重大人员伤亡、财产损失、生态环境破坏和严重社会危害，危及公共安全的紧急事件。城市突发事件的处置能力就是政府要有计划、有组织地预防和处置各种突发公共事件，最大限度地减少突发公共事件的社会影响和经济损失。城市不仅是人才、资金、信息汇集的地方，而且也隐藏着许多不稳定因素，潜在的风险无时无刻不存在。

## 三、城市就业管理能力

就业是民生之本。城市的就业管理就是要因势利导，合理利用城市就业资源，创新就业政策，提供更多就业岗位，提高就业质量，完善就业服务体系，缓解结构性失业问题。有研究表明，城市化率每提高 1%，可以替代出口 10 万亿元。城市化进程在扩大内需的同时，也涵养了巨大的就业潜力。目前，中国城市人口的数量已经大于农村人口的数量，提供稳定的就业环境是保障城市社会经济有序运行的重要因素。

## 四、城市人口管理能力

新型城市化的核心是“人的城市化”。城市人口管理要协调推进人口与土地的城市化，实现城市发展的转型升级，让进城农民充分就业，享受与户籍人口同样的社会福利，包括义务教育、就业服务、基本养老、基本医疗卫生、住房保障等多个方面，均质化的社会公共服务能够给进城者带来向心力和认同感，从而实现以人为本、科学高效、规范有序的城市化进程。

## 五、城市交通管理能力

城市交通管理是指城市政府为保障交通基础设施，为城市经济和市民生活提供良好的服务，综合利用各种手段，科学合理地组织城市中人与物运输的管理活动。城市交通管理的目的是规范交通秩序、均衡交通负荷、提高运输效率（王炜，2003），从而实现城市道路空间的高效、合理利用，保障出行者的交通安全，缓解城市出行需求和交通资源供给之间的矛盾。

# 第二节　管理能力建设的发展现状

## 一、城市灾害应急能力：减灾防灾基础设施滞后

由于历史原因及自然因素，我国城市多分布在自然灾害频发的地区，旱灾、洪涝、风雹、台风、山体滑坡、泥石流、地震、低温冷冻、雪灾是多发的自然灾害。例如，2012 年，超过 2600 个县（区、市），占全国总数 90% 以上的县（区、市）受到自然灾害的影响，其中 900 多个县（区、市）受灾 5 次以上，200 多个县（区、市）受灾 10 次以上。

目前，洪涝灾害是造成重大经济损失和人员伤亡的灾种（图 4-1，图 4-2）。以城市内涝灾害为例，由于城市化进程的加快，使得社会和经济活动增多，再加上城市热岛效应（urban heat island effect，是指城市因大量的人工发热、建筑物和道路等高蓄热体及绿地减少等因素，造成城市“高温化”）的影响，改变了城市的局部气候条件，城市上空空气

流容易产生强对流，增加了暴雨天气出现的风险。例如，2011 年汛期，全国超过 130 个县级及以上城市被淹。此外，暴雨造成的城市内涝灾害不仅出现在人口稠密、经济发达的东部沿海城市，近年来也出现向内陆转移的趋势，出现下雨“看海”的困局。例如，2012 年北京 7 · 21 特大暴雨造成经济损失近百亿，受灾人口达 190 万人。

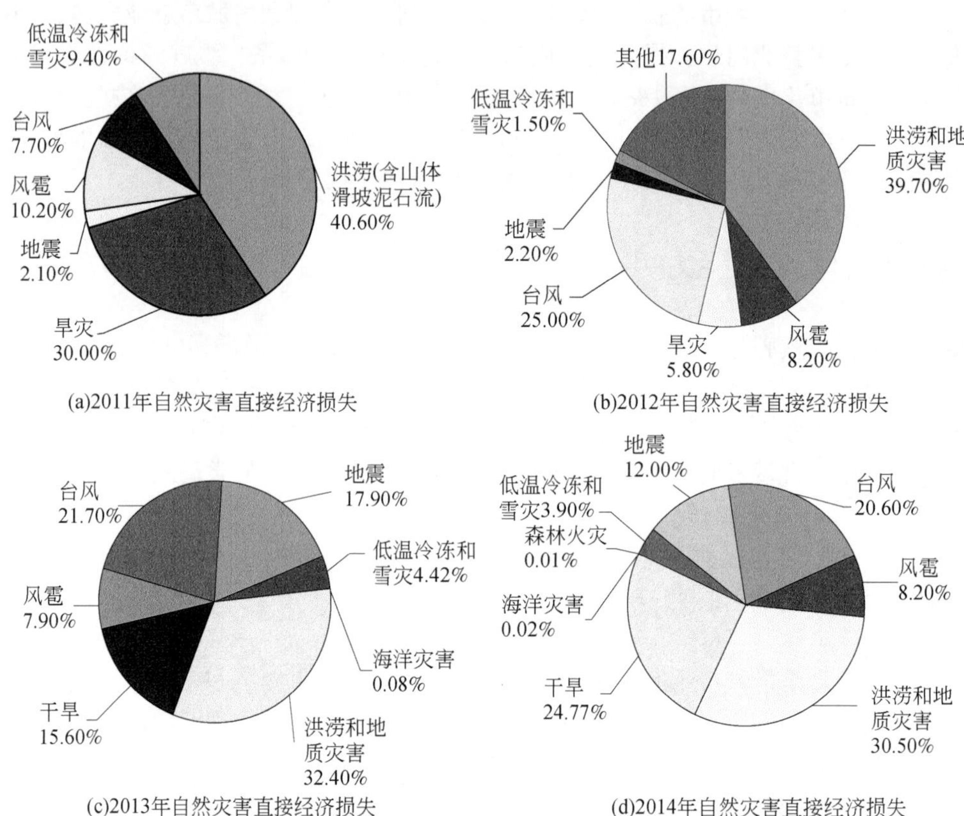


图 4-1　全国自然灾害直接经济损失（2011～2014 年）

资料来源：国家减灾委办公室 . 2011. 2011 年自然灾害基本情况 . http：//www. mca. gov. cn/article/zrzh/2011/index. htm［2014-01-01］

国家减灾委办公室 . 2012. 2012 年自然灾害基本情况 . http：//www. mca. gov. cn/article/zrzh/201212/index. htm［2014-01-01］

国家减灾委办公室 . 2013. 2013 年自然灾害基本情况 . http：//www. mca. gov. cn/article/zrzh/201312/index. htm［2014-01-01］

国家减灾委办公室 . 2014. 2014 年自然灾害基本情况 . http：//www. mca. gov. cn/article/zrzh/201412/index. htm［2014-01-01］

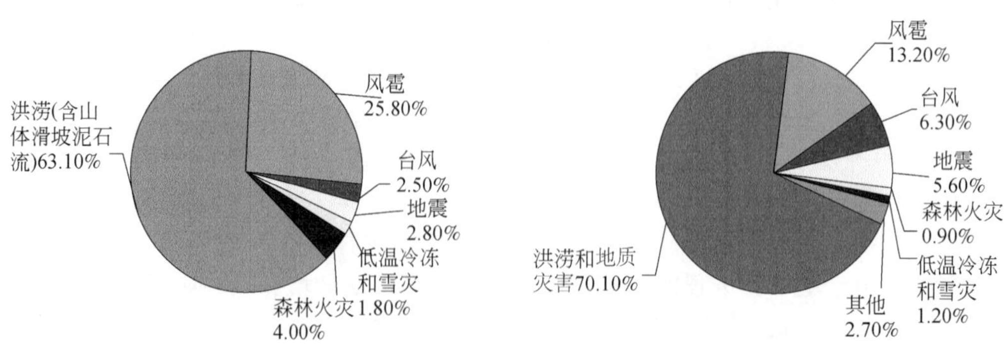

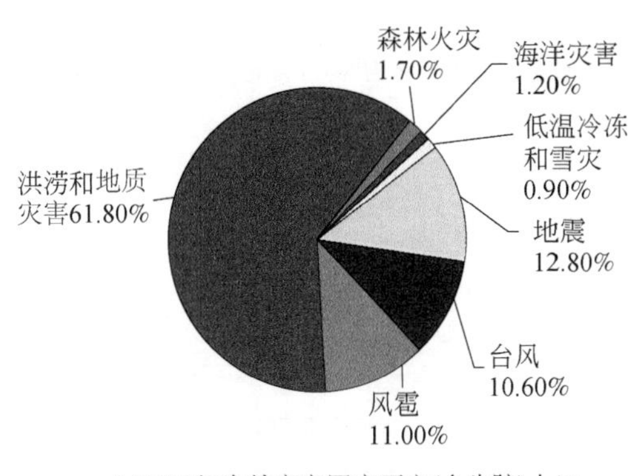


(c)2013年自然灾害因灾死亡(含失踪)人口

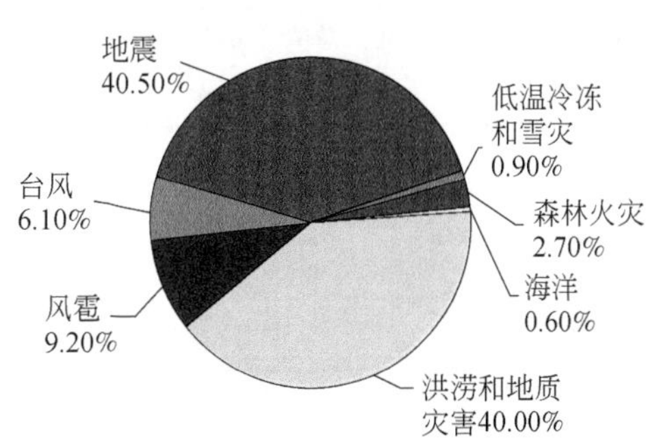


(d)2014年自然灾害因灾死亡(含失踪)人口

图 4-2　全国自然灾害因灾死亡（含失踪）人口

资料来源：国家减灾委办公室 . 2011. 2011 年自然灾害基本情况 .
http：//www. mca. gov. cn/article/zrzh/2011/index. htm［2014-01-01］
国家减灾委办公室 . 2012. 2012 年自然灾害基本情况 . http：//www. mca. gov. cn/article/zrzh/201212/index. htm［2014-01-01］
国家减灾委办公室 . 2013. 2013 年自然灾害基本情况 . http：//www. mca. gov. cn/article/zrzh/201312/index. htm［2014-01-01］
国家减灾委办公室 . 2014. 2014 年自然灾害基本情况 . http：//www. mca. gov. cn/article/zrzh/201412/index. htm［2014-01-01］

根据住建部 2010 年对城市排涝能力的专项调研显示，2008 ~ 2010 年，有 62% 的城市出现过不同程度的内涝，超过 3 次以上的城市有 137 个，最大积水时间超过 12h 的城市有 57 个。截止到 2006 年，中国具有防洪任务的城市 642 座，然而中国水利水电科学研究院发布的《城市防洪工作现状、问题及其对策》研究报告指出，有 53% 的城市没有达到国家规定的防洪标准，有 26% 的城市还没有编制出防洪规划。特别是在非农业人口为 150 万人以上的 34 座特大城市中仅有 7 座达到国家规定的防洪标准，一些新兴经济开发区和新城发展中“重地上忽地下”，城市防洪建设严重滞后。

城市人口密度的增加，社会经济活动的频繁，加之气候条件的影响，基础设施条件在一定的情况下，承受自然灾害的脆弱性也在不断增大。然而，在城市基础社会投入方面，历史欠账太多（表 4-1）。选择 50 个地级及以上城市为代表，城市维护建设资金支出占地区生产总值 4% 以上的城市有太原、南宁、桂林、南通、昆明、无锡、西安、厦门、重庆和北京。占比不到 1% 的城市有唐山、上海、中山、洛阳、深圳、南昌、包头和贵阳。总体来看，自改革开放以来，全国历年城市公用设施建设固定资产投资环比增长率呈现波动式增长，占同期全社会固定资产投资比重自 1978 年持续上升，到 2003 年达到峰值，并开始出现下降趋势（图 4-3）。

**表 4-1　50 个城市维护建设资金支出与地区生产总值**

| 城　市 | 地区生产总值（市辖区）/万元 | 城市维护建设资金支出（市辖区）/万元 | 比例/% |
|---|---|---|---|
| 北　京 | 192 131 742 | 8 106 944 | 4. 22 |
| 天　津 | 131 465 527 | 1 476 679 | 1. 12 |
| 石家庄 | 17 044 127 | 248 956 | 1. 46 |
| 唐　山 | 24 885 900 | 237 692 | 0. 96 |
| 太　原 | 22 190 754 | 3 372 736 | 15. 20 |

续表

| 城　市 | 地区生产总值（市辖区）/万元 | 城市维护建设资金支出（市辖区）/万元 | 比例/% |
|---|---|---|---|
| 呼和浩特 | 19 836 100 | 206 074 | 1. 04 |
| 包　头 | 29 418 392 | 58 456 | 0. 20 |
| 沈　阳 | 58 204 950 | 1 797 090 | 3. 09 |
| 大　连 | 49 095 246 | 712 311 | 1. 45 |
| 长　春 | 35 693 037 | 562 184 | 1. 58 |
| 哈尔滨 | 32 363 205 | — | — |
| 大　庆 | 36 194 531 | 522 633 | 1. 44 |
| 上　海 | 213 391 800 | 1 697 598 | 0. 80 |
| 南　京 | 80 117 800 | 2 586 514 | 3. 23 |
| 无　锡 | 4 173 900 | 394 326 | 9. 45 |
| 苏　州 | 66 208 300 | 2 354 820 | 3. 56 |
| 南　通 | 19 087 880 | 2 060 418 | 10. 79 |
| 杭　州 | 66 398 609 | 1 555 479 | 2. 34 |
| 宁　波 | 43 094 609 | 757 265 | 1. 76 |
| 温　州 | 15 782 906 | 188 898 | 1. 20 |
| 合　肥 | 30 783 146 | 491 309 | 1. 60 |
| 福　州 | 23 015 025 | 858 954 | 3. 73 |
| 厦　门 | 30 181 565 | 1 303 328 | 4. 32 |
| 南　昌 | 22 550 663 | 77 322 | 0. 34 |
| 济　南 | 39 085 726 | 1452 884 | 3. 72 |
| 青　岛 | 51 501 400 | 668 603 | 1. 30 |
| 烟　台 | 26 034 566 | 575 209 | 2. 21 |
| 威　海 | 6 851 070 | 133 186 | 1. 94 |
| 郑　州 | 33 357 336 | 907 919 | 2. 72 |
| 洛　阳 | 12 236 651 | 53 653 | 0. 44 |
| 武　汉 | 72 667 200 | 2 135 100 | 2. 94 |
| 长　沙 | 45 049 425 | 624 500 | 1. 39 |
| 广　州 | 141 465 480 | 3 046 379 | 2. 15 |
| 深　圳 | 145 002 302 | 564 226 | 0. 39 |
| 东　莞 | 54 900 207 | 634 485 | 1. 16 |
| 中　山 | 26 389 329 | 191 179 | 0. 72 |
| 南　宁 | 20 173 877 | 2 306 812 | 11. 43 |
| 桂　林 | 4 795 511 | 522 731 | 10. 90 |
| 北　海 | 5 671 275 | 117 603 | 2. 07 |
| 海　口 | 9 046 355 | 124 871 | 1. 38 |
| 重　庆 | 96 228 100 | 4 084 579 | 4. 24 |

续表

| 城　市 | 地区生产总值（市辖区）/万元 | 城市维护建设资金支出（市辖区）/万元 | 比例/% |
|---|---|---|---|
| 成　都 | 64 815 506 | 1 318 283 | 2. 03 |
| 贵　阳 | 15 913 553 | 18 944 | 0. 12 |
| 昆　明 | 26 878 600 | 2 778 380 | 10. 34 |
| 拉　萨 | 1 640 263 | — | — |
| 西　安 | 40 972 200 | 3 386 824 | 8. 27 |
| 兰　州 | 14 927 952 | 243 372 | 1. 63 |
| 西　宁 | 6 880 685 | 216 452 | 3. 15 |
| 银　川 | 7 939 008 | 82 600 | 1. 04 |
| 乌鲁木齐 | 21 836 674 | — | — |

资料来源：中华人民共和国国家统计局城市社会经济调查司. 2014. 中国城市统计年鉴 2014. 北京：中国统计出版社.

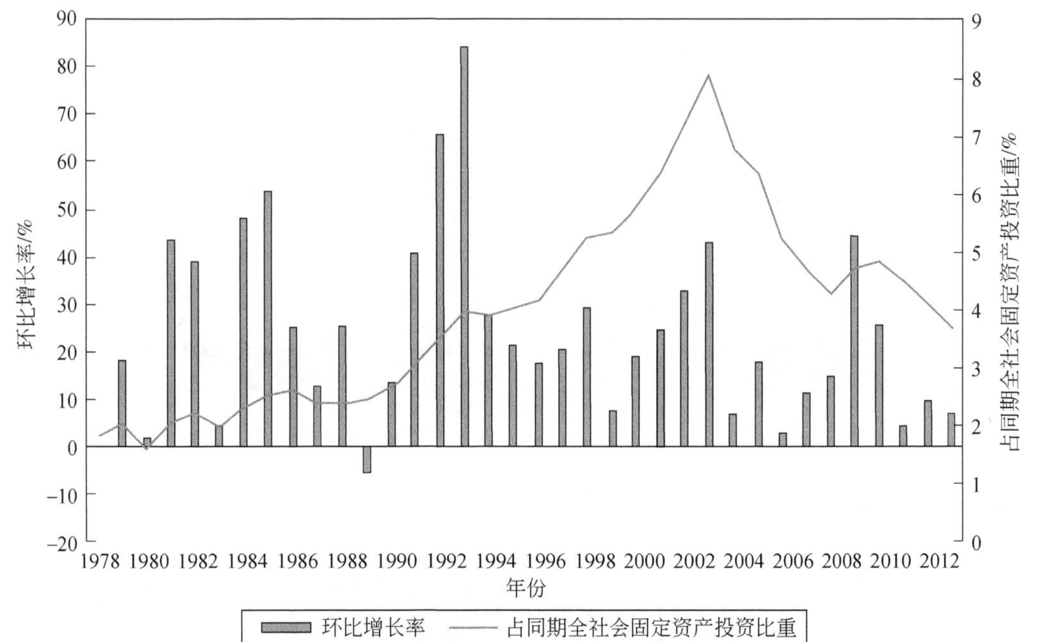


图 4-3　1978 ~ 2013 年城市公用设施建设固定资产投资

资料来源：中华人民共和国住房和城乡建设部. 2013. 中国城市建设统计年鉴 2013. 北京：中国统计出版社.

## 二、突发事件处置能力：政府公信陷入“塔西佗陷阱”

城市运行过程中面临的风险繁多，突发事件类型多样，如在大型公共场所、重点设施出现的骚乱、爆炸、污染等安全类突发事件（表 4-2）；由城市建设过程中拆迁、征地、环境恶化、劳资纠纷等引发的群体性事件（图 4-4），以及由城市失业、社会保障缺乏、贫富差距加大而积聚社会弱势群体的不满情绪引发的报复社会型突发事件（表4-3）。

**表 4-2　近年来城市安全类突发事件**

| 城　市 | 事件 |
|---|---|
| 上　海 | 2010 年 11 · 15 上海静安区高层住宅大火 |
| 昆　明 | 2010 年 12 · 30 昆明一生物化学制品厂发生爆炸 |
| 大　连 | 2010 年 7 · 16 大连输油管爆炸 1500 吨原油流入海中 |
| 伊　春 | 2010 年 8 · 16 黑龙江伊春烟花厂发生爆炸 |
| 吉　林 | 2011 年 1 · 17 吉林天然气泄漏引发爆炸 |
| 温　州 | 2011 年 7 · 23 甬温线特别重大铁路交通事故 |
| 宁　波 | 2012 年 10 · 22 宁波镇海二甲苯化工（PX）项目引发群体事件 |
| 哈尔滨 | 2012 年 8 · 24 哈尔滨阳明滩大桥引桥垮塌 |
| 青　岛 | 2013 年 11 · 22 中石化东黄输油管道泄漏爆炸 |
| 茂　名 | 2014 年 3 · 30 广东茂名市反对 PX 项目游行 |

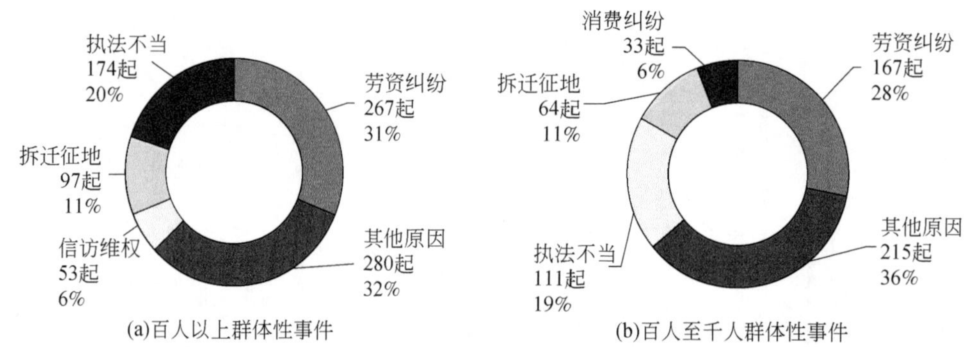


(a)百人以上群体性事件　　(b)百人至千人群体性事件

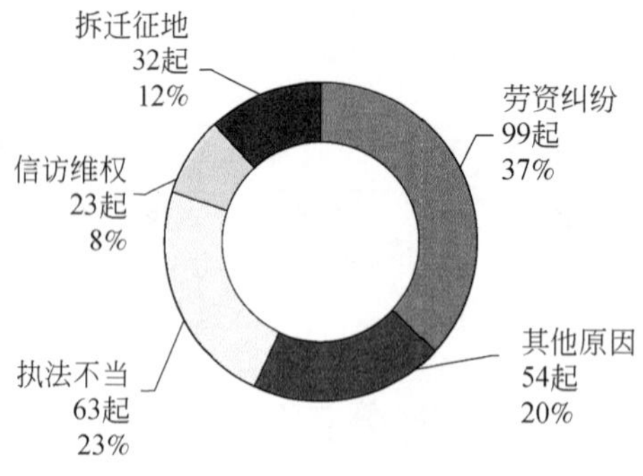


(c)千人至万人群体性事件

图 4-4　2000～2013 年中国百人以上群体性事件统计

资料来源：中国社会科学院法学研究所. 2014. 中国法治发展报告 No. 12（2014）. 北京：社会科学文献出版社.

**表 4-3 近年来报复社会型突发事件—以城市“公交纵火”为例**

| 时间 | 城市 | 死亡/人 | 受伤/人 | 嫌犯纵火原因 |
|---|---|---|---|---|
| 2009.06.05 | 成都 | 27 | 74 | 嗜赌，长期不务正业，多次以自杀威胁向家人要钱，并流露出悲观厌世的情绪 |
| 2010.07.21 | 长沙 | 2 | 14 | 因其个人生意受挫归因于社会不公，产生仇视和报复社会念头 |
| 2012.07.28 | 北京 | 0 | 0 | 纵火嫌疑人未满 20 岁，有癫痫症状 |
| 2013.06.07 | 厦门 | 47 | 34 | 自感生活不如意，悲观厌世，泄愤纵火 |
| 2014.02.27 | 贵阳 | 6 | 35 | 怀疑其妻有婚外情心理失衡、迁怒报复 |
| 2014.05.12 | 宜宾 | 1 | 77 | 唯一死者为纵火犯，纵火原因不明 |
| 2014.07.05 | 杭州 | 0 | 30 | 有厌世情绪，曾向他人流露过要效仿制造恶性事件扬名的念头 |
| 2014.07.11 | 长沙 | 0 | 0 | 因找工作未果，难以为继，希望“搞点事然后去吃牢饭” |
| 2014.07.15 | 广州 | 2 | 33 | 因赌博输钱、心生不忿纵火 |

由于近年来政府部门执政过程中存在失信于民的情形，如政策出台朝令夕改、官僚作风、形式主义、政府监管责任意识淡漠、官员腐败、失职渎职等，严重损害了政府公信力。于是政府公信陷入严重的“塔西佗陷阱”，即当政府部门失去公信力时，无论发表什么言论、无论做什么事，社会都会给以负面评价。尤其值得注意的是，自中央至地方政府的政府公信力呈下降趋势（表 4-4）。政府在处置突发事件时也积累了许多负面情绪，特别是对一些事关民生的事件回应不及时，甚至失语，这些处置失当的行为进一步加深了“塔西佗陷阱”。另外，随着媒体平台的不断升级，尤其在网络时代，催生了“大众麦克风”效应，民众通过网络参与问政，一些社会突发事件发生后，由于政府回应不及时，引发传统媒体的质疑，新媒体平台中谣言、极端情绪的肆意扩散，加剧了政府应对突发事件，以及由突发事件引发的社会舆论等次生灾害的危机。而政府公信力强弱对处置突发事件的能力有重大影响，公信力越强的政府处置突发事件取得的社会效果越好，反之，社会效果则越差（表 4-5）。

**表 4-4 对各级政府信用度的整体评价/%**

| 评价等级 | 中央政府 | 省级政府 | 市级政府 | 县级政府 | 乡级政府 |
|---|---|---|---|---|---|
| 很高 | 41.2 | 11.5 | 3.7 | 2 | 1.4 |
| 高 | 43.2 | 56.8 | 28 | 15.9 | 13.5 |
| 一般 | 13.3 | 28.2 | 54.8 | 45 | 39.8 |
| 低 | 1.4 | 2 | 10.4 | 28.8 | 21 |
| 很低 | 0.9 | 1.4 | 3.2 | 8.4 | 24.2 |
| 平均分 | 4.22 | 3.75 | 3.19 | 2.74 | 2.47 |

资料来源：方向新，杨盛海，刘艳文，等．2009．政府公信力现状评价与对策探析．湘潮（下半月）（理论），(12)：1-4.

**表 4-5　对各级政府处理突发事件效果的评价/%**

| 评价等级 | 中央政府 | 省级政府 | 市级政府 | 县级政府 | 乡级政府 |
|---|---|---|---|---|---|
| 非常满意 | 49.9 | 13 | 5.8 | 4.3 | 4 |
| 比较满意 | 37.2 | 54.5 | 32 | 20.5 | 17.9 |
| 一般 | 11.5 | 30.3 | 52.4 | 51 | 45.5 |
| 不满意 | 0.6 | 1.7 | 7.5 | 17.9 | 19 |
| 很不满意 | 0.9 | 0.6 | 2.3 | 6.3 | 13.5 |
| 平均分 | 4.34 | 3.78 | 3.31 | 2.99 | 2.8 |

资料来源：方向新，杨盛海，刘艳文，等. 2009. 政府公信力现状评价与对策探析. 湘潮（下半月）（理论），(12)：1-4.

## 三、城市就业管理能力：就业吸纳质量水平不高

中国经济发展呈现“新常态”特征，即从高速增长转为中高速增长，经济结构不断优化升级，经济增长动力从要素驱动和投资驱动转为创新驱动。新常态下，稳增长是紧要之务，而稳就业则是稳增长的根本。目前，中国人口红利已经开始消失，从宏观层面看，劳动力供求紧张，然而在经济结构优化的过程中，必然会有一些行业因劳动力过剩而出现失业，政府应建立保障劳动力在地区间、城乡间、行业间的流动机制，达到劳动力的均衡配置。

第三产业是最大的就业容纳器，中国第三产业的就业弹性约为经济增长的一个百分点，吸纳就业人口 150 万人，第三产业的就业吸纳能力高于工业和农业。然而，2013 年全国第三产业从业人员比重为 38.5%，与国际相比，我国第三产业吸纳就业能力仍然偏低，西方发达国家第三产业从业人员比重普遍为 70%，中等收入国家为 50%。样本城市中，第三产业比重达到 70% 以上的仅有 3 个（北京、海口、呼和浩特），低于全国平均水平的城市有 10 个（图 4-5）。城市第三产业人口比重亟待加强，从而对就业结构和质量产生放大效应，缓解就业的结构性压力和矛盾。

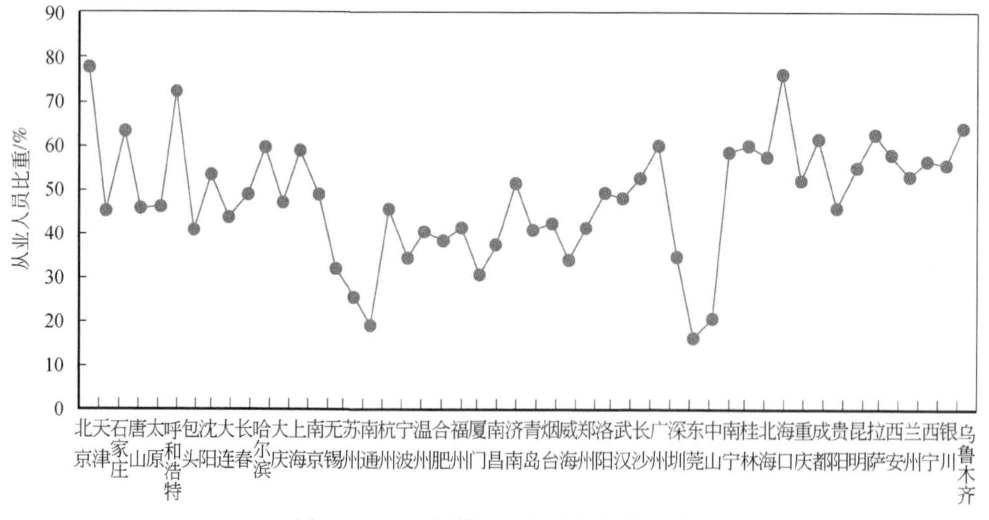


图 4-5　2013 年第三产业从业人员比重

资料来源：中华人民共和国国家统计局城市社会经济调查司. 2014. 中国城市统计年鉴 2014. 北京：中国统计出版社.

## 四、城市人口管理能力：人口与土地城市化不均衡

土地城市化是指城市在空间上的扩展，主要表现为城市建成区面积的增大。人口城市化，即城市化率，是指农村人口转化为城市人口的过程，使用地区常住人口占地区总人口的比重表征。城市化的真正标志是进城农民有充分就业，享受与城市人同等的社会公共服务。然而，我国在城市化进程中却出现了土地城市化快于人口城市化的情况。2000～2013年我国城市化率增长了48.3%，而城市建成区面积却增长了1.1倍（表4-6）。除了2008年城市建成区面积增长率与城市化率持平外，2001～2013年的城市建成区面积年平均增长率都大于城市化率（图4-6）。

**表4-6　2000～2013年城市化率与建成区面积**

| 年份 | 城市化率/% | 建成区面积/km$^2$ |
|---|---|---|
| 2000 | 36.22 | 22 439.28 |
| 2001 | 37.66 | 24 026.63 |
| 2002 | 39.09 | 25 972.55 |
| 2003 | 40.53 | 28 308.00 |
| 2004 | 41.76 | 30 406.20 |
| 2005 | 42.99 | 32 520.70 |
| 2006 | 44.34 | 33 659.80 |
| 2007 | 45.89 | 35 469.70 |
| 2008 | 46.99 | 36 295.30 |
| 2009 | 48.34 | 38 107.30 |
| 2010 | 49.95 | 40 058.00 |
| 2011 | 51.27 | 43 603.20 |
| 2012 | 52.57 | 45 565.80 |
| 2013 | 53.73 | 47 855.30 |

资料来源：中华人民共和国国家统计局.2001. 中国统计年鉴2001. 北京：中国统计出版社.
中华人民共和国国家统计局.2002. 中国统计年鉴2002. 北京：中国统计出版社.
中华人民共和国国家统计局.2003. 中国统计年鉴2003. 北京：中国统计出版社.
中华人民共和国国家统计局.2004. 中国统计年鉴2004. 北京：中国统计出版社.
中华人民共和国国家统计局.2005. 中国统计年鉴2005. 北京：中国统计出版社.
中华人民共和国国家统计局.2006. 中国统计年鉴2006. 北京：中国统计出版社.
中华人民共和国国家统计局.2007. 中国统计年鉴2007. 北京：中国统计出版社.
中华人民共和国国家统计局.2008. 中国统计年鉴2008. 北京：中国统计出版社.
中华人民共和国国家统计局.2009. 中国统计年鉴2009. 北京：中国统计出版社.
中华人民共和国国家统计局.2010. 中国统计年鉴2010. 北京：中国统计出版社.
中华人民共和国国家统计局.2011. 中国统计年鉴2011. 北京：中国统计出版社.
中华人民共和国国家统计局.2012. 中国统计年鉴2012. 北京：中国统计出版社.
中华人民共和国国家统计局.2013. 中国统计年鉴2013. 北京：中国统计出版社.
中华人民共和国国家统计局.2014. 中国统计年鉴2014. 北京：中国统计出版社.

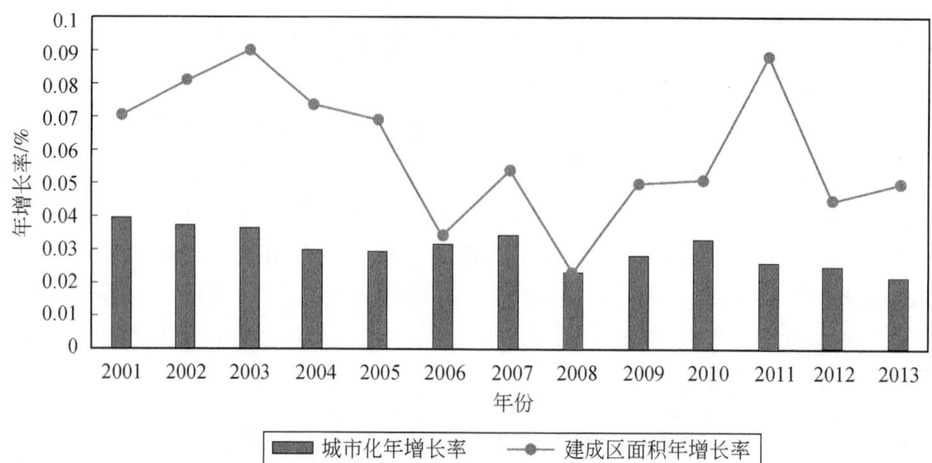


图 4-6　城市化年增长率与建成区面积年增长率

资料来源：中华人民共和国国家统计局. 2001. 中国统计年鉴 2001. 北京：中国统计出版社.
中华人民共和国国家统计局. 2002. 中国统计年鉴 2002. 北京：中国统计出版社.
中华人民共和国国家统计局. 2003. 中国统计年鉴 2003. 北京：中国统计出版社.
中华人民共和国国家统计局. 2004. 中国统计年鉴 2004. 北京：中国统计出版社.
中华人民共和国国家统计局. 2005. 中国统计年鉴 2005. 北京：中国统计出版社.
中华人民共和国国家统计局. 2006. 中国统计年鉴 2006. 北京：中国统计出版社.
中华人民共和国国家统计局. 2007. 中国统计年鉴 2007. 北京：中国统计出版社.
中华人民共和国国家统计局. 2008. 中国统计年鉴 2008. 北京：中国统计出版社.
中华人民共和国国家统计局. 2009. 中国统计年鉴 2009. 北京：中国统计出版社.
中华人民共和国国家统计局. 2010. 中国统计年鉴 2010. 北京：中国统计出版社.
中华人民共和国国家统计局. 2011. 中国统计年鉴 2011. 北京：中国统计出版社.
中华人民共和国国家统计局. 2012. 中国统计年鉴 2012. 北京：中国统计出版社.
中华人民共和国国家统计局. 2013. 中国统计年鉴 2013. 北京：中国统计出版社.
中华人民共和国国家统计局. 2014. 中国统计年鉴 2014. 北京：中国统计出版社.

政府促进土地城市化的动机来自于“土地财政”，土地出让收益普遍占到地方政府收入的 30% ~60%，并且由于存在权力寻租空间机会，于是造就我国的高土地城市化。另外，一直以来，由户籍制度导致的城乡二元制度严重影响了人口的自由流动，非户籍人口很难享受城市户籍人口在教育、医疗、住房、保险等方面的社会福利，农村人口很难永久居住下去。于是，高度封闭的城市户籍制度使得人口的城市化过程进展缓慢。

## 五、城市交通管理能力：城市公共交通发展滞后

随着城市化和人民生活水平的提高，城市机动车快速增长。2013 年年末全国民用汽车保有量达到 13 741 万辆，环比增长 13.7%，其中私人汽车保有量达到 10 892 万辆，环比增长 17.0%。交通拥堵、出行困难、资源消耗、温室气体排放、$PM_{2.5}$ 等正在成为制约城市社会、经济健康发展的瓶颈。尽管各级政府制定了一系列政策措施，创新交通发展模式，尤其实行优先发展城市公共交通战略，然而城市公共交通增长仍然普遍落后于人均城

市道路面积增长率（图 4-7）。另外，由于城市人口的迅速扩张，人均公共交通资源甚至出现了萎缩，如唐山、上海、南京等城市每万人公共汽车数量都有减少的趋势。此外，虽然人均城市道路面积呈现快速增长，但道路承载能力仍然较低。2013 年全国城市人均道路面积为 12.37m²，50 个样本城市中有 17 个城市低于全国平均水平（表 4-7）。

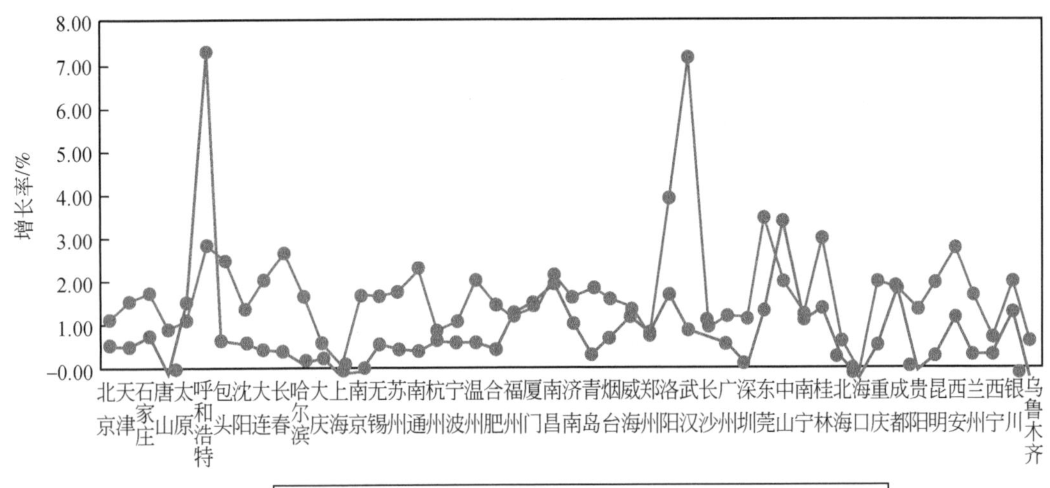


图 4-7　每万人公共汽车增长率和人均城市道路面积增长率（2000 年、2013 年）

资料来源：中华人民共和国国家统计局城市社会经济调查司 . 2001. 中国城市统计年鉴 2001. 北京：中国统计出版社 .
中华人民共和国国家统计局城市社会经济调查司 . 2014. 中国城市统计年鉴 2014. 北京：中国统计出版社 .

**表 4-7　每万人公共汽车、人均城市道路面积以及增长率**（2000 年、2013 年）

| 城　市 | 2013 年每万人公共汽车/辆 | 2000 年每万人公共汽车/辆 | 每万人公共汽车增长率 | 2013 年人均城市道路面积/% | 2000 年人均城市道路面积/% | 人均城市道路面积增长率 |
|---|---|---|---|---|---|---|
| 北　京 | 18.95 | 12.5 | 0.52 | 7.72 | 3.7 | 1.09 |
| 天　津 | 11.77 | 7.9 | 0.49 | 15.14 | 6.1 | 1.48 |
| 石家庄 | 18.04 | 10.7 | 0.69 | 18.07 | 6.7 | 1.70 |
| 唐　山 | 8.01 | 9.3 | -0.14 | 10.07 | 5.5 | 0.83 |
| 太　原 | 9.91 | 4 | 1.48 | 12.53 | 6.1 | 1.05 |
| 呼和浩特 | 29.25 | 3.5 | 7.36 | 17.41 | 4.6 | 2.78 |
| 包　头 | 8.16 | 5 | 0.63 | 17.11 | 5 | 2.42 |
| 沈　阳 | 10.5 | 6.7 | 0.57 | 14.82 | 6.4 | 1.32 |
| 大　连 | 16.72 | 12 | 0.39 | 14.48 | 4.8 | 2.02 |
| 长　春 | 12.98 | 9.6 | 0.35 | 18.58 | 5.1 | 2.64 |
| 哈尔滨 | 12.65 | 12 | 0.05 | 10.04 | 3.8 | 1.64 |
| 大　庆 | 11.77 | 9.9 | 0.19 | 24.88 | 16.1 | 0.55 |
| 上　海 | 12.25 | 15.8 | -0.22 | 7.28 | 7.2 | 0.01 |
| 南　京 | 10.8 | 12.4 | -0.13 | 19.84 | 7.5 | 1.65 |

续表

| 城　市 | 2013 年每万人公共汽车/辆 | 2000 年每万人公共汽车/辆 | 每万人公共汽车增长率 | 2013 年人均城市道路面积/% | 2000 年人均城市道路面积/% | 人均城市道路面积增长率 |
|---|---|---|---|---|---|---|
| 无　锡 | 13. 44 | 8. 9 | 0. 51 | 25. 06 | 9. 6 | 1. 61 |
| 苏　州 | 13. 5 | 9. 5 | 0. 42 | 24. 05 | 8. 8 | 1. 73 |
| 南　通 | 6. 63 | 4. 9 | 0. 35 | 17. 97 | 5. 5 | 2. 27 |
| 杭　州 | 18. 3 | 11. 3 | 0. 62 | 12. 04 | 6. 6 | 0. 82 |
| 宁　波 | 19. 57 | 12. 4 | 0. 58 | 12. 61 | 6. 2 | 1. 03 |
| 温　州 | 14. 28 | 9. 3 | 0. 54 | 17. 6 | 5. 9 | 1. 98 |
| 合　肥 | 16. 01 | 11. 7 | 0. 37 | 22. 72 | 9. 4 | 1. 42 |
| 福　州 | 22. 13 | 10 | 1. 21 | 13. 3 | 6. 1 | 1. 18 |
| 厦　门 | 19. 72 | 8 | 1. 47 | 18. 14 | 7. 6 | 1. 39 |
| 南　昌 | 15. 39 | 5. 2 | 1. 96 | 15. 28 | 4. 9 | 2. 12 |
| 济　南 | 13. 09 | 6. 5 | 1. 01 | 20. 97 | 8 | 1. 62 |
| 青　岛 | 16. 86 | 13. 5 | 0. 25 | 21. 45 | 7. 6 | 1. 82 |
| 烟　台 | 12. 38 | 7. 5 | 0. 65 | 17. 86 | 6. 9 | 1. 59 |
| 威　海 | 13. 99 | 6. 6 | 1. 12 | 28. 85 | 12. 5 | 1. 31 |
| 郑　州 | 11. 11 | 6. 3 | 0. 76 | 7. 42 | 4. 3 | 0. 73 |
| 洛　阳 | 8. 84 | 3. 3 | 1. 68 | 11. 74 | 2. 4 | 3. 89 |
| 武　汉 | 14. 82 | 8. 1 | 0. 83 | 16. 3 | 2 | 7. 15 |
| 长　沙 | 13. 89 | 6. 6 | 1. 10 | 10. 01 | 5. 3 | 0. 89 |
| 广　州 | 18. 95 | 12. 5 | 0. 52 | 14. 91 | 6. 9 | 1. 16 |
| 深　圳 | 98. 53 | 95. 7 | 0. 03 | 37. 03 | 17. 5 | 1. 12 |
| 东　莞 | 7. 49 | 3. 3 | 1. 27 | 54. 37 | 12. 3 | 3. 42 |
| 中　山 | 15. 34 | 3. 5 | 3. 38 | 6. 79 | 2. 3 | 1. 95 |
| 南　宁 | 9. 69 | 4. 7 | 1. 06 | 12. 61 | 5. 7 | 1. 21 |
| 桂　林 | 14. 21 | 6. 1 | 1. 33 | 11. 47 | 2. 9 | 2. 96 |
| 北　海 | 4. 53 | 3. 8 | 0. 19 | 13. 5 | 8. 4 | 0. 61 |
| 海　口 | 9. 95 | 13. 6 | -0. 27 | 8. 98 | 10. 8 | -0. 17 |
| 重　庆 | 6. 76 | 4. 6 | 0. 47 | 7. 12 | 2. 4 | 1. 97 |
| 成　都 | 18. 01 | 6. 4 | 1. 81 | 13. 18 | 4. 6 | 1. 87 |
| 贵　阳 | 10. 03 | 10. 7 | -0. 06 | 7. 15 | 3. 1 | 1. 31 |
| 昆　明 | 17. 76 | 14. 1 | 0. 26 | 14. 26 | 4. 8 | 1. 97 |
| 西　安 | 14 | 6. 6 | 1. 12 | 12. 09 | 3. 2 | 2. 78 |
| 兰　州 | 10. 91 | 8. 6 | 0. 27 | 11. 78 | 4. 4 | 1. 68 |
| 西　宁 | 15. 21 | 12 | 0. 27 | 7. 15 | 4. 3 | 0. 66 |
| 银　川 | 18. 79 | 8. 4 | 1. 24 | 17. 77 | 6 | 1. 96 |
| 乌鲁木齐 | 16. 16 | 21. 1 | -0. 23 | 11. 35 | 7. 3 | 0. 55 |

资料来源：中华人民共和国国家统计局城市社会经济调查司 . 2001. 中国城市统计年鉴 2001. 北京：中国统计出版社 .
中华人民共和国国家统计局城市社会经济调查司 . 2014. 中国城市统计年鉴 2014. 北京：中国统计出版社 .

# 第三节　管理能力建设的城市实践

## 一、自然灾害灾情及时上报管理机制

近年来，成都经历了几次大的自然灾害，在灾情应急和管理方面率先建立了自然灾害应急指挥平台、灾情数据管理工作模式，以及各个部门灾情报送工作的规范。

自然灾害应急指挥平台：自5·12汶川特大地震之后，成都建立了应急指挥信息化平台，规划实施建设了1000多个应急避难场所，建立了救灾物资储备仓库，组建了综合应急救援大队，成立了西部地区最大、最先进的灾害应急救援培训基地，完善了区（市）县应急指挥系统，建设了中国首个地震烈度速报台网和地质环境信息系统。

自然灾害灾情数据管理工作模式：市级相关部门复核灾情，县级政府上报灾情数据，成都市减灾办汇总，成都市减灾委员会会商灾情，报批确定后上报省减灾办。县级政府上报的灾情数据均应是经成都市政府相关部门审核后的数据。因此，需要市级相关专业核灾部门在灾情发生时，第一时间到区（市）县查核灾情，做到高效复核灾情。

自然灾害灾情报送工作的规范：初报要及时、续报要完善、核报要准确。对于造成10人以上死亡（含失踪）或房屋大量倒塌、农田大面积受灾等严重损失的自然灾害，县级民政部门应在灾害发生后2h内，同时上报省级民政部门和民政部。

## 二、建设廉洁、法治政府，提升政府公信力

成都切实打造廉洁、高效、依法治市的政府，坚持改革发展与反腐倡廉“两轮同轴、力度统一”，严防“四风”问题反弹，落实党的群众路线教育实践活动，健全惩治和预防腐败体系，完善债务管控机制，强化“三公”经费管理，加大对财政资金分配、重大项目审批、重大物资采购招标的审计力度，强化公共资源交易监管，推进廉洁政府建设。在依法治市方面，成都力推八项重点工作：①夯实制度基础，提升依法执政水平；②坚持立法先行，加强地方立法建设；③抓住关键环节，加快打造法治政府；④坚守司法公正，积极稳妥推进司法体制改革；⑤创新社会治理，维护社会和谐稳定；⑥打造特色品牌，抓实法治宣传教育；⑦完善人才选用机制，强化法治工作队伍建设；⑧强化督查问责，以刚性手段确保依法治市落实到位。

## 三、以惠民之举解决民生诉求

成都创新网格化服务，快速收集民生诉求，并使民生诉求得到有效回应。在民生领域加大投入，每年均超过350亿元，占财政支出的绝大部分。行政审批过程经历了9次瘦身、8次提速、6次流程再造，行政许可审批事项减幅达90%以上，非行政审批事项减幅达80%以上。此外，成都加快完善基础设施和公共服务配套设施建设，同步升级优化城市形态和城市业态。同时，坚持以人为核心推进城市化，统筹解决农业转移人口的社会福

利，形成多中心、组团式、网络化、集约型城市化体系，避免空心城市化，全面提升新型城市化质量。

### 四、深入实施“交通先行”战略

2014 年，成都升华了“五大兴市战略”内涵，提出交通先行、产业升级、立城优城、统筹城乡、全域开放五大战略。其中，交通优先战略重点是立足成都独特的区位条件，把成都加快构建成为“国际性区域交通枢纽”，向“全域互联互通”转变，作为承接华南华中、连接西南西北、沟通中亚东南亚的重要交汇点。推动交通发展还要“软硬并重”，不仅重视交通基础设施建设，还要充分发挥成都的研发优势，依托西南交通大学，建设全球首个轨道交通产业园，该产业园致力于打造面向铁路、公路、航空、水运和管道“五位一体”的智能交通、绿色交通、立体交通等研发基地。未来园区将形成轨道交通全产业链，可吸引超过 10 万人的高层次人才就业，年产值达 1000 亿元。

## 第四节　管理能力建设的未来趋势

### 一、城市管理能力预测

本报告对 2020 ~ 2030 年的全国城市管理能力发展趋势进行预测（表 4-8），在城市灾害应急管理能力方面，城市维护建设资金支出占 GDP 的比重呈现增长趋势，城市维护建设资金支出的增长速度要大于 GDP 的增速；在城市就业管理能力方面，积极进行就业结构调整，到 2030 年使得三产就业吸纳能力达到发达国家水平；在城市人口管理能力方面，人口城市化进程的增长率要快于土地城市化的增长率，并且土地城市化不能再以现有的速度发展下去，要充分利用已开发的土地资源，走集约式开发的路线；在城市交通管理能力方面，各级政府都在努力优先发展集约高效、节能环保的城市公共交通战略，每万人拥有公共汽车数量和人均道路面积都将倍增式增长；在城市突发事件处置能力方面，政府公信力的提升是政府软实力的表现，政府要增加应对危机的敏锐性，迅速、及时、果断地采取处置措施，增强民众对政府的信任度和满意度。

**表 4-8　城市管理能力预测**

| 年份 | 城市灾害应急管理能力 | | | | |
|---|---|---|---|---|---|
| | 地区生产总值（万元） | GDP 增长率/% | 城市维护建设资金支出（万元） | 城市维护建设资金支出增长率/% | 比例/% |
| 2013 | 3 633 251 155 | — | 95 957 853 | — | 2. 64 |
| 2020 | 5 834 207 404 | 7 | 175 414 709 | 9 | 3. 01 |
| 2025 | 7 807 485 573 | 6 | 257 741 757 | 8 | 3. 30 |
| 2030 | 9 964 549 887 | 5 | 361 496 149 | 7 | 3. 63 |

续表

| 年份 | 城市就业管理能力 | | | |
|---|---|---|---|---|
| | 第三产业从业人员比重/% | | 第三产业从业人员比重增长率/% | |
| 2013 | 47.69 | | — | |
| 2020 | 58.65 | | 3 | |
| 2025 | 69.72 | | 2.5 | |
| 2030 | 80.09 | | 2 | |
| 年份 | 城市人口管理能力 | | | |
| | 城市化率/% | 城市化增长率/% | 建成区面积/$km^2$ | 建成区面积增长率/% |
| 2013 | 53.73 | — | 47 855.30 | — |
| 2020 | 59.63 | 1.5 | 50 600.38 | 0.8 |
| 2025 | 63.30 | 1.2 | 52 396.36 | 0.7 |
| 2030 | 66.86 | 1.1 | 53 987.22 | 0.6 |
| 年份 | 城市交通管理能力 | | | |
| | 每万人拥有公共汽车/辆 | 每万人拥有公共汽车增长率/% | 人均城市道路面积/$m^2$ | 人均城市道路面积增长率/% |
| 2013 | 10.01 | — | 12.37 | — |
| 2020 | 16.07 | 7 | 17.41 | 5 |
| 2025 | 21.51 | 6 | 21.18 | 4 |
| 2030 | 27.45 | 5 | 24.55 | 3 |

## 二、城市管理能力政策建议

### （一）加强城市防灾减灾能力建设

目前，全球每年在由自然灾害引发的生命和经济损失中，有超过2.26亿人口受灾。随着人口的不断增长，联合国开发署估计未来在人口为200万～1500万人的世界超级城市中，多半有可能受到七级以上地震的影响。此外，在加快城市化进程的发展中国家将面临着更严重的社会和经济损失升级的风险。“城市化与减灾”已经成为全球共同关心的议题。

城市灾害风险主要由4个因素决定：城市灾害的危险性、城市暴露性、城市承灾体的脆弱性（易损性）和城市防灾减灾能力（张继权等，2007）。提升城市灾害应急管理能力要建立科学、可行的城市灾害应急能力评价体系，每个城市的自然地理条件不同，面对的灾种挑战也不尽相同，要依据灾害的频率、强度事先预报和预警灾害现象。此外，城市发展社会、经济结构及其机构组织管理组织协调能力决定了城市的脆弱性和防灾减灾能力。对城市灾害和城市抗灾能力风险进行评估，使得各级城市能够明确避开城市发展的高风险区，良好地定位自己在城市抗灾能力方面的优势和劣势，有针对性地提高灾害应急能力水平。

### （二）建立突发事件处置管理体系

当前，中国正处于社会转型的关键时期，积累的各种社会矛盾极易导致各种类型突发事件和社会危机事件的频繁发生。突发事件发生后，政府的响应速度对可能造成的经济损失、社会影响有重大作用。而及时、迅速、科学、有效的突发事件处置能力建设首先需要建立完善的“城市突发事件处置管理体系”，包括①制定完备、细化的应急预案：应急预案既要涵盖各级职能部门的纵向预案体系，也要包括重点行业、人群、企事业单位的横向预案体系。预案内容、要素要按照标准细化、分类，制定与预案相关的规范、流程，同时尽量要把指标标准量化，提高预案的操作性和实用性。随着社会突发事件类型的多样化，预案体系的建立要体现灵活性和多样性，提高解决问题的针对性，动态调整预案适用性，反馈、修正预案的执行效果，使其“管用、能用”。②协调、高效的应急管理运行体制：突发事件发展态势瞬息万变，快速处置响应需要各级部门的通力合作，建立合理、顺畅的指挥、协调架构。各级部门要相互协调配合、增加部门职能的了解，提升城市应急处置的联动能力，充分调度应急服务资源。③建立准确、灵活的信息通报机制：一方面要形成政府内部上下贯通的突发事件信息直报网络体系，保障信息渠道通畅，做到信息报告及时、准确，为政府的快速应对提供信息资源基础；另一方面，要利用媒体时代突发事件处置的“黄金 4 小时”原则，培养政府在新媒体环境下的舆论声音，主动回应媒体、公众的质疑，确保政府在应对重大突发事件时不失声、不缺位，避免潜在二次灾害的发生。

### （三）促进创业带动城市充分就业

就业是民生之本，就业稳则心定、家宁、国安。自 2010 年以来，我国就业市场总体的求人倍率均大于 1，这说明目前我国的劳动力市场形势总体上是求大于供，预计在很长一段时间内将延续这一趋势。造成这种就业局面的原因主要有两个：一是我国经济总量的不断增加将产生更多就业岗位和机会；二是适龄劳动人口比例的降低使得劳动力的需求增加。

实现比较充分的社会就业是 2020 年基本实现全面建设小康社会的战略目标之一，也是城市经济稳定运行的基本保障。当前我国经济发展进入新常态，处于动能转换“衔接期”，确保就业稳定面临新的机遇和挑战。通过激励创业是拓宽就业渠道、推动实现更高质量就业的重要基础，是培育新的经济增长点、增强经济发展活力的重要引擎。因此，应该坚持实施更加积极的就业政策，在抓好高校毕业生、就业困难人员等重点群体就业的基础上，坚持以大众创业、万众创新拓展就业空间，以服务业、新兴产业加快发展扩大就业容量。通过城市管理部门的简政放权、放管结合、优化服务，用改革的办法搭建更优创业平台，用市场的力量创造以及吸收更多就业机会，推动城市经济持续健康发展，促进社会公平正义。

### （四）降低城市人口管理准入门槛

现有的户籍制度确立于 1958 年，出发点是限制农村人口流动，从而保障城市户籍人口的社会福利和生活必需品的供给，于是户籍人口享受充分的社会公共服务。然而，随着城市化战略的实施，人口的流动性需求越来越大，由于受制于地方财政压力和固有利益，城市外来常住人口与城市户籍人口公共服务的非均等化产生了一系列社会问题，如城市内部二元结构的形成。

2014 年，《国务院关于进一步推进户籍制度改革的意见》提出，取消对农业户口与非农业户口的区分，以及由此衍生的蓝印户口等户口类型，统一登记为居民户口，实现户籍制度的人口登记管理功能。此外，全面放开建制镇和小城市落户限制，合理确定大城市落户条件，严格控制特大城市人口规模。该意见明确，到 2020 年，努力实现 1 亿左右农业转移人口和其他常住人口在城镇落户。

建立城市居住证制度，是对流动人口服务和管理制度的创新，淡化了户籍管理的色彩，目标是“逐步享有、稳步推进”进城人口的社会福利，缩小附着在户籍上的权益差异，促进人口资源要素的合理流动。此外，对特大城市实行人口管控，建立积分落户制度，要设置合理的积分落户分值，体现人口的平衡性和多样性，注意不同社会阶层的公平。

### （五）多项举措并举改善城市交通

中国城市化率年增速为 1%，即每年约有 1000 万人从农村来到城市工作、生活，城市面临的交通问题日益严峻，交通拥堵甚至成为城市亟待解决的首要“大城市病”。城市交通问题的日趋复杂性决定了解决方案必须多举措并举推进：①落实公交优先战略。各地城市因地制宜，发展适合当地道路资源的公共出行交通方式，通过建设发达的公共客运网络系统，实现城市空间资源的最大运输效率。突出优先发展公共交通，推进公共交通的长效发展，提高公共交通的运载能力，同时鼓励低能耗、高效率的交通出行方式，引导民用私家车的合理使用，从而减缓城市拥堵。②合理布局城市交通规划。城市交通基础设施建设是一项系统工程，耗时久、投入大，必须要科学统筹城市交通压力与城市交通管理能力，避免顾此失彼，忽视长远需求，诱发更多城市交通结构性“负效应”。③创新城市交通管理能力建设。积极引导智慧交通，利用现代物联网技术等科技化手段提升城市交通出行服务，进行交通流量监测，有效疏导拥堵。

# 第五章　中国新型城市化文化能力建设

## 第一节　文化能力建设的基本内涵

城市不仅是经济社会的物质集聚中心，更是精神文明建设的重要载体。文化能力作为精神文明建设的重要组成部分，是城市现代化的主要特征，是城市竞争力和综合实力的核心组成部分，也是城市可持续发展的基石（杨章贤和刘继生，2002）。随着新型城市化步伐的持续推进，城市文化能力建设越来越受到社会及各级政府的普遍关注。公众、学者及政府官员逐渐清醒地意识到文化能力现代化是城市现代化的重要内容，经济社会的发展越来越多地采用文化的形式，因此在加快推进城市化战略的过程中，必须把文化作为发展的重要支点。

### 一、城市文化能力建设背景

党的十八大报告提出全面建成小康社会的宏伟目标，并强调社会主义文化强国建设是建成小康社会，实现中华民族伟大复兴的重要战略任务，也是中国政府高度文化自觉和文化自信在当代社会的集中体现。十八届三中全会则进一步强调中国对外开放的基本方针，指出提高文化开放水平，是推动中华文化走向世界以及吸引世界先进文化的重要策略。然而，城市作为小康社会建设和民族复兴的重要载体，更应加强城市文化能力的建设，即应以城市文化的发展引领其建设、规划、管理等经济社会发展实践。因此，城市文化能力建设应符合其经济持续发展规律和社会现代化演进方向，并进一步作为城市发展的一种引领和期盼，以指导城市现代化水平的推进和城市竞争力水平的提升。

**专栏5-1　习近平：建设社会主义文化强国 着力提高国家文化软实力**

提高国家文化软实力，关系“两个一百年”奋斗目标和中华民族伟大复兴中国梦的实现。要弘扬社会主义先进文化，深化文化体制改革，推动社会主义文化大发展大繁荣，增强全民族文化创造活力，推动文化事业全面繁荣、文化产业快速发展，不断丰富人民精神世界、增强人民精神力量，不断增强文化整体实力和竞争力，朝着建设社会主义文化强国的目标不断前进。

提高国家文化软实力，要努力夯实国家文化软实力的根基。要坚持走中国特色社会主义文化发展道路，深化文化体制改革，深入开展社会主义核心价值体系学习教育，广泛开展理想信念教育，大力弘扬民族精神和时代精神，推动文化事业全面繁荣、文化产业快速发展。

提高国家文化软实力，要努力传播当代中国价值观念。当代中国价值观念，就是中国特色社会主义价值观念，代表了中国先进文化的前进方向，实践证明中国特色社会主义道路、理论体系、制度是成功的。要加强提炼和阐释，拓展对外传播平台和载体，把当代中国价值观念贯穿于国际交流和传播方方面面。

中国梦的宣传和阐释，要与当代中国价值观念紧密结合起来。中国梦意味着中国人民和中华民族的价值追求，意味着每一个人都能在为中国梦的奋斗中实现自己的梦想，意味着中华民族团结奋斗的最大公约数，意味着中华民族为人类和平与发展作出更大贡献的真诚意愿。

提高国家文化软实力，要努力展示中华文化独特魅力。在5000多年文明发展进程中，中华民族创造了博大精深的灿烂文化，要使中华民族最基本的文化基因与当代文化相适应、与现代社会相协调，以人们喜闻乐见、具有广泛参与性的方式推广开来，把跨越时空、超越国度、富有永恒魅力、具有当代价值的文化精神弘扬起来，把继承传统优秀文化又弘扬时代精神、立足本国又面向世界的当代中国文化创新成果传播出去。

提高国家文化软实力，要努力提高国际话语权。要加强国际传播能力建设，精心构建对外话语体系，发挥好新兴媒体作用，增强对外话语的创造力、感召力、公信力，讲好中国故事，传播好中国声音，阐释好中国特色。对中国人民和中华民族的优秀文化和光荣历史，要加大正面宣传力度，通过学校教育、理论研究、历史研究、影视作品、文学作品等多种方式，加强爱国主义、集体主义、社会主义教育，引导我国人民树立和坚持正确的历史观、民族观、国家观、文化观，增强做中国人的骨气和底气。

资料来源：习近平在中共中央政治局第十二次集体学习的讲话稿（部分摘选）。

## 二、城市文化能力建设内涵

城市文化的内涵有宏观、中观和微观之分。宏观意义上的城市文化是指城市演进和发展过程中所创造的物质和精神财富的总和，几乎涵盖了城市所有的生产、生活方式，不仅包括教育、科技、文学等服务业的服务质量、居民素质及政府形象等非物质实体，还包括建筑艺术风格、广场规划、公共设施设计等物质实体（王立，2008）。中观意义上的城市文化是指城市的社会意识形态，以及与之相适应的制度和组织机构的总和，关注城市发展过程中社会法制、体制、机制的健全和完善程度（赵力平，2000）。微观意义上的城市文化是指城市人类生产和生活的精神意识，主要包括教育、科技、语言文学、艺术等精神理念和精神产品（赵予萌，2012）。本报告从城市质量竞争力的角度，强调新型城市化文化能力的建设，这里的文化能力关注宏观意义上的城市文化，即从城市的历史、现状和发展的角度，对新型城市化文化能力的内涵进行界定：新型城市化文化能力建设将城市文化界定为城市发展的内在资源，强调城市的发展和进步不仅应关注城市历史文化的保护，更应强调城市现代文化的传承和发展。因此，按照上述定义，城市文化能力建设可分为城市历史文化保护、城市现代文化发展、城市文化多元化建设3个维度。其中，城市现代文化发展又可具体分为城市物质文化发展、城市精神文化传承两个方面。

## 三、城市文化能力建设要素

### （一）城市历史文化保护

城市历史文化是指城市悠久的历史和传统文化，对其进行保护是城市文化能力建设的重要组成部分。但近年来，在工业化和城市化快速推进的背景下，部分城市管理者在局部利益和眼前利益的驱动下，并未突出对城市历史文化的保护工作（赵夏，2008）。因此，在城市文化能力建设的过程中，应将城市历史文化保护放在突出的位置，在城市总体规划的制定过程中，将城市历史文化保护与发展定义为一项战略性的任务加以研究和推进，并进一步将其与旧区改建、新区开发、土地利用等专项规划相结合，以保障城市历史文化保护工作的推进和发展。

### （二）城市物质文化发展

物质文化原指为满足人类生存、发展需要所创造的物质产品的文化价值，包括饮食、建筑、服饰、生产工具等，是文化要素或者文化景观的物质表现（李永东，2010）。在城市现代文化能力的建设过程中，本报告更多地强调物质文化的产业属性，即物质文化的发展应关注城市文化、体育、娱乐、旅游等服务产业的发展，通过服务业现代化水平的提升增强城市的物质文化能力建设，并认真开展全民健身活动，使城市文化品位得到提升，文化活动日益频繁，群众文化生活明显改善，全民健身活动深入开展，各项文化体育事业取得长足发展。

### （三）城市精神文化传承

城市精神是城市文化能力建设的灵魂，是城市文化在文明、素养和道德层面的综合反映，也是城市居民广义价值认同感在精神领域的集中体现。城市精神的形成是在城市历史演进过程中，对其伟大社会实践活动的提炼，代表着城市及其居民的思想观念和生活方式，引导城市居民不仅关注其基本生存需求，更强调其对城市精神需求的渴望和追求。每座城市均在其历史发展过程中凝练出一定的城市精神文化，并需要进一步传承和发扬（林映梅，2011）。纽约作为联合国总部所在地，其城市精神文化为高度的融合力、卓越的创造力、强大的竞争力、非凡的应变力。伦敦作为英国历史悠久的文化名城，其城市精神文化则关注历史与现实的和谐统一、人和自然的和谐统一、坚强不屈的抗争精神。北京也在 2011 年提出其城市精神文化：爱国、创新、包容、厚德。

### （四）城市文化多元化建设

作为 2010 年上海世博会的主题，“城市让生活更美好”强调的一项主要内容是城市的发展必须具备兼容并包的特质，即应广泛吸收和融合国内外各城市的先进文化，以进一步为其城市生存和发展提供条件。随着经济、社会全球化趋势的推进，多种不同形式文化在一座城市相互融合已成为城市文化发展演进的重要特征（王晓红，2006）。因此，城市文化能力建设还应关注城市文化的多元化过程，强调城市多元文化的融合。这里的城市多元文化不仅强调城市与国内外先进城市的普世价值联系，更关注其对国内外城市主流文化推进和发展的贡献。

## 第二节　文化能力建设的发展现状

改革开放以来，中国特色社会文化建设取得蓬勃发展，城市文化的保护和传承呈现齐头并进的发展态势。在历史遗产保护方面，中国于 1985 年成为联合国教科文组织世界遗产委员会成员国，并在 2013 年 6 月的第 37 届世界遗产大会结束后，共计拥有 45 项世界遗产。在城市文化发展方面，近年来国内各城市的文化基础设施建设不断完善，群众文化活动持续丰富，全国各地有序推进文化惠民工程建设，群众文化活动硕果累累，文化与旅游深度融合。总之，近年来国内各城市文化能力建设得到普遍提升，本报告将从全国和地市层面对改革开放以来，以及 2013 年全国各主要城市的文化能力建设现状进行评价和分析。

### 一、全国层面的文化能力建设现状

#### （一）城市历史文化现状

2013 年，全国共有文物机构 7740 个，比上年年末增加 1616 个；全国文物机构拥有文物藏品 3840. 85 万件，比上年年末增长 9. 6%；全年接待观众 74 706 万人次，比上年增长 11. 4 %。截至 2013 年年末，全国共有非物质文化遗产保护机构 2525 个，从业人员 18 128 人，全年全国非物质文化遗产保护机构共举办展览 14 078 次。对于世界文化及自然历史遗产，截至 2013 年年末，中国共拥有 45 项世界遗产，其中文化遗产 30 项，文化和自然双重遗产 4 项（表 5-1）。

#### （二）城市现代文化现状

城市现代文化是在城市化快速推进过程中，满足居民经济、社会生活的各种文化制度、设施、资源的总和，反映着城市人群生存状况、行为方式、精神特征及城市风貌的总体形态。截至 2013 年年末，全国共有公共图书馆 3112 个，比上年年末增加 36 个；相应的图书馆实际使用房屋建筑面积为 1158. 45 万 $m^2$，比上年年末增长 9. 5%；图书总藏量为 74 896 万册，增长 8. 8%。此外，近年来全国群众文化机构数量也在不断增加，截至 2013 年年末全国共有群众文化机构 44 260 个，比上年年末增加 384 个。其中，乡镇综合文化站有 34 343 个，增加 242 个。本报告对 1978 年以来国内城市图书期刊出版情况及主要文化机构建设情况的统计如下（图 5-1，图 5-2）。

**表 5-1　中国的世界遗产一览表**（共 45 项）

| 序号 | 地域名称 | 批准时间 | 遗产种类 | 序号 | 地域名称 | 批准时间 | 遗产种类 |
|---|---|---|---|---|---|---|---|
| 1 | 长城：甘肃—河北段 | 1987. 12 | 文化遗产 | 26 | 安徽古村落：西递、宏村 | 2000. 11 | 文化遗产 |
| 2 | 明清皇宫：北京故宫 | 1987. 12 | 文化遗产 |  | 江苏苏州古典园林：艺圃等 | 2000. 11 | 文化遗产 |
| 3 | 陕西秦始皇陵及兵马俑 | 1987. 12 | 文化遗产 | 27 | 明清皇家陵寝：明显陵、清西陵等 | 2000. 11 | 文化遗产 |
| 4 | 甘肃敦煌莫高窟 | 1987. 12 | 文化遗产 | 28 | 山西大同云冈石窟 | 2001. 12 | 文化遗产 |
| 5 | 北京周口店北京猿人遗址 | 1987. 12 | 文化遗产 |  | 西藏拉萨历史建筑群：罗布林卡 | 2011. 12 | 文化遗产 |
| 6 | 山东泰山风景名胜区 | 1987. 12 | 双重遗产 |  | 长城：辽宁九门口段 | 2002. 11 | 文化遗产 |
| 7 | 安徽黄山风景名胜区 | 1990. 12 | 双重遗产 | 29 | 云南三江并流 | 2003. 7 | 自然景观 |
| 8 | 湖南武陵源风景名胜区 | 1992. 12 | 自然遗产 |  | 明清皇家陵寝；明十三陵、明孝陵 | 2003. 7 | 文化遗产 |
| 9 | 四川九寨沟风景名胜区 | 1992. 12 | 自然遗产 | 30 | 高句丽王城、王陵及贵族墓葬 | 2004. 7 | 文化遗产 |
| 10 | 四川黄龙风景名胜区 | 1992. 12 | 自然遗产 |  | 明清皇宫陵寝：盛京三陵、沈阳故宫 | 2004. 7 | 文化遗产 |
| 11 | 西藏拉萨历史建筑群 | 1994. 12 | 文化遗产 | 31 | 澳门历史城区 | 2005. 7 | 文化遗产 |
| 12 | 河北承德避暑山庄及周围寺庙 | 1994. 12 | 文化遗产 | 32 | 四川大熊猫栖息地 | 2006. 7 | 自然遗产 |
| 13 | 山东孔孟文化历史建筑群 | 1994. 12 | 文化遗产 | 33 | 河南安阳殷墟 | 2006. 7 | 文化遗产 |
| 14 | 湖北武当山古建筑群 | 1994. 12 | 文化遗产 | 34 | 中国南方喀斯特：武隆、石林等 | 2007. 6 | 自然遗产 |
| 15 | 江西庐山风景名胜区 | 1996. 12 | 文化景观 | 35 | 广东开平碉楼与村落 | 2007. 6 | 文化遗产 |
| 16 | 四川峨眉山—乐山风景名胜区 | 1996. 12 | 双重遗产 | 36 | 福建土楼：漳州南靖、龙岩永定等 | 2008. 7 | 文化遗产 |
| 17 | 云南丽江古城 | 1997. 12 | 文化遗产 | 37 | 江西三清山 | 2008. 7 | 自然遗产 |
| 18 | 山西平遥古城 | 1997. 12 | 文化遗产 | 38 | 山西五台山 | 2009. 6 | 文化景观 |
| 19 | 江苏苏州古典园林：留园等 | 1997. 12 | 文化遗产 | 39 | 河南登封天地之中古建筑群 | 2010. 8 | 文化遗产 |
| 20 | 北京颐和园 | 1998. 11 | 文化遗产 | 40 | 中国丹霞：遵义赤水、邵阳崀山等 | 2010. 8 | 自然遗产 |
| 21 | 北京天坛 | 1998. 11 | 文化遗产 | 41 | 浙江杭州西湖 | 2011. 6 | 文化景观 |
| 22 | 重庆大足石刻 | 1999. 12 | 文化遗产 | 42 | 内蒙古元上都遗址 | 2012. 6 | 文化遗产 |
| 23 | 福建武夷山 | 1999. 12 | 双重遗产 | 43 | 云南澄江帽天山化石地 | 2012. 7 | 自然遗产 |
| 24 | 四川青城山-都江堰 | 2000. 11 | 文化遗产 | 44 | 新疆天山 | 2013. 6 | 自然遗产 |
| 25 | 河南洛阳龙门石窟 | 2000. 11 | 文化遗产 | 45 | 云南红河哈尼梯田 | 2013. 6 | 文化遗产 |

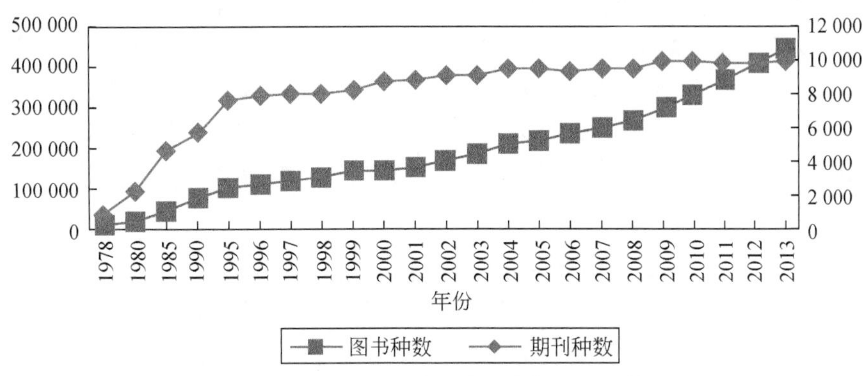


图 5-1　改革开放以来国内图书期刊出版情况

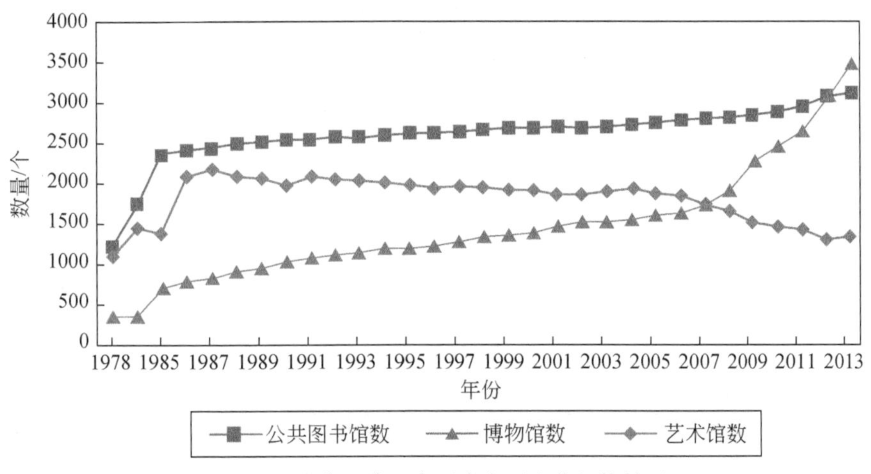


图 5-2　改革开放以来国内主要文化机构情况

## 二、全国 50 座主要城市的文化能力建设现状

为进一步分析全国各主要城市在城市化过程中的文化能力建设水平，报告以《国家统计年鉴》、《中国城市统计年鉴》、《中国区域经济统计年鉴》，以及 Google 网络引擎的开源数据等为依据，对全国 50 座主要城市的文化能力建设现状进行统计、评价和分析，具体的分析视角主要包括城市历史文化水平、城市现代文化水平和城市文化多元化水平 3 个方面。此外，鉴于数据的完整性和统一性，本报告采用的统计数据主要以 2012 年的数据为依据。

### （一）50 座主要城市的历史文化水平

对于城市历史文化水平的统计和分析，本报告主要选取城市历史文化名镇名村数、城市非物质文化遗产数量、城市历史文化名城批次 3 个指标作为评价标准，具体的评价数据主要来自相应的统计年鉴和中华人民共和国文化部的官方统计公报。其中，城市文化名城批次依据各主要城市进入名城的批次进行打分，若城市未进入名城批次，则其分值为 0；

若城市最后一批进入名城批次，则其分值为 1；若城市为倒数第二批进入历史文化名城名单，则其分值为 2；以此类推。对上述统计数据进行标准化处理，可得到全国 50 座主要城市的城市历史文化水平（拉萨数据缺失较为严重，本报告未对其进行统计分析），见表 5-2。在上述统计样本城市中，全国城市历史文化水平较高的 5 座城市分别为北京、上海、苏州、重庆、成都；全国城市历史文化水平较低的 5 座城市分别为乌鲁木齐、大庆、长春、大连、西宁。

**表 5-2　全国 50 座主要城市的城市历史文化水平**

| 城　市 | 历史文化名镇名村数 | 非物质文化遗产数量 | 历史文化名城批次 | 城市历史文化水平 |
| --- | --- | --- | --- | --- |
| 北　京 | 0. 421 | 0. 971 | 1. 000 | 0. 797 |
| 天　津 | 0. 105 | 0. 265 | 0. 750 | 0. 373 |
| 石家庄 | 0. 211 | 0. 176 | 0. 000 | 0. 129 |
| 唐　山 | 0. 000 | 0. 088 | 0. 000 | 0. 029 |
| 太　原 | 0. 053 | 0. 250 | 0. 250 | 0. 184 |
| 呼和浩特 | 0. 000 | 0. 015 | 0. 750 | 0. 255 |
| 包　头 | 0. 105 | 0. 000 | 0. 000 | 0. 035 |
| 沈　阳 | 0. 000 | 0. 074 | 0. 750 | 0. 275 |
| 大　连 | 0. 000 | 0. 059 | 0. 000 | 0. 020 |
| 长　春 | 0. 000 | 0. 044 | 0. 000 | 0. 015 |
| 哈尔滨 | 0. 000 | 0. 147 | 0. 500 | 0. 216 |
| 大　庆 | 0. 000 | 0. 029 | 0. 000 | 0. 010 |
| 上　海 | 0. 632 | 1. 000 | 0. 750 | 0. 794 |
| 南　京 | 0. 158 | 0. 191 | 1. 000 | 0. 450 |
| 无　锡 | 0. 211 | 0. 103 | 0. 250 | 0. 188 |
| 苏　州 | 0. 947 | 0. 397 | 1. 000 | 0. 781 |
| 南　通 | 0. 158 | 0. 132 | 0. 250 | 0. 180 |
| 杭　州 | 0. 211 | 0. 250 | 1. 000 | 0. 487 |
| 宁　波 | 0. 263 | 0. 103 | 0. 750 | 0. 372 |
| 温　州 | 0. 263 | 0. 118 | 0. 000 | 0. 127 |
| 合　肥 | 0. 053 | 0. 059 | 0. 000 | 0. 037 |
| 福　州 | 0. 158 | 0. 103 | 0. 750 | 0. 337 |
| 厦　门 | 0. 000 | 0. 074 | 0. 000 | 0. 025 |
| 南　昌 | 0. 053 | 0. 294 | 0. 750 | 0. 366 |
| 济　南 | 0. 053 | 0. 471 | 0. 750 | 0. 424 |
| 青　岛 | 0. 053 | 0. 235 | 0. 500 | 0. 263 |
| 烟　台 | 0. 053 | 0. 397 | 0. 250 | 0. 233 |
| 威　海 | 0. 053 | 0. 015 | 0. 000 | 0. 022 |
| 郑　州 | 0. 053 | 0. 397 | 0. 500 | 0. 317 |

续表

| 城 市 | 历史文化名镇名村数 | 非物质文化遗产数量 | 历史文化名城批次 | 城市历史文化水平 |
|---|---|---|---|---|
| 洛 阳 | 0.000 | 0.412 | 1.000 | 0.471 |
| 武 汉 | 0.053 | 0.588 | 0.750 | 0.464 |
| 长 沙 | 0.053 | 0.074 | 1.000 | 0.375 |
| 广 州 | 0.158 | 0.103 | 1.000 | 0.420 |
| 深 圳 | 0.053 | 0.015 | 0.000 | 0.022 |
| 东 莞 | 0.158 | 0.044 | 0.000 | 0.067 |
| 中 山 | 0.105 | 0.044 | 0.250 | 0.133 |
| 南 宁 | 0.053 | 0.074 | 0.000 | 0.042 |
| 桂 林 | 0.421 | 0.015 | 1.000 | 0.479 |
| 北 海 | 0.000 | 0.015 | 0.250 | 0.088 |
| 海 口 | 0.000 | 0.000 | 0.250 | 0.083 |
| 重 庆 | 1.000 | 0.676 | 0.500 | 0.725 |
| 成 都 | 0.316 | 0.206 | 1.000 | 0.507 |
| 贵 阳 | 0.105 | 0.029 | 0.000 | 0.045 |
| 昆 明 | 0.000 | 0.029 | 1.000 | 0.343 |
| 西 安 | 0.000 | 0.500 | 1.000 | 0.500 |
| 兰 州 | 0.158 | 0.103 | 0.000 | 0.087 |
| 西 宁 | 0.000 | 0.059 | 0.000 | 0.020 |
| 银 川 | 0.000 | 0.015 | 0.750 | 0.255 |
| 乌鲁木齐 | 0.000 | 0.000 | 0.000 | 0.000 |
| 拉 萨 | — | — | — | — |

### （二）50 座主要城市的现代文化水平

对于城市现代文化水平的统计和分析，本报告主要选取城市万人文化艺术场所数量，城市万人剧场或影剧院数，城市文化、体育和娱乐业从业人口占比 3 个指标作为评价标准，具体的评价数据主要来自相应的统计年鉴和中华人民共和国文化部的官方统计公报。其中，虽然城市现代文化水平同时包括城市物质文化和城市精神文化，但城市精神文化方面的统计数据较为匮乏，本报告主要以城市物质文化的统计数据作为代表，对全国各主要城市的现代文化水平进行统计分析。对上述统计数据进行标准化处理，可得到全国 50 座主要城市的城市现代文化水平（拉萨数据缺失较为严重，本报告未对其进行统计分析），见表 5-3。在上述统计样本城市中，全国城市现代文化水平较高的 5 座城市分别为北京、中山、深圳、无锡、杭州；全国城市现代文化水平较低的 5 座城市分别为唐山、北海、重庆、贵阳、南宁。

**表 5-3　全国 50 座主要城市的城市现代文化水平**

| 城　市 | 万人文化艺术场所数数量 | 万人剧场或影剧院数 | 文化、体育和娱乐业从业人口占比 | 城市现代文化水平 |
|---|---|---|---|---|
| 北　京 | 0. 044 | 1. 000 | 1. 000 | 0. 681 |
| 天　津 | 0. 126 | 0. 136 | 0. 104 | 0. 122 |
| 石家庄 | 0. 040 | 0. 143 | 0. 076 | 0. 086 |
| 唐　山 | 0. 030 | 0. 005 | 0. 010 | 0. 015 |
| 太　原 | 0. 087 | 0. 332 | 0. 239 | 0. 219 |
| 呼和浩特 | 0. 096 | 0. 446 | 0. 284 | 0. 275 |
| 包　头 | 0. 123 | 0. 615 | 0. 053 | 0. 264 |
| 沈　阳 | 0. 163 | 0. 543 | 0. 132 | 0. 279 |
| 大　连 | 0. 142 | 0. 000 | 0. 087 | 0. 076 |
| 长　春 | 0. 086 | 0. 231 | 0. 139 | 0. 152 |
| 哈尔滨 | 0. 031 | 0. 764 | 0. 135 | 0. 310 |
| 大　庆 | 0. 031 | 0. 652 | 0. 086 | 0. 256 |
| 上　海 | 0. 040 | 0. 378 | 0. 237 | 0. 218 |
| 南　京 | 0. 265 | 0. 534 | 0. 202 | 0. 334 |
| 无　锡 | 0. 409 | 0. 914 | 0. 041 | 0. 454 |
| 苏　州 | 0. 212 | 0. 227 | 0. 037 | 0. 159 |
| 南　通 | 0. 091 | 0. 404 | 0. 002 | 0. 166 |
| 杭　州 | 0. 274 | 0. 592 | 0. 222 | 0. 363 |
| 宁　波 | 0. 182 | 0. 622 | 0. 082 | 0. 296 |
| 温　州 | 0. 078 | 0. 239 | 0. 037 | 0. 118 |
| 合　肥 | 0. 051 | 0. 219 | 0. 104 | 0. 125 |
| 福　州 | 0. 136 | 0. 311 | 0. 101 | 0. 183 |
| 厦　门 | 0. 302 | 0. 057 | 0. 252 | 0. 203 |
| 南　昌 | 0. 076 | 0. 102 | 0. 066 | 0. 081 |
| 济　南 | 0. 211 | 0. 264 | 0. 169 | 0. 215 |
| 青　岛 | 0. 185 | 0. 367 | 0. 049 | 0. 200 |
| 烟　台 | 0. 001 | 0. 295 | 0. 025 | 0. 107 |
| 威　海 | 0. 116 | 0. 434 | 0. 022 | 0. 190 |
| 郑　州 | 0. 117 | 0. 078 | 0. 188 | 0. 128 |
| 洛　阳 | 0. 000 | 0. 354 | 0. 000 | 0. 118 |
| 武　汉 | 0. 216 | 0. 593 | 0. 143 | 0. 317 |
| 长　沙 | 0. 320 | 0. 061 | 0. 226 | 0. 202 |
| 广　州 | 0. 126 | 0. 249 | 0. 290 | 0. 222 |
| 深　圳 | 0. 151 | 0. 859 | 0. 511 | 0. 507 |
| 东　莞 | 0. 205 | 0. 718 | 0. 034 | 0. 319 |

续表

| 城　市 | 万人文化艺术场所数数量 | 万人剧场或影剧院数 | 文化、体育和娱乐业从业人口占比 | 城市现代文化水平 |
|---|---|---|---|---|
| 中　山 | 1.000 | 0.447 | 0.079 | 0.508 |
| 南　宁 | 0.059 | 0.086 | 0.080 | 0.075 |
| 桂　林 | 0.001 | 0.351 | 0.038 | 0.130 |
| 北　海 | 0.027 | 0.047 | 0.010 | 0.028 |
| 海　口 | 0.179 | 0.383 | 0.270 | 0.277 |
| 重　庆 | 0.018 | 0.052 | 0.064 | 0.045 |
| 成　都 | 0.199 | 0.062 | 0.074 | 0.111 |
| 贵　阳 | 0.063 | 0.029 | 0.082 | 0.058 |
| 昆　明 | 0.135 | 0.023 | 0.171 | 0.110 |
| 西　安 | 0.249 | 0.317 | 0.228 | 0.265 |
| 兰　州 | 0.109 | 0.312 | 0.186 | 0.202 |
| 西　宁 | 0.098 | 0.309 | 0.141 | 0.183 |
| 银　川 | 0.170 | 0.462 | 0.184 | 0.272 |
| 乌鲁木齐 | 0.125 | 0.003 | 0.330 | 0.153 |
| 拉　萨 | — | — | — | — |

## （三）50座主要城市的文化多元化水平

对于城市文化多元化水平的统计和分析，本报告主要选取城市Google搜索条数、城市假日酒店服务语言种类数、城市入境旅游人数3个指标作为评价标准，具体的评价数据主要来自相应的统计年鉴、Google搜索引擎和中华人民共和国文化部的官方统计公报。其中，城市假日酒店服务语言种类数主要以城市三星级以上酒店的服务语言种类数作为统计资料。对上述统计数据进行标准化处理，可得到全国50座主要城市的文化多元化水平（拉萨数据缺失较为严重，本报告未对其进行统计分析），见表5-4。在上述统计样本城市中，全国城市文化多元化水平较高的5座城市分别为上海、广州、北京、深圳、苏州；全国城市文化多元化水平较低的5座城市分别为大庆、西宁、兰州、北海、贵阳。

**表5-4　全国50座主要城市的城市文化多元化水平**

| 城　市 | Google搜索条数 | 假日酒店服务语言种类数 | 入境旅游人数 | 城市文化多元化水平 |
|---|---|---|---|---|
| 北　京 | 0.562 | 0.600 | 0.686 | 0.616 |
| 天　津 | 0.162 | 0.300 | 0.099 | 0.187 |
| 石家庄 | 0.029 | 0.200 | 0.019 | 0.082 |
| 唐　山 | 0.005 | 0.100 | 0.008 | 0.038 |
| 太　原 | 0.013 | 0.200 | 0.045 | 0.086 |
| 呼和浩特 | 0.001 | 0.100 | 0.012 | 0.038 |

续表

| 城　市 | Google 搜索条数 | 假日酒店服务语言种类数 | 入境旅游人数 | 城市文化多元化水平 |
|---|---|---|---|---|
| 包　头 | 0. 003 | 0. 200 | 0. 002 | 0. 068 |
| 沈　阳 | 0. 036 | 0. 300 | 0. 091 | 0. 142 |
| 大　连 | 0. 069 | 0. 100 | 0. 176 | 0. 115 |
| 长　春 | 0. 014 | 0. 100 | 0. 043 | 0. 053 |
| 哈尔滨 | 0. 029 | 0. 100 | 0. 027 | 0. 052 |
| 大　庆 | 0. 000 | 0. 000 | 0. 001 | 0. 000 |
| 上　海 | 1. 000 | 1. 000 | 1. 000 | 1. 000 |
| 南　京 | 0. 077 | 0. 400 | 0. 169 | 0. 215 |
| 无　锡 | 0. 031 | 0. 000 | 0. 111 | 0. 047 |
| 苏　州 | 0. 149 | 0. 600 | 0. 282 | 0. 344 |
| 南　通 | 0. 028 | 0. 700 | 0. 060 | 0. 263 |
| 杭　州 | 0. 011 | 0. 500 | 0. 362 | 0. 291 |
| 宁　波 | 0. 310 | 0. 000 | 0. 098 | 0. 136 |
| 温　州 | 0. 068 | 0. 000 | 0. 068 | 0. 045 |
| 合　肥 | 0. 036 | 0. 300 | 0. 042 | 0. 126 |
| 福　州 | 0. 075 | 0. 100 | 0. 074 | 0. 083 |
| 厦　门 | 0. 206 | 0. 100 | 0. 118 | 0. 142 |
| 南　昌 | 0. 020 | 0. 200 | 0. 011 | 0. 077 |
| 济　南 | 0. 040 | 0. 200 | 0. 031 | 0. 090 |
| 青　岛 | 0. 209 | 0. 300 | 0. 137 | 0. 215 |
| 烟　台 | 0. 025 | 0. 200 | 0. 064 | 0. 096 |
| 威　海 | 0. 007 | 0. 100 | 0. 066 | 0. 058 |
| 郑　州 | 0. 067 | 0. 100 | 0. 035 | 0. 067 |
| 洛　阳 | 0. 020 | 0. 100 | 0. 071 | 0. 064 |
| 武　汉 | 0. 079 | 0. 100 | 0. 179 | 0. 119 |
| 长　沙 | 0. 038 | 0. 000 | 0. 044 | 0. 027 |
| 广　州 | 0. 733 | 0. 700 | 0. 458 | 0. 630 |
| 深　圳 | 0. 629 | 0. 500 | 0. 266 | 0. 465 |
| 东　莞 | 0. 034 | 0. 100 | 0. 211 | 0. 115 |
| 中　山 | 0. 010 | 0. 200 | 0. 016 | 0. 076 |
| 南　宁 | 0. 016 | 0. 000 | 0. 031 | 0. 016 |
| 桂　林 | 0. 029 | 0. 200 | 0. 171 | 0. 133 |
| 北　海 | 0. 005 | 0. 000 | 0. 006 | 0. 004 |
| 海　口 | 0. 042 | 0. 300 | 0. 011 | 0. 118 |
| 重　庆 | 0. 085 | 0. 200 | 0. 240 | 0. 175 |
| 成　都 | 0. 165 | 0. 400 | 0. 183 | 0. 249 |

续表

| 城　市 | Google 搜索条数 | 假日酒店服务语言种类数 | 入境旅游人数 | 城市文化多元化水平 |
|---|---|---|---|---|
| 贵　阳 | 0.006 | 0.000 | 0.007 | 0.004 |
| 昆　明 | 0.025 | 0.200 | 0.136 | 0.120 |
| 西　安 | 0.036 | 0.300 | 0.158 | 0.165 |
| 兰　州 | 0.011 | 0.000 | 0.000 | 0.004 |
| 西　宁 | 0.002 | 0.000 | 0.003 | 0.002 |
| 银　川 | 0.010 | 0.100 | 0.000 | 0.037 |
| 乌鲁木齐 | 0.011 | 0.100 | 0.052 | 0.054 |
| 拉　萨 | — | — | — | — |

### （四）50 座主要城市的文化能力建设水平

鉴于城市文化能力建设主要包括城市历史文化保护、城市现代文化发展和城市文化多元化建设 3 个维度。因此，本报告对于城市文化能力建设水平的统计和分析，也同样选取城市历史文化水平、城市现代文化水平、城市文化多元化水平 3 个指标作为评价标准，通过对 3 项指标标准化数据的整理和分析，进一步得到全国 50 座主要城市的文化能力建设水平（拉萨数据缺失较为严重，本报告未对其进行统计分析），见表 5-5。在上述统计样本城市中，全国城市文化能力建设水平较高的 5 座城市分别为北京、上海、苏州、广州、杭州；全国文化能力建设水平较低的 5 座城市分别为唐山、贵阳、北海、南宁、西宁。

**表 5-5　全国 50 座主要城市的城市文化能力建设水平**

| 城　市 | 城市历史文化水平 | 城市现代文化水平 | 城市文化多元化水平 | 城市文化能力建设水平 |
|---|---|---|---|---|
| 北　京 | 0.797 | 0.681 | 0.616 | 0.698 |
| 天　津 | 0.373 | 0.122 | 0.187 | 0.227 |
| 石家庄 | 0.129 | 0.086 | 0.082 | 0.099 |
| 唐　山 | 0.029 | 0.015 | 0.038 | 0.027 |
| 太　原 | 0.184 | 0.219 | 0.086 | 0.163 |
| 呼和浩特 | 0.255 | 0.275 | 0.038 | 0.189 |
| 包　头 | 0.035 | 0.264 | 0.068 | 0.122 |
| 沈　阳 | 0.275 | 0.279 | 0.142 | 0.232 |
| 大　连 | 0.020 | 0.076 | 0.115 | 0.070 |
| 长　春 | 0.015 | 0.152 | 0.053 | 0.073 |
| 哈尔滨 | 0.216 | 0.310 | 0.052 | 0.193 |
| 大　庆 | 0.010 | 0.256 | 0.000 | 0.089 |
| 上　海 | 0.794 | 0.218 | 1.000 | 0.671 |
| 南　京 | 0.450 | 0.334 | 0.215 | 0.333 |
| 无　锡 | 0.188 | 0.454 | 0.047 | 0.230 |

续表

| 城　市 | 城市历史文化水平 | 城市现代文化水平 | 城市文化多元化水平 | 城市文化能力建设水平 |
|---|---|---|---|---|
| 苏　州 | 0. 781 | 0. 159 | 0. 344 | 0. 428 |
| 南　通 | 0. 180 | 0. 166 | 0. 263 | 0. 203 |
| 杭　州 | 0. 487 | 0. 363 | 0. 291 | 0. 380 |
| 宁　波 | 0. 372 | 0. 296 | 0. 136 | 0. 268 |
| 温　州 | 0. 127 | 0. 118 | 0. 045 | 0. 097 |
| 合　肥 | 0. 037 | 0. 125 | 0. 126 | 0. 096 |
| 福　州 | 0. 337 | 0. 183 | 0. 083 | 0. 201 |
| 厦　门 | 0. 025 | 0. 203 | 0. 142 | 0. 123 |
| 南　昌 | 0. 366 | 0. 081 | 0. 077 | 0. 175 |
| 济　南 | 0. 424 | 0. 215 | 0. 090 | 0. 243 |
| 青　岛 | 0. 263 | 0. 200 | 0. 215 | 0. 226 |
| 烟　台 | 0. 233 | 0. 107 | 0. 096 | 0. 146 |
| 威　海 | 0. 022 | 0. 190 | 0. 058 | 0. 090 |
| 郑　州 | 0. 317 | 0. 128 | 0. 067 | 0. 171 |
| 洛　阳 | 0. 471 | 0. 118 | 0. 064 | 0. 217 |
| 武　汉 | 0. 464 | 0. 317 | 0. 119 | 0. 300 |
| 长　沙 | 0. 375 | 0. 202 | 0. 027 | 0. 202 |
| 广　州 | 0. 420 | 0. 222 | 0. 630 | 0. 424 |
| 深　圳 | 0. 022 | 0. 507 | 0. 465 | 0. 331 |
| 东　莞 | 0. 067 | 0. 319 | 0. 115 | 0. 167 |
| 中　山 | 0. 133 | 0. 508 | 0. 076 | 0. 239 |
| 南　宁 | 0. 042 | 0. 075 | 0. 016 | 0. 044 |
| 桂　林 | 0. 479 | 0. 130 | 0. 133 | 0. 247 |
| 北　海 | 0. 088 | 0. 028 | 0. 004 | 0. 040 |
| 海　口 | 0. 083 | 0. 277 | 0. 118 | 0. 160 |
| 重　庆 | 0. 725 | 0. 045 | 0. 175 | 0. 315 |
| 成　都 | 0. 507 | 0. 111 | 0. 249 | 0. 289 |
| 贵　阳 | 0. 045 | 0. 058 | 0. 004 | 0. 036 |
| 昆　明 | 0. 343 | 0. 110 | 0. 120 | 0. 191 |
| 西　安 | 0. 500 | 0. 265 | 0. 165 | 0. 310 |
| 兰　州 | 0. 087 | 0. 202 | 0. 004 | 0. 098 |
| 西　宁 | 0. 020 | 0. 183 | 0. 002 | 0. 068 |
| 银　川 | 0. 255 | 0. 272 | 0. 037 | 0. 188 |
| 乌鲁木齐 | 0. 000 | 0. 153 | 0. 054 | 0. 069 |
| 拉　萨 | — | — | — | — |

# 第三节　文化能力建设的城市实践

成都拥有悠久的历史文化，川剧、灯会、山歌、杜甫草堂……都是我国艺术宝库中的瑰宝。优秀的文化是经济发展、社会进步的基础，文化作为软性的力量，对城市建设与发展发挥难以替代的作用。随着成都经济的迅速发展，以及经济发展模式、发展结构的变化，需要在发展文化产业的基础上大力发展服务业，把文化产业培育成国民经济支柱性产业。因此，成都提出建设中西部“文化之都”战略，积极宣扬保护传统历史文化、加强文化交流、积极发展文化产业等来打造成都“文化之都”，并使“文化之都”成为成都建设“西部经济核心增长极”的重要支撑（王兴国，2014）。本报告将从成都历史文化遗产保护、城市文化设施建设、城市文化软实力提升、城市文化多元化发展 4 个方面探索成都文化发展与“文化之都”建设的实践，作为文化能力建设城市实践的代表进行探索分析。

## 一、历史文化遗产保护实践

历史文化遗产是城市文化的核心与灵魂，城市对文化遗产的保护、传承有助于增强城市文化身份认同，提升城市内在凝聚力。成都通过积极的措施保护历史文物、传承非物质文化遗产、加强成都经典文化的传承与宣扬，使成都深厚历史积淀的文化得以弘扬壮大。

### （一）历史文物保护

文物是历史文化的遗存，具有重要的历史、艺术和科学价值。成都拥有大量的文物、遗址群，应加强文物考古、挖掘。成都加强文物保护，首先应定时进行文物普查，获得全市文物总体状况；其次进行“博物馆之城”建设，超过 100 家的博物馆对历史文物进行保护展览，特别是成都博物馆新馆的建设将成为地标式的文化建筑；同时出台《成都大遗址保护管理办法》，以及贯彻落实《博物馆条例》，通过政策法规规范文物保护政策实施，通过遗址保护、文物普查、博物馆建设等实现成都历史文物的全方位保护。

### （二）非物质文化遗产传承

非物质文化遗产被称为“活的遗产”，是城市文化能力建设的精神支柱。成都拥有丰富的非物质文化，并在传承方面做了大量工作：建立汇编成都非物质文化遗产项目及继承人，对非物质文化遗产项目进行介绍、宣传与发扬；将成都非物质文化遗产项目推介到更多的平台，参加全国、全世界各地非物质文化展示，让全世界感受成都非物质文化的魅力；组织非遗专家及继承人走进家庭、走进校园、走进社区、走进广场等活动，建立非遗传统习俗培训学校，让市民更多地了解非遗文化及传统习俗的魅力。同时，成都定期举办中国成都国际非物质文化遗产节，期间举办非遗展览、非遗产文化保护论坛等，为全世界非物质文化遗产保护起到积极的作用。

### （三）经典文化传承与宣扬

成都拥有经典的艺术文化，川剧及变脸绝活，蜀绣、蜀锦等精美工艺品，以及成都美食、成都方言……均是我国历史文化中的瑰宝与璀璨明珠。成都加强经典文化传承，首先建立包括四川丝绸博物馆、丝绸织绣博物馆、川菜博物馆等独具特色的博物馆在内的多个艺术博物馆，并对经典艺术、文化进行宣扬。其次，建设成都艺术舞台宣扬成都艺术，包括积极宣扬川剧名家与优秀剧目，通过组织专业的川剧表演及外出演出，振兴川剧；发展天府画派，积极开展美术展览活动等。通过一系列的活动，展示成都经典艺术文化的魅力，实现成都艺术文化发展与经典艺术文化繁荣。

## 二、城市文化设施建设实践

城市文化设施是文化发展的硬件基础与载体，成都“文化之都”的建设离不开城市在公共文化服务设施方面的建设与支持。成都文化设施建设包括文化场馆建设、基层综合性文化服务中心建设等，为成都市民提供全面、高质量的文化服务；同时成都非物质文化遗产主题公园建设也逐渐成为成都文化宣传的一个响亮的品牌。

### （一）文化场馆建设

在城市经济社会快速发展的推动下，成都文化场馆建设取得长足进展：成都博物馆新馆、美术馆、数字博物馆、图书馆、文化馆等文化场馆建设陆续启动并竣工。其中，成都博物馆新馆等 10 个城市标志性大型公共文化设施，已逐渐成为具有成都特色的文化标志。在文化场馆建设的基础上，为方便市民更好地利用文化设施，成都开展一系列探索，如开通 7 家图书馆作为成都实现图书借阅“通借通还”试点，优化完善“一卡通”借阅卡功能，实现快捷、方便的图书借阅。通过一系列文化场馆的建设与应用，将成都打造成“图书馆之城”、“博物馆之城”，为“文化之都”建设提供有力支撑。

### （二）基层综合性文化服务中心建设

让文化设施建设遍及城乡主要区域，让每个人都可以享有平等的文化服务，这是成都建设公益文化服务体系的重要方向。近年来，成都不断建设综合文化服务中心，免费为社区居民提供全面的生活和文化服务，满足周边居民多样性的物质文化需求。基层综合性文化服务中心场所各种功能区域一应俱全，满足各个年龄阶层的需要；同时以文化服务中心作为平台，开展社区文艺汇演等文化活动，丰富社区居民精神文化生活，促进社区文化事业建设。成都还重点规划和建设公共文化与艺术学校、青年工人文化站，以及其他公共文化服务中心，为特殊人群提供艺术培训、公共讲座等公共文化定制服务。

### （三）成都非物质文化遗产主题公园建设

成都非物质文化遗产主题公园（一期工程）于 2007 年完成，这也是国内唯一一座非物质文化遗产主题公园。该公园按照“传承历史文脉、保护文化遗产、融入生活方式、守望精神家园”的要求，形成文化内涵丰富、生态环境优美、人文与自然交相辉映的生态画卷。为充分展示四川、成都的历史文化遗产风貌，公园的四川展区主要包括位于四川国家级名录的非物质文化遗产、国家级民间文化之乡、非物质文化遗产博物馆，以及大量特色饮食、茶庄、餐厅、雕塑等。

## 三、城市文化软实力提升实践

城市文化软实力是指由文化事业所建构的价值体系和文化产业所形成的文化辐射力及影响力，提升城市文化软实力是进行文化能力建设的核心。成都进行文化建设，既在微观上通过培养成都文化与成都精神，提供公共文化产品与服务，培养公民的城市归属感；又在宏观上通过建立与发展文化产业，整治文化市场，发展科技、教育与培养文化人才，最终实现成都城市文化软实力的增强与成都“文化之都”的建设。

### （一）塑造成都城市文化与精神体系

城市文化是城市的灵魂与独特滋养，是一个城市特有的名片，像“浪漫之城”巴黎、“音乐之城”维也纳、“瓷都”景德镇等。成都的城市文化精神是“和谐包容”、“智慧诚信”、“务实创新”。成都以和谐、开放、包容的胸襟气度广泛吸纳外来文化，以智慧与诚信共同熔铸完美的品格，以务实、创新的态度实现成都经济社会的全面发展。成都加强对文化遗产的保护、修复、传承，也有力增强了市民的城市文化凝聚力和归属感。同时，成都加强培育市民的精神文明，进行核心价值观建设，加强思想理论建设，普及科学知识、弘扬科学精神，最终提升全社会成员的文明素质。

### （二）提供公共文化服务与文化产品

随着城市经济发展与物质生活水平的提高，城市公共文化服务与文化产品逐渐成为人们需求的重点。成都通过制定全市公共文化机构的建设和服务标准、推行全市公共图书馆“通借通还”、打造基层综合性文化服务中心等措施，构建成都现代公共文化服务体系；同时建立建设多家图书馆、文化馆、美术馆、博物馆、大剧院等，提供个性化、多样化文化产品，丰富居民文化生活。通过提供普遍、平等、优质的公共服务，大大提高了公众的幸福感，增强了社会的和谐与稳定。

### （三）文化产业快速发展，推动经济转型升级

文化产业是城市文化软实力的硬件支撑，成都应大力发展文化产业，培育文化产业进入国民经济支柱产业。成都出台《成都市文化产业发展“十二五”规划》，加大文化产业政策扶持，并重点发展传媒、创意设计、演艺娱乐、动漫游戏、出版发行等七大行业，构建现代文化产业体系；同时，加大财税政策力度，设立专项基金加大资金支持，建立人才培养与保障机制等，建立完善的文化产业保障措施，并通过一系列措施，建立健全文化产业发展格局，增强文化产业竞争力和活力，实现成都文化产业的全面发展。

### （四）文化教育水平与人才培养得到快速发展

文化教育水平是城市文化软实力的重要体现。成都重视城市各个层级的教育发展，出台《关于深化教育领域综合改革的实施意见（2014—2020 年）》，从人才培养模式、资源配置方式等多个方面落实改革总体目标；探索教育行政管理新方法，加快推进教育管办评分离改革等。成都通过发展教育，人才培养得到快速发展；同时加强文化人才培养，建立

多层次的文化产业人才引进、培育和奖励制度，加强引进掌握文化产业核心技术的团队和领军人才。通过教育的发展与人才的培养，不仅为文化建设储备了大量的人才基础，而且对成都综合城市竞争力与未来发展潜力的提升也具有重要意义。

## 四、城市文化多元化发展实践

成都为提升城市文化能力建设，不仅加强历史文化保护与文化设施建设，提高城市文化软实力，而且也在此基础上实现成都文化在全国、全世界范围内的弘扬、传播、交流与融合，提升成都文化的国际化水平与国内、国际影响力。成都通过建立健全对外文化交流统筹协调机制、培养对外文化交流人才、搭建国内国外文化平台等，实现成都文化的国内、国际交流，通过非物质文化遗产节、艺术品保税仓库、创意设计产业展览会逐渐实现成都文化走出去战略，打响成都文化品牌。

### （一）成都文化国内、国际交流加强

近年来，成都逐渐建立起较为完善的对外文化交流机制，形成以政府为主导、全社会参与的文化交流格局。通过政府及相关部门组织，加强对外文化交流协会组织、社团，以及复合型人才在文化交流中的作用，同时借助国家文化年、“舌尖上的中国”等国家级品牌活动，推动成都优秀文化国际化。其中，在 2013 年的活动包括 5 月的四川国际茶业博览会、6 月的第四届中国成都国际非物质文化遗产节、9 月的亚太旅游交易会等活动，成都的茶艺、川剧等文化向世界展现出独特魅力。成都通过不遗余力的方式，促进成都文化走出国门、走向世界，让全世界感受成都文化的魅力。

### （二）成都国际非物质文化遗产节

成都国际非物质文化遗产节是国际社会首个以推动人类非物质文化遗产保护事业为宗旨的文化交流活动，这一活动以节庆的形式打破时空限制，集中展示世界各国非物质文化遗产宝库中的精华。2013 年的非物质文化遗产节举办了国际原生态民歌、民间舞蹈和民间绝技、国际民间民俗文化巡演、成都国际非物质文化遗产论坛等品牌活动，并通过非物质文化遗产的介绍和展示，唤起全世界对非物质文化遗产的保护，同时宣传了成都、四川，以及全中国的非物质文化及其他优秀文化传统。

### （三）艺术品保税仓库建设

成都艺术品保税仓库是国际艺术品交流的重要平台，保税仓库实现艺术品展览不缴保证金，节省运营与仓储成本；艺术品展出程序简便，促使更多本土艺术品走出去，促进国内艺术品收藏业与投资业的发展，以及国际化水平的提高；为文化艺术品供需双方提供通道服务和咨询服务，实现文化艺术品展览推介等服务常态化，形成了集艺术品保税展示、仓储、贸易、物流、安全、租赁、财税、金融等产业链的国际综合服务运营平台。

# 第四节　文化能力建设的未来趋势

文化能力建设作为新型城镇化的主要内容，将成为未来5年、10年及15年中国城市发展的主要方向，因此本报告将对我国城市文化能力建设相关指标进行预测，并进一步提出加强城市文化能力建设的政策建议。

## 一、城市文化能力预测

2014年3月，《国家新型城镇化规划（2014—2020年）》（简称《规划》）正式对外发布，《规划》明确强调和关注人文城市的建设，即各城市应充分发掘其文化资源，强化文化传承创新。首先，在旧城改造方面，《规划》关注历史文化遗产、民族传统文化风貌的保护，即促进旧城功能提升与文化文物保护相结合。其次，在新城新区建设方面，《规划》强调传统文化元素与现代文化的融合和协调。此外，《规划》还认为城市发展应加强历史文化名城、名镇、街区等文化资源的挖掘和整体保护，这也是推动城市特色文化发展、保存城市文化记忆的重要举措。最后，《规划》以培育和践行社会主义核心价值观为指导，提出加快完善文化管理体制、文化生产经营机制，实现城市现代公共文化服务体系，形成多元开放的现代城市文化的目标。

在中国共产党第十八次全国代表大会报告、《中共中央关于全面深化改革若干重大问题的决定》，以及《国家新型城镇化规划（2014—2020年）》等文件的具体要求下，未来5年、10年和15年我国城市文化能力建设将取得重要进展。因此，本报告将以5年为时间间隔，对2020～2030年的全国城市文化能力发展趋势进行预测。对于城市历史文化水平，城市历史文化名镇名村数、城市非物质文化遗产数量、城市历史文化名城批次等指标的政策性较强，通常不易预测，但本报告认为随着社会发展水平的进一步推进，我国历史文化名镇名村的数量将进一步增加。对于城市现代文化水平，本报告将以《中国城市统计年鉴2014》的数据为依据，分别对城市文化、体育或娱乐业从业人口数、城市剧场或影剧院数、万人普通高等在校学生数进行预测（表5-6）。城市文化、体育或娱乐业从业人口数的增长与城市GDP的增长存在较强的正相关关系，因此本报告以城市GDP增长速度作为基准，进一步设置文化产业从业人数的增长率。城市剧场或影剧院数、万人普通高等在校学生数两项指标的增长受政策的影响较强，因此本报告选取统一增长率作为上述两项指标的增长率。

**表5-6　城市文化能力建设预测**

| 年份 | 地区生产总值/万元 | GDP增长率/% | 文化、体育或娱乐业从业人口数/万人 | 从业人数增长率/% |
|---|---|---|---|---|
| 2013 | 3 633 251 155 | — | 149.02 | — |
| 2020 | 5 834 207 404 | 7 | 239.29 | 7 |
| 2025 | 7 807 485 573 | 6 | 320.23 | 6 |
| 2030 | 9 964 549 887 | 5 | 408.70 | 5 |

续表

| 年份 | 城市剧场或影剧院数/个 | 增长率/% |
| --- | --- | --- |
| 2013 | 3 869 | — |
| 2020 | 5 444 | 5 |
| 2025 | 6 948 | 5 |
| 2030 | 8 868 | 5 |
| 年份 | 万人普通高等在校学生数/人 | 增长率/% |
| 2013 | 201 | — |
| 2020 | 283 | 5 |
| 2025 | 361 | 5 |
| 2030 | 461 | 5 |

## 二、城市文化能力建设政策建议

城市文化能力的建设和提升是一项长期性的系统工程，贯穿并体现了新型城市化的基本特征。为实现上述文化能力预测水平，本报告提出的未来15年中国城市文化能力建设的相关政策建议如下。

### （一）促进城市历史文化遗产事业

针对我国城市历史文化遗产发掘和保护的现状和机遇，认真吸取国内外历史文化遗产保护的先进经验，促进并形成规范化的城市历史文化遗产保护事业。首先，构建规范化的城市历史文化遗产保护法制体系，以立法的形式促进历史文化名城、名镇、保护区和街区保护的法规建设，并进一步制定历史文化馆藏文物保护、管理、维修及产权置换的相关法规、规章。其次，强化地方政府保护历史文化遗产的职责，并建立相关的专家委员会，充分发挥专业机构和专家的作用，以服务各城市的文化遗产保护工作。最后，完善城市文化遗产保护的社会监督机制，即以政务信息公开为契机，积极与新闻媒体联系和合作，以舆论的形式增强城市历史文化遗产保护的透明性，对文物违法现象进行实时监督并予以曝光，以遏止文物破坏现象不断蔓延。

### （二）完善城市文化产业体系

城市的文化产业承载着这个城市的文化理念、价值和追求，未来15年中国城市文化产业将进入大发展、大繁荣的关键时期，这就需要进一步完善城市文化产业发展体系，加强城市文化能力的可持续发展。首先，拓宽融资渠道，为城市文化产业的发展提供充裕的资金，即在资金保障方面，不仅应积极争取国家和地方财政对城市文化产业的支持，还应鼓励相关文化企业通过上市、发行债券等方式广泛吸引个人资本，更应通过税收杠杆，对工艺美术、娱乐业等税负过重的文化产业予以税收减免，以促进其快速繁荣发展。其次，新增城市文化产业规划用地分类，并编制相关的用地规划，以定向用于城市文化及相关产业的发展。最后，优化文化产业发展的政策环境，以推动其快速、跨越发展，即相关城市应成立文化产业创新平台，充分整合政府、高校、科研机构和企业的文化资源，以强化城市的文化产业人才供给和城市的知识产权保护。

### （三）加强城市精神文化宣传教育

城市精神是城市文化能力建设的重要组成部分，对于提升城市竞争力有着重大的意义。全面宣传城市精神的历史渊源、文化内涵、社会价值，对于新型城市化文化能力的建设具有重要的推动作用（宫天文，2010）。首先，要增强市民对城市文化的认识，增强市民的自豪感，增强城市精神的主体意识，这就需要积极推进“市民应成为城市主人”的理念，继续发挥典型的示范作用，以先进人物的言行带动、维护和提升城市精神的全社会行动，动员全体公民自觉肩负起维护和提升城市精神的历史使命。其次，将城市精神的宣传教育纳入中小学教育的扩展教材，“从娃娃抓起”，在历史、语文、社会等课程中都有体现，力求城市精神宣传形式的多样化，使其富有感染力。最后，充分利用大学文化，提升和优化城市精神的内涵，这是因为大学文化与城市精神之间存在着互动关系：大学文化反映社会发展进步的方向和时代特点；城市精神可进一步推进城市大学文化的大繁荣、大发展。

### （四）提高城市跨文化交际能力

在宽松、多元的文化氛围中，城市文化的国际化和多元化程度已经成为城市文化能力现代化建设的重要组成部分，也是未来 15 年文化产业创新的关键。首先，在政策层面完善城市文化产业多元化的发展体系，这是因为文化体制和文化产业政策是制约城市文化国际竞争力培育的首要因素。其次，提高政府管理效能和信息服务水平，世界各主要城市在推动文化产业走出去的过程中，政府起着至关重要的作用，因此我国各城市应创新政府服务模式，并进一步完善城市间文化贸易信息服务体系。最后，还应进一步完善现有文化产业“走出去”的财政、税收、投融资等政策，以保障城市文化“走出去”和“引进来”战略的顺利实施。

# 第二篇　指标篇：中国新型城市化报告

# 第六章　中国新型城市化指标体系

## 第一节　城市化水平的评价方法

城市化的测定首先需要界定城市化的定义。目前，对于城市化还没有一个普遍认可的定义，经济学家强调从农业向非农业经济结构转变；人口学家注重从人口迁移角度去阐述城市化的内涵；社会学家是从人们的行为方式和生产方式方面观察各种社会关系的变化；地理学家则注重城市空间结构的变化。城市化是一个多层次、多尺度、动态性的概念，需要在系统、全面界定城市要素、功能和内涵的基础上定义城市化。周家来教授对城市化的界定具有一定的代表性，他认为城市化是随着社会经济发展，农村要素不断转化为城市要素的“量化”过程和城市要素不断向农村扩散的“同化”过程的有机统一，这里的要素既包括物质要素又包括精神要素，农村人口转化为城市人口，农村地域转化为城市地域，农村生产方式转化为城市生产生活方式等，同时伴随着城市文明向农村扩散的过程，最终向城乡一体化方向发展，体现了城市化过程中量变和质变的统一（周加来，2001）。

根据国际标准和国际经验，城市化的定义有5种类型：①人口规模型。这是一种专门用人口聚集地的规模来作为划分城乡人口的标准。②人口规模+人口比重型。人口规模单纯以居民点人口数量划分城镇，这种城乡划分标准既要求集聚区有一定的居民人口规模，也要求这些居民中有一定的非农业人口比重。③人口规模+人口密度型。这一划分标准是根据人口的集中性来确定城镇定义的。④行政区划型。这种城乡划分标准不以居民集聚区的人口规模作为依据，而以法律或行政建制作为依据，即集聚区的行政建制市镇，其范围内的人口，即为城镇人口。⑤综合复合型。这类城乡划分标准强调同时使用几种标准，综合判断城乡居住地（姚士谋等，2001）。

城市化定义不同，其测度指标就不同。综合各方面的研究成果，目前城市化指标及测度方法主要有两种，即主要指标法和复合指标法。主要指标法，是选择对城市表征意义最强的、又便于统计的个别指标，来描述城市化达到的水平。复合指标法，是选用与城市化有关的多种指标予以综合分析，以考察城市化的进展水平。前者通常采用城镇人口比重指标、非农业人口比重指标、城市用地指标等来描述，这些指标具有表征性强，便于统计、处理等优点，但也存在着明显的缺陷（欧名豪等，2004）。单一指标法只能反映城市化水平的某一方面，不能全面反映各地城市化水平的丰富内涵。另外，城市过程是一个经济、社会、生态、文化诸方面全面转变的、动态的时空过程，是人类生存方式、生活方式和居住方式全面转变的过程，因此不能仅用人口或土地指标作为衡量地方城市化水平的唯一标准，这样容易造成虚拟的城市化。在科学评价某一城市的城市化水平时，应综合考虑经济、社会、文化、环境等多方面的因素，将城市化水平度量由人口数量型单一指标转变到功能质量型指标体系。

纵观国外学者在复合指标方面所做的研究可以发现，用复合指标法计算城市化水平时，其基本模式是一致的，即首先选出能反映城镇各方面基本特征的一组指标，然后根据这些指标计算出一个综合值，作为一个地区城市化的水平。但是由于不同学者所研究的地域不同，获取指标数据的难易程度不同，因而选取的指标也各不相同。具体所采用的计算方法也多种多样，如 1971 年日本“东洋经济新闻报社”提出的城市成长力系数法；1960 年日本城市地理学家稻永幸男提出了一个城市度的指标（朱林兴和孙林桥，1996）；N. G. Zqin 在研究印度的城市化水平时，采用的是综合指标评价法；国内学者，如张耕田（1998）、代合治（代合治和刘兆德，1998）、叶裕民（2001）等在这方面也做了尝试性研究。

国外，比较成熟的城市化指标体系研究主要有以下几种：①联合国和社会事务部统计处建立的指标系统。该指标系统采用 19 个社会经济指标，考察各发达国家和发展中国家经济、社会、人口统计变化之间的关系，其中包括人均收入、非农业产值百分比、人口出生率、人口死亡率、文盲率、居民医生比率、蛋白质消费量等。②英国地理学家克劳克（Cloke）从人口、职业、居住及距离城市中心距离远近等 16 个指标进行分析，建立城市化的指标系统。③美国斯坦福大学社会学教授因克尔斯提出的现代化指标体系。该指标体系包括人均 GDP、农业增加值占 GDP 比重、第三产业占 GDP 比重、非文盲人口比重等指标。该标准作为现代化的标准体系在国际上较为通行。尽管该指标体系并非直接描述城市化，但它可以反映城市化中相当大的一部分内涵。此外，1980 年经济合作与发展组织（OECD）提出社会指标体系 15 项，1982 年英国制定社会指标体系 10 项，1982 年印度提出社会指标体系 7 项，1986 年欧洲的 33 个世界卫生组织成员国联合发起建立“健康城市”，提出 38 项目标等，也是对城市化评价指标体系的有益探索（徐秋艳，2007）。

但是，不论是在国内还是在国外，采用复合指标法计算城市化水平时都存在一个问题，即所选用的指标比较多，与具体地域结合紧，系统性、全面性和针对性较强，且在应用复合指标的过程中需要合理的理论依据。另外，选择指标方面随意性较强，差异性较大，普适性较差，因此到目前为止还没有一套公认的城市化水平指标体系。

**专栏 6-1　　北京市农村城镇化评价指标体系及测评方法研究**

根据城市化的定义和内涵，该指标体系从 5 个方面选取了 16 项指标。5 个方面是经济、社会、人口素质、人民生活 、基础设施及环境；16 项指标分别是二三产业增加值占比重、城乡收入比例、小城镇人口密度、城镇人口占比重、非农产业从业人员占比重、每千人拥有医生数、养老保险覆盖率、合作医疗覆盖率、农民人均受教育年限、农民人均可支配收入、恩格尔系数、家用电脑普及率、人均年电力消耗量、使用清洁能源普及率、卫生厕所覆盖率、农村道路密度。

该指标体系从反映城市化的主要特征出发，参考了北京城市现代化指标体系及国内有关城市的现代化指标体系，以及北京经济社会发展的现状和中长期目标。

北京市统计局运用该指标体系及相关统计数据，对北京农村“十五”时期城市化进程进行监测，结果表明：北京农村城市化进程进入加速阶段。2004 年，北京市农村城市化综合指数为 64.4%，比 2000 年提高了 14.74% 个百分点，比 2003 年提高了 4.08 个百分点。从农村城市化评价指标体系的 5 个方面实现程度分析，实现程度最高的是劳动力素质，实现程度最低的是基础设施及环境，人民生活城市化进程最快。同时分析也显示，“十五”期间，北京农村城市化进程虽然得到了快速推进，但是城市化进程加快的时期，也是各种社会矛盾的凸显期。农村城市化的进程中，还存在着城乡差距扩大，农村养老保险难以推进、经济总量不足，非农产业发展缓慢、基础设施水平低，环境卫生差等诸多难点问题。

这项研究成果将系统性与科学性有机结合，细致、深入、全面分析了当前北京农村城镇化水平现状及城镇化推进过程中的难点问题，对科学认识北京农村发展状况，加快农村城镇化进程将会起到积极的推动作用，为各级政府研究解决“三农”问题，制定相关政策提供了科学的、重要的参考依据。

据了解，2005 年北京市委、市政府根据国务院批复的《北京城市总体规划》，将 18 个区县和亦庄开发区划分为 4 个功能区，并提出区县功能定位。因此，占全市面积近 90% 的农村地区无论在建设全面小康社会进程中还是在新规划落实中都占有重要地位和作用。为进一步推动北京的城市化及城乡一体化的进程，适时监测和综合评价北京城市化的总体水平，北京市统计局农调队站在城乡协调发展的高度，积极研究北京农村地区城市化水平综合评价指标体系，以消除北京在创建国际化大都市和率先实现现代化的进程中的薄弱环节，为政府决策提供科学依据。

资料来源：北京市农村城镇化评价指标体系及测评方法研究课题组 . 2005. 北京市农村城镇化评价指标体系及测评方法研究 . 北京：北京市农村城镇化评价指标体系及测评方法研究课题组 .

## 第二节　新型城市化指标体系的理论依据

目前，对于城市化战略的认识与行动，虽然在各个国家和地区尚有许多不同的声音，甚至出现不少相互矛盾的争议，但是从全球的、宏观的、整体的角度去理解，一些共同的指导原则及实施城市化的判别标准，已在全球行动纲领和国家发展战略中被普遍接受，并已成为制定城市化指标体系的理论依据。

新型城市化，是对城市化本质与内涵的重新界定，是对原有城市化道路的扬弃与发展。新型城市化不再以城镇人口或非农业人口比例作为单一的评价标准，而是更加注重城乡的一体化、等质化和均等化，更加注重城乡的统筹发展、集约发展与和谐发展，更加注重提升农村居民和新增城镇居民的生存条件、生活方式和生活质量。新型城市化与新型工业化是相伴而生的，它着力于转变经济发展方式，实现资源节约、环境友好、经济高效、社会和谐、大中小城市和小城镇协调发展、城乡互促共进的城市化发展道路。从根本上来说，新型城市化反映了城乡“动力、质量、公平”的有机统一。

新型城市化发展的科学度量，包括 3 个有机统一的本质元素。

(1) 城乡发展的“动力”表征

一个城市的“发展实力”、“发展潜力”、“发展速度”及其可持续性，构成了推进该城市“发展”的动力表征，其中包括自然资本、生产资本、人力资本和社会资本的总和，以及对上述 4 种资本的合理协调、优化配置、结构升级及对于创新能力和竞争能力的积极培育等。它以解放生产力、提升生产力为基础，以调整生产关系、优化生产关系为核心，以构建创新型区域为标志，充分体现在城乡发展的观念创新（思想理论的突破）、制度创新（生产关系优化的突破）、科技创新（生产力发展的突破）、管理创新（社会组织能力的突破）、文化创新（文明演进路径的突破）等多个方面。

（2）城乡发展的“质量”表征

一个城市的“人与自然协调”、“文明程度”和“生活质量”及其对于理性需求（包括物质的和精神的需求）的整体接近程度，构成了衡量城市“发展”的质量表征，其中包括城市物质支配水平、生态环境支持水平、精神愉悦水平和文明创造水平的综合度量。它以寻求环境与发展的平衡、供给与需求的平衡、生产与消费的平衡，创建资源节约与环境友好型社会，实现能源与资源创造财富的“四倍跃进”。体现在节约型国民生产和消费体系建设、促进人与自然和谐的生态建设、促进人的全面发展能力的建设，以及人民幸福指数建设等方面。

（3）城乡发展的“公平”表征

一个城市的“共同富裕”程度及其对于贫富差异和城乡差异的克服程度，构成了判断城市发展的公平表征，其中包括人均财富占有的人际公平、资源共享的代际公平和平等参与的区际公平的总和。体现在缩小城乡差别、缩小贫富差别、创造机会平等，建立城乡一体的管理体系、社会保障体系、基础设施网络体系，实现公共服务一体化和均等化等诸方面。

只有上述三大宏观识别同时包容在城乡发展进程的不同阶段之中，城市所表现的“发展形态”就具有了统一可比的指标基础，对于新型城市化水平的比较（包括城市自身比较和不同城市的比较）才具备了可观控的和可测度的共同内容。

这些共识从深层次的内核去表述，最终必须将城乡发展动力归纳为城乡发展的“零间断”，将城乡发展质量归纳为城乡攀越三类“零增长”的台阶，将城乡发展公平归纳为城乡发展的“零差异”。

1）实现城乡创新发展与持续发展的“零间断”，这是新型城市化战略必须走向的城乡持续发展的道路，它意味着应当不断加强观念创新、技术创新、体制创新、管理创新和文化创新，增强创新对城乡经济社会发展的驱动能力。与此同时，对应在城乡经济社会的科学发展与可持续发展上，则必须有着明显的增强，这一组完全非对称的组合，揭示了消除城乡发展动力瓶颈的基本内涵。

2）实现城乡人口数量和规模的“零增长”，这是新型城市化战略必须越过的第一个台阶，它意味着首先应当突破人口巨大增长所带来的压力，而后才可以接近和达到城乡生存支持系统在承载能力上的宏观稳定（零增长）。在实现这一零增长的同时，对应在人口素质和能力的提高上，则必须有着明显的高增长，这一组完全非对称的组合，揭示了消除城乡发展质量第一个瓶颈的基本内涵。

3）实现城乡资源和能量消耗速率的“零增长”，这是新型城市化战略必须越过的第二个台阶，它意味着在城乡财富不断增长的前提下，保持资源消耗的常量状态或减量状态，以实现地球承载力的永续支撑能力。与此同时，对应在城乡社会财富积累的提高上，则必须有着明显的高增长，这一组非对称的组合，揭示了消除城乡发展质量第二个瓶颈的基本内涵。

4）实现城乡生态环境退化速率的“零增长”，这是新型城市化战略必须越过的第三个台阶，它意味着城乡的生活质量和生存空间，在不受威胁的基础上，不间断地推动生态文明的进程和人类自身的完善。与此同时，对应在生活质量与生存空间的建设和提高上，则必须有着明显的改善，这一组完全非对称的组合，揭示了消除城乡发展质量第三个瓶颈的基本内涵。

5）实现城乡公共服务和生活质量的“零差异”，这是新型城市化战略必须走向的城乡公平发展的道路，它意味着城乡的协调与协同发展，在不彻底消除乡村面貌和保存乡村文化遗产的前提下，实现农村与城市在公共服务、生活质量方面的等质化。与此同时，对应在农村居民和新增城镇居民的生存条件、生活方式和生活质量的提升上，则必须有着明显的改善，这一组完全非对称的组合，揭示了消除城乡发展公平瓶颈的基本内涵。

以上5组非对称性的“零间断”、“零增长”或“零差异”，是对城市化度量的根本指导原则和标准，它们将保证从本质上把城市化战略所关注的中心内容，即协调人口、资源、环境与城乡发展在质量和公平上所表征的总体关系，置于不同发展阶段（时间上）和不同地理区域（空间上）的背景下，并能随时动态地对其进行宏观的度量和判断。无疑它已在城市化的初始定义中，向着精确化、数量化的方向前进了一大步。城市化战略的五“零”目标，是在承认增长、承认提高、承认发展的前提下，运用人类的组织能力、学习能力和创造能力。实施城市化战略的度量标准，正是在以上五项总原则的指导下，加以细化和分类的。

在牛文元与美国学者 W. M. 哈瑞斯共同承担的洛克菲勒基金项目中，将判别城市化发展的具体准则归纳为12项基本内容（Niu and Harris，1996）。这12项内容充分细化了以上五大原则，并且比较完整地勾画出了判定城乡发展的一组规则集合。

## 第三节　中国新型城市化指标体系的统计原则

从具体操作层面来说，所构建的新型城市化指标体系应符合以下标准（付允和刘怡君，2009）。

（1）指标体系的完备性

指标体系就评价目的和目标来说，应该能够全面反映评价对象的各方面特征。在构建指标体系之前，应用物理-事理-人理的方法论（顾基发，2006），深入分析和挖掘评价对象的潜在特征，并广泛征求与评价对象相关人员的意见，尽可能列出所有影响评价结果的指标，建立一个比较完备的指标库。理论上来讲，为了达到指标体系的完备性标准，指标数量应尽可能多一些。在构建指标体系时，往往都会选择尽可能多的指标供专家筛选，因此指标体系完备性的这一标准比较容易满足。

（2）指标体系精简性

为保证指标体系的完备性，将指标库所有的指标都加入到指标体系是不科学的和不经济的。因为指标数量的增多意味着数据获取成本的增加，另外指标之间可能存在一定的相关性，致使一些指标成为冗余指标。因此，指标体系要在信息全面性和指标数量尽可能少之间寻找最优均衡点。

（3）指标体系的普适性

同类评价对象之间存在空间上的差异性，用同一指标体系进行测评难免存在一定的系统误差，因此构建指标体系时应该尽量控制指标体系的灵敏度，使其具有普适性。

依据中国新型城市化的理论内涵、结构内涵、功能内涵和统计内涵，建立了由三大体系组成的衡量中国新型城市化进程的指标体系。这些指标，以及由这些指标形成的体系，力求具备以下几点。

1）内部逻辑清晰、合理、自洽；

2）简捷、易取，所代表的信息量大；

3）权威、通用，可以在统一基础上进行宏观对比；

4）层次分明，具有严密的等级系统，并在不同层次上进行时间和空间排序；

5）具有理论依据或统计规律的权重分配、评分度量和排序规则。

**专栏 6-2　成都统筹城乡发展评价指标体系研究**

根据统筹城乡发展的主要方面、成都统筹城乡发展的经验和温江区的实际情况，设计统筹城乡经济发展、统筹城乡社会事业、统筹城乡生活品质、统筹城乡人口资源环境、推进“三个集中”5 个一级指标，并下含 36 个具体评价指标。

统筹城乡经济发展指标。该指标用于综合评价推进产业结构高级化、农业现代化、工业新型化，加大“工业反哺农业、城市支持农村”力度，全面实现地区经济繁荣和人民生活富裕的程度。为此，选用地区生产总值、人均地区生产总值、非农产业比重、科技进步对 GDP 的贡献率、地方财政对“三农”投入/耕地数、农业劳动生产率/全社会劳动生产率、农业从业人员占全体从业人员比重等指标，综合反映经济发展总体水平、产业结构状况、农业与农村经济发展后劲。

统筹城乡社会事业指标。该指标用于综合评价实现公共服务均等化，特别是要提高农民的保障能力和发展能力、加强农村社会的平安与稳定的程度。为此，选用村级公共服务中心覆盖率、享受政府补贴条件的农村居民基本养老保险参保率、新型农村合作医疗覆盖率、城乡劳动力平均受教育年限比、城乡人均受教育年限、城镇登记失业率、社会安全指数等指标，综合反映就业、教育、医疗、保障发展状况。

统筹城乡生活品质指标。该指标着眼于综合评价提高农村生活质量、缩小城乡生活水平差距的程度。根据国际经验，人均 GDP 达到 3000 美元，就将进入收入结构调整、产业结构和消费结构升级的关键时期。收入差距是扩大还是缩小，农村消费市场体系能否有效构建，生活水平可否趋同，是统筹城乡发展的重要内容。为此，选用城乡居民人均收入比、城镇居民人均可支配收入比、农民人均纯收入、城市居民恩格乐系数、农村居民恩格尔系数、城乡居民文化娱乐消费支出比、城乡居民医疗保健支出比、农村居民预期平均寿命、城镇居民预期平均寿命、人均道路铺装面积、村通客运班车率、村通客运班车率、对本地党委、政府工作的综合评价等指标，综合反映城乡居民之间收入水平、消费结构和质量，以及配套的基础设施建设水平。

统筹城乡人口资源环境指标。该指标着眼于综合评价统筹人与自然协调发展的程度。“十一五”期间城乡生态环境问题集中表现在工业化和城市化进程中资源约束和环境容量矛盾。为此，选用城镇化率、单位 GDP 能耗、建成区绿化覆盖率、森林覆盖率、污水处理率、城乡生活垃圾无害化处理率、环境质量综合指数（水、空气）等指标，综合反映城市化水平和节能减排水平。

推进“三个集中”指标。根据成都的工作部署，选用工业集中度、土地规模经营率、农民集中居住率评价“三个集中”的完成水平。

资料来源：成都统筹城乡发展评价指标体系研究课题组 . 2008. 成都统筹城乡发展评价指标体系研究 . 成都：成都统筹城乡发展评价指标体系研究课题组 .

## 第四节　中国新型城市化指标体系设计

衡量中国新型城市化的指标体系构成了一个庞大的和严密的定量式大纲，依据各个指标的表现和位置，既可以分析、比较、判别和评价中国城乡发展的状态、进程和总体能力的态势，又可以还原、复制、模拟、预测中国城市发展的未来演化、方案预选和监测预警。它应当成为决策者、管理者和社会公众认识和把握中国新型城市化发展水平的基本工具。

中国新型城市化的指标体系，分为总体层、系统层、状态层、变量层和要素层 5 个等级。总体层：将表达中国城乡统筹和城乡一体化程度，它代表着宏观识别国家城市化战略实施的总体态势和总体效果，以及对于中国城市化战略实施动态调控的总体把握。图 6-1 构建了中国新型城市化指标体系的技术路线图。

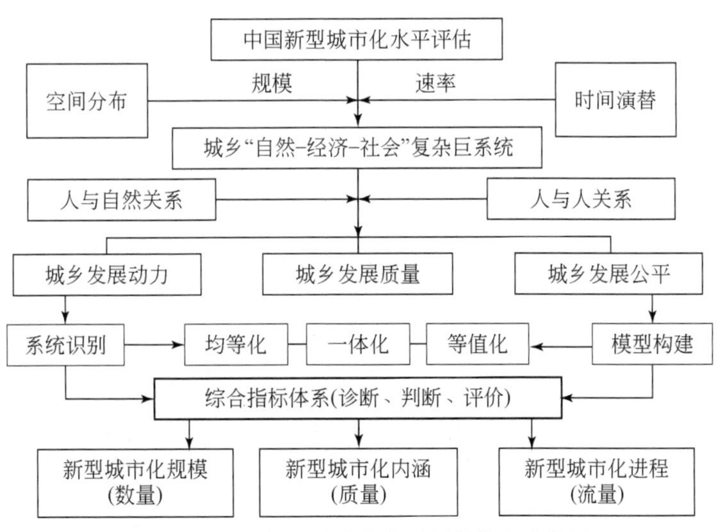

图 6-1　中国新型城市化水平评估技术路线图

系统层：依照城市系统的理论解释，将城市内部的逻辑关系和函数关系分别表达为城乡发展动力系统、城乡发展质量系统和城乡发展公平系统。

状态层：在每一个划分的支持系统内，能够代表系统状态行为的关系结构。在某一时刻的起点，它们表现为静态的，随着时间的变化，它们呈现动态的特征。

变量层：从本质上反映、揭示状态的行为、关系、变化等的原因和动力。变量层共遴选出 21 个“指数”来加以表征。

要素层：采用可测的、可比的、可以获得的要素及要素群，对系统状态层的数量表现、强度表现、速率表现给予直接的度量。本报告采用了 50 个“要素”或称“指标”，全面系统地对于新型城市化进行了定量的描述，构成了指标体系最基层的要素。

## 第五节　中国新型城市化指标体系

中国新型城市化指标体系（CNUIS）共由 3 大体系、8 大状态、21 个变量和 50 个要素构成，其结构框架如图 6-2 所示。

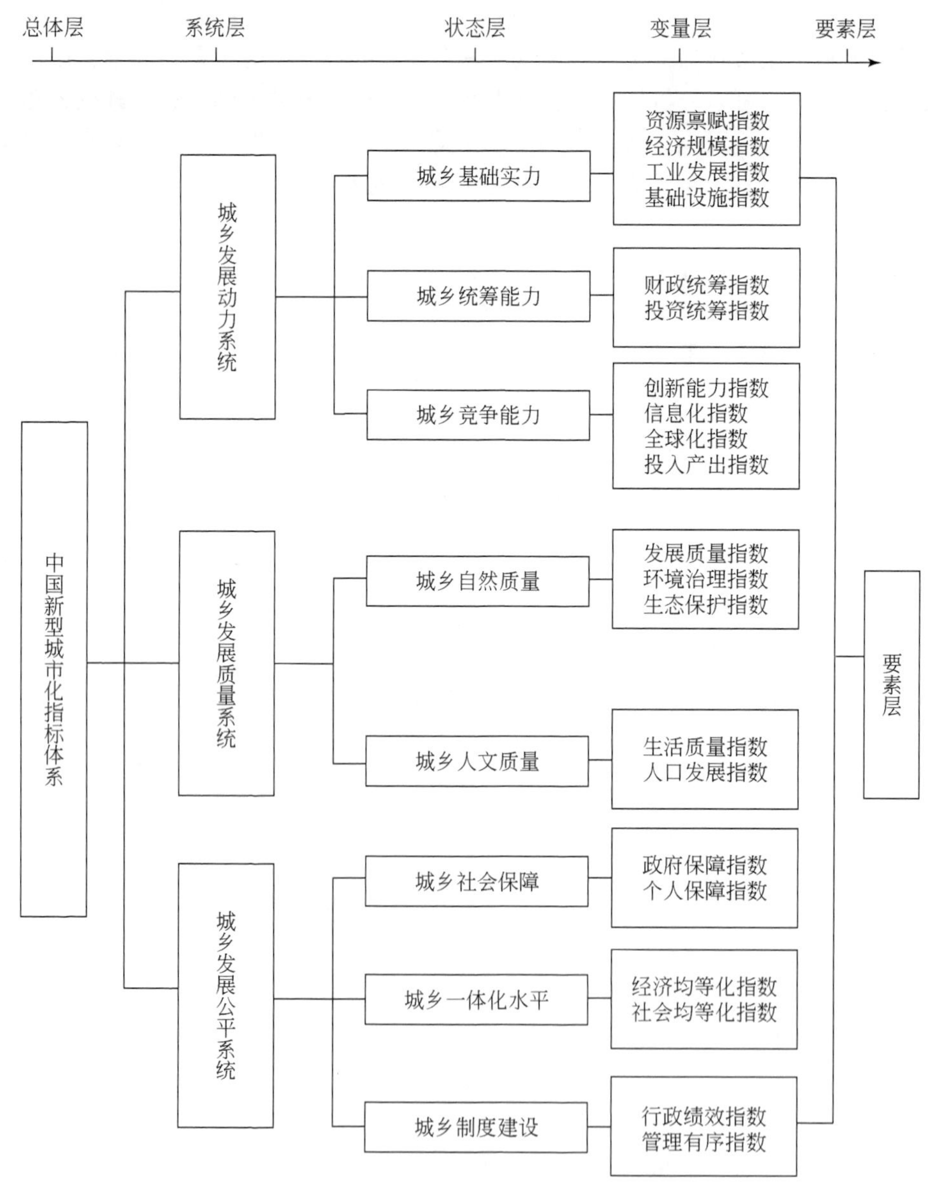


图 6-2　中国新型城市化指标体系结构框架图

中国新型城市化指标体系（CNUIS）如下。

1　城乡发展动力系统

1.1　城乡基础实力

1.1.1　资源禀赋指数

1.1.1.1　人均土地面积

1.1.1.2　土地资源占全国份额

1.1.1.3　水资源占全国份额

1.1.2　经济规模指数

1.1.2.1　GDP 占全国份额/人口占全国份额

1.1.2.2　人均 GDP

1.1.2.3　GDP 密度

1.1.3　工业发展指数

1.1.3.1　工业化率

1.1.3.2　工业总产值/工业企业数

1.1.4　基础设施指数

1.1.4.1　人均城市道路面积

1.1.4.2　人均供水总量

1.1.4.3　人均供应燃气总量

1.2　城乡统筹能力

1.2.1　财政统筹指数

1.2.1.1　市辖区人均财政支出/非市辖区人均财政支出

1.2.1.2　市辖区财政支出/非市辖区财政支出总额

1.2.2　投资统筹指数

1.2.2.1　市辖区固定资产投资额/非市辖区固定资产投资总额

1.2.2.2　市辖区人均固定资产投资额/非市辖区人均固定资产投资额

1.3　城乡竞争能力

1.3.1　创新能力指数

1.3.1.1　科技投入/GDP

1.3.1.2　万人拥有科研人员数

1.3.2　信息化指数

1.3.2.1　移动电话用户数/全市总人口

1.3.2.2　国际互联网用户数/全市总人口

1.3.3　全球化指数

1.3.3.1　外商实际投资额/GDP

1.3.3.2　外商工业总产值/全市工业总产值

1.3.4　投入产出指数

1.3.4.1　固定资产产值率

1.3.4.2　固定资产利税率

1.3.4.3　全员劳动生产率

2　城乡发展质量系统
2.1　城乡自然质量
2.1.1　发展质量指数
2.1.1.1　单位 GDP 能耗
2.1.1.2　单位 GDP 水耗
2.1.2　环境治理指数
2.1.2.1　工业固体废物综合利用率
2.1.2.2　城镇生活污水处理率
2.1.2.3　生活垃圾无害化处理率
2.1.3　生态保护指数
2.1.3.1　人均绿地面积
2.1.3.2　建成区绿化覆盖率
2.2　城乡人文质量
2.2.1　生活质量指数
2.2.1.1　职工平均工资
2.2.1.2　人均社会消费品零售总额
2.2.2　人口发展指数
2.2.2.1　人口自然增长率
2.2.2.2　非农人口/全市总人口
2.2.2.3　居民医生比率
3　城乡发展公平系统
3.1　城乡社会保障
3.1.1　政府保障指数
3.1.1.1　社会保障支出占财政支出比例
3.1.1.2　城镇人均低保支出/农村人均低保支出
3.1.2　个人保障指数
3.1.2.1　城镇登记失业率
3.1.2.2　城乡居民人均储蓄额
3.1.2.3　最低生活保障线下人口比重
3.2　城乡一体化水平
3.2.1　经济均等化指数
3.2.1.1　市辖区人均 GDP/非市辖区人均 GDP
3.2.1.2　二元结构系数（城市人均收入/农村人均收入）
3.2.1.3　市辖区人均财政收入/非市辖区人均财政收入
3.2.2　社会均等化指数
3.2.2.1　市辖区人均医生数/非市辖区人均医生数
3.2.2.2　市辖区人均中小学数/非市辖区人均中小学数
3.3　城乡制度建设
3.3.1　行政绩效指数

3.3.1.1　公务员占总就业人数比例

3.3.1.2　公务员服务收益

3.3.2　管理有序指数

3.3.2.1　经济拉动系数（当年 GDP 增速/往年 GDP 增速）

3.3.2.2　城乡收入差距变动

# 第三篇　统计篇：中国新型城市化报告

# 第七章　中国新型城市化统计分析

## 第一节　关于中国城市样本选择的说明

本书共选择50个主要城市作为评价对象，其中包括：

1）省会城市和计划单列市（36个）。

北京、天津、石家庄、太原、呼和浩特、沈阳、长春、哈尔滨、上海、南京、杭州、合肥、福州、南昌、济南、郑州、武汉、长沙、广州、南宁、海口、重庆、成都、贵阳、昆明、拉萨、西安、兰州、西宁、银川、乌鲁木齐、大连、青岛、深圳、厦门、宁波。在这36个城市中：直辖市4个，分别是北京、天津、上海和重庆；省会城市27个，分别是石家庄、太原、呼和浩特、沈阳、长春、哈尔滨、南京、杭州、合肥、福州、南昌、济南、郑州、武汉、长沙、广州、南宁、海口、成都、贵阳、昆明、拉萨、西安、兰州、西宁、银川、乌鲁木齐；计划单列市5个，分别是大连、青岛、深圳、厦门和宁波。

2）沿海开放城市和港口城市（5个）。

南通、温州、烟台、威海、北海。

3）资源型城市（3个）。

大庆、包头、唐山。

4）特别选择的城市（6个）。

无锡、苏州、中山、东莞、洛阳、桂林。

5）拉萨由于缺乏统计数据未参与城市排名。

6）本报告由于资料口径原因暂未包括香港、澳门及台湾所包括的城市。

7）数据来源于《中国城市统计年鉴2014》。

## 第二节　中国新型城市化数据统计图表

依据中国新型城市化指标体系，作出了12幅统计表及相应的12幅统计图。

表7-1 中国新型城市化水平；图7-1 中国新型城市化水平排序图。

表7-2 中国城乡发展动力系统；图7-2 中国城乡发展动力系统排序图。

表7-3 中国城乡发展质量系统；图7-3 中国城乡发展质量系统排序图。

表7-4 中国城乡发展公平系统；图7-4 中国城乡发展公平系统排序图。

表7-5 中国城乡基础实力；图7-5 中国城乡基础实力排序图。

表7-6 中国城乡统筹能力；图7-6 中国城乡统筹能力排序图。

表7-7 中国城乡竞争能力；图7-7 中国城乡竞争能力排序图。

表7-8 中国城乡自然质量；图7-8 中国城乡自然质量排序图。

表7-9 中国城乡人文质量；图7-9 中国城乡人文质量排序图。

表7-10 中国城乡社会保障；图7-10 中国城乡社会保障排序图。

表7-11 中国城乡一体化水平；图7-11 中国城乡一体化水平排序图。

表7-12 中国城乡制度建设；图7-12 中国城乡制度建设排序图。

**表7-1　中国新型城市化水平**

| 城　市 | 城乡发展动力 | 城乡发展质量 | 城乡发展公平 | 新型城市化水平 | 新型城市化水平排序 | |
|---|---|---|---|---|---|---|
| | | | | | 城　市 | 排　名 |
| 北　京 | 0.540 | 0.822 | 0.705 | 0.689 | 上　海 | 1 |
| 天　津 | 0.483 | 0.527 | 0.549 | 0.520 | 北　京 | 2 |
| 石家庄 | 0.168 | 0.184 | 0.214 | 0.189 | 成　都 | 3 |
| 唐　山 | 0.217 | 0.216 | 0.255 | 0.229 | 深　圳 | 4 |
| 太　原 | 0.132 | 0.142 | 0.148 | 0.141 | 天　津 | 5 |
| 呼和浩特 | 0.142 | 0.146 | 0.157 | 0.149 | 重　庆 | 6 |
| 包　头 | 0.159 | 0.170 | 0.167 | 0.166 | 广　州 | 7 |
| 沈　阳 | 0.227 | 0.278 | 0.262 | 0.256 | 苏　州 | 8 |
| 大　连 | 0.238 | 0.289 | 0.283 | 0.270 | 武　汉 | 9 |
| 长　春 | 0.187 | 0.186 | 0.208 | 0.193 | 南　京 | 10 |
| 哈尔滨 | 0.167 | 0.196 | 0.203 | 0.189 | 无　锡 | 11 |
| 大　庆 | 0.194 | 0.203 | 0.184 | 0.194 | 杭　州 | 12 |
| 上　海 | 0.662 | 0.888 | 0.732 | 0.761 | 青　岛 | 13 |
| 南　京 | 0.263 | 0.309 | 0.300 | 0.290 | 大　连 | 14 |
| 无　锡 | 0.257 | 0.305 | 0.304 | 0.289 | 沈　阳 | 15 |
| 苏　州 | 0.402 | 0.424 | 0.443 | 0.423 | 宁　波 | 16 |
| 南　通 | 0.179 | 0.211 | 0.208 | 0.199 | 长　沙 | 17 |
| 杭　州 | 0.243 | 0.303 | 0.302 | 0.283 | 东　莞 | 18 |
| 宁　波 | 0.222 | 0.259 | 0.259 | 0.246 | 唐　山 | 19 |
| 温　州 | 0.151 | 0.171 | 0.177 | 0.166 | 郑　州 | 20 |
| 合　肥 | 0.164 | 0.199 | 0.193 | 0.185 | 烟　台 | 21 |
| 福　州 | 0.170 | 0.189 | 0.196 | 0.185 | 西　安 | 22 |
| 厦　门 | 0.157 | 0.166 | 0.165 | 0.163 | 南　通 | 23 |
| 南　昌 | 0.148 | 0.159 | 0.168 | 0.158 | 济　南 | 23 |
| 济　南 | 0.171 | 0.216 | 0.210 | 0.199 | 大　庆 | 25 |

续表

| 城　市 | 城乡发展动力 | 城乡发展质量 | 城乡发展公平 | 新型城市化水平 | 新型城市化水平排序 | |
|---|---|---|---|---|---|---|
| | | | | | 城　市 | 排　名 |
| 青　岛 | 0.241 | 0.297 | 0.287 | 0.275 | 长　春 | 26 |
| 烟　台 | 0.204 | 0.224 | 0.222 | 0.217 | 石家庄 | 27 |
| 威　海 | 0.141 | 0.155 | 0.146 | 0.147 | 哈尔滨 | 27 |
| 郑　州 | 0.201 | 0.208 | 0.245 | 0.218 | 合　肥 | 29 |
| 洛　阳 | 0.146 | 0.143 | 0.168 | 0.152 | 福　州 | 29 |
| 武　汉 | 0.269 | 0.298 | 0.330 | 0.299 | 包　头 | 31 |
| 长　沙 | 0.215 | 0.251 | 0.265 | 0.244 | 温　州 | 31 |
| 广　州 | 0.424 | 0.548 | 0.418 | 0.464 | 厦　门 | 33 |
| 深　圳 | 0.605 | 0.590 | 0.493 | 0.563 | 昆　明 | 34 |
| 东　莞 | 0.258 | 0.233 | 0.215 | 0.235 | 南　昌 | 35 |
| 中　山 | 0.147 | 0.154 | 0.153 | 0.151 | 洛　阳 | 36 |
| 南　宁 | 0.129 | 0.144 | 0.150 | 0.141 | 中　山 | 37 |
| 桂　林 | 0.118 | 0.121 | 0.125 | 0.121 | 呼和浩特 | 38 |
| 北　海 | 0.102 | 0.104 | 0.101 | 0.103 | 威　海 | 39 |
| 海　口 | 0.106 | 0.109 | 0.106 | 0.107 | 太　原 | 40 |
| 重　庆 | 0.435 | 0.476 | 0.535 | 0.482 | 南　宁 | 40 |
| 成　都 | 0.503 | 0.579 | 0.686 | 0.589 | 乌鲁木齐 | 42 |
| 贵　阳 | 0.128 | 0.129 | 0.127 | 0.128 | 贵　阳 | 43 |
| 昆　明 | 0.147 | 0.162 | 0.176 | 0.162 | 兰　州 | 44 |
| 拉　萨 | — | — | — | — | 桂　林 | 45 |
| 西　安 | 0.169 | 0.181 | 0.252 | 0.201 | 银　川 | 46 |
| 兰　州 | 0.122 | 0.115 | 0.137 | 0.125 | 西　宁 | 47 |
| 西　宁 | 0.108 | 0.104 | 0.117 | 0.110 | 海　口 | 48 |
| 银　川 | 0.117 | 0.117 | 0.124 | 0.119 | 北　海 | 49 |
| 乌鲁木齐 | 0.126 | 0.128 | 0.160 | 0.138 | 拉　萨 | — |

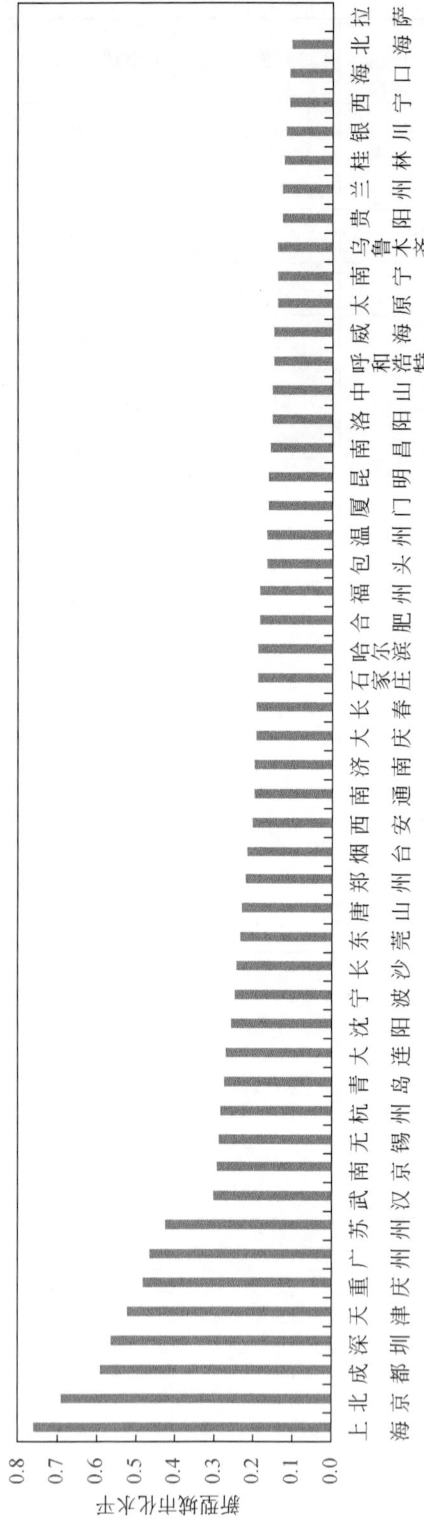


图7-1　中国新型城市化水平排序图

**表 7-2　中国城乡发展动力系统**

| 城　市 | 城乡基础实力 | 城乡统筹能力 | 城乡竞争能力 | 城乡发展动力系统 | 城乡发展动力系统排序 | |
|---|---|---|---|---|---|---|
| | | | | | 城　市 | 排　名 |
| 北　京 | 0.562 | 0.502 | 0.557 | 0.540 | 上　海 | 1 |
| 天　津 | 0.457 | 0.618 | 0.376 | 0.483 | 深　圳 | 2 |
| 石家庄 | 0.162 | 0.211 | 0.130 | 0.168 | 北　京 | 3 |
| 唐　山 | 0.229 | 0.267 | 0.154 | 0.217 | 成　都 | 4 |
| 太　原 | 0.133 | 0.147 | 0.115 | 0.132 | 天　津 | 5 |
| 呼和浩特 | 0.142 | 0.168 | 0.116 | 0.142 | 重　庆 | 6 |
| 包　头 | 0.189 | 0.166 | 0.122 | 0.159 | 广　州 | 7 |
| 沈　阳 | 0.214 | 0.280 | 0.187 | 0.227 | 苏　州 | 8 |
| 大　连 | 0.225 | 0.271 | 0.217 | 0.238 | 武　汉 | 9 |
| 长　春 | 0.211 | 0.198 | 0.151 | 0.187 | 南　京 | 10 |
| 哈尔滨 | 0.166 | 0.210 | 0.125 | 0.167 | 东　莞 | 11 |
| 大　庆 | 0.248 | 0.191 | 0.143 | 0.194 | 无　锡 | 12 |
| 上　海 | 0.706 | 0.600 | 0.681 | 0.662 | 杭　州 | 13 |
| 南　京 | 0.252 | 0.331 | 0.206 | 0.263 | 青　岛 | 14 |
| 无　锡 | 0.241 | 0.317 | 0.213 | 0.257 | 大　连 | 15 |
| 苏　州 | 0.360 | 0.484 | 0.361 | 0.402 | 沈　阳 | 16 |
| 南　通 | 0.156 | 0.230 | 0.151 | 0.179 | 宁　波 | 17 |
| 杭　州 | 0.210 | 0.307 | 0.212 | 0.243 | 唐　山 | 18 |
| 宁　波 | 0.198 | 0.271 | 0.195 | 0.222 | 长　沙 | 19 |
| 温　州 | 0.136 | 0.194 | 0.121 | 0.151 | 烟　台 | 20 |
| 合　肥 | 0.170 | 0.189 | 0.132 | 0.164 | 郑　州 | 21 |
| 福　州 | 0.155 | 0.217 | 0.138 | 0.170 | 大　庆 | 22 |
| 厦　门 | 0.143 | 0.177 | 0.152 | 0.157 | 长　春 | 23 |
| 南　昌 | 0.148 | 0.172 | 0.124 | 0.148 | 南　通 | 24 |
| 济　南 | 0.156 | 0.226 | 0.133 | 0.171 | 济　南 | 25 |
| 青　岛 | 0.216 | 0.296 | 0.211 | 0.241 | 福　州 | 26 |
| 烟　台 | 0.196 | 0.238 | 0.178 | 0.204 | 西　安 | 27 |

续表

| 城　市 | 城乡基础实力 | 城乡统筹能力 | 城乡竞争能力 | 城乡发展动力系统 | 城乡发展动力系统排序 | |
|---|---|---|---|---|---|---|
| | | | | | 城　市 | 排　名 |
| 威　海 | 0. 135 | 0. 159 | 0. 130 | 0. 141 | 石家庄 | 28 |
| 郑　州 | 0. 188 | 0. 264 | 0. 151 | 0. 201 | 哈尔滨 | 29 |
| 洛　阳 | 0. 141 | 0. 174 | 0. 124 | 0. 146 | 合　肥 | 30 |
| 武　汉 | 0. 280 | 0. 321 | 0. 206 | 0. 269 | 包　头 | 31 |
| 长　沙 | 0. 212 | 0. 275 | 0. 159 | 0. 215 | 厦　门 | 32 |
| 广　州 | 0. 408 | 0. 438 | 0. 426 | 0. 424 | 温　州 | 33 |
| 深　圳 | 0. 671 | 0. 532 | 0. 611 | 0. 605 | 南　昌 | 34 |
| 东　莞 | 0. 271 | 0. 253 | 0. 250 | 0. 258 | 中　山 | 35 |
| 中　山 | 0. 130 | 0. 165 | 0. 145 | 0. 147 | 昆　明 | 35 |
| 南　宁 | 0. 127 | 0. 151 | 0. 111 | 0. 129 | 洛　阳 | 37 |
| 桂　林 | 0. 117 | 0. 131 | 0. 105 | 0. 118 | 呼和浩特 | 38 |
| 北　海 | 0. 104 | 0. 100 | 0. 103 | 0. 102 | 威　海 | 39 |
| 海　口 | 0. 101 | 0. 111 | 0. 104 | 0. 106 | 太　原 | 40 |
| 重　庆 | 0. 458 | 0. 627 | 0. 221 | 0. 435 | 南　宁 | 41 |
| 成　都 | 0. 395 | 0. 800 | 0. 314 | 0. 503 | 贵　阳 | 42 |
| 贵　阳 | 0. 119 | 0. 156 | 0. 109 | 0. 128 | 乌鲁木齐 | 43 |
| 昆　明 | 0. 145 | 0. 178 | 0. 119 | 0. 147 | 兰　州 | 44 |
| 拉　萨 | — | — | — | — | 桂　林 | 45 |
| 西　安 | 0. 165 | 0. 200 | 0. 141 | 0. 169 | 银　川 | 46 |
| 兰　州 | 0. 126 | 0. 134 | 0. 106 | 0. 122 | 西　宁 | 47 |
| 西　宁 | 0. 110 | 0. 113 | 0. 102 | 0. 108 | 海　口 | 48 |
| 银　川 | 0. 121 | 0. 124 | 0. 106 | 0. 117 | 北　海 | 49 |
| 乌鲁木齐 | 0. 143 | 0. 122 | 0. 111 | 0. 126 | 拉　萨 | — |

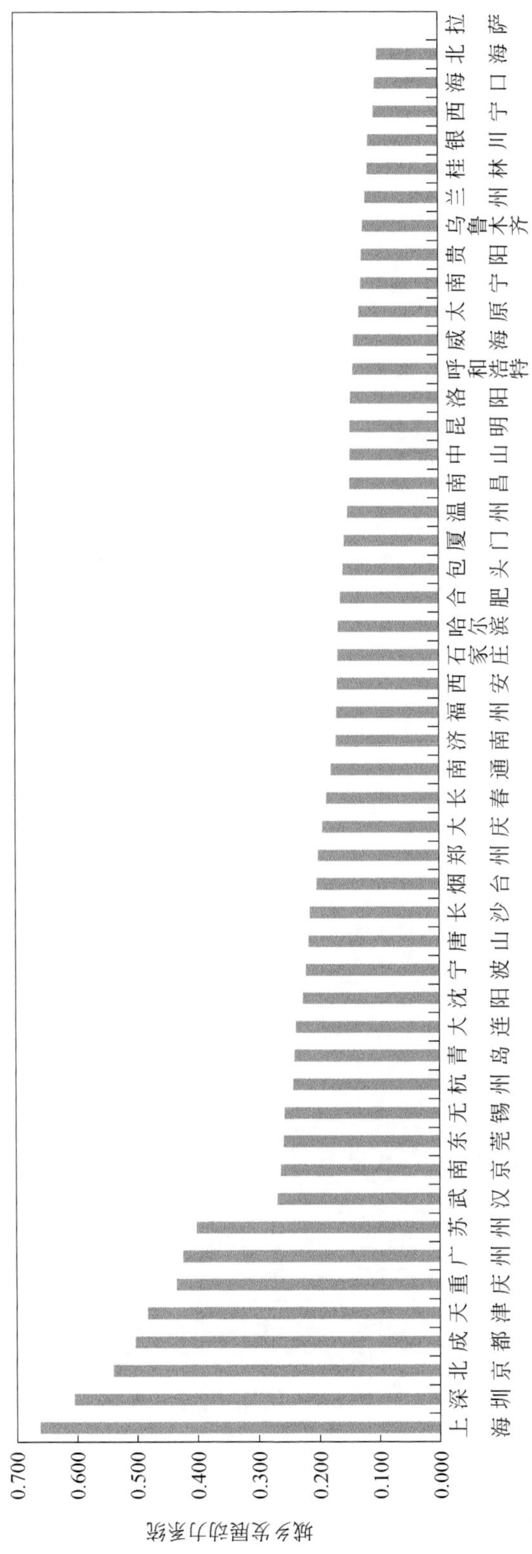


图7-2　中国城乡发展动力系统排序图

**表 7-3 中国城乡发展质量系统**

| 城 市 | 城乡自然质量 | 城乡人文质量 | 城乡发展质量系统 | 城乡发展质量系统排序 | |
|---|---|---|---|---|---|
| | | | | 城 市 | 排 名 |
| 北 京 | 0.862 | 0.782 | 0.822 | 上 海 | 1 |
| 天 津 | 0.571 | 0.483 | 0.527 | 北 京 | 2 |
| 石家庄 | 0.231 | 0.136 | 0.184 | 深 圳 | 3 |
| 唐 山 | 0.260 | 0.171 | 0.216 | 成 都 | 4 |
| 太 原 | 0.147 | 0.136 | 0.142 | 广 州 | 5 |
| 呼和浩特 | 0.157 | 0.136 | 0.146 | 天 津 | 6 |
| 包 头 | 0.181 | 0.159 | 0.170 | 重 庆 | 7 |
| 沈 阳 | 0.313 | 0.242 | 0.278 | 苏 州 | 8 |
| 大 连 | 0.334 | 0.245 | 0.289 | 南 京 | 9 |
| 长 春 | 0.202 | 0.169 | 0.186 | 无 锡 | 10 |
| 哈尔滨 | 0.224 | 0.169 | 0.196 | 杭 州 | 11 |
| 大 庆 | 0.237 | 0.169 | 0.203 | 武 汉 | 12 |
| 上 海 | 0.876 | 0.900 | 0.888 | 青 岛 | 13 |
| 南 京 | 0.324 | 0.294 | 0.309 | 大 连 | 14 |
| 无 锡 | 0.348 | 0.261 | 0.305 | 沈 阳 | 15 |
| 苏 州 | 0.495 | 0.353 | 0.424 | 宁 波 | 16 |
| 南 通 | 0.245 | 0.177 | 0.211 | 长 沙 | 17 |
| 杭 州 | 0.338 | 0.267 | 0.303 | 东 莞 | 18 |
| 宁 波 | 0.290 | 0.228 | 0.259 | 烟 台 | 19 |
| 温 州 | 0.203 | 0.139 | 0.171 | 唐 山 | 20 |
| 合 肥 | 0.238 | 0.159 | 0.199 | 济 南 | 20 |
| 福 州 | 0.231 | 0.147 | 0.189 | 南 通 | 22 |
| 厦 门 | 0.178 | 0.154 | 0.166 | 郑 州 | 23 |
| 南 昌 | 0.183 | 0.134 | 0.159 | 大 庆 | 24 |
| 济 南 | 0.242 | 0.189 | 0.216 | 合 肥 | 25 |

续表

| 城　市 | 城乡自然质量 | 城乡人文质量 | 城乡发展质量系统 | 城乡发展质量系统排序 | |
|---|---|---|---|---|---|
| | | | | 城　市 | 排　名 |
| 青　岛 | 0.361 | 0.233 | 0.297 | 哈尔滨 | 26 |
| 烟　台 | 0.272 | 0.177 | 0.224 | 福　州 | 27 |
| 威　海 | 0.178 | 0.133 | 0.155 | 长　春 | 28 |
| 郑　州 | 0.245 | 0.171 | 0.208 | 石家庄 | 29 |
| 洛　阳 | 0.168 | 0.119 | 0.143 | 西　安 | 30 |
| 武　汉 | 0.341 | 0.256 | 0.298 | 温　州 | 31 |
| 长　沙 | 0.286 | 0.215 | 0.251 | 包　头 | 32 |
| 广　州 | 0.611 | 0.486 | 0.548 | 厦　门 | 33 |
| 深　圳 | 0.667 | 0.513 | 0.590 | 昆　明 | 34 |
| 东　莞 | 0.252 | 0.214 | 0.233 | 南　昌 | 35 |
| 中　山 | 0.159 | 0.148 | 0.154 | 威　海 | 36 |
| 南　宁 | 0.172 | 0.117 | 0.144 | 中　山 | 37 |
| 桂　林 | 0.134 | 0.107 | 0.121 | 呼和浩特 | 38 |
| 北　海 | 0.107 | 0.101 | 0.104 | 南　宁 | 39 |
| 海　口 | 0.110 | 0.109 | 0.109 | 洛　阳 | 40 |
| 重　庆 | 0.606 | 0.347 | 0.476 | 太　原 | 41 |
| 成　都 | 0.700 | 0.458 | 0.579 | 贵　阳 | 42 |
| 贵　阳 | 0.136 | 0.123 | 0.129 | 乌鲁木齐 | 43 |
| 昆　明 | 0.178 | 0.147 | 0.162 | 桂　林 | 44 |
| 拉　萨 | — | — | — | 银　川 | 45 |
| 西　安 | 0.198 | 0.164 | 0.181 | 兰　州 | 46 |
| 兰　州 | 0.109 | 0.121 | 0.115 | 海　口 | 47 |
| 西　宁 | 0.102 | 0.107 | 0.104 | 北　海 | 48 |
| 银　川 | 0.119 | 0.114 | 0.117 | 西　宁 | 48 |
| 乌鲁木齐 | 0.118 | 0.139 | 0.128 | 拉　萨 | — |

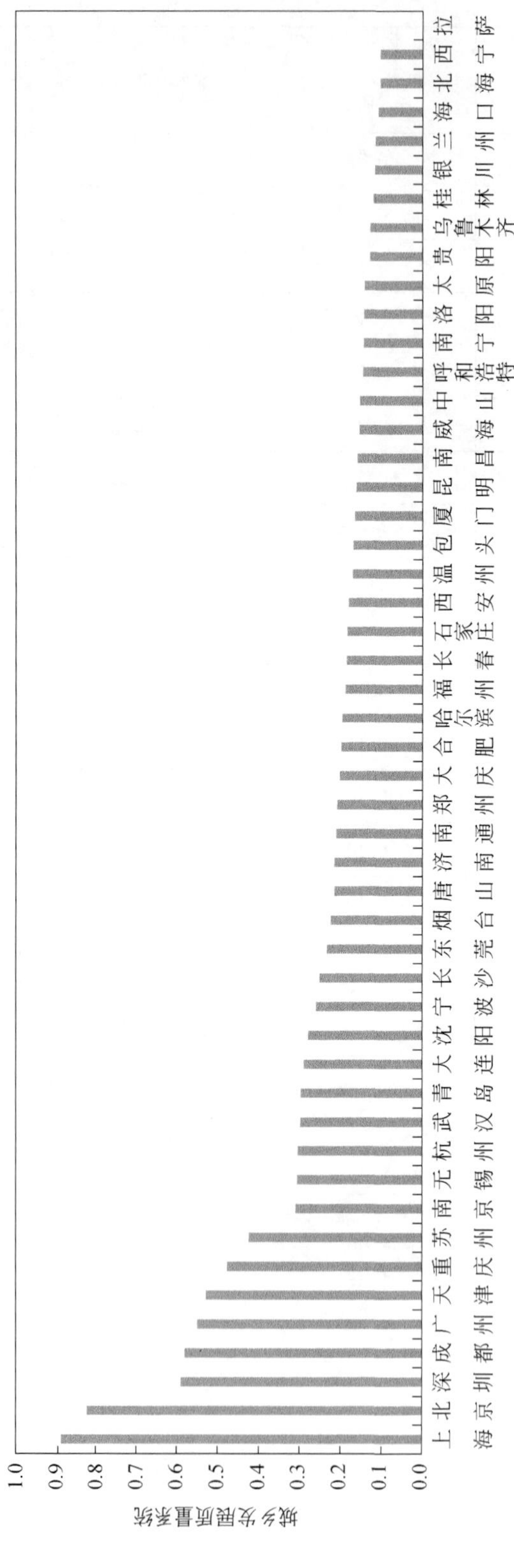


图7-3　中国城乡发展质量系统排序图

表7-4 中国城乡发展公平系统

| 城 市 | 城乡社会保障 | 城乡一体化水平 | 城乡制度建设 | 城乡发展公平系统 | 城乡发展公平系统排序 | |
|---|---|---|---|---|---|---|
| | | | | | 城 市 | 排 名 |
| 北 京 | 0.519 | 0.850 | 0.746 | 0.705 | 上 海 | 1 |
| 天 津 | 0.298 | 0.722 | 0.627 | 0.549 | 北 京 | 2 |
| 石家庄 | 0.153 | 0.250 | 0.239 | 0.214 | 成 都 | 3 |
| 唐 山 | 0.172 | 0.307 | 0.285 | 0.255 | 天 津 | 4 |
| 太 原 | 0.131 | 0.163 | 0.152 | 0.148 | 重 庆 | 5 |
| 呼和浩特 | 0.130 | 0.170 | 0.172 | 0.157 | 深 圳 | 6 |
| 包 头 | 0.133 | 0.151 | 0.218 | 0.167 | 苏 州 | 7 |
| 沈 阳 | 0.188 | 0.302 | 0.296 | 0.262 | 广 州 | 8 |
| 大 连 | 0.181 | 0.342 | 0.327 | 0.283 | 武 汉 | 9 |
| 长 春 | 0.163 | 0.259 | 0.202 | 0.208 | 无 锡 | 10 |
| 哈尔滨 | 0.164 | 0.254 | 0.192 | 0.203 | 杭 州 | 11 |
| 大 庆 | 0.149 | 0.203 | 0.199 | 0.184 | 南 京 | 12 |
| 上 海 | 0.493 | 0.894 | 0.809 | 0.732 | 青 岛 | 13 |
| 南 京 | 0.214 | 0.371 | 0.313 | 0.300 | 大 连 | 14 |
| 无 锡 | 0.208 | 0.369 | 0.336 | 0.304 | 长 沙 | 15 |
| 苏 州 | 0.296 | 0.554 | 0.479 | 0.443 | 沈 阳 | 16 |
| 南 通 | 0.166 | 0.253 | 0.204 | 0.208 | 宁 波 | 17 |
| 杭 州 | 0.223 | 0.366 | 0.318 | 0.302 | 唐 山 | 18 |
| 宁 波 | 0.190 | 0.314 | 0.273 | 0.259 | 西 安 | 19 |
| 温 州 | 0.149 | 0.202 | 0.179 | 0.177 | 郑 州 | 20 |
| 合 肥 | 0.145 | 0.233 | 0.201 | 0.193 | 烟 台 | 21 |
| 福 州 | 0.158 | 0.227 | 0.203 | 0.196 | 东 莞 | 22 |
| 厦 门 | 0.138 | 0.187 | 0.171 | 0.165 | 石家庄 | 23 |
| 南 昌 | 0.148 | 0.195 | 0.162 | 0.168 | 济 南 | 24 |
| 济 南 | 0.170 | 0.246 | 0.216 | 0.210 | 长 春 | 25 |

续表

| 城　市 | 城乡社会保障 | 城乡一体化水平 | 城乡制度建设 | 城乡发展公平系统 | 城乡发展公平系统排序 | |
|---|---|---|---|---|---|---|
| | | | | | 城　市 | 排　名 |
| 青　岛 | 0.197 | 0.357 | 0.308 | 0.287 | 南　通 | 25 |
| 烟　台 | 0.164 | 0.265 | 0.237 | 0.222 | 哈尔滨 | 27 |
| 威　海 | 0.130 | 0.160 | 0.146 | 0.146 | 福　州 | 28 |
| 郑　州 | 0.179 | 0.313 | 0.243 | 0.245 | 合　肥 | 29 |
| 洛　阳 | 0.132 | 0.191 | 0.180 | 0.168 | 大　庆 | 30 |
| 武　汉 | 0.203 | 0.387 | 0.400 | 0.330 | 温　州 | 31 |
| 长　沙 | 0.186 | 0.327 | 0.280 | 0.265 | 昆　明 | 32 |
| 广　州 | 0.283 | 0.584 | 0.388 | 0.418 | 南　昌 | 33 |
| 深　圳 | 0.400 | 0.611 | 0.468 | 0.493 | 洛　阳 | 33 |
| 东　莞 | 0.202 | 0.278 | 0.165 | 0.215 | 包　头 | 35 |
| 中　山 | 0.137 | 0.173 | 0.148 | 0.153 | 厦　门 | 36 |
| 南　宁 | 0.132 | 0.162 | 0.157 | 0.150 | 乌鲁木齐 | 37 |
| 桂　林 | 0.114 | 0.133 | 0.128 | 0.125 | 呼和浩特 | 38 |
| 北　海 | 0.104 | 0.100 | 0.100 | 0.101 | 中　山 | 39 |
| 海　口 | 0.107 | 0.109 | 0.103 | 0.106 | 南　宁 | 40 |
| 重　庆 | 0.371 | 0.722 | 0.511 | 0.535 | 太　原 | 41 |
| 成　都 | 0.776 | 0.756 | 0.526 | 0.686 | 威　海 | 42 |
| 贵　阳 | 0.136 | 0.131 | 0.113 | 0.127 | 兰　州 | 43 |
| 昆　明 | 0.170 | 0.190 | 0.170 | 0.176 | 贵　阳 | 44 |
| 拉　萨 | — | — | — | — | 桂　林 | 45 |
| 西　安 | 0.323 | 0.253 | 0.180 | 0.252 | 银　川 | 46 |
| 兰　州 | 0.156 | 0.128 | 0.128 | 0.137 | 西　宁 | 47 |
| 西　宁 | 0.134 | 0.114 | 0.104 | 0.117 | 海　口 | 48 |
| 银　川 | 0.138 | 0.122 | 0.111 | 0.124 | 北　海 | 49 |
| 乌鲁木齐 | 0.180 | 0.156 | 0.142 | 0.160 | 拉　萨 | — |

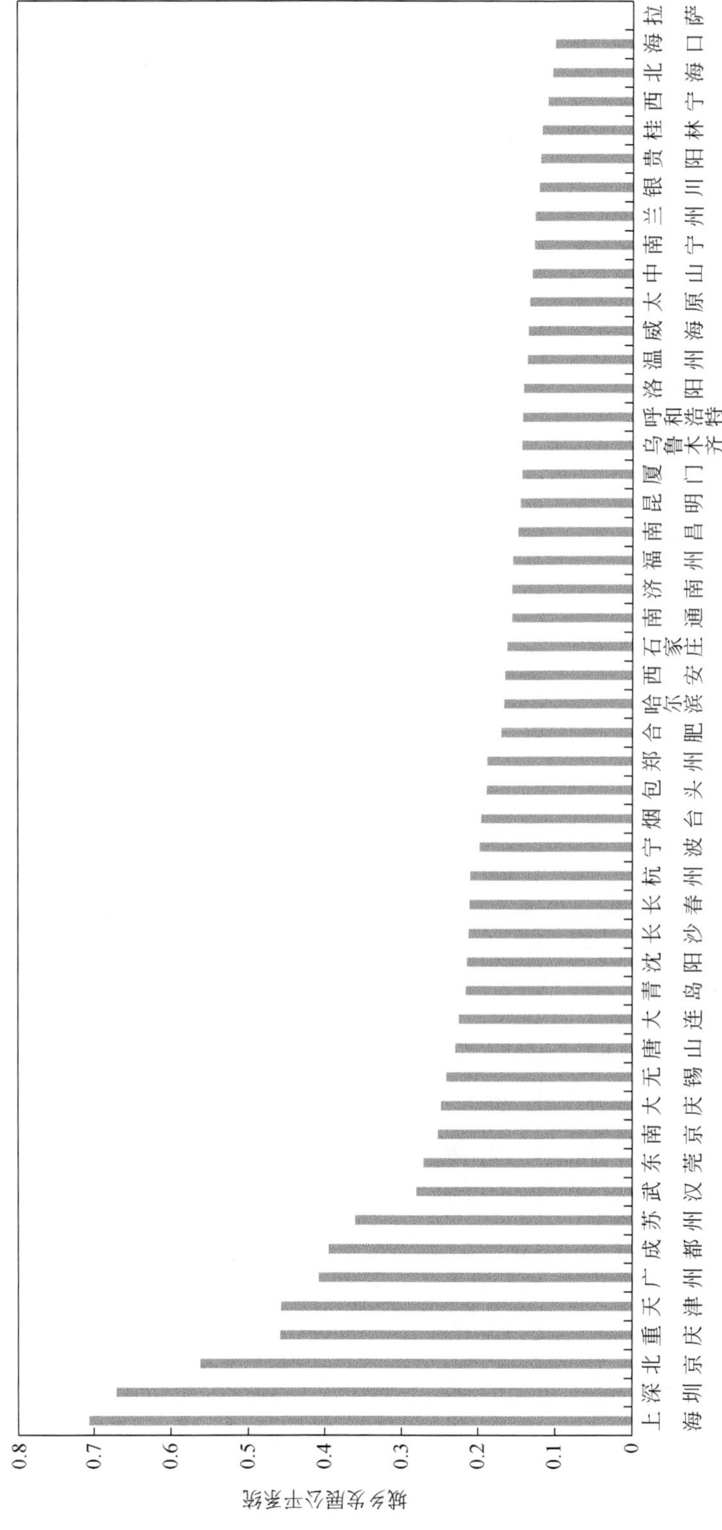


图7-4　中国城乡发展公平系统排序图

**表 7-5　中国城乡基础实力**

| 城　市 | 资源禀赋指数 | 经济规模指数 | 工业发展指数 | 基础设施指数 | 城乡基础实力 | 城乡基础实力排序 | |
|---|---|---|---|---|---|---|---|
| | | | | | | 城　市 | 排　名 |
| 北　京 | 0.670 | 0.399 | 0.586 | 0.594 | 0.562 | 上　海 | 1 |
| 天　津 | 0.310 | 0.313 | 0.900 | 0.306 | 0.457 | 深　圳 | 2 |
| 石家庄 | 0.148 | 0.110 | 0.261 | 0.130 | 0.162 | 北　京 | 3 |
| 唐　山 | 0.156 | 0.132 | 0.508 | 0.121 | 0.229 | 重　庆 | 4 |
| 太　原 | 0.115 | 0.108 | 0.189 | 0.120 | 0.133 | 天　津 | 5 |
| 呼和浩特 | 0.155 | 0.118 | 0.172 | 0.123 | 0.142 | 广　州 | 6 |
| 包　头 | 0.230 | 0.135 | 0.252 | 0.140 | 0.189 | 成　都 | 7 |
| 沈　阳 | 0.182 | 0.148 | 0.373 | 0.151 | 0.214 | 苏　州 | 8 |
| 大　连 | 0.183 | 0.172 | 0.396 | 0.150 | 0.225 | 武　汉 | 9 |
| 长　春 | 0.172 | 0.116 | 0.419 | 0.138 | 0.211 | 东　莞 | 10 |
| 哈尔滨 | 0.258 | 0.108 | 0.186 | 0.112 | 0.166 | 南　京 | 11 |
| 大　庆 | 0.204 | 0.140 | 0.495 | 0.155 | 0.248 | 大　庆 | 12 |
| 上　海 | 0.900 | 0.586 | 0.770 | 0.570 | 0.706 | 无　锡 | 13 |
| 南　京 | 0.212 | 0.185 | 0.391 | 0.218 | 0.252 | 唐　山 | 14 |
| 无　锡 | 0.145 | 0.227 | 0.380 | 0.213 | 0.241 | 大　连 | 15 |
| 苏　州 | 0.236 | 0.332 | 0.574 | 0.299 | 0.360 | 青　岛 | 16 |
| 南　通 | 0.124 | 0.121 | 0.252 | 0.129 | 0.156 | 沈　阳 | 17 |
| 杭　州 | 0.223 | 0.169 | 0.294 | 0.153 | 0.210 | 长　沙 | 18 |
| 宁　波 | 0.167 | 0.166 | 0.311 | 0.150 | 0.198 | 长　春 | 19 |
| 温　州 | 0.129 | 0.108 | 0.186 | 0.122 | 0.136 | 杭　州 | 20 |
| 合　肥 | 0.140 | 0.117 | 0.278 | 0.144 | 0.170 | 宁　波 | 21 |
| 福　州 | 0.145 | 0.118 | 0.236 | 0.120 | 0.155 | 烟　台 | 22 |
| 厦　门 | 0.109 | 0.142 | 0.182 | 0.138 | 0.143 | 包　头 | 23 |
| 南　昌 | 0.124 | 0.112 | 0.237 | 0.121 | 0.148 | 郑　州 | 24 |
| 济　南 | 0.134 | 0.130 | 0.210 | 0.148 | 0.156 | 合　肥 | 25 |

续表

| 城　市 | 资源禀赋指数 | 经济规模指数 | 工业发展指数 | 基础设施指数 | 城乡基础实力 | 城乡基础实力排序 | |
|---|---|---|---|---|---|---|---|
| | | | | | | 城　市 | 排　名 |
| 青　岛 | 0.169 | 0.161 | 0.354 | 0.180 | 0.216 | 哈尔滨 | 26 |
| 烟　台 | 0.150 | 0.130 | 0.370 | 0.134 | 0.196 | 西　安 | 27 |
| 威　海 | 0.112 | 0.116 | 0.185 | 0.126 | 0.135 | 石家庄 | 28 |
| 郑　州 | 0.133 | 0.130 | 0.373 | 0.115 | 0.188 | 南　通 | 29 |
| 洛　阳 | 0.128 | 0.104 | 0.223 | 0.107 | 0.141 | 济　南 | 30 |
| 武　汉 | 0.233 | 0.182 | 0.489 | 0.214 | 0.280 | 福　州 | 31 |
| 长　沙 | 0.177 | 0.155 | 0.377 | 0.139 | 0.212 | 南　昌 | 32 |
| 广　州 | 0.420 | 0.380 | 0.473 | 0.360 | 0.408 | 昆　明 | 33 |
| 深　圳 | 0.314 | 0.900 | 0.570 | 0.900 | 0.671 | 厦　门 | 34 |
| 东　莞 | 0.187 | 0.245 | 0.234 | 0.419 | 0.271 | 乌鲁木齐 | 35 |
| 中　山 | 0.104 | 0.137 | 0.174 | 0.107 | 0.130 | 呼和浩特 | 36 |
| 南　宁 | 0.142 | 0.102 | 0.154 | 0.110 | 0.127 | 洛　阳 | 37 |
| 桂　林 | 0.128 | 0.100 | 0.138 | 0.102 | 0.117 | 温　州 | 38 |
| 北　海 | 0.100 | 0.101 | 0.117 | 0.100 | 0.104 | 威　海 | 39 |
| 海　口 | 0.101 | 0.102 | 0.100 | 0.103 | 0.101 | 太　原 | 40 |
| 重　庆 | 0.860 | 0.113 | 0.718 | 0.141 | 0.458 | 中　山 | 41 |
| 成　都 | 0.352 | 0.215 | 0.738 | 0.274 | 0.395 | 南　宁 | 42 |
| 贵　阳 | 0.113 | 0.104 | 0.154 | 0.104 | 0.119 | 兰　州 | 43 |
| 昆　明 | 0.155 | 0.109 | 0.196 | 0.120 | 0.145 | 银　川 | 44 |
| 拉　萨 | — | — | — | — | — | 贵　阳 | 45 |
| 西　安 | 0.140 | 0.116 | 0.270 | 0.134 | 0.165 | 桂　林 | 46 |
| 兰　州 | 0.119 | 0.102 | 0.166 | 0.115 | 0.126 | 西　宁 | 47 |
| 西　宁 | 0.105 | 0.101 | 0.126 | 0.106 | 0.110 | 北　海 | 48 |
| 银　川 | 0.113 | 0.104 | 0.141 | 0.127 | 0.121 | 海　口 | 49 |
| 乌鲁木齐 | 0.134 | 0.109 | 0.184 | 0.146 | 0.143 | 拉　萨 | — |

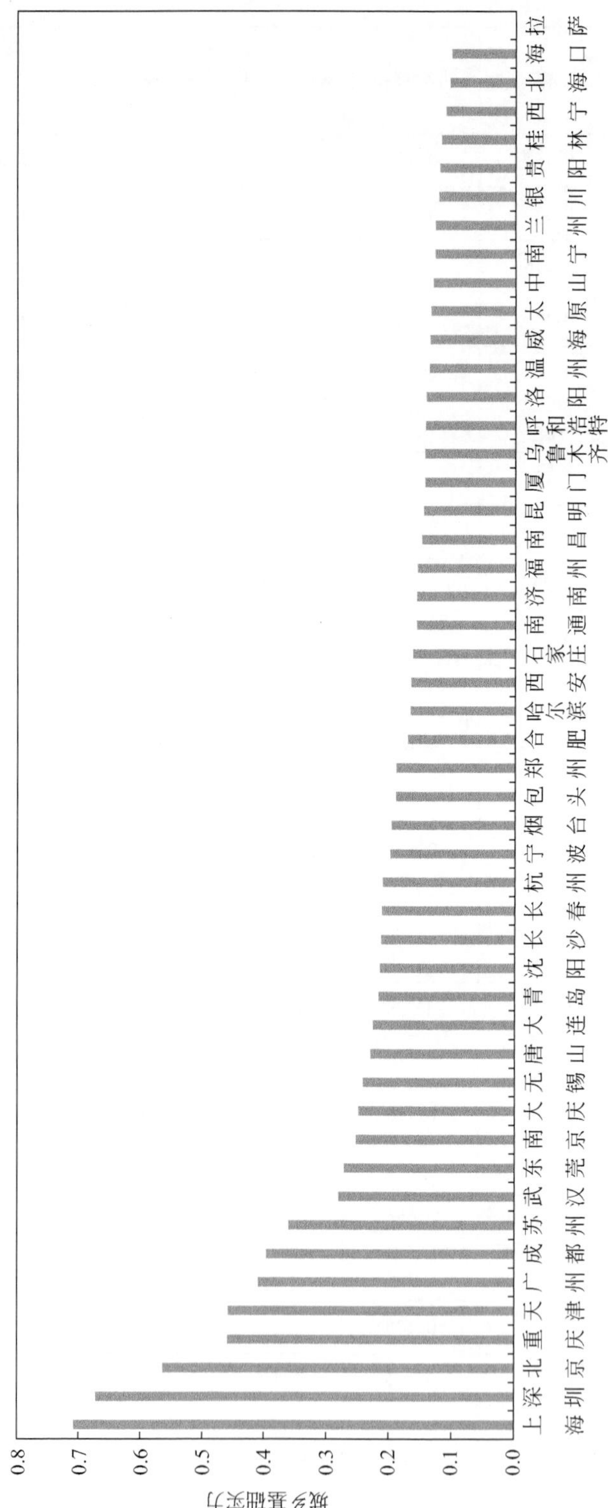


图7-5　中国城乡基础实力排序图

表 7-6　中国城乡统筹能力

| 城　市 | 财政统筹指数 | 投资统筹指数 | 城乡统筹能力 | 城乡统筹能力排序 | |
|---|---|---|---|---|---|
| | | | | 城　市 | 排　名 |
| 北　京 | 0.481 | 0.523 | 0.502 | 成　都 | 1 |
| 天　津 | 0.643 | 0.592 | 0.618 | 重　庆 | 2 |
| 石家庄 | 0.199 | 0.223 | 0.211 | 天　津 | 3 |
| 唐　山 | 0.269 | 0.264 | 0.267 | 上　海 | 4 |
| 太　原 | 0.146 | 0.148 | 0.147 | 深　圳 | 5 |
| 呼和浩特 | 0.171 | 0.166 | 0.168 | 北　京 | 6 |
| 包　头 | 0.142 | 0.190 | 0.166 | 苏　州 | 7 |
| 沈　阳 | 0.265 | 0.295 | 0.280 | 广　州 | 8 |
| 大　连 | 0.234 | 0.308 | 0.271 | 南　京 | 9 |
| 长　春 | 0.199 | 0.196 | 0.198 | 武　汉 | 10 |
| 哈尔滨 | 0.212 | 0.208 | 0.210 | 无　锡 | 11 |
| 大　庆 | 0.169 | 0.213 | 0.191 | 杭　州 | 12 |
| 上　海 | 0.300 | 0.900 | 0.600 | 青　岛 | 13 |
| 南　京 | 0.325 | 0.337 | 0.331 | 沈　阳 | 14 |
| 无　锡 | 0.308 | 0.326 | 0.317 | 长　沙 | 15 |
| 苏　州 | 0.475 | 0.492 | 0.484 | 大　连 | 16 |
| 南　通 | 0.225 | 0.235 | 0.230 | 宁　波 | 16 |
| 杭　州 | 0.298 | 0.316 | 0.307 | 唐　山 | 18 |
| 宁　波 | 0.249 | 0.293 | 0.271 | 郑　州 | 19 |
| 温　州 | 0.188 | 0.201 | 0.194 | 东　莞 | 20 |
| 合　肥 | 0.176 | 0.202 | 0.189 | 烟　台 | 21 |
| 福　州 | 0.208 | 0.226 | 0.217 | 南　通 | 22 |
| 厦　门 | 0.174 | 0.179 | 0.177 | 济　南 | 23 |
| 南　昌 | 0.168 | 0.175 | 0.172 | 福　州 | 24 |
| 济　南 | 0.207 | 0.244 | 0.226 | 石家庄 | 25 |

续表

| 城　市 | 财政统筹指数 | 投资统筹指数 | 城乡统筹能力 | 城乡统筹能力排序 | |
|---|---|---|---|---|---|
| | | | | 城　市 | 排　名 |
| 青　岛 | 0. 263 | 0. 330 | 0. 296 | 哈尔滨 | 26 |
| 烟　台 | 0. 229 | 0. 248 | 0. 238 | 西　安 | 27 |
| 威　海 | 0. 154 | 0. 165 | 0. 159 | 长　春 | 28 |
| 郑　州 | 0. 250 | 0. 279 | 0. 264 | 温　州 | 29 |
| 洛　阳 | 0. 165 | 0. 184 | 0. 174 | 大　庆 | 30 |
| 武　汉 | 0. 292 | 0. 351 | 0. 321 | 合　肥 | 31 |
| 长　沙 | 0. 253 | 0. 298 | 0. 275 | 昆　明 | 32 |
| 广　州 | 0. 384 | 0. 492 | 0. 438 | 厦　门 | 33 |
| 深　圳 | 0. 522 | 0. 542 | 0. 532 | 洛　阳 | 34 |
| 东　莞 | 0. 249 | 0. 257 | 0. 253 | 南　昌 | 35 |
| 中　山 | 0. 162 | 0. 167 | 0. 165 | 呼和浩特 | 36 |
| 南　宁 | 0. 146 | 0. 155 | 0. 151 | 包　头 | 37 |
| 桂　林 | 0. 127 | 0. 135 | 0. 131 | 中　山 | 38 |
| 北　海 | 0. 100 | 0. 100 | 0. 100 | 威　海 | 39 |
| 海　口 | 0. 110 | 0. 113 | 0. 111 | 贵　阳 | 40 |
| 重　庆 | 0. 657 | 0. 597 | 0. 627 | 南　宁 | 41 |
| 成　都 | 0. 900 | 0. 699 | 0. 800 | 太　原 | 42 |
| 贵　阳 | 0. 169 | 0. 144 | 0. 156 | 兰　州 | 43 |
| 昆　明 | 0. 177 | 0. 180 | 0. 178 | 桂　林 | 44 |
| 拉　萨 | — | — | — | 银　川 | 45 |
| 西　安 | 0. 189 | 0. 212 | 0. 200 | 乌鲁木齐 | 46 |
| 兰　州 | 0. 128 | 0. 140 | 0. 134 | 西　宁 | 47 |
| 西　宁 | 0. 111 | 0. 114 | 0. 113 | 海　口 | 48 |
| 银　川 | 0. 121 | 0. 126 | 0. 124 | 北　海 | 49 |
| 乌鲁木齐 | 0. 122 | 0. 123 | 0. 122 | 拉　萨 | — |

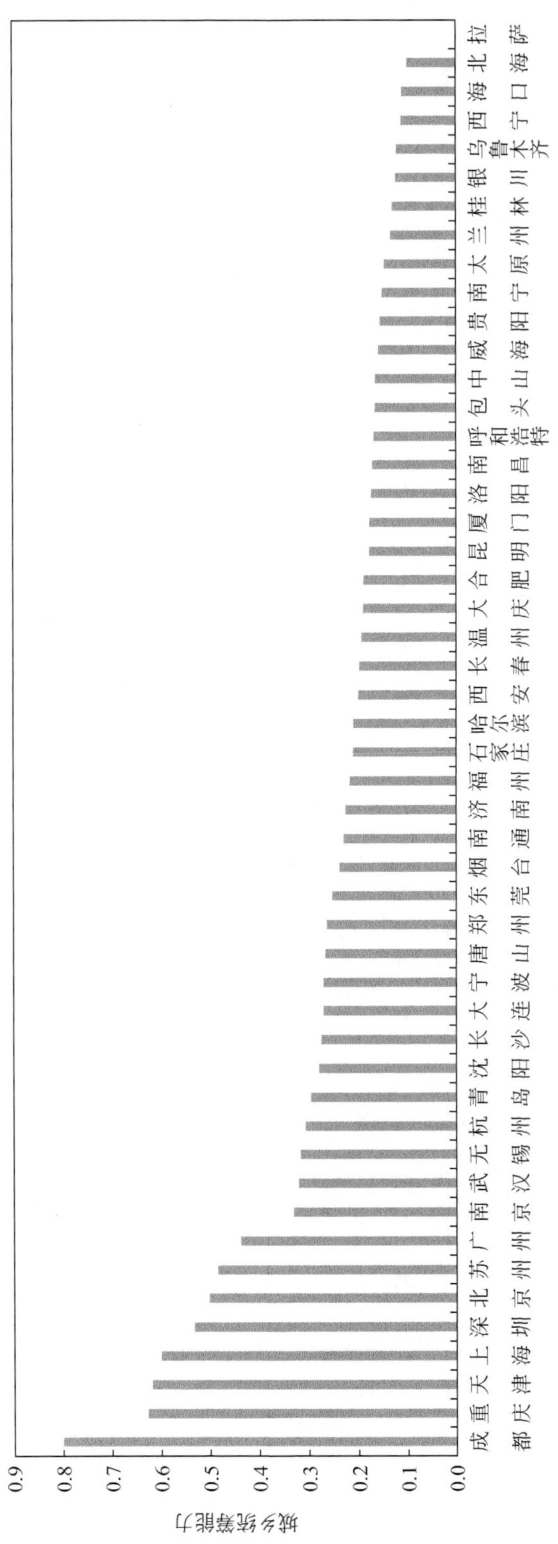


图7-6　中国城乡统筹能力排序图

**表 7-7　中国城乡竞争能力**

| 城　市 | 创新能力指数 | 信息化指数 | 全球化指数 | 投入产出指数 | 城乡竞争能力 | 城乡竞争能力排序 | |
|---|---|---|---|---|---|---|---|
| | | | | | | 城　市 | 排　名 |
| 北　京 | 0.900 | 0.401 | 0.563 | 0.363 | 0.557 | 上　海 | 1 |
| 天　津 | 0.265 | 0.159 | 0.577 | 0.502 | 0.376 | 深　圳 | 2 |
| 石家庄 | 0.110 | 0.111 | 0.115 | 0.186 | 0.130 | 北　京 | 3 |
| 唐　山 | 0.105 | 0.116 | 0.136 | 0.260 | 0.154 | 广　州 | 4 |
| 太　原 | 0.114 | 0.121 | 0.113 | 0.110 | 0.115 | 天　津 | 5 |
| 呼和浩特 | 0.109 | 0.112 | 0.125 | 0.117 | 0.116 | 苏　州 | 6 |
| 包　头 | 0.105 | 0.115 | 0.121 | 0.148 | 0.122 | 成　都 | 7 |
| 沈　阳 | 0.148 | 0.129 | 0.227 | 0.243 | 0.187 | 东　莞 | 8 |
| 大　连 | 0.142 | 0.137 | 0.347 | 0.241 | 0.217 | 重　庆 | 9 |
| 长　春 | 0.111 | 0.109 | 0.177 | 0.207 | 0.151 | 大　连 | 10 |
| 哈尔滨 | 0.119 | 0.110 | 0.158 | 0.113 | 0.125 | 无　锡 | 11 |
| 大　庆 | 0.124 | 0.113 | 0.108 | 0.227 | 0.143 | 杭　州 | 12 |
| 上　海 | 0.549 | 0.375 | 0.900 | 0.900 | 0.681 | 青　岛 | 13 |
| 南　京 | 0.150 | 0.161 | 0.271 | 0.241 | 0.206 | 南　京 | 14 |
| 无　锡 | 0.122 | 0.160 | 0.218 | 0.352 | 0.213 | 武　汉 | 14 |
| 苏　州 | 0.167 | 0.256 | 0.487 | 0.534 | 0.361 | 宁　波 | 16 |
| 南　通 | 0.113 | 0.106 | 0.174 | 0.210 | 0.151 | 沈　阳 | 17 |
| 杭　州 | 0.175 | 0.209 | 0.230 | 0.235 | 0.212 | 烟　台 | 18 |
| 宁　波 | 0.140 | 0.183 | 0.186 | 0.272 | 0.195 | 长　沙 | 19 |
| 温　州 | 0.108 | 0.124 | 0.113 | 0.140 | 0.121 | 唐　山 | 20 |
| 合　肥 | 0.120 | 0.106 | 0.149 | 0.153 | 0.132 | 厦　门 | 21 |
| 福　州 | 0.113 | 0.128 | 0.157 | 0.152 | 0.138 | 长　春 | 22 |
| 厦　门 | 0.126 | 0.160 | 0.180 | 0.143 | 0.152 | 南　通 | 22 |
| 南　昌 | 0.108 | 0.113 | 0.150 | 0.126 | 0.124 | 郑　州 | 22 |
| 济　南 | 0.115 | 0.141 | 0.129 | 0.145 | 0.133 | 中　山 | 25 |

续表

| 城　市 | 创新能力指数 | 信息化指数 | 全球化指数 | 投入产出指数 | 城乡竞争能力 | 城乡竞争能力排序 | |
|---|---|---|---|---|---|---|---|
| | | | | | | 城　市 | 排　名 |
| 青　岛 | 0.124 | 0.155 | 0.239 | 0.327 | 0.211 | 大　庆 | 26 |
| 烟　台 | 0.108 | 0.119 | 0.188 | 0.295 | 0.178 | 西　安 | 27 |
| 威　海 | 0.107 | 0.113 | 0.136 | 0.164 | 0.130 | 福　州 | 28 |
| 郑　州 | 0.118 | 0.126 | 0.147 | 0.210 | 0.151 | 济　南 | 29 |
| 洛　阳 | 0.107 | 0.107 | 0.126 | 0.156 | 0.124 | 合　肥 | 30 |
| 武　汉 | 0.145 | 0.207 | 0.252 | 0.217 | 0.206 | 石家庄 | 31 |
| 长　沙 | 0.145 | 0.136 | 0.155 | 0.200 | 0.159 | 威　海 | 31 |
| 广　州 | 0.253 | 0.551 | 0.460 | 0.438 | 0.426 | 哈尔滨 | 33 |
| 深　圳 | 0.374 | 0.900 | 0.346 | 0.825 | 0.611 | 南　昌 | 34 |
| 东　莞 | 0.124 | 0.388 | 0.220 | 0.266 | 0.250 | 洛　阳 | 34 |
| 中　山 | 0.110 | 0.156 | 0.141 | 0.173 | 0.145 | 包　头 | 36 |
| 南　宁 | 0.108 | 0.108 | 0.114 | 0.113 | 0.111 | 温　州 | 37 |
| 桂　林 | 0.102 | 0.100 | 0.104 | 0.115 | 0.105 | 昆　明 | 38 |
| 北　海 | 0.100 | 0.101 | 0.101 | 0.109 | 0.103 | 呼和浩特 | 39 |
| 海　口 | 0.102 | 0.106 | 0.108 | 0.100 | 0.104 | 太　原 | 40 |
| 重　庆 | 0.175 | 0.109 | 0.411 | 0.188 | 0.221 | 南　宁 | 41 |
| 成　都 | 0.222 | 0.226 | 0.598 | 0.208 | 0.314 | 乌鲁木齐 | 41 |
| 贵　阳 | 0.111 | 0.113 | 0.109 | 0.104 | 0.109 | 贵　阳 | 43 |
| 昆　明 | 0.117 | 0.119 | 0.125 | 0.115 | 0.119 | 兰　州 | 44 |
| 拉　萨 | — | — | — | — | — | 银　川 | 44 |
| 西　安 | 0.128 | 0.153 | 0.169 | 0.114 | 0.141 | 桂　林 | 46 |
| 兰　州 | 0.108 | 0.105 | 0.101 | 0.112 | 0.106 | 海　口 | 47 |
| 西　宁 | 0.104 | 0.102 | 0.100 | 0.103 | 0.102 | 北　海 | 48 |
| 银　川 | 0.103 | 0.107 | 0.101 | 0.112 | 0.106 | 西　宁 | 49 |
| 乌鲁木齐 | 0.108 | 0.116 | 0.102 | 0.119 | 0.111 | 拉　萨 | — |

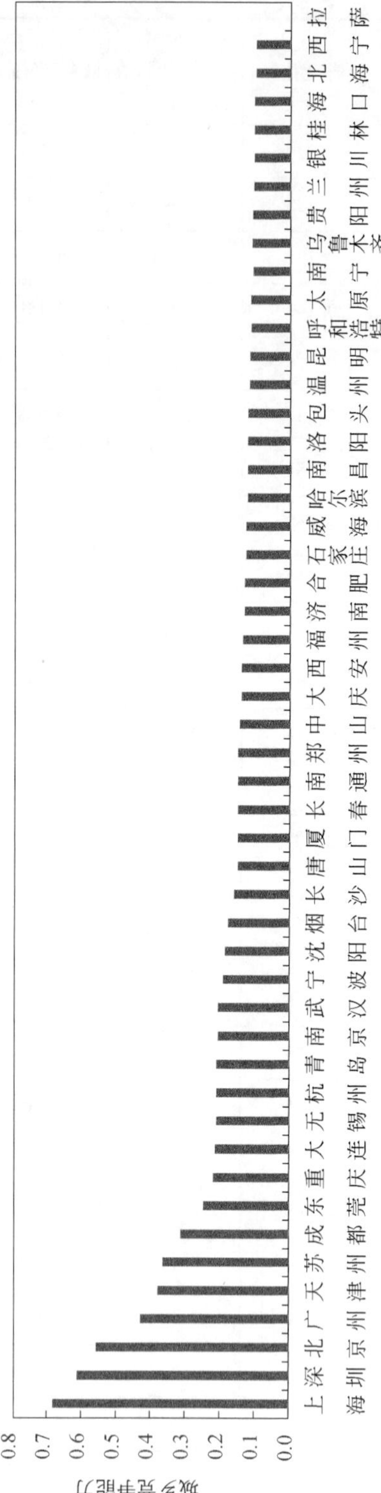


图7-7　中国城乡竞争能力排序图

**表7-8　中国城乡自然质量**

| 城　市 | 发展质量指数 | 环境治理指数 | 生态保护指数 | 城乡自然质量 | 城乡自然质量排序 | |
|---|---|---|---|---|---|---|
| | | | | | 城　市 | 排　名 |
| 北　京 | 0.900 | 0.786 | 0.900 | 0.862 | 上　海 | 1 |
| 天　津 | 0.734 | 0.648 | 0.332 | 0.571 | 北　京 | 2 |
| 石家庄 | 0.270 | 0.219 | 0.204 | 0.231 | 成　都 | 3 |
| 唐　山 | 0.314 | 0.249 | 0.219 | 0.260 | 深　圳 | 4 |
| 太　原 | 0.163 | 0.138 | 0.139 | 0.147 | 广　州 | 5 |
| 呼和浩特 | 0.194 | 0.134 | 0.143 | 0.157 | 重　庆 | 6 |
| 包　头 | 0.212 | 0.157 | 0.175 | 0.181 | 天　津 | 7 |
| 沈　阳 | 0.352 | 0.321 | 0.267 | 0.313 | 苏　州 | 8 |
| 大　连 | 0.383 | 0.315 | 0.305 | 0.334 | 青　岛 | 9 |
| 长　春 | 0.275 | 0.213 | 0.117 | 0.202 | 无　锡 | 10 |
| 哈尔滨 | 0.276 | 0.229 | 0.166 | 0.224 | 武　汉 | 11 |
| 大　庆 | 0.245 | 0.216 | 0.252 | 0.237 | 杭　州 | 12 |
| 上　海 | 0.868 | 0.900 | 0.860 | 0.876 | 大　连 | 13 |
| 南　京 | 0.328 | 0.268 | 0.375 | 0.324 | 南　京 | 14 |
| 无　锡 | 0.399 | 0.334 | 0.312 | 0.348 | 沈　阳 | 15 |
| 苏　州 | 0.585 | 0.479 | 0.422 | 0.495 | 宁　波 | 16 |
| 南　通 | 0.288 | 0.245 | 0.202 | 0.245 | 长　沙 | 17 |
| 杭　州 | 0.389 | 0.361 | 0.263 | 0.338 | 烟　台 | 18 |
| 宁　波 | 0.354 | 0.287 | 0.229 | 0.290 | 唐　山 | 19 |
| 温　州 | 0.240 | 0.203 | 0.166 | 0.203 | 东　莞 | 20 |
| 合　肥 | 0.261 | 0.228 | 0.226 | 0.238 | 南　通 | 21 |
| 福　州 | 0.264 | 0.223 | 0.205 | 0.231 | 郑　州 | 21 |
| 厦　门 | 0.185 | 0.177 | 0.172 | 0.178 | 济　南 | 23 |
| 南　昌 | 0.197 | 0.185 | 0.168 | 0.183 | 合　肥 | 24 |
| 济　南 | 0.286 | 0.251 | 0.190 | 0.242 | 大　庆 | 25 |

续表

| 城　市 | 发展质量指数 | 环境治理指数 | 生态保护指数 | 城乡自然质量 | 城乡自然质量排序 | |
|---|---|---|---|---|---|---|
| | | | | | 城　市 | 排　名 |
| 青　岛 | 0.403 | 0.354 | 0.328 | 0.361 | 石家庄 | 26 |
| 烟　台 | 0.318 | 0.259 | 0.239 | 0.272 | 福　州 | 26 |
| 威　海 | 0.193 | 0.164 | 0.177 | 0.178 | 哈尔滨 | 28 |
| 郑　州 | 0.319 | 0.254 | 0.161 | 0.245 | 温　州 | 29 |
| 洛　阳 | 0.204 | 0.157 | 0.143 | 0.168 | 长　春 | 30 |
| 武　汉 | 0.378 | 0.384 | 0.260 | 0.341 | 西　安 | 31 |
| 长　沙 | 0.358 | 0.314 | 0.187 | 0.286 | 南　昌 | 32 |
| 广　州 | 0.594 | 0.566 | 0.674 | 0.611 | 包　头 | 33 |
| 深　圳 | 0.577 | 0.533 | 0.891 | 0.667 | 厦　门 | 34 |
| 东　莞 | 0.188 | 0.205 | 0.364 | 0.252 | 威　海 | 34 |
| 中　山 | 0.185 | 0.151 | 0.142 | 0.159 | 昆　明 | 34 |
| 南　宁 | 0.177 | 0.156 | 0.182 | 0.172 | 南　宁 | 37 |
| 桂　林 | 0.152 | 0.125 | 0.126 | 0.134 | 洛　阳 | 38 |
| 北　海 | 0.116 | 0.101 | 0.104 | 0.107 | 中　山 | 39 |
| 海　口 | 0.115 | 0.107 | 0.109 | 0.110 | 呼和浩特 | 40 |
| 重　庆 | 0.715 | 0.639 | 0.462 | 0.606 | 太　原 | 41 |
| 成　都 | 0.828 | 0.768 | 0.504 | 0.700 | 贵　阳 | 42 |
| 贵　阳 | 0.155 | 0.135 | 0.117 | 0.136 | 桂　林 | 43 |
| 昆　明 | 0.210 | 0.160 | 0.162 | 0.178 | 银　川 | 44 |
| 拉　萨 | — | — | — | — | 乌鲁木齐 | 45 |
| 西　安 | 0.231 | 0.180 | 0.183 | 0.198 | 海　口 | 46 |
| 兰　州 | 0.124 | 0.103 | 0.100 | 0.109 | 兰　州 | 47 |
| 西　宁 | 0.100 | 0.100 | 0.105 | 0.102 | 北　海 | 48 |
| 银　川 | 0.125 | 0.118 | 0.115 | 0.119 | 西　宁 | 49 |
| 乌鲁木齐 | 0.131 | 0.110 | 0.111 | 0.118 | 拉　萨 | — |

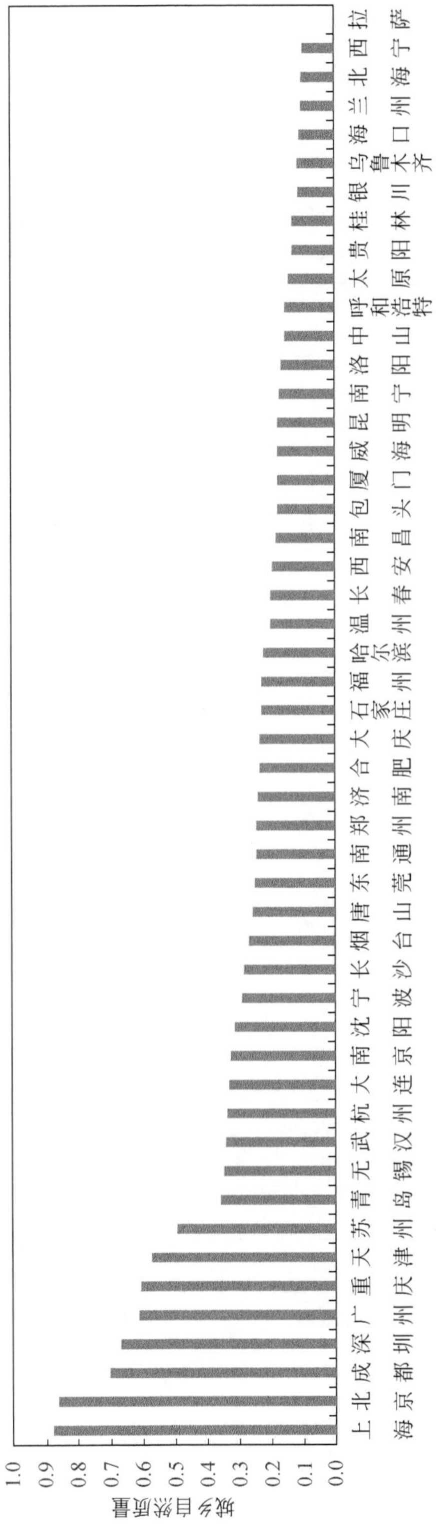


图7-8　中国城乡自然质量排序图

**表 7-9　中国城乡人文质量**

| 城　市 | 生活质量指数 | 人口发展指数 | 城乡人文质量 | 城乡人文质量排序 | |
|---|---|---|---|---|---|
| | | | | 城　市 | 排　名 |
| 北　京 | 0. 871 | 0. 693 | 0. 782 | 上　海 | 1 |
| 天　津 | 0. 460 | 0. 505 | 0. 483 | 北　京 | 2 |
| 石家庄 | 0. 137 | 0. 136 | 0. 136 | 深　圳 | 3 |
| 唐　山 | 0. 161 | 0. 182 | 0. 171 | 广　州 | 4 |
| 太　原 | 0. 128 | 0. 144 | 0. 136 | 天　津 | 5 |
| 呼和浩特 | 0. 136 | 0. 135 | 0. 136 | 成　都 | 6 |
| 包　头 | 0. 153 | 0. 166 | 0. 159 | 苏　州 | 7 |
| 沈　阳 | 0. 206 | 0. 278 | 0. 242 | 重　庆 | 8 |
| 大　连 | 0. 229 | 0. 260 | 0. 245 | 南　京 | 9 |
| 长　春 | 0. 158 | 0. 180 | 0. 169 | 杭　州 | 10 |
| 哈尔滨 | 0. 151 | 0. 188 | 0. 169 | 无　锡 | 11 |
| 大　庆 | 0. 168 | 0. 171 | 0. 169 | 武　汉 | 12 |
| 上　海 | 0. 900 | 0. 900 | 0. 900 | 大　连 | 13 |
| 南　京 | 0. 272 | 0. 316 | 0. 294 | 沈　阳 | 14 |
| 无　锡 | 0. 262 | 0. 259 | 0. 261 | 青　岛 | 15 |
| 苏　州 | 0. 360 | 0. 345 | 0. 353 | 宁　波 | 16 |
| 南　通 | 0. 168 | 0. 185 | 0. 177 | 长　沙 | 17 |
| 杭　州 | 0. 269 | 0. 266 | 0. 267 | 东　莞 | 18 |
| 宁　波 | 0. 233 | 0. 222 | 0. 228 | 济　南 | 19 |
| 温　州 | 0. 150 | 0. 128 | 0. 139 | 南　通 | 20 |
| 合　肥 | 0. 153 | 0. 165 | 0. 159 | 烟　台 | 20 |
| 福　州 | 0. 167 | 0. 127 | 0. 147 | 唐　山 | 22 |
| 厦　门 | 0. 150 | 0. 158 | 0. 154 | 郑　州 | 22 |
| 南　昌 | 0. 129 | 0. 139 | 0. 134 | 长　春 | 24 |
| 济　南 | 0. 183 | 0. 196 | 0. 189 | 哈尔滨 | 24 |

续表

| 城　市 | 生活质量指数 | 人口发展指数 | 城乡人文质量 | 城乡人文质量排序 | |
|---|---|---|---|---|---|
| | | | | 城　市 | 排　名 |
| 青　岛 | 0.220 | 0.246 | 0.233 | 大　庆 | 24 |
| 烟　台 | 0.164 | 0.190 | 0.177 | 西　安 | 27 |
| 威　海 | 0.127 | 0.139 | 0.133 | 包　头 | 28 |
| 郑　州 | 0.160 | 0.182 | 0.171 | 合　肥 | 28 |
| 洛　阳 | 0.119 | 0.118 | 0.119 | 厦　门 | 30 |
| 武　汉 | 0.245 | 0.267 | 0.256 | 中　山 | 31 |
| 长　沙 | 0.214 | 0.216 | 0.215 | 福　州 | 32 |
| 广　州 | 0.550 | 0.422 | 0.486 | 昆　明 | 32 |
| 深　圳 | 0.692 | 0.335 | 0.513 | 温　州 | 34 |
| 东　莞 | 0.195 | 0.233 | 0.214 | 乌鲁木齐 | 34 |
| 中　山 | 0.139 | 0.158 | 0.148 | 石家庄 | 36 |
| 南　宁 | 0.126 | 0.108 | 0.117 | 太　原 | 36 |
| 桂　林 | 0.108 | 0.106 | 0.107 | 呼和浩特 | 36 |
| 北　海 | 0.102 | 0.100 | 0.101 | 南　昌 | 39 |
| 海　口 | 0.106 | 0.111 | 0.109 | 威　海 | 40 |
| 重　庆 | 0.268 | 0.427 | 0.347 | 贵　阳 | 41 |
| 成　都 | 0.414 | 0.502 | 0.458 | 兰　州 | 42 |
| 贵　阳 | 0.119 | 0.126 | 0.123 | 洛　阳 | 43 |
| 昆　明 | 0.140 | 0.154 | 0.147 | 南　宁 | 44 |
| 拉　萨 | — | — | — | 银　川 | 45 |
| 西　安 | 0.111 | 0.216 | 0.164 | 海　口 | 46 |
| 兰　州 | 0.101 | 0.141 | 0.121 | 桂　林 | 47 |
| 西　宁 | 0.100 | 0.113 | 0.107 | 西　宁 | 47 |
| 银　川 | 0.103 | 0.126 | 0.114 | 北　海 | 49 |
| 乌鲁木齐 | 0.108 | 0.170 | 0.139 | 拉　萨 | — |

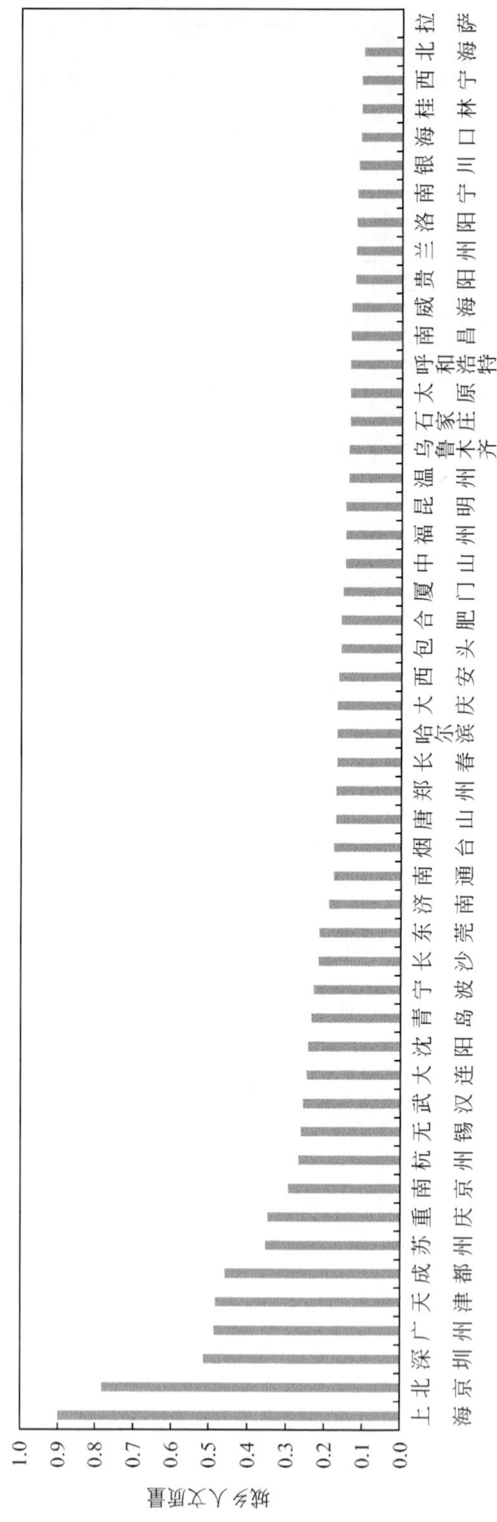


图7-9　中国城乡人文质量排序图

**表 7-10　中国城乡社会保障**

| 城　市 | 政府保障指数 | 个人保障支出 | 城乡社会保障 | 城乡社会保障排序 | |
|---|---|---|---|---|---|
| | | | | 城　市 | 排　名 |
| 北　京 | 0. 138 | 0. 900 | 0. 519 | 成　都 | 1 |
| 天　津 | 0. 167 | 0. 429 | 0. 298 | 北　京 | 2 |
| 石家庄 | 0. 116 | 0. 190 | 0. 153 | 上　海 | 3 |
| 唐　山 | 0. 128 | 0. 215 | 0. 172 | 深　圳 | 4 |
| 太　原 | 0. 114 | 0. 148 | 0. 131 | 重　庆 | 5 |
| 呼和浩特 | 0. 131 | 0. 128 | 0. 130 | 西　安 | 6 |
| 包　头 | 0. 141 | 0. 125 | 0. 133 | 天　津 | 7 |
| 沈　阳 | 0. 133 | 0. 244 | 0. 188 | 苏　州 | 8 |
| 大　连 | 0. 123 | 0. 239 | 0. 181 | 广　州 | 9 |
| 长　春 | 0. 156 | 0. 170 | 0. 163 | 杭　州 | 10 |
| 哈尔滨 | 0. 158 | 0. 169 | 0. 164 | 南　京 | 11 |
| 大　庆 | 0. 147 | 0. 150 | 0. 149 | 无　锡 | 12 |
| 上　海 | 0. 176 | 0. 811 | 0. 493 | 武　汉 | 13 |
| 南　京 | 0. 124 | 0. 305 | 0. 214 | 东　莞 | 14 |
| 无　锡 | 0. 107 | 0. 309 | 0. 208 | 青　岛 | 15 |
| 苏　州 | 0. 106 | 0. 486 | 0. 296 | 宁　波 | 16 |
| 南　通 | 0. 102 | 0. 229 | 0. 166 | 沈　阳 | 17 |
| 杭　州 | 0. 102 | 0. 343 | 0. 223 | 长　沙 | 18 |
| 宁　波 | 0. 102 | 0. 279 | 0. 190 | 大　连 | 19 |
| 温　州 | 0. 103 | 0. 194 | 0. 149 | 乌鲁木齐 | 20 |
| 合　肥 | 0. 118 | 0. 172 | 0. 145 | 郑　州 | 21 |
| 福　州 | 0. 105 | 0. 212 | 0. 158 | 唐　山 | 22 |
| 厦　门 | 0. 101 | 0. 176 | 0. 138 | 济　南 | 23 |
| 南　昌 | 0. 137 | 0. 160 | 0. 148 | 昆　明 | 23 |
| 济　南 | 0. 113 | 0. 226 | 0. 170 | 南　通 | 25 |

续表

| 城　市 | 政府保障指数 | 个人保障支出 | 城乡社会保障 | 城乡社会保障排序 | |
|---|---|---|---|---|---|
| | | | | 城　市 | 排　名 |
| 青　岛 | 0. 120 | 0. 275 | 0. 197 | 哈尔滨 | 26 |
| 烟　台 | 0. 113 | 0. 215 | 0. 164 | 烟　台 | 26 |
| 威　海 | 0. 101 | 0. 160 | 0. 130 | 长　春 | 28 |
| 郑　州 | 0. 109 | 0. 249 | 0. 179 | 福　州 | 29 |
| 洛　阳 | 0. 127 | 0. 137 | 0. 132 | 兰　州 | 30 |
| 武　汉 | 0. 136 | 0. 271 | 0. 203 | 石家庄 | 31 |
| 长　沙 | 0. 131 | 0. 242 | 0. 186 | 大　庆 | 32 |
| 广　州 | 0. 120 | 0. 447 | 0. 283 | 温　州 | 32 |
| 深　圳 | 0. 100 | 0. 699 | 0. 400 | 南　昌 | 34 |
| 东　莞 | 0. 100 | 0. 303 | 0. 202 | 合　肥 | 35 |
| 中　山 | 0. 100 | 0. 174 | 0. 137 | 厦　门 | 36 |
| 南　宁 | 0. 107 | 0. 157 | 0. 132 | 银　川 | 36 |
| 桂　林 | 0. 119 | 0. 109 | 0. 114 | 中　山 | 38 |
| 北　海 | 0. 104 | 0. 103 | 0. 104 | 贵　阳 | 39 |
| 海　口 | 0. 101 | 0. 113 | 0. 107 | 西　宁 | 40 |
| 重　庆 | 0. 235 | 0. 507 | 0. 371 | 包　头 | 41 |
| 成　都 | 0. 900 | 0. 652 | 0. 776 | 洛　阳 | 42 |
| 贵　阳 | 0. 138 | 0. 134 | 0. 136 | 南　宁 | 42 |
| 昆　明 | 0. 175 | 0. 164 | 0. 170 | 太　原 | 44 |
| 拉　萨 | — | — | — | 呼和浩特 | 45 |
| 西　安 | 0. 488 | 0. 158 | 0. 323 | 威　海 | 45 |
| 兰　州 | 0. 201 | 0. 111 | 0. 156 | 桂　林 | 47 |
| 西　宁 | 0. 169 | 0. 100 | 0. 134 | 海　口 | 48 |
| 银　川 | 0. 169 | 0. 106 | 0. 138 | 北　海 | 49 |
| 乌鲁木齐 | 0. 221 | 0. 140 | 0. 180 | 拉　萨 | — |

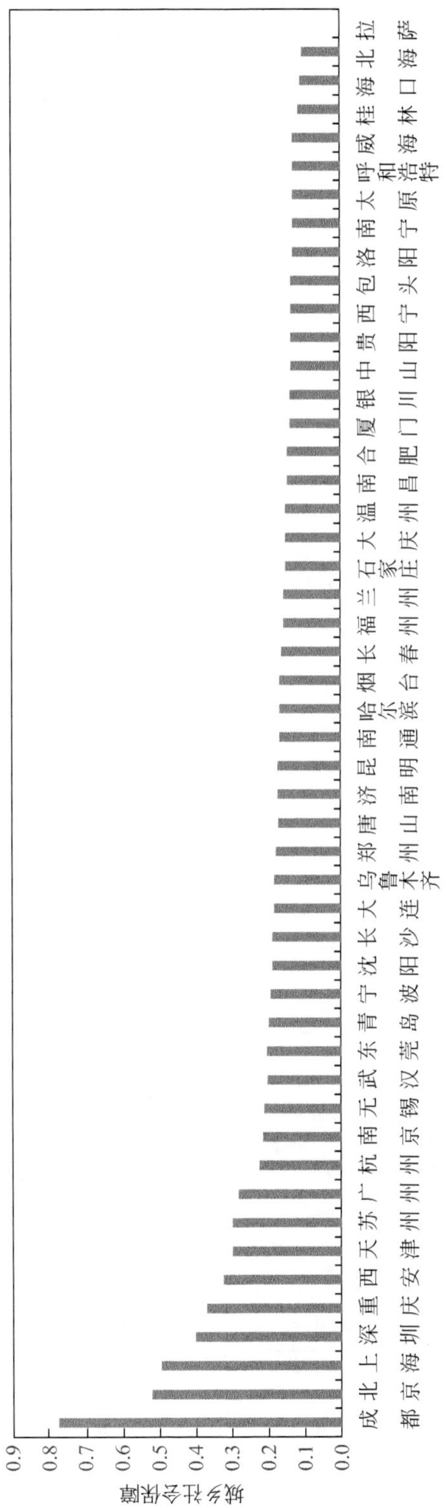


图7-10　中国城乡社会保障排序图

**表 7-11　中国城乡一体化水平**

| 城　市 | 经济均等化指数 | 社会均等化指数 | 城乡一体化水平 | 城乡一体化水平排序 | |
|---|---|---|---|---|---|
| | | | | 城　市 | 排　名 |
| 北　京 | 0.801 | 0.900 | 0.850 | 上　海 | 1 |
| 天　津 | 0.701 | 0.744 | 0.722 | 北　京 | 2 |
| 石家庄 | 0.252 | 0.249 | 0.250 | 成　都 | 3 |
| 唐　山 | 0.318 | 0.295 | 0.307 | 天　津 | 4 |
| 太　原 | 0.159 | 0.166 | 0.163 | 重　庆 | 4 |
| 呼和浩特 | 0.173 | 0.167 | 0.170 | 深　圳 | 6 |
| 包　头 | 0.160 | 0.142 | 0.151 | 广　州 | 7 |
| 沈　阳 | 0.341 | 0.262 | 0.302 | 苏　州 | 8 |
| 大　连 | 0.355 | 0.330 | 0.342 | 武　汉 | 9 |
| 长　春 | 0.248 | 0.271 | 0.259 | 南　京 | 10 |
| 哈尔滨 | 0.254 | 0.253 | 0.254 | 无　锡 | 11 |
| 大　庆 | 0.184 | 0.221 | 0.203 | 杭　州 | 12 |
| 上　海 | 0.900 | 0.889 | 0.894 | 青　岛 | 13 |
| 南　京 | 0.391 | 0.351 | 0.371 | 大　连 | 14 |
| 无　锡 | 0.393 | 0.345 | 0.369 | 长　沙 | 15 |
| 苏　州 | 0.579 | 0.528 | 0.554 | 宁　波 | 16 |
| 南　通 | 0.267 | 0.239 | 0.253 | 郑　州 | 17 |
| 杭　州 | 0.377 | 0.355 | 0.366 | 唐　山 | 18 |
| 宁　波 | 0.328 | 0.301 | 0.314 | 沈　阳 | 19 |
| 温　州 | 0.210 | 0.193 | 0.202 | 东　莞 | 20 |
| 合　肥 | 0.229 | 0.237 | 0.233 | 烟　台 | 21 |
| 福　州 | 0.246 | 0.208 | 0.227 | 长　春 | 22 |
| 厦　门 | 0.195 | 0.179 | 0.187 | 哈尔滨 | 23 |
| 南　昌 | 0.194 | 0.197 | 0.195 | 南　通 | 24 |
| 济　南 | 0.261 | 0.230 | 0.246 | 西　安 | 24 |

续表

| 城　市 | 经济均等化指数 | 社会均等化指数 | 城乡一体化水平 | 城乡一体化水平排序 | |
|---|---|---|---|---|---|
| | | | | 城　市 | 排　名 |
| 青　岛 | 0. 361 | 0. 353 | 0. 357 | 石家庄 | 26 |
| 烟　台 | 0. 278 | 0. 252 | 0. 265 | 济　南 | 27 |
| 威　海 | 0. 175 | 0. 146 | 0. 160 | 合　肥 | 28 |
| 郑　州 | 0. 311 | 0. 316 | 0. 313 | 福　州 | 29 |
| 洛　阳 | 0. 189 | 0. 193 | 0. 191 | 大　庆 | 30 |
| 武　汉 | 0. 390 | 0. 384 | 0. 387 | 温　州 | 31 |
| 长　沙 | 0. 334 | 0. 320 | 0. 327 | 南　昌 | 32 |
| 广　州 | 0. 621 | 0. 547 | 0. 584 | 洛　阳 | 33 |
| 深　圳 | 0. 647 | 0. 574 | 0. 611 | 昆　明 | 34 |
| 东　莞 | 0. 292 | 0. 264 | 0. 278 | 厦　门 | 35 |
| 中　山 | 0. 180 | 0. 166 | 0. 173 | 中　山 | 36 |
| 南　宁 | 0. 165 | 0. 159 | 0. 162 | 呼和浩特 | 37 |
| 桂　林 | 0. 135 | 0. 131 | 0. 133 | 太　原 | 38 |
| 北　海 | 0. 100 | 0. 100 | 0. 100 | 南　宁 | 39 |
| 海　口 | 0. 112 | 0. 106 | 0. 109 | 威　海 | 40 |
| 重　庆 | 0. 699 | 0. 746 | 0. 722 | 乌鲁木齐 | 41 |
| 成　都 | 0. 806 | 0. 707 | 0. 756 | 包　头 | 42 |
| 贵　阳 | 0. 130 | 0. 132 | 0. 131 | 桂　林 | 43 |
| 昆　明 | 0. 197 | 0. 182 | 0. 190 | 贵　阳 | 44 |
| 拉　萨 | — | — | — | 兰　州 | 45 |
| 西　安 | 0. 250 | 0. 256 | 0. 253 | 银　川 | 46 |
| 兰　州 | 0. 140 | 0. 115 | 0. 128 | 西　宁 | 47 |
| 西　宁 | 0. 113 | 0. 115 | 0. 114 | 海　口 | 48 |
| 银　川 | 0. 125 | 0. 119 | 0. 122 | 北　海 | 49 |
| 乌鲁木齐 | 0. 166 | 0. 147 | 0. 156 | 拉　萨 | — |

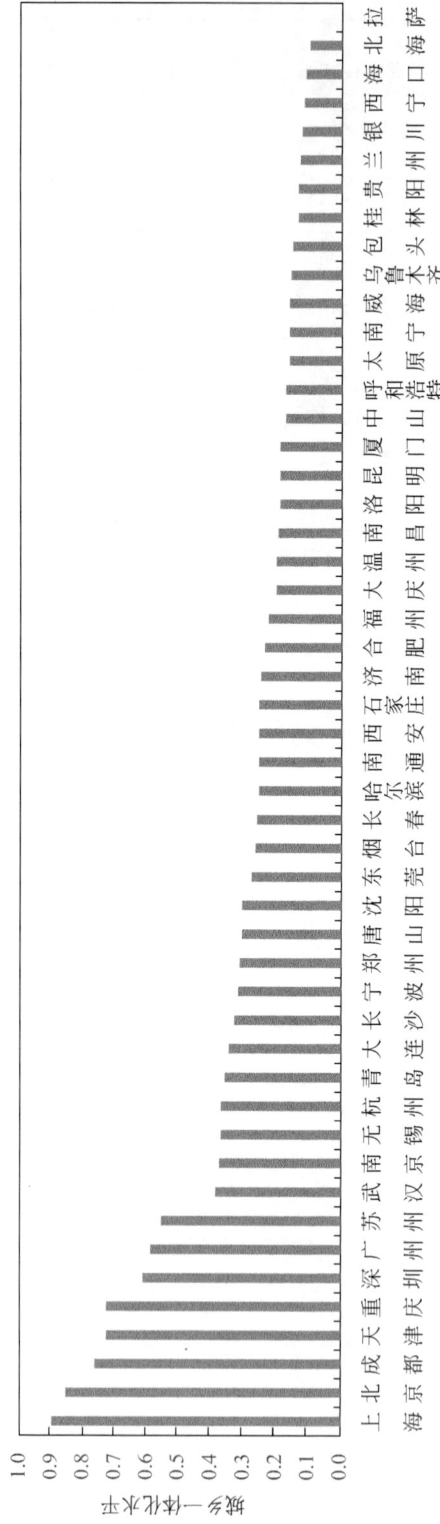


图7-11　中国城乡一体化水平排序图

**表7-12　中国城乡制度建设**

| 城　市 | 行政绩效指数 | 管理有序指数 | 城乡制度建设 | 城乡制度建设排序 | |
|---|---|---|---|---|---|
| | | | | 城　市 | 排　名 |
| 北　京 | 0.608 | 0.884 | 0.746 | 上　海 | 1 |
| 天　津 | 0.551 | 0.704 | 0.627 | 北　京 | 2 |
| 石家庄 | 0.225 | 0.253 | 0.239 | 天　津 | 3 |
| 唐　山 | 0.242 | 0.328 | 0.285 | 成　都 | 4 |
| 太　原 | 0.126 | 0.178 | 0.152 | 重　庆 | 5 |
| 呼和浩特 | 0.167 | 0.177 | 0.172 | 苏　州 | 6 |
| 包　头 | 0.163 | 0.274 | 0.218 | 深　圳 | 7 |
| 沈　阳 | 0.247 | 0.346 | 0.296 | 武　汉 | 8 |
| 大　连 | 0.281 | 0.373 | 0.327 | 广　州 | 9 |
| 长　春 | 0.175 | 0.229 | 0.202 | 无　锡 | 10 |
| 哈尔滨 | 0.187 | 0.197 | 0.192 | 大　连 | 11 |
| 大　庆 | 0.160 | 0.238 | 0.199 | 杭　州 | 12 |
| 上　海 | 0.900 | 0.718 | 0.809 | 南　京 | 13 |
| 南　京 | 0.235 | 0.391 | 0.313 | 青　岛 | 14 |
| 无　锡 | 0.277 | 0.395 | 0.336 | 沈　阳 | 15 |
| 苏　州 | 0.378 | 0.580 | 0.479 | 唐　山 | 16 |
| 南　通 | 0.160 | 0.249 | 0.204 | 长　沙 | 17 |
| 杭　州 | 0.226 | 0.409 | 0.318 | 宁　波 | 18 |
| 宁　波 | 0.233 | 0.312 | 0.273 | 郑　州 | 19 |
| 温　州 | 0.173 | 0.185 | 0.179 | 石家庄 | 20 |
| 合　肥 | 0.161 | 0.240 | 0.201 | 烟　台 | 21 |
| 福　州 | 0.164 | 0.241 | 0.203 | 包　头 | 22 |
| 厦　门 | 0.150 | 0.191 | 0.171 | 济　南 | 23 |
| 南　昌 | 0.139 | 0.184 | 0.162 | 南　通 | 24 |
| 济　南 | 0.185 | 0.246 | 0.216 | 福　州 | 25 |

续表

| 城　市 | 行政绩效指数 | 管理有序指数 | 城乡制度建设 | 城乡制度建设排序 | |
|---|---|---|---|---|---|
| | | | | 城　市 | 排　名 |
| 青　岛 | 0. 268 | 0. 347 | 0. 308 | 长　春 | 26 |
| 烟　台 | 0. 201 | 0. 274 | 0. 237 | 合　肥 | 27 |
| 威　海 | 0. 129 | 0. 163 | 0. 146 | 大　庆 | 28 |
| 郑　州 | 0. 212 | 0. 273 | 0. 243 | 哈尔滨 | 29 |
| 洛　阳 | 0. 174 | 0. 186 | 0. 180 | 洛　阳 | 30 |
| 武　汉 | 0. 377 | 0. 423 | 0. 400 | 西　安 | 30 |
| 长　沙 | 0. 231 | 0. 328 | 0. 280 | 温　州 | 32 |
| 广　州 | 0. 357 | 0. 418 | 0. 388 | 呼和浩特 | 33 |
| 深　圳 | 0. 373 | 0. 564 | 0. 468 | 厦　门 | 34 |
| 东　莞 | 0. 146 | 0. 183 | 0. 165 | 昆　明 | 35 |
| 中　山 | 0. 122 | 0. 173 | 0. 148 | 东　莞 | 36 |
| 南　宁 | 0. 144 | 0. 170 | 0. 157 | 南　昌 | 37 |
| 桂　林 | 0. 130 | 0. 126 | 0. 128 | 南　宁 | 38 |
| 北　海 | 0. 101 | 0. 100 | 0. 100 | 太　原 | 39 |
| 海　口 | 0. 100 | 0. 106 | 0. 103 | 中　山 | 40 |
| 重　庆 | 0. 296 | 0. 726 | 0. 511 | 威　海 | 41 |
| 成　都 | 0. 152 | 0. 900 | 0. 526 | 乌鲁木齐 | 42 |
| 贵　阳 | 0. 120 | 0. 107 | 0. 113 | 桂　林 | 43 |
| 昆　明 | 0. 132 | 0. 207 | 0. 170 | 兰　州 | 43 |
| 拉　萨 | — | — | — | 贵　阳 | 45 |
| 西　安 | 0. 148 | 0. 213 | 0. 180 | 银　川 | 46 |
| 兰　州 | 0. 128 | 0. 128 | 0. 128 | 西　宁 | 47 |
| 西　宁 | 0. 104 | 0. 103 | 0. 104 | 海　口 | 48 |
| 银　川 | 0. 112 | 0. 111 | 0. 111 | 北　海 | 49 |
| 乌鲁木齐 | 0. 137 | 0. 147 | 0. 142 | 拉　萨 | — |

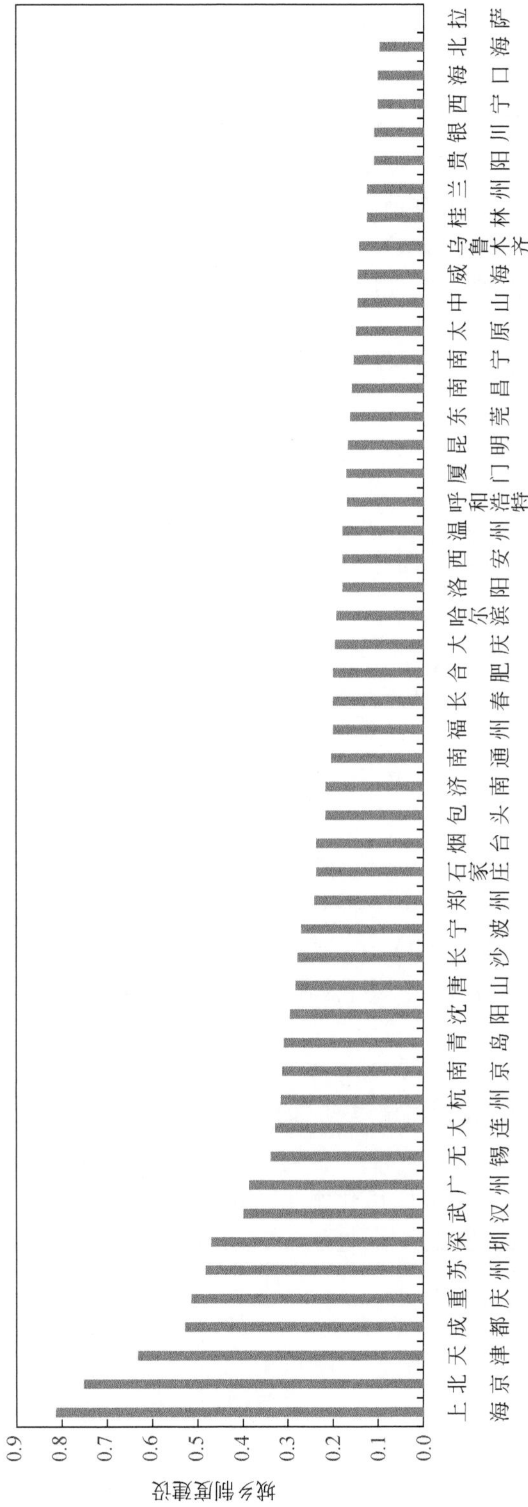


图7-12　中国城乡制度建设排序图

# 第三节 中国新型城市化资产负债分析

制定新型城市化资产负债表的目的在于表达新型城市化水平的每一个基层要素指标的相对比较优势与相对比较劣势，并进而将比较优势、比较劣势进行定量化、规范化，然后置于统一基础上加以对比，形成了所谓新型城市化水平的“资产”（比较优势）和“负债”（比较劣势），而对新型城市化水平“资产”（比较优势）和“负债”（比较劣势）的资产负债定量分析与评估，实质上是对新型城市化质量的定量分析与综合评判。

## 一、新型城市化资产负债表的制定原理

新型城市化“资产负债表”的构筑是建立在对于新型城市化水平的系统解析之上的，即新型城市化水平是建立在具有内部逻辑自洽和统一解释的“城乡发展动力系统”、“城乡发展质量系统”、“城乡发展公平系统”三大系统共同作用基础之上的。

在认识资产负债表是表达新型城市化水平的前提下，通过对新型城市化的本质剖析和内涵解析，建立了表达新型城市化水平的三大系统（具有内部逻辑自洽的和统一解释的）和表达上述三大系统的 50 项基层要素，对于每一个基层要素，在空间分布（选取的 50 个城市）中寻求其相对比较优势与相对比较劣势。

## 二、中国新型城市化水平资产负债矩阵构建

在新型城市化资产负债原理的指导下，把构成中国新型城市化水平的 50 个“源指标”与 50 个城市（地理单元）作为二维数据的矩阵，逐项统计每一属性源指标在 50 个地理单元中的排序分布，制定出 50×50＝2500 的基层位次矩阵（表 7-13），以及 50×29＝1450 的状态层和系统层位次矩阵（表 7-14），将它们作为计算新型城市化三大系统中每一项“分资产负债”和新型城市化总体水平“总资产负债”的基础。

## 三、新型城市化资产负债的算法基础

为了严格比较 50 个城市在新型城市化水平上的质量差异，提出了特定的算法基础，并对 50 个城市进行了资产负债表的严格计量。

### （一）资产负债权重赋值的规范

在每一项要素的空间分布范围中，排序从 1，2，…，50，其资产权重规范为 5.0，4.9，4.8，…，0.1；排序从 1，2，…，50，其负债权重规范为－0.1，－0.2，－0.3，…，－5.0。

### （二）资产负债分值的确定

各指数层资产要素的总分值 $x_i$（$i$＝1，2，3，4，5，…，50）利用下式计算，即

**表 7-13 中国新型城市化水平基层要素的资产负债矩阵表**

| 指标 | 北京 | 天津 | 石家庄 | 唐山 | 太原 | 呼和浩特 | 包头 | 沈阳 | 大连 | 长春 | 哈尔滨 | 大庆 | 上海 | 南京 | 无锡 | 苏州 | 南通 | 杭州 | 宁波 | 温州 | 合肥 | 福州 | 厦门 | 南昌 | 济南 | 青岛 | 烟台 | 威海 | 郑州 | 洛阳 | 武汉 | 长沙 | 广州 | 深圳 | 东莞 | 中山 | 南宁 | 桂林 | 北海 | 海口 | 重庆 | 成都 | 贵阳 | 昆明 | 拉萨 | 西安 | 兰州 | 西宁 | 银川 | 乌鲁木齐 |
|---|---|---|---|---|---|---|---|---|---|---|---|---|---|---|---|---|---|---|---|---|---|---|---|---|---|---|---|---|---|---|---|---|---|---|---|---|---|---|---|---|---|---|---|---|---|---|---|---|---|---|
| 1111 | 5 | 8 | 25 | 19 | 38 | 6 | 1 | 14 | 9 | 12 | 4 | 3 | 49 | 31 | 34 | 11 | 42 | 7 | 18 | 36 | 27 | 22 | 46 | 39 | 33 | 20 | 17 | 35 | 43 | 28 | 26 | 15 | 21 | 41 | 32 | 45 | 24 | 23 | 47 | 48 | 2 | 10 | 40 | 13 | — | 37 | 30 | 44 | 29 | 16 |
| 1112 | 2 | 5 | 19 | 16 | 40 | 30 | 11 | 13 | 12 | 8 | 3 | 14 | 6 | 28 | 35 | 10 | 34 | 7 | 22 | 29 | 25 | 24 | 49 | 37 | 33 | 15 | 18 | 41 | 32 | 27 | 20 | 17 | 9 | 43 | 44 | 47 | 23 | 31 | 46 | 48 | 1 | 4 | 39 | 21 | — | 26 | 38 | 45 | 42 | 36 |
| 1113 | 2 | 7 | 25 | 28 | 36 | 43 | 35 | 13 | 17 | 21 | 22 | 32 | 1 | 9 | 15 | 10 | 34 | 12 | 16 | 33 | 23 | 26 | 30 | 27 | 24 | 18 | 37 | 48 | 20 | 41 | 8 | 14 | 3 | 4 | 11 | 42 | 29 | 45 | 49 | 44 | 5 | 6 | 39 | 31 | — | 19 | 40 | 46 | 47 | 38 |
| 1121 | 3 | 6 | 38 | 22 | 39 | 26 | 19 | 17 | 10 | 28 | 37 | 18 | 2 | 11 | 8 | 5 | 29 | 12 | 14 | 40 | 31 | 27 | 20 | 34 | 24 | 15 | 23 | 30 | 25 | 43 | 13 | 16 | 4 | 1 | 7 | 21 | 45 | 49 | 48 | 46 | 33 | 9 | 42 | 36 | — | 32 | 44 | 47 | 41 | 35 |
| 1122 | 3 | 6 | 38 | 22 | 39 | 26 | 19 | 17 | 10 | 28 | 37 | 18 | 2 | 11 | 8 | 5 | 29 | 12 | 14 | 40 | 31 | 27 | 20 | 34 | 24 | 15 | 23 | 30 | 25 | 43 | 13 | 16 | 4 | 1 | 7 | 21 | 45 | 49 | 48 | 46 | 33 | 9 | 42 | 36 | — | 32 | 44 | 47 | 41 | 35 |
| 1123 | 4 | 5 | 30 | 23 | 34 | 39 | 40 | 19 | 16 | 32 | 44 | 35 | 2 | 10 | 8 | 6 | 22 | 18 | 15 | 31 | 27 | 28 | 12 | 29 | 21 | 13 | 25 | 33 | 14 | 36 | 11 | 17 | 3 | 1 | 9 | 20 | 43 | 49 | 47 | 41 | 26 | 7 | 37 | 38 | — | 24 | 45 | 48 | 46 | 42 |
| 1131 | 49 | 2 | 25 | 11 | 38 | 45 | 31 | 14 | 12 | 21 | 37 | 10 | 5 | 20 | 7 | 4 | 23 | 18 | 13 | 26 | 22 | 27 | 35 | 28 | 32 | 16 | 19 | 36 | 15 | 29 | 8 | 9 | 17 | 6 | 24 | 33 | 39 | 41 | 47 | 48 | 1 | 3 | 43 | 34 | — | 30 | 40 | 46 | 44 | 42 |
| 1132 | 1 | 2 | 24 | 4 | 26 | 25 | 22 | 18 | 15 | 9 | 33 | 8 | 3 | 12 | 21 | 13 | 38 | 30 | 39 | 49 | 27 | 29 | 41 | 28 | 32 | 17 | 14 | 36 | 16 | 35 | 10 | 20 | 5 | 7 | 40 | 47 | 42 | 45 | 46 | 48 | 11 | 6 | 37 | 34 | — | 19 | 31 | 44 | 43 | 23 |
| 1141 | 32 | 5 | 19 | 33 | 38 | 28 | 24 | 17 | 15 | 16 | 34 | 11 | 37 | 9 | 4 | 3 | 18 | 21 | 23 | 22 | 13 | 26 | 25 | 27 | 12 | 8 | 14 | 20 | 44 | 36 | 10 | 31 | 7 | 1 | 2 | 49 | 35 | 42 | 45 | 46 | 43 | 6 | 47 | 30 | — | 29 | 41 | 48 | 39 | 40 |
| 1142 | 5 | 9 | 39 | 36 | 27 | 34 | 18 | 16 | 17 | 29 | 38 | 19 | 2 | 6 | 11 | 8 | 43 | 12 | 14 | 42 | 28 | 30 | 13 | 21 | 26 | 20 | 45 | 46 | 32 | 47 | 7 | 15 | 4 | 1 | 3 | 25 | 33 | 49 | 48 | 40 | 24 | 10 | 35 | 31 | — | 23 | 37 | 44 | 41 | 22 |
| 1143 | 1 | 4 | 39 | 27 | 23 | 29 | 20 | 22 | 26 | 32 | 36 | 25 | 3 | 12 | 13 | 8 | 44 | 18 | 15 | 46 | 34 | 41 | 28 | 40 | 30 | 19 | 35 | 47 | 21 | 43 | 10 | 17 | 5 | 2 | 7 | 37 | 45 | 49 | 48 | 42 | 11 | 6 | 38 | 33 | — | 16 | 24 | 31 | 14 | 9 |
| 1211 | 4 | 2 | 36 | 11 | 35 | 21 | 49 | 14 | 39 | 32 | 22 | 44 | 5 | 9 | 10 | 7 | 17 | 12 | 26 | 30 | 47 | 23 | 24 | 34 | 27 | 25 | 19 | 38 | 15 | 37 | 16 | 20 | 8 | 6 | 13 | 29 | 43 | 42 | 48 | 46 | 3 | 1 | 18 | 28 | — | 31 | 41 | 45 | 40 | 33 |
| 1212 | 7 | 3 | 24 | 17 | 41 | 36 | 35 | 16 | 13 | 25 | 22 | 30 | 49 | 9 | 10 | 5 | 21 | 11 | 14 | 29 | 27 | 26 | 34 | 32 | 23 | 12 | 19 | 39 | 18 | 33 | 8 | 15 | 6 | 4 | 20 | 38 | 37 | 42 | 48 | 46 | 2 | 1 | 40 | 31 | — | 28 | 43 | 45 | 44 | 47 |
| 1221 | 14 | 4 | 24 | 19 | 41 | 38 | 32 | 17 | 13 | 27 | 25 | 30 | 1 | 9 | 11 | 6 | 23 | 12 | 16 | 31 | 28 | 26 | 36 | 34 | 22 | 10 | 20 | 40 | 18 | 35 | 8 | 15 | 7 | 5 | 21 | 39 | 37 | 44 | 48 | 47 | 3 | 2 | 42 | 33 | — | 29 | 43 | 46 | 45 | 49 |
| 1222 | 2 | 4 | 26 | 20 | 41 | 38 | 29 | 14 | 15 | 39 | 31 | 25 | 1 | 10 | 12 | 8 | 23 | 13 | 18 | 28 | 33 | 24 | 32 | 36 | 21 | 11 | 22 | 37 | 17 | 30 | 9 | 16 | 7 | 6 | 19 | 35 | 44 | 45 | 49 | 48 | 5 | 3 | 43 | 34 | — | 27 | 42 | 47 | 46 | 40 |
| 1311 | 1 | 4 | 30 | 34 | 28 | 44 | 40 | 12 | 10 | 42 | 21 | 49 | 2 | 14 | 20 | 7 | 22 | 9 | 11 | 26 | 19 | 35 | 17 | 37 | 29 | 16 | 31 | 32 | 23 | 36 | 15 | 13 | 6 | 3 | 18 | 25 | 33 | 45 | 48 | 47 | 5 | 8 | 27 | 24 | — | 38 | 39 | 41 | 46 | 43 |
| 1312 | 1 | 6 | 34 | 49 | 22 | 23 | 41 | 12 | 26 | 20 | 30 | 10 | 3 | 8 | 24 | 14 | 38 | 7 | 28 | 47 | 29 | 21 | 25 | 33 | 19 | 31 | 37 | 40 | 16 | 39 | 11 | 13 | 4 | 2 | 17 | 42 | 36 | 46 | 48 | 44 | 15 | 5 | 35 | 18 | — | 9 | 32 | 45 | 43 | 27 |
| 1321 | 4 | 10 | 38 | 31 | 29 | 30 | 23 | 21 | 20 | 35 | 34 | 27 | 5 | 18 | 13 | 7 | 44 | 8 | 11 | 28 | 37 | 25 | 16 | 36 | 17 | 15 | 24 | 40 | 22 | 45 | 9 | 19 | 3 | 1 | 2 | 14 | 43 | 49 | 48 | 41 | 47 | 6 | 32 | 26 | — | 12 | 42 | 46 | 39 | 33 |
| 1322 | 3 | 16 | 33 | 31 | 25 | 39 | 38 | 24 | 20 | 40 | 42 | 37 | 4 | 11 | 13 | 6 | 41 | 7 | 9 | 21 | 46 | 19 | 12 | 32 | 18 | 14 | 28 | 26 | 23 | 36 | 8 | 22 | 2 | 1 | 5 | 15 | 34 | 49 | 48 | 43 | 30 | 10 | 35 | 29 | — | 17 | 45 | 47 | 44 | 27 |
| 1331 | 6 | 2 | 34 | 32 | 35 | 37 | 31 | 8 | 5 | 14 | 24 | 40 | 3 | 15 | 18 | 7 | 23 | 11 | 20 | 42 | 26 | 30 | 27 | 22 | 33 | 9 | 29 | 36 | 19 | 25 | 12 | 17 | 13 | 10 | 16 | 38 | 41 | 47 | 46 | 43 | 4 | 1 | 39 | 28 | — | 21 | 49 | 48 | 45 | 44 |
| 1332 | 2 | 5 | 38 | 28 | 41 | 30 | 36 | 18 | 11 | 27 | 24 | 43 | 1 | 9 | 12 | 4 | 19 | 16 | 20 | 35 | 25 | 21 | 17 | 29 | 32 | 14 | 15 | 26 | 33 | 44 | 10 | 31 | 3 | 7 | 13 | 22 | 34 | 39 | 46 | 40 | 8 | 6 | 42 | 37 | — | 23 | 45 | 48 | 47 | 49 |
| 1341 | 5 | 7 | 29 | 16 | 36 | 44 | 38 | 21 | 24 | 22 | 47 | 23 | 1 | 14 | 8 | 3 | 17 | 11 | 9 | 33 | 32 | 31 | 25 | 34 | 27 | 10 | 12 | 28 | 19 | 30 | 20 | 26 | 4 | 2 | 6 | 18 | 43 | 40 | 45 | 48 | 15 | 13 | 49 | 39 | — | 41 | 37 | 46 | 42 | 35 |
| 1342 | 3 | 5 | 26 | 20 | 48 | 38 | 36 | 23 | 25 | 19 | 45 | 7 | 2 | 11 | 9 | 6 | 18 | 10 | 14 | 32 | 31 | 28 | 29 | 34 | 27 | 13 | 15 | 30 | 17 | 35 | 24 | 21 | 4 | 1 | 12 | 22 | 40 | 39 | 42 | 47 | 16 | 8 | 44 | 37 | — | 43 | 46 | 49 | 41 | 33 |
| 1343 | 17 | 1 | 16 | 10 | 46 | 37 | 24 | 11 | 9 | 18 | 36 | 19 | 3 | 14 | 4 | 2 | 22 | 21 | 12 | 30 | 26 | 28 | 35 | 34 | 33 | 5 | 7 | 23 | 20 | 25 | 13 | 15 | 6 | 8 | 27 | 31 | 41 | 39 | 45 | 49 | 32 | 29 | 47 | 43 | — | 38 | 44 | 48 | 42 | 40 |
| 2111 | 2 | 5 | 25 | 20 | 41 | 38 | 34 | 16 | 13 | 23 | 24 | 30 | 1 | 14 | 11 | 8 | 22 | 12 | 17 | 31 | 27 | 26 | 36 | 33 | 21 | 10 | 19 | 39 | 18 | 35 | 9 | 15 | 6 | 7 | 28 | 40 | 37 | 44 | 48 | 47 | 4 | 3 | 42 | 32 | — | 29 | 45 | 49 | 46 | 43 |

续表

| 指标 | 北京 | 天津 | 石家庄 | 唐山 | 太原 | 呼和浩特 | 包头 | 沈阳 | 大连 | 长春 | 哈尔滨 | 大庆 | 上海 | 南京 | 无锡 | 苏州 | 南通 | 杭州 | 宁波 | 温州 | 合肥 | 福州 | 厦门 | 南昌 | 济南 | 青岛 | 烟台 | 威海 | 郑州 | 洛阳 | 武汉 | 长沙 | 广州 | 深圳 | 东莞 | 中山 | 南宁 | 桂林 | 北海 | 海口 | 重庆 | 成都 | 贵阳 | 昆明 | 拉萨 | 西安 | 兰州 | 西宁 | 银川 | 乌鲁木齐 |
|---|---|---|---|---|---|---|---|---|---|---|---|---|---|---|---|---|---|---|---|---|---|---|---|---|---|---|---|---|---|---|---|---|---|---|---|---|---|---|---|---|---|---|---|---|---|---|---|---|---|---|
| 2112 | 1 | 3 | 25 | 16 | 40 | 35 | 31 | 15 | 12 | 24 | 23 | 28 | 4 | 22 | 10 | 6 | 20 | 11 | 13 | 29 | 27 | 26 | 38 | 37 | 21 | 9 | 17 | 34 | 18 | 30 | 19 | 14 | 8 | 7 | 46 | 36 | 39 | 41 | 44 | 45 | 5 | 2 | 42 | 32 | — | 33 | 47 | 49 | 43 | 48 |
| 2121 | 3 | 4 | 21 | 31 | 43 | 49 | 44 | 15 | 14 | 19 | 23 | 27 | 1 | 13 | 12 | 7 | 20 | 10 | 16 | 28 | 26 | 24 | 33 | 32 | 18 | 11 | 25 | 35 | 30 | 37 | 9 | 17 | 5 | 8 | 29 | 38 | 34 | 36 | 46 | 45 | 6 | 2 | 42 | 48 | — | 22 | 39 | 47 | 41 | 40 |
| 2122 | 2 | 5 | 20 | 17 | 40 | 39 | 33 | 14 | 12 | 28 | 22 | 26 | 1 | 36 | 15 | 9 | 24 | 10 | 23 | 32 | 27 | 25 | 34 | 30 | 21 | 11 | 18 | 35 | 16 | 29 | 8 | 13 | 7 | 6 | 19 | 37 | 41 | 42 | 47 | 45 | 4 | 3 | 38 | 31 | — | 43 | 46 | 48 | 44 | 49 |
| 2123 | 1 | 5 | 38 | 22 | 39 | 33 | 30 | 13 | 17 | 29 | 26 | 27 | 2 | 16 | 11 | 7 | 19 | 10 | 15 | 25 | 23 | 24 | 31 | 32 | 21 | 12 | 18 | 37 | 20 | 40 | 9 | 14 | 8 | 6 | 41 | 34 | 35 | 45 | 48 | 47 | 4 | 3 | 42 | 28 | — | 36 | 49 | 46 | 44 | 43 |
| 2131 | 6 | 22 | 32 | 34 | 38 | 25 | 28 | 14 | 12 | 37 | 40 | 8 | 3 | 5 | 10 | 7 | 35 | 20 | 17 | 29 | 16 | 23 | 18 | 33 | 31 | 9 | 15 | 19 | 41 | 42 | 24 | 30 | 2 | 1 | 4 | 45 | 11 | 43 | 44 | 46 | 26 | 13 | 36 | 27 | — | 47 | 48 | 49 | 39 | 21 |
| 2132 | 1 | 8 | 21 | 18 | 39 | 40 | 28 | 16 | 11 | 42 | 29 | 23 | 2 | 10 | 12 | 7 | 22 | 14 | 19 | 33 | 20 | 24 | 34 | 30 | 26 | 9 | 17 | 31 | 32 | 38 | 15 | 27 | 6 | 5 | 13 | 37 | 36 | 41 | 47 | 45 | 4 | 3 | 44 | 35 | — | 25 | 48 | 46 | 43 | 49 |
| 2211 | 2 | 4 | 32 | 21 | 37 | 36 | 31 | 17 | 13 | 22 | 28 | 19 | 1 | 10 | 11 | 7 | 18 | 9 | 12 | 27 | 23 | 24 | 30 | 34 | 20 | 15 | 25 | 41 | 26 | 40 | 14 | 16 | 5 | 3 | 29 | 38 | 35 | 42 | 47 | 45 | 8 | 6 | 39 | 33 | — | 43 | 49 | 48 | 46 | 44 |
| 2212 | 2 | 5 | 37 | 29 | 35 | 26 | 21 | 15 | 14 | 30 | 28 | 27 | 3 | 10 | 8 | 6 | 31 | 12 | 13 | 34 | 36 | 19 | 24 | 38 | 18 | 16 | 20 | 32 | 22 | 41 | 11 | 17 | 4 | 1 | 9 | 23 | 40 | 46 | 48 | 44 | 25 | 7 | 42 | 33 | — | 39 | 45 | 49 | 47 | 43 |
| 2221 | 3 | 5 | 31 | 21 | 35 | 37 | 28 | 10 | 8 | 22 | 19 | 26 | 1 | 14 | 9 | 6 | 18 | 12 | 13 | 32 | 23 | 38 | 39 | 33 | 20 | 11 | 16 | 29 | 27 | 41 | 15 | 17 | 7 | 46 | 24 | 34 | 49 | 43 | 48 | 47 | 4 | 2 | 42 | 30 | — | 25 | 40 | 45 | 44 | 36 |
| 2222 | 2 | 4 | 43 | 26 | 28 | 32 | 23 | 13 | 15 | 24 | 25 | 29 | 1 | 8 | 14 | 9 | 39 | 12 | 22 | 47 | 34 | 38 | 18 | 33 | 19 | 16 | 37 | 46 | 17 | 44 | 11 | 20 | 5 | 3 | 10 | 21 | 40 | 49 | 48 | 41 | 6 | 7 | 35 | 31 | — | 27 | 36 | 45 | 42 | 30 |
| 2223 | 6 | 13 | 31 | 32 | 26 | 44 | 28 | 21 | 23 | 34 | 39 | 29 | 10 | 18 | 19 | 12 | 42 | 14 | 17 | 35 | 38 | 33 | 24 | 43 | 22 | 20 | 27 | 40 | 36 | 46 | 15 | 16 | 8 | 7 | 11 | 30 | 41 | 47 | 48 | 45 | 49 | 9 | 37 | 25 | — | 1 | 3 | 5 | 4 | 2 |
| 3111 | 14 | 6 | 29 | 21 | 30 | 17 | 11 | 19 | 24 | 8 | 7 | 10 | 5 | 23 | 37 | 35 | 41 | 42 | 43 | 40 | 28 | 39 | 46 | 15 | 31 | 27 | 32 | 48 | 33 | 22 | 16 | 20 | 25 | 49 | 45 | 47 | 36 | 26 | 38 | 44 | 2 | 1 | 13 | 4 | — | 3 | 9 | 12 | 18 | 34 |
| 3112 | 15 | 9 | 28 | 22 | 42 | 39 | 43 | 6 | 14 | 12 | 18 | 25 | 8 | 36 | 34 | 44 | 37 | 29 | 41 | 45 | 21 | 30 | 40 | 26 | 23 | 13 | 16 | 32 | 19 | 35 | 11 | 10 | 20 | 24 | 49 | 47 | 27 | 38 | 46 | 48 | 7 | 17 | 31 | 33 | — | 1 | 3 | 5 | 4 | 2 |
| 3121 | 1 | 8 | 28 | 25 | 40 | 44 | 49 | 19 | 24 | 31 | 33 | 38 | 2 | 9 | 10 | 6 | 17 | 7 | 14 | 22 | 36 | 20 | 29 | 23 | 18 | 13 | 21 | 32 | 15 | 37 | 11 | 16 | 26 | 5 | 12 | 30 | 34 | 43 | 47 | 45 | 4 | 3 | 39 | 27 | — | 35 | 42 | 48 | 46 | 41 |
| 3122 | 2 | 8 | 32 | 20 | 26 | 33 | 31 | 15 | 12 | 29 | 35 | 34 | 3 | 11 | 10 | 7 | 24 | 9 | 13 | 30 | 39 | 27 | 19 | 37 | 23 | 16 | 25 | 36 | 22 | 44 | 14 | 18 | 4 | 1 | 5 | 17 | 42 | 47 | 48 | 43 | 21 | 6 | 40 | 28 | — | 38 | 45 | 49 | 46 | 41 |
| 3123 | 2 | 6 | 25 | 20 | 37 | 41 | 39 | 17 | 14 | 29 | 28 | 35 | 1 | 11 | 10 | 8 | 21 | 9 | 13 | 27 | 26 | 24 | 30 | 40 | 23 | 12 | 22 | 34 | 15 | 42 | 16 | 18 | 4 | 5 | 19 | 31 | 33 | 48 | 45 | 44 | 7 | 3 | 43 | 36 | — | 32 | 49 | 47 | 46 | 38 |
| 3211 | 6 | 3 | 23 | 17 | 41 | 38 | 36 | 15 | 12 | 28 | 26 | 49 | 4 | 10 | 9 | 5 | 21 | 13 | 19 | 30 | 32 | 27 | 29 | 35 | 24 | 14 | 22 | 34 | 16 | 31 | 11 | 18 | 8 | 2 | 20 | 33 | 42 | 44 | 48 | 46 | 7 | 1 | 40 | 39 | — | 25 | 43 | 47 | 45 | 37 |
| 3212 | 2 | 5 | 29 | 18 | 41 | 39 | 31 | 15 | 14 | 24 | 26 | 30 | 1 | 12 | 11 | 8 | 22 | 10 | 17 | 33 | 28 | 25 | 35 | 34 | 23 | 13 | 21 | 40 | 19 | 36 | 9 | 16 | 7 | 6 | 20 | 38 | 37 | 44 | 48 | 47 | 4 | 3 | 49 | 32 | — | 27 | 43 | 46 | 45 | 42 |
| 3213 | 2 | 5 | 26 | 19 | 40 | 36 | 49 | 15 | 14 | 25 | 24 | 30 | 1 | 11 | 12 | 8 | 23 | 10 | 17 | 31 | 29 | 27 | 34 | 33 | 22 | 13 | 20 | 38 | 18 | 35 | 9 | 16 | 6 | 7 | 21 | 37 | 39 | 44 | 48 | 47 | 4 | 3 | 42 | 32 | — | 28 | 43 | 46 | 45 | 41 |
| 3221 | 2 | 5 | 27 | 17 | 41 | 38 | 32 | 21 | 15 | 23 | 26 | 28 | 1 | 9 | 11 | 8 | 22 | 12 | 14 | 30 | 29 | 34 | 31 | 37 | 24 | 13 | 20 | 39 | 19 | 33 | 10 | 16 | 7 | 6 | 18 | 35 | 40 | 44 | 48 | 47 | 4 | 3 | 42 | 36 | — | 25 | 49 | 46 | 45 | 43 |
| 3222 | 1 | 2 | 21 | 18 | 34 | 38 | 49 | 24 | 14 | 16 | 20 | 28 | 4 | 17 | 15 | 8 | 29 | 12 | 23 | 36 | 22 | 25 | 39 | 27 | 30 | 10 | 32 | 46 | 11 | 31 | 9 | 13 | 7 | 6 | 26 | 41 | 37 | 42 | 48 | 47 | 3 | 5 | 44 | 33 | — | 19 | 40 | 45 | 43 | 35 |
| 3311 | 1 | 2 | 4 | 3 | 40 | 16 | 30 | 10 | 19 | 22 | 12 | 23 | 6 | 37 | 25 | 27 | 46 | 21 | 20 | 15 | 36 | 31 | 48 | 38 | 17 | 7 | 14 | 42 | 9 | 11 | 13 | 8 | 5 | 32 | 49 | 47 | 26 | 35 | 44 | 45 | 29 | 18 | 39 | 33 | — | 24 | 34 | 43 | 41 | 28 |
| 3312 | 3 | 2 | 33 | 28 | 38 | 35 | 24 | 14 | 10 | 27 | 29 | 30 | 1 | 11 | 9 | 4 | 17 | 15 | 13 | 32 | 22 | 23 | 18 | 34 | 25 | 12 | 20 | 31 | 21 | 39 | 6 | 16 | 8 | 5 | 19 | 26 | 36 | 42 | 45 | 44 | 7 | 49 | 43 | 41 | — | 37 | 46 | 48 | 47 | 40 |
| 3321 | 2 | 4 | 20 | 14 | 31 | 32 | 18 | 13 | 11 | 30 | 42 | 21 | 12 | 9 | 10 | 5 | 23 | 7 | 17 | 39 | 24 | 25 | 29 | 34 | 26 | 15 | 19 | 38 | 22 | 27 | 8 | 16 | 35 | 6 | 49 | 33 | 37 | 44 | 47 | 45 | 3 | 1 | 41 | 28 | — | 36 | 43 | 48 | 46 | 40 |
| 3322 | 2 | 5 | 28 | 18 | 40 | 37 | 22 | 17 | 14 | 26 | 25 | 31 | 1 | 12 | 11 | 8 | 24 | 10 | 15 | 32 | 30 | 29 | 35 | 34 | 23 | 13 | 21 | 39 | 19 | 42 | 9 | 16 | 6 | 7 | 20 | 38 | 36 | 44 | 48 | 47 | 4 | 3 | 49 | 33 | — | 27 | 43 | 46 | 45 | 41 |

表 7-14 中国新型城市化水平状态层的资产负债矩阵表

| 指标 | 北京 | 天津 | 石家庄 | 唐山 | 太原 | 呼和浩特 | 包头 | 沈阳 | 大连 | 长春 | 哈尔滨 | 大庆 | 上海 | 南京 | 无锡 | 苏州 | 南通 | 杭州 | 宁波 | 温州 | 合肥 | 福州 | 厦门 | 南昌 | 济南 | 青岛 | 烟台 | 威海 | 郑州 | 洛阳 | 武汉 | 长沙 | 广州 | 深圳 | 东莞 | 中山 | 南宁 | 桂林 | 北海 | 海口 | 重庆 | 成都 | 贵阳 | 昆明 | 拉萨 | 西安 | 兰州 | 西宁 | 银川 | 乌鲁木齐 |
|---|---|---|---|---|---|---|---|---|---|---|---|---|---|---|---|---|---|---|---|---|---|---|---|---|---|---|---|---|---|---|---|---|---|---|---|---|---|---|---|---|---|---|---|---|---|---|---|---|---|---|
| 111 | 3 | 7 | 26 | 22 | 41 | 23 | 11 | 17 | 16 | 19 | 8 | 14 | 1 | 13 | 28 | 9 | 38 | 12 | 21 | 35 | 31 | 27 | 45 | 39 | 32 | 20 | 25 | 44 | 34 | 37 | 10 | 18 | 4 | 6 | 15 | 47 | 29 | 36 | 49 | 48 | 2 | 5 | 42 | 24 | — | 30 | 40 | 46 | 43 | 33 |
| 112 | 3 | 6 | 35 | 22 | 40 | 28 | 21 | 17 | 12 | 31 | 39 | 19 | 2 | 10 | 8 | 5 | 26 | 13 | 14 | 38 | 29 | 27 | 18 | 34 | 23 | 15 | 25 | 32 | 24 | 42 | 11 | 16 | 4 | 1 | 7 | 20 | 45 | 49 | 48 | 46 | 33 | 9 | 41 | 36 | — | 30 | 44 | 47 | 43 | 37 |
| 113 | 5 | 1 | 25 | 8 | 34 | 41 | 26 | 17 | 13 | 12 | 35 | 9 | 2 | 14 | 15 | 6 | 27 | 22 | 21 | 36 | 23 | 29 | 39 | 28 | 32 | 20 | 19 | 37 | 18 | 31 | 10 | 16 | 11 | 7 | 30 | 40 | 44 | 46 | 48 | 49 | 4 | 3 | 43 | 33 | — | 24 | 42 | 47 | 45 | 38 |
| 114 | 2 | 6 | 28 | 35 | 37 | 32 | 22 | 15 | 17 | 25 | 41 | 13 | 3 | 9 | 11 | 7 | 29 | 14 | 16 | 33 | 20 | 38 | 24 | 34 | 18 | 12 | 26 | 31 | 39 | 43 | 10 | 23 | 5 | 1 | 4 | 44 | 42 | 48 | 49 | 47 | 21 | 8 | 46 | 36 | — | 27 | 40 | 45 | 30 | 19 |
| 121 | 5 | 3 | 27 | 13 | 41 | 33 | 42 | 14 | 20 | 26 | 23 | 35 | 10 | 8 | 9 | 6 | 22 | 11 | 18 | 29 | 31 | 24 | 32 | 36 | 25 | 15 | 21 | 39 | 17 | 37 | 12 | 16 | 7 | 4 | 19 | 38 | 40 | 44 | 49 | 48 | 2 | 1 | 34 | 30 | — | 28 | 43 | 47 | 46 | 45 |
| 122 | 6 | 4 | 25 | 19 | 41 | 38 | 32 | 16 | 14 | 31 | 28 | 26 | 1 | 10 | 12 | 7 | 23 | 13 | 17 | 30 | 29 | 24 | 35 | 36 | 22 | 11 | 21 | 39 | 18 | 33 | 9 | 15 | 8 | 5 | 20 | 37 | 40 | 44 | 49 | 48 | 3 | 2 | 42 | 34 | — | 27 | 43 | 47 | 45 | 46 |
| 131 | 1 | 4 | 33 | 44 | 27 | 34 | 43 | 11 | 14 | 31 | 23 | 20 | 2 | 10 | 21 | 9 | 28 | 7 | 15 | 38 | 22 | 29 | 17 | 40 | 26 | 18 | 36 | 41 | 24 | 42 | 13 | 12 | 5 | 3 | 19 | 32 | 37 | 48 | 49 | 47 | 8 | 6 | 30 | 25 | — | 16 | 39 | 45 | 46 | 35 |
| 132 | 3 | 14 | 36 | 29 | 25 | 35 | 30 | 21 | 19 | 39 | 37 | 31 | 5 | 11 | 13 | 6 | 45 | 8 | 10 | 24 | 44 | 22 | 12 | 34 | 18 | 16 | 26 | 32 | 23 | 41 | 9 | 20 | 2 | 1 | 4 | 15 | 40 | 49 | 48 | 43 | 38 | 7 | 33 | 27 | — | 17 | 46 | 47 | 42 | 28 |
| 133 | 4 | 3 | 37 | 30 | 40 | 34 | 36 | 14 | 8 | 20 | 23 | 42 | 1 | 10 | 16 | 5 | 21 | 13 | 18 | 39 | 27 | 24 | 19 | 26 | 32 | 12 | 17 | 31 | 28 | 33 | 11 | 25 | 6 | 9 | 15 | 29 | 38 | 44 | 47 | 43 | 7 | 2 | 41 | 35 | — | 22 | 48 | 49 | 46 | 45 |
| 134 | 6 | 4 | 25 | 12 | 45 | 37 | 31 | 13 | 14 | 22 | 42 | 17 | 1 | 15 | 7 | 3 | 20 | 16 | 10 | 34 | 29 | 30 | 33 | 35 | 32 | 8 | 9 | 27 | 19 | 28 | 18 | 23 | 5 | 2 | 11 | 26 | 41 | 39 | 46 | 49 | 24 | 21 | 47 | 38 | — | 40 | 44 | 48 | 43 | 36 |
| 211 | 1 | 4 | 25 | 20 | 41 | 35 | 31 | 16 | 12 | 24 | 23 | 28 | 2 | 17 | 10 | 7 | 21 | 11 | 15 | 29 | 27 | 26 | 38 | 34 | 22 | 9 | 19 | 36 | 18 | 33 | 13 | 14 | 6 | 8 | 37 | 39 | 40 | 43 | 47 | 48 | 5 | 3 | 42 | 32 | — | 30 | 46 | 49 | 45 | 44 |
| 212 | 2 | 4 | 26 | 21 | 40 | 42 | 36 | 13 | 14 | 28 | 23 | 27 | 1 | 17 | 12 | 8 | 22 | 10 | 16 | 30 | 24 | 25 | 33 | 31 | 20 | 11 | 18 | 34 | 19 | 37 | 9 | 15 | 6 | 7 | 29 | 39 | 38 | 43 | 48 | 46 | 5 | 3 | 41 | 35 | — | 32 | 47 | 49 | 44 | 45 |
| 213 | 1 | 10 | 23 | 21 | 40 | 37 | 30 | 14 | 13 | 42 | 34 | 17 | 3 | 8 | 12 | 7 | 24 | 15 | 19 | 33 | 20 | 22 | 31 | 32 | 25 | 11 | 18 | 29 | 36 | 38 | 16 | 26 | 4 | 2 | 9 | 39 | 28 | 41 | 48 | 46 | 6 | 5 | 43 | 35 | — | 27 | 49 | 47 | 44 | 45 |
| 221 | 2 | 5 | 34 | 24 | 37 | 35 | 28 | 17 | 14 | 26 | 29 | 21 | 1 | 8 | 11 | 7 | 20 | 9 | 13 | 30 | 27 | 22 | 31 | 36 | 19 | 15 | 23 | 38 | 25 | 40 | 12 | 16 | 4 | 3 | 18 | 33 | 39 | 43 | 47 | 45 | 10 | 6 | 41 | 32 | — | 42 | 48 | 49 | 46 | 44 |
| 222 | 2 | 3 | 38 | 25 | 34 | 39 | 29 | 10 | 13 | 26 | 22 | 27 | 1 | 9 | 14 | 7 | 23 | 12 | 17 | 40 | 30 | 41 | 31 | 36 | 20 | 15 | 21 | 37 | 24 | 44 | 11 | 19 | 6 | 8 | 16 | 32 | 47 | 48 | 49 | 46 | 5 | 4 | 43 | 33 | — | 18 | 35 | 45 | 42 | 28 |
| 311 | 15 | 10 | 30 | 22 | 31 | 21 | 14 | 19 | 25 | 12 | 11 | 13 | 6 | 24 | 36 | 37 | 42 | 41 | 43 | 40 | 29 | 38 | 45 | 17 | 32 | 27 | 33 | 46 | 34 | 23 | 18 | 20 | 26 | 47 | 48 | 49 | 35 | 28 | 39 | 44 | 3 | 1 | 16 | 7 | — | 2 | 5 | 9 | 8 | 4 |
| 312 | 1 | 8 | 26 | 22 | 38 | 42 | 43 | 17 | 19 | 30 | 31 | 37 | 2 | 11 | 10 | 6 | 20 | 9 | 13 | 25 | 29 | 24 | 27 | 34 | 21 | 14 | 23 | 33 | 16 | 40 | 15 | 18 | 7 | 3 | 12 | 28 | 36 | 46 | 48 | 44 | 5 | 4 | 41 | 32 | — | 35 | 45 | 49 | 47 | 39 |

续表

| 指标 | 北京 | 天津 | 石家庄 | 唐山 | 太原 | 呼和浩特 | 包头 | 沈阳 | 大连 | 长春 | 哈尔滨 | 大庆 | 上海 | 南京 | 无锡 | 苏州 | 南通 | 杭州 | 宁波 | 温州 | 合肥 | 福州 | 厦门 | 南昌 | 济南 | 青岛 | 烟台 | 威海 | 郑州 | 洛阳 | 武汉 | 长沙 | 广州 | 深圳 | 东莞 | 中山 | 南宁 | 桂林 | 北海 | 海口 | 重庆 | 成都 | 贵阳 | 昆明 | 拉萨 | 西安 | 兰州 | 西宁 | 银川 | 乌鲁木齐 |
|---|---|---|---|---|---|---|---|---|---|---|---|---|---|---|---|---|---|---|---|---|---|---|---|---|---|---|---|---|---|---|---|---|---|---|---|---|---|---|---|---|---|---|---|---|---|---|---|---|---|---|
| 321 | 3 | 4 | 25 | 18 | 42 | 38 | 41 | 15 | 14 | 27 | 24 | 35 | 1 | 10 | 9 | 8 | 22 | 12 | 17 | 30 | 29 | 28 | 32 | 33 | 23 | 13 | 21 | 37 | 19 | 34 | 11 | 16 | 7 | 6 | 20 | 36 | 40 | 44 | 49 | 48 | 5 | 2 | 45 | 31 | — | 26 | 43 | 47 | 46 | 39 |
| 321 | 1 | 4 | 25 | 18 | 37 | 36 | 42 | 21 | 14 | 19 | 23 | 29 | 2 | 12 | 13 | 8 | 26 | 10 | 17 | 33 | 27 | 30 | 35 | 31 | 28 | 11 | 24 | 41 | 16 | 32 | 9 | 15 | 7 | 6 | 20 | 38 | 39 | 44 | 49 | 48 | 3 | 5 | 43 | 34 | — | 22 | 46 | 47 | 45 | 40 |
| 331 | 2 | 3 | 18 | 13 | 43 | 26 | 28 | 12 | 9 | 23 | 21 | 30 | 1 | 14 | 10 | 4 | 31 | 17 | 15 | 25 | 29 | 27 | 33 | 37 | 22 | 11 | 20 | 41 | 19 | 24 | 5 | 16 | 7 | 6 | 35 | 44 | 36 | 40 | 48 | 49 | 8 | 32 | 45 | 39 | — | 34 | 42 | 47 | 46 | 38 |
| 332 | 2 | 5 | 22 | 17 | 37 | 38 | 19 | 15 | 13 | 28 | 31 | 27 | 4 | 12 | 11 | 6 | 23 | 10 | 18 | 34 | 26 | 25 | 32 | 35 | 24 | 14 | 20 | 41 | 21 | 33 | 8 | 16 | 9 | 7 | 36 | 39 | 40 | 44 | 49 | 47 | 3 | 1 | 46 | 30 | — | 29 | 43 | 48 | 45 | 42 |
| 11 | 3 | 4 | 28 | 15 | 41 | 36 | 23 | 18 | 14 | 20 | 26 | 13 | 2 | 11 | 12 | 8 | 30 | 17 | 21 | 38 | 25 | 31 | 32 | 33 | 29 | 16 | 22 | 39 | 24 | 37 | 10 | 19 | 5 | 1 | 9 | 40 | 42 | 46 | 48 | 49 | 6 | 7 | 45 | 34 | — | 27 | 43 | 47 | 44 | 35 |
| 12 | 6 | 4 | 25 | 18 | 42 | 37 | 36 | 14 | 16 | 28 | 26 | 30 | 2 | 9 | 11 | 7 | 22 | 12 | 17 | 29 | 31 | 24 | 33 | 35 | 23 | 13 | 21 | 39 | 19 | 34 | 10 | 15 | 8 | 5 | 20 | 38 | 41 | 44 | 49 | 48 | 3 | 1 | 40 | 32 | — | 27 | 43 | 47 | 45 | 46 |
| 13 | 2 | 5 | 33 | 24 | 40 | 39 | 36 | 17 | 10 | 21 | 31 | 27 | 1 | 12 | 15 | 6 | 22 | 11 | 16 | 38 | 29 | 28 | 20 | 34 | 30 | 14 | 18 | 32 | 23 | 35 | 13 | 19 | 4 | 3 | 9 | 26 | 41 | 46 | 49 | 47 | 8 | 7 | 43 | 37 | — | 25 | 44 | 48 | 45 | 42 |
| 21 | 2 | 6 | 26 | 19 | 41 | 40 | 33 | 14 | 13 | 29 | 28 | 25 | 1 | 15 | 11 | 8 | 21 | 12 | 17 | 30 | 23 | 27 | 34 | 32 | 22 | 9 | 18 | 36 | 20 | 37 | 10 | 16 | 7 | 4 | 24 | 39 | 38 | 43 | 48 | 46 | 5 | 3 | 42 | 35 | — | 31 | 47 | 49 | 44 | 45 |
| 22 | 2 | 5 | 36 | 22 | 37 | 38 | 28 | 14 | 13 | 26 | 25 | 24 | 1 | 9 | 11 | 7 | 21 | 10 | 16 | 34 | 29 | 32 | 30 | 39 | 19 | 15 | 20 | 40 | 23 | 43 | 12 | 17 | 4 | 3 | 18 | 31 | 44 | 47 | 49 | 46 | 8 | 6 | 41 | 33 | — | 27 | 42 | 48 | 45 | 35 |
| 31 | 2 | 8 | 26 | 23 | 39 | 44 | 43 | 17 | 20 | 30 | 29 | 36 | 3 | 10 | 11 | 6 | 22 | 9 | 16 | 27 | 32 | 25 | 33 | 35 | 21 | 15 | 24 | 37 | 19 | 42 | 14 | 18 | 7 | 4 | 12 | 34 | 38 | 47 | 49 | 48 | 5 | 1 | 41 | 28 | — | 13 | 40 | 46 | 45 | 31 |
| 32 | 2 | 5 | 26 | 18 | 38 | 37 | 42 | 19 | 14 | 22 | 23 | 30 | 1 | 10 | 11 | 8 | 24 | 12 | 16 | 31 | 28 | 29 | 35 | 32 | 27 | 13 | 21 | 40 | 17 | 33 | 9 | 15 | 7 | 6 | 20 | 36 | 39 | 43 | 49 | 48 | 4 | 3 | 44 | 34 | — | 25 | 45 | 47 | 46 | 41 |
| 33 | 2 | 3 | 20 | 16 | 39 | 33 | 22 | 15 | 11 | 26 | 29 | 28 | 1 | 13 | 10 | 6 | 24 | 12 | 18 | 32 | 27 | 25 | 34 | 37 | 23 | 14 | 21 | 41 | 19 | 30 | 8 | 17 | 9 | 7 | 36 | 40 | 38 | 44 | 49 | 48 | 5 | 4 | 45 | 35 | — | 31 | 43 | 47 | 46 | 42 |

$$x_i = 5.0 \times n_1 + 4.9 \times n_2 + \cdots + 4.2 \times n_9 + 4.1 \times n_{10} + \cdots + 0.1 \times n_{50}$$

式中，$n_j$ 分别对应该系统层中位次为1，2，…，50的资产要素个数。

各系统层负债要素的总分值 $y_i$（$i=1$，2，3，4，5，…，50）利用下式计算，即

$$y_i = (-0.1 \times n_1) + (-0.2 \times n_2) + \cdots + (-0.9 \times n_9) + (-1.0 \times n_{10}) + \cdots + (-5.0 \times n_{50})$$

式中，$n_k$ 分别对应该系统层中位次为1，2，…，50的负债要素个数。

### （三）相对资产与相对负债的计算

相对资产计算公式为用总分值 $x_i$（$i=1$，2，…，50）与该项系统源指标总数 $N_i$（$N_i$ 对应数值为24，12，14）之比，作为该项系统的相对“资产”量度 $X_i$（$i=1$，2，3，4，5，…，50），即

$$X_i = (x_i/5.0 \times N_i) \times 100\%$$

相对负债计算公式为用总分值 $y_i$（$i=1$，2，3，4，5，…，50）与该项系统源指标总数 $N_i$（$N_i$ 对应数值为24，12，14）之比，作为该项系统的相对“资产”量度 $Y_i$（$i=1$，2，3，4，5，…，50），即

$$Y_i = (y_i/5.0 \times N_i) \times 100\%$$

### （四）资产负债质量系数及其标准确定

资产质量系数：把该系统层资产要素总分值 $x_i$ 与其资产指标总数 $\sum n_j$ 之比定义为该系统资产质量系数 $\varepsilon_i$（$i=1$，2，3），用以反映每一个资产的相对质量，即

$$\varepsilon_i = x_i \Big/ \sum n_j,\ \varepsilon_i \in (0.1,\ 5.0)$$

设定资产质量标准：$4.0<\varepsilon_i \leqslant 5.0$，资产品质很好；$3.0<\varepsilon_i \leqslant 4.0$，资产品质较好；$2.0<\varepsilon_i \leqslant 3.0$，资产品质一般；$1.0<\varepsilon_i \leqslant 2.0$，资产品质较差；$0.1<\varepsilon_i \leqslant 1.0$，资产品质很差。

负债质量系数：把该系统资产负债要素总分值 $y_i$ 与其负债指标总数 $\sum n_k$ 之比定义为该系统资产质量系数 $\gamma_i$（$i=1$，2，3），用以反映每一个负债的相对质量，即

$$\gamma_i = y_i / \sum n_k,\ \gamma_i \in (-5.0,\ -0.1)$$

设定负债质量标准：$-5.0<\gamma_i \leqslant -4.0$，负债品质很差；$-4.0<\gamma_i \leqslant -3.0$，负债品质较差；$-3.0<\gamma_i \leqslant -2.0$，负债品质一般；$-2.0<\gamma_i \leqslant -1.0$，负债品质较好；$-1.0<\gamma_i \leqslant -0.1$，负债品质很好。

### （五）资产比较优势（净资产）的计算

把某项系统的相对资产与该项系统的相对负债之和作为该项支持指数的净资产，又称“比较优势能力”$A_i$：

$$A_i = X_i + Y_i \qquad (i = 1,\ 2,\ 3,\ \cdots,\ 50)$$

进而，把三大系统分别揭示的“相对资产”与“相对负债”综合到总体层次上，便形成了总体层次上的新型城市化水平的“相对总资产”与“相对总负债”，从而可以获得城市

的“总净资产量”$S$，即又称“总体比较优势能力”：

$$S = [\sum x_i/(5.0 \times 50) - \sum y_i/(5.0 \times 50)] \times 100\%$$

## 四、新型城市化的资产负债类型划分

新型城市化的资产负债类型具有不同的表现，初步归纳为以下 5 类 9 种。

第一类为简单识别型，分为简单资产型（图 7-13）和简单负债型（图 7-14）。

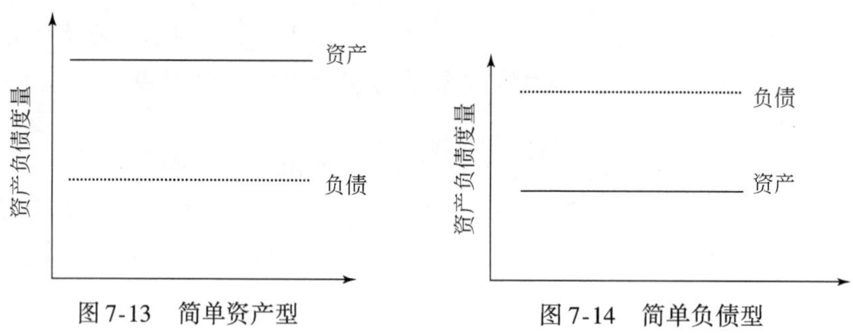


图 7-13　简单资产型　　图 7-14　简单负债型

第二类为基层识别型，分为基层资产型（图 7-15）和基层负债型（图 7-16）。

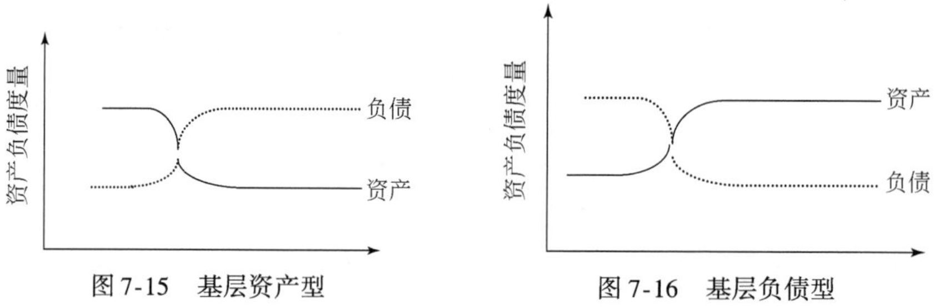


图 7-15　基层资产型　　图 7-16　基层负债型

第三类为中层识别型，分为中层资产型（图 7-17）和中层负债型（图 7-18）。

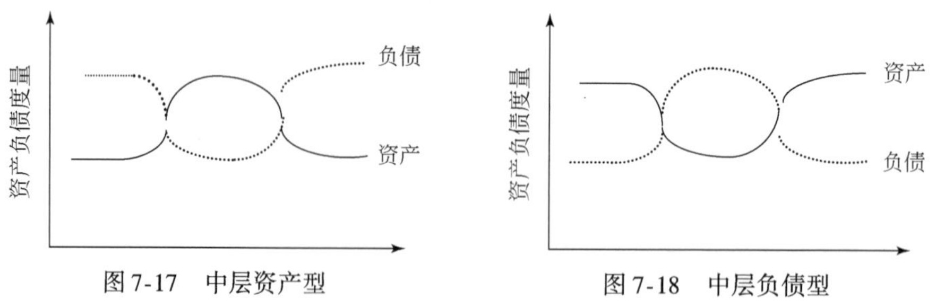


图 7-17　中层资产型　　图 7-18　中层负债型

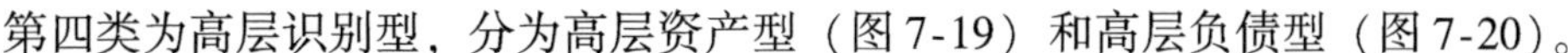
第四类为高层识别型，分为高层资产型（图 7-19）和高层负债型（图 7-20）。

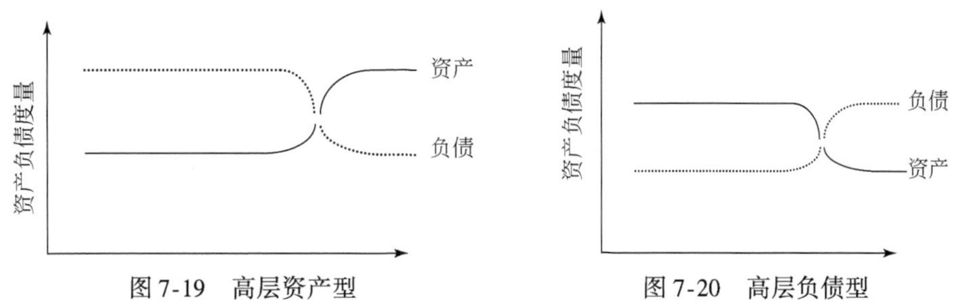

图 7-19　高层资产型　　图 7-20　高层负债型

第五类为随机识别型（图 7-21）。

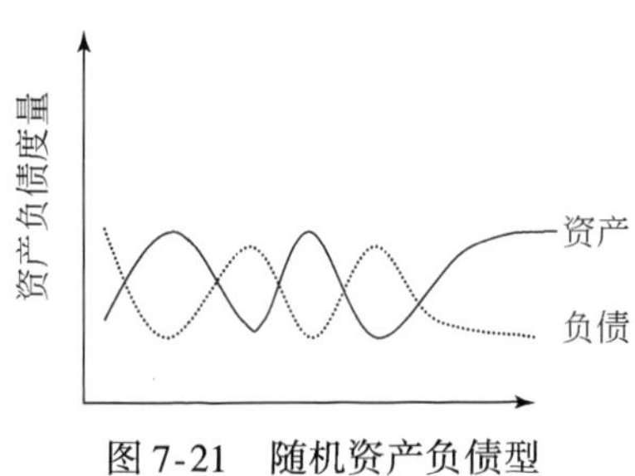

图 7-21　随机资产负债型

## 五、中国新型城市化综合资产负债分析

利用新型城市化资产负债表即可对中国 50 个城市的新型城市化水平作出相应的数值判断。其基本思想是用对应的相对资产和相对负债相互抵消的净资产，作为新型城市化水平“质”的表征。该报告对新型城市化水平及其三大系统的资产负债进行分析，结果见表 7-15 ~ 表 7-18，图 7-22 ~ 图 7-25。

**表 7-15　中国新型城市化水平资产负债表**

| 城　市 | 相对资产/% | 相对负债/% | 相对净资产/% | 资产质量系数 | 负债质量系数 |
|---|---|---|---|---|---|
| 北　京 | 91. 52 | -10. 48 | 81. 04 | 4. 58 | -0. 52 |
| 天　津 | 90. 76 | -11. 24 | 79. 52 | 4. 54 | -0. 56 |
| 石家庄 | 45. 28 | -56. 72 | -11. 44 | 2. 26 | -2. 84 |
| 唐　山 | 57. 76 | -44. 24 | 13. 52 | 2. 89 | -2. 21 |
| 太　原 | 29. 68 | -72. 32 | -42. 64 | 1. 48 | -3. 62 |
| 呼和浩特 | 33. 88 | -68. 12 | -34. 24 | 1. 69 | -3. 41 |
| 包　头 | 41. 40 | -60. 60 | -19. 20 | 2. 07 | -3. 03 |
| 沈　阳 | 70. 40 | -31. 60 | 38. 80 | 3. 52 | -1. 58 |
| 大　连 | 71. 44 | -30. 56 | 40. 88 | 3. 57 | -1. 53 |

续表

| 城　市 | 相对资产/% | 相对负债/% | 相对净资产/% | 资产质量系数 | 负债质量系数 |
|---|---|---|---|---|---|
| 长　春 | 51. 60 | -50. 40 | 1. 20 | 2. 58 | -2. 52 |
| 哈尔滨 | 45. 80 | -56. 20 | -10. 40 | 2. 29 | -2. 81 |
| 大　庆 | 50. 48 | -51. 52 | -1. 04 | 2. 52 | -2. 58 |
| 上　海 | 91. 12 | -10. 88 | 80. 24 | 4. 56 | -0. 54 |
| 南　京 | 73. 84 | -28. 16 | 45. 68 | 3. 69 | -1. 41 |
| 无　锡 | 74. 64 | -27. 36 | 47. 28 | 3. 73 | -1. 37 |
| 苏　州 | 84. 52 | -17. 48 | 67. 04 | 4. 23 | -0. 87 |
| 南　通 | 47. 56 | -54. 44 | -6. 88 | 2. 38 | -2. 72 |
| 杭　州 | 75. 32 | -26. 68 | 48. 64 | 3. 77 | -1. 33 |
| 宁　波 | 66. 52 | -35. 48 | 31. 04 | 3. 33 | -1. 77 |
| 温　州 | 36. 80 | -65. 20 | -28. 40 | 1. 84 | -3. 26 |
| 合　肥 | 45. 36 | -56. 64 | -11. 28 | 2. 27 | -2. 83 |
| 福　州 | 47. 84 | -54. 16 | -6. 32 | 2. 39 | -2. 71 |
| 厦　门 | 43. 24 | -58. 76 | -15. 52 | 2. 16 | -2. 94 |
| 南　昌 | 36. 96 | -65. 04 | -28. 08 | 1. 85 | -3. 25 |
| 济　南 | 53. 64 | -48. 36 | 5. 28 | 2. 68 | -2. 42 |
| 青　岛 | 73. 96 | -28. 04 | 45. 92 | 3. 70 | -1. 40 |
| 烟　台 | 57. 72 | -44. 28 | 13. 44 | 2. 89 | -2. 21 |
| 威　海 | 30. 64 | -71. 36 | -40. 72 | 1. 53 | -3. 57 |
| 郑　州 | 57. 68 | -44. 32 | 13. 36 | 2. 88 | -2. 22 |
| 洛　阳 | 30. 56 | -71. 44 | -40. 88 | 1. 53 | -3. 57 |
| 武　汉 | 77. 60 | -24. 40 | 53. 20 | 3. 88 | -1. 22 |
| 长　沙 | 67. 48 | -34. 52 | 32. 96 | 3. 37 | -1. 73 |
| 广　州 | 86. 24 | -15. 76 | 70. 48 | 4. 31 | -0. 79 |
| 深　圳 | 85. 00 | -17. 00 | 68. 00 | 4. 25 | -0. 85 |
| 东　莞 | 61. 60 | -40. 40 | 21. 20 | 3. 08 | -2. 02 |
| 中　山 | 35. 28 | -66. 72 | -31. 44 | 1. 76 | -3. 34 |
| 南　宁 | 28. 04 | -73. 96 | -45. 92 | 1. 40 | -3. 70 |
| 桂　林 | 16. 32 | -85. 68 | -69. 36 | 0. 82 | -4. 28 |
| 北　海 | 8. 44 | -93. 56 | -85. 12 | 0. 42 | -4. 68 |
| 海　口 | 11. 32 | -90. 68 | -79. 36 | 0. 57 | -4. 53 |
| 重　庆 | 76. 96 | -25. 04 | 51. 92 | 3. 85 | -1. 25 |

续表

| 城 市 | 相对资产/% | 相对负债/% | 相对净资产/% | 资产质量系数 | 负债质量系数 |
|---|---|---|---|---|---|
| 成 都 | 88.20 | -13.80 | 74.40 | 4.41 | -0.69 |
| 贵 阳 | 23.28 | -78.72 | -55.44 | 1.16 | -3.94 |
| 昆 明 | 39.44 | -62.56 | -23.12 | 1.97 | -3.13 |
| 拉 萨 | — | — | — | — | — |
| 西 安 | 47.16 | -54.84 | -7.68 | 2.36 | -2.74 |
| 兰 州 | 22.44 | -79.56 | -57.12 | 1.12 | -3.98 |
| 西 宁 | 14.28 | -87.72 | -73.44 | 0.71 | -4.39 |
| 银 川 | 20.56 | -81.44 | -60.88 | 1.03 | -4.07 |
| 乌鲁木齐 | 30.44 | -71.56 | -41.12 | 1.52 | -3.58 |

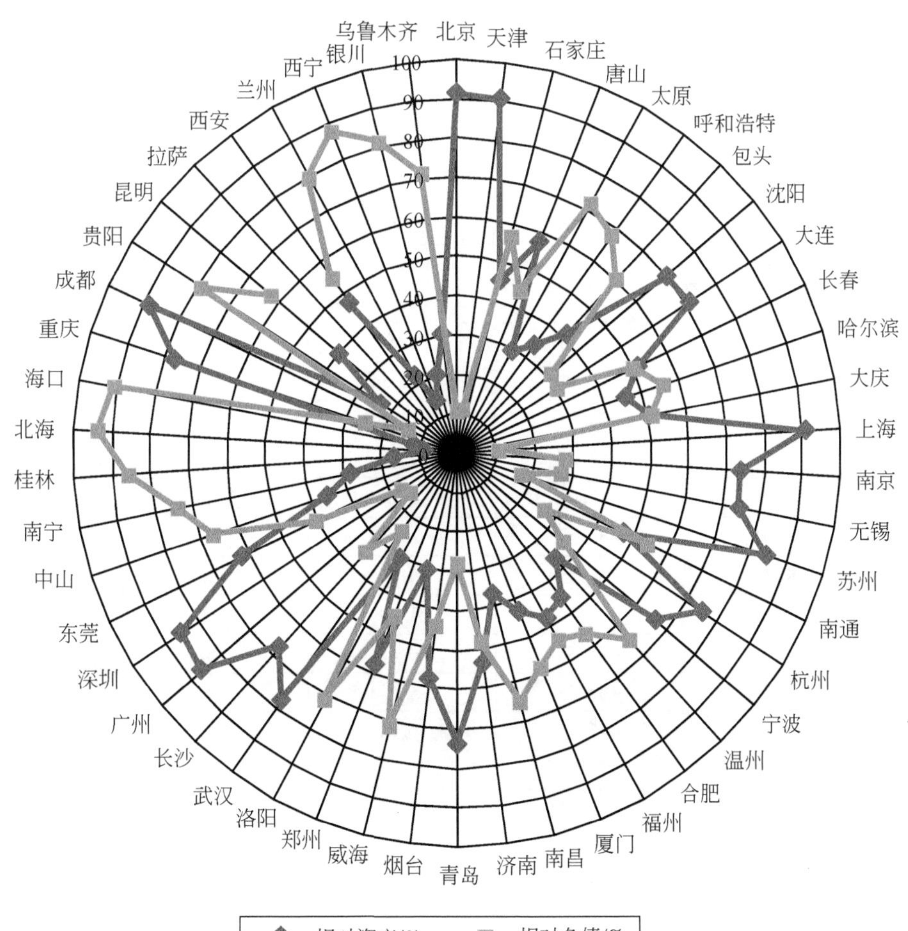


图 7-22 中国新型城市化水平资产负债图

**表 7-16　中国新型城市化发展动力系统资产负债表**

| 城　市 | 相对资产/% | 相对负债/% | 相对净资产/% | 资产质量系数 | 负债质量系数 |
|---|---|---|---|---|---|
| 北　京 | 87.33 | -14.67 | 72.66 | 4.37 | -0.73 |
| 天　津 | 91.33 | -10.67 | 80.66 | 4.57 | -0.53 |
| 石家庄 | 42.92 | -59.08 | -16.16 | 2.15 | -2.95 |
| 唐　山 | 55.42 | -46.58 | 8.84 | 2.77 | -2.33 |
| 太　原 | 31.50 | -70.50 | -39.00 | 1.58 | -3.53 |
| 呼和浩特 | 36.50 | -65.50 | -29.00 | 1.83 | -3.28 |
| 包　头 | 44.33 | -57.67 | -13.34 | 2.22 | -2.88 |
| 沈　阳 | 69.42 | -32.58 | 36.84 | 3.47 | -1.63 |
| 大　连 | 69.58 | -32.42 | 37.16 | 3.48 | -1.62 |
| 长　春 | 52.33 | -49.67 | 2.66 | 2.62 | -2.48 |
| 哈尔滨 | 41.33 | -60.67 | -19.34 | 2.07 | -3.03 |
| 大　庆 | 53.92 | -48.08 | 5.84 | 2.70 | -2.40 |
| 上　海 | 86.00 | -16.00 | 70.00 | 4.30 | -0.80 |
| 南　京 | 76.17 | -25.83 | 50.34 | 3.81 | -1.29 |
| 无　锡 | 74.67 | -27.33 | 47.34 | 3.73 | -1.37 |
| 苏　州 | 88.25 | -13.75 | 74.50 | 4.41 | -0.69 |
| 南　通 | 45.00 | -57.00 | -12.00 | 2.25 | -2.85 |
| 杭　州 | 75.75 | -26.25 | 49.50 | 3.79 | -1.31 |
| 宁　波 | 67.75 | -34.25 | 33.50 | 3.39 | -1.71 |
| 温　州 | 34.83 | -67.17 | -32.34 | 1.74 | -3.36 |
| 合　肥 | 44.17 | -57.83 | -13.66 | 2.21 | -2.89 |
| 福　州 | 48.33 | -53.67 | -5.34 | 2.42 | -2.68 |
| 厦　门 | 48.00 | -54.00 | -6.00 | 2.40 | -2.70 |
| 南　昌 | 37.75 | -64.25 | -26.50 | 1.89 | -3.21 |
| 济　南 | 50.42 | -51.58 | -1.16 | 2.52 | -2.58 |
| 青　岛 | 71.92 | -30.08 | 41.84 | 3.60 | -1.50 |
| 烟　台 | 56.33 | -45.67 | 10.66 | 2.82 | -2.28 |
| 威　海 | 32.25 | -69.75 | -37.50 | 1.61 | -3.49 |
| 郑　州 | 56.42 | -45.58 | 10.84 | 2.82 | -2.28 |
| 洛　阳 | 30.50 | -71.50 | -41.00 | 1.53 | -3.58 |
| 武　汉 | 77.08 | -24.92 | 52.16 | 3.85 | -1.25 |
| 长　沙 | 66.17 | -35.83 | 30.34 | 3.31 | -1.79 |
| 广　州 | 89.08 | -12.92 | 76.16 | 4.45 | -0.65 |
| 深　圳 | 88.33 | -13.67 | 74.66 | 4.42 | -0.68 |
| 东　莞 | 70.75 | -31.25 | 39.50 | 3.54 | -1.56 |
| 中　山 | 39.08 | -62.92 | -23.84 | 1.95 | -3.15 |
| 南　宁 | 26.25 | -75.75 | -49.50 | 1.31 | -3.79 |
| 桂　林 | 15.50 | -86.50 | -71.00 | 0.78 | -4.33 |
| 北　海 | 8.00 | -94.00 | -86.00 | 0.40 | -4.70 |

续表

| 城　市 | 相对资产/% | 相对负债/% | 相对净资产/% | 资产质量系数 | 负债质量系数 |
|---|---|---|---|---|---|
| 海　口 | 11.50 | -90.50 | -79.00 | 0.58 | -4.53 |
| 重　庆 | 70.75 | -31.25 | 39.50 | 3.54 | -1.56 |
| 成　都 | 87.92 | -14.08 | 73.84 | 4.40 | -0.70 |
| 贵　阳 | 24.33 | -77.67 | -53.34 | 1.22 | -3.88 |
| 昆　明 | 40.00 | -62.00 | -22.00 | 2.00 | -3.10 |
| 拉　萨 | — | — | — | — | — |
| 西　安 | 48.33 | -53.67 | -5.34 | 2.42 | -2.68 |
| 兰　州 | 21.83 | -80.17 | -58.34 | 1.09 | -4.01 |
| 西　宁 | 11.08 | -90.92 | -79.84 | 0.55 | -4.55 |
| 银　川 | 19.42 | -82.58 | -63.16 | 0.97 | -4.13 |
| 乌鲁木齐 | 32.17 | -69.83 | -37.66 | 1.61 | -3.49 |

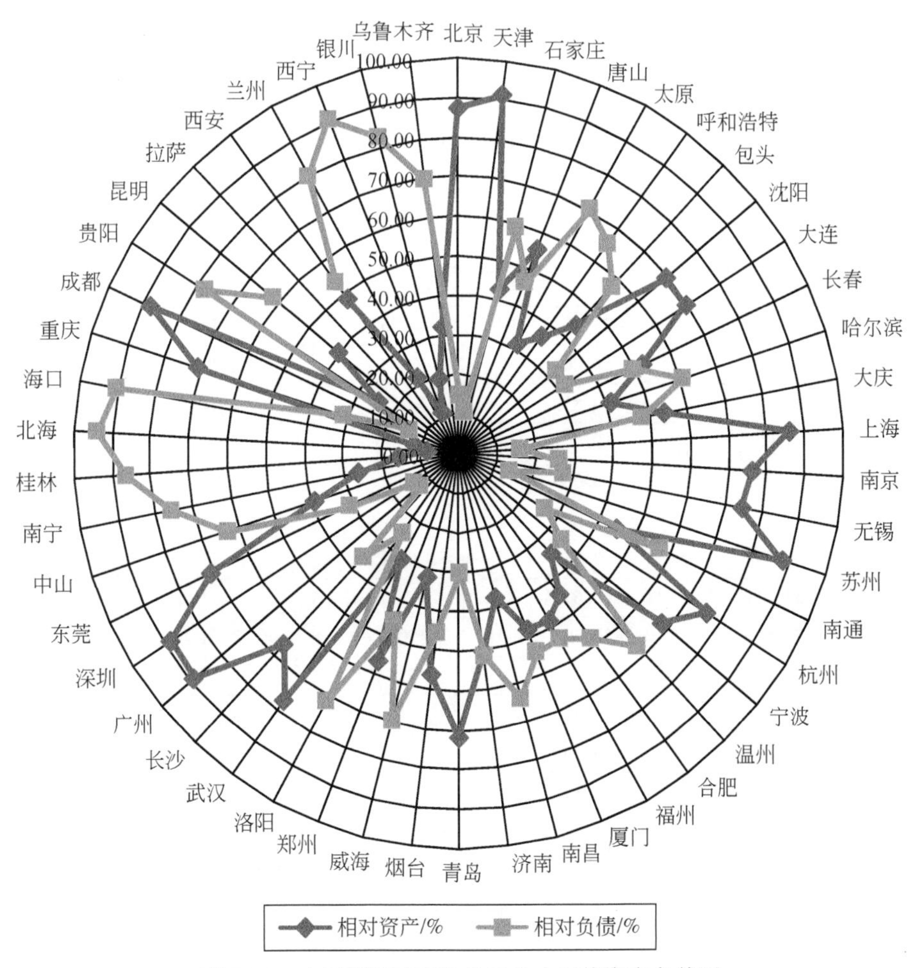


图 7-23　中国新型城市化发展动力系统资产负债图

表 7-17　中国新型城市化发展质量系统资产负债表

| 城　市 | 相对资产/% | 相对负债/% | 相对净资产/% | 资产质量系数 | 负债质量系数 |
|---|---|---|---|---|---|
| 北　京 | 96.83 | -5.17 | 91.66 | 4.84 | -0.26 |
| 天　津 | 88.17 | -13.83 | 74.34 | 4.41 | -0.69 |
| 石家庄 | 42.67 | -59.33 | -16.66 | 2.13 | -2.97 |
| 唐　山 | 54.17 | -47.83 | 6.34 | 2.71 | -2.39 |
| 太　原 | 28.50 | -73.50 | -45.00 | 1.43 | -3.68 |
| 呼和浩特 | 29.67 | -72.33 | -42.66 | 1.48 | -3.62 |
| 包　头 | 42.17 | -59.83 | -17.66 | 2.11 | -2.99 |
| 沈　阳 | 72.17 | -29.83 | 42.34 | 3.61 | -1.49 |
| 大　连 | 74.67 | -27.33 | 47.34 | 3.73 | -1.37 |
| 长　春 | 46.33 | -55.67 | -9.34 | 2.32 | -2.78 |
| 哈尔滨 | 47.67 | -54.33 | -6.66 | 2.38 | -2.72 |
| 大　庆 | 52.17 | -49.83 | 2.34 | 2.61 | -2.49 |
| 上　海 | 97.00 | -5.00 | 92.00 | 4.85 | -0.25 |
| 南　京 | 72.67 | -29.33 | 43.34 | 3.63 | -1.47 |
| 无　锡 | 78.33 | -23.67 | 54.66 | 3.92 | -1.18 |
| 苏　州 | 86.83 | -15.17 | 71.66 | 4.34 | -0.76 |
| 南　通 | 50.33 | -51.67 | -1.34 | 2.52 | -2.58 |
| 杭　州 | 77.67 | -24.33 | 53.34 | 3.88 | -1.22 |
| 宁　波 | 69.17 | -32.83 | 36.34 | 3.46 | -1.64 |
| 温　州 | 38.33 | -63.67 | -25.34 | 1.92 | -3.18 |
| 合　肥 | 48.67 | -53.33 | -4.66 | 2.43 | -2.67 |
| 福　州 | 48.00 | -54.00 | -6.00 | 2.40 | -2.70 |
| 厦　门 | 42.17 | -59.83 | -17.66 | 2.11 | -2.99 |
| 南　昌 | 34.00 | -68.00 | -34.00 | 1.70 | -3.40 |
| 济　南 | 59.00 | -43.00 | 16.00 | 2.95 | -2.15 |
| 青　岛 | 77.17 | -24.83 | 52.34 | 3.86 | -1.24 |
| 烟　台 | 59.67 | -42.33 | 17.34 | 2.98 | -2.12 |
| 威　海 | 32.33 | -69.67 | -37.34 | 1.62 | -3.48 |
| 郑　州 | 51.50 | -50.50 | 1.00 | 2.58 | -2.53 |
| 洛　阳 | 24.83 | -77.17 | -52.34 | 1.24 | -3.86 |
| 武　汉 | 75.50 | -26.50 | 49.00 | 3.78 | -1.33 |
| 长　沙 | 66.00 | -36.00 | 30.00 | 3.30 | -1.80 |
| 广　州 | 90.17 | -11.83 | 78.34 | 4.51 | -0.59 |
| 深　圳 | 85.33 | -16.67 | 68.66 | 4.27 | -0.83 |
| 东　莞 | 58.17 | -43.83 | 14.34 | 2.91 | -2.19 |
| 中　山 | 33.17 | -68.83 | -35.66 | 1.66 | -3.44 |
| 南　宁 | 29.00 | -73.00 | -44.00 | 1.45 | -3.65 |
| 桂　林 | 15.50 | -86.50 | -71.00 | 0.78 | -4.33 |
| 北　海 | 8.17 | -93.83 | -85.66 | 0.41 | -4.69 |

续表

| 城　市 | 相对资产/% | 相对负债/% | 相对净资产/% | 资产质量系数 | 负债质量系数 |
|---|---|---|---|---|---|
| 海　口 | 11.67 | -90.33 | -78.66 | 0.58 | -4.52 |
| 重　庆 | 77.83 | -24.17 | 53.66 | 3.89 | -1.21 |
| 成　都 | 92.00 | -10.00 | 82.00 | 4.60 | -0.50 |
| 贵　阳 | 21.83 | -80.17 | -58.34 | 1.09 | -4.01 |
| 昆　明 | 37.83 | -64.17 | -26.34 | 1.89 | -3.21 |
| 拉　萨 | — | — | — | — | — |
| 西　安 | 40.33 | -61.67 | -21.34 | 2.02 | -3.08 |
| 兰　州 | 19.50 | -82.50 | -63.00 | 0.98 | -4.13 |
| 西　宁 | 14.33 | -87.67 | -73.34 | 0.72 | -4.38 |
| 银　川 | 21.50 | -80.50 | -59.00 | 1.08 | -4.03 |
| 乌鲁木齐 | 27.33 | -74.67 | -47.34 | 1.37 | -3.73 |

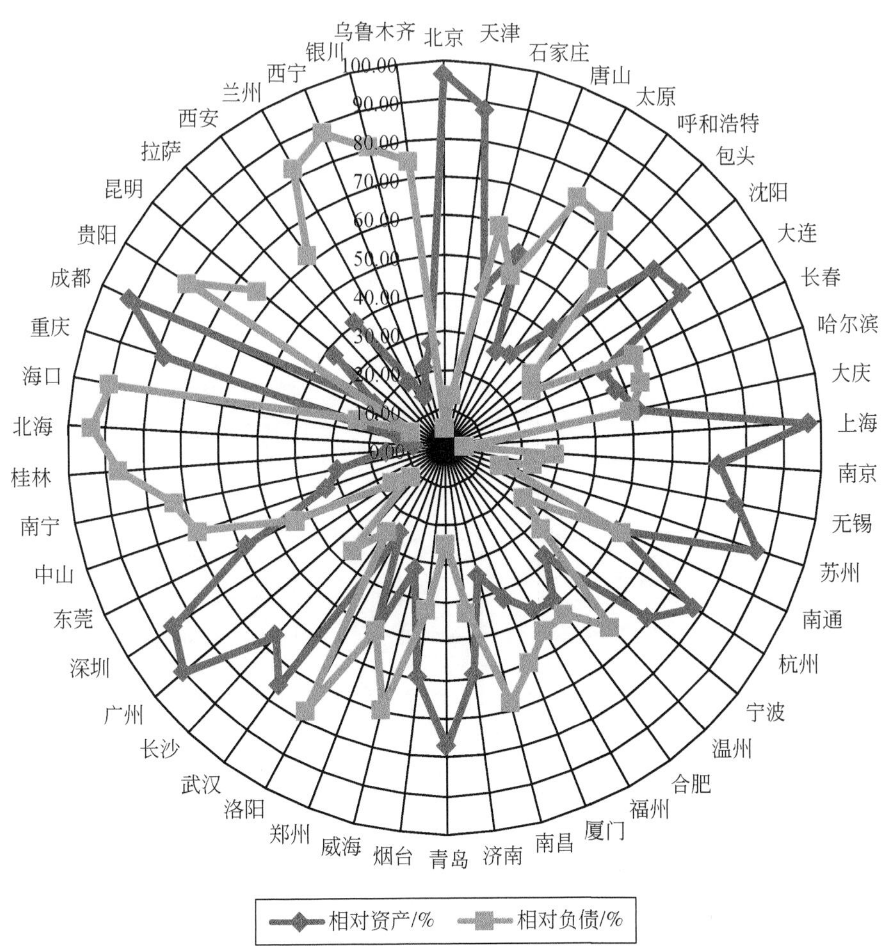


图 7-24　中国新型城市化发展质量系统资产负债图

**表 7-18　中国新型城市化发展公平系统资产负债表**

| 城　市 | 相对资产/% | 相对负债/% | 相对净资产/% | 资产质量系数 | 负债质量系数 |
|---|---|---|---|---|---|
| 北　京 | 94.14 | -7.86 | 86.28 | 4.71 | -0.39 |
| 天　津 | 92.00 | -10.00 | 82.00 | 4.60 | -0.50 |
| 石家庄 | 51.57 | -50.43 | 1.14 | 2.58 | -2.52 |
| 唐　山 | 64.86 | -37.14 | 27.72 | 3.24 | -1.86 |
| 太　原 | 27.57 | -74.43 | -46.86 | 1.38 | -3.72 |
| 呼和浩特 | 33.00 | -69.00 | -36.00 | 1.65 | -3.45 |
| 包　头 | 35.71 | -66.29 | -30.58 | 1.79 | -3.31 |
| 沈　阳 | 70.57 | -31.43 | 39.14 | 3.53 | -1.57 |
| 大　连 | 71.86 | -30.14 | 41.72 | 3.59 | -1.51 |
| 长　春 | 54.86 | -47.14 | 7.72 | 2.74 | -2.36 |
| 哈尔滨 | 51.86 | -50.14 | 1.72 | 2.59 | -2.51 |
| 大　庆 | 43.14 | -58.86 | -15.72 | 2.16 | -2.94 |
| 上　海 | 94.86 | -7.14 | 87.72 | 4.74 | -0.36 |
| 南　京 | 70.86 | -31.14 | 39.72 | 3.54 | -1.56 |
| 无　锡 | 71.43 | -30.57 | 40.86 | 3.57 | -1.53 |
| 苏　州 | 76.14 | -25.86 | 50.28 | 3.81 | -1.29 |
| 南　通 | 49.57 | -52.43 | -2.86 | 2.48 | -2.62 |
| 杭　州 | 72.57 | -29.43 | 43.14 | 3.63 | -1.47 |
| 宁　波 | 62.14 | -39.86 | 22.28 | 3.11 | -1.99 |
| 温　州 | 38.86 | -63.14 | -24.28 | 1.94 | -3.16 |
| 合　肥 | 44.57 | -57.43 | -12.86 | 2.23 | -2.87 |
| 福　州 | 46.86 | -55.14 | -8.28 | 2.34 | -2.76 |
| 厦　门 | 36.00 | -66.00 | -30.00 | 1.80 | -3.30 |
| 南　昌 | 38.14 | -63.86 | -25.72 | 1.91 | -3.19 |
| 济　南 | 54.57 | -47.43 | 7.14 | 2.73 | -2.37 |
| 青　岛 | 74.71 | -27.29 | 47.42 | 3.74 | -1.36 |
| 烟　台 | 58.43 | -43.57 | 14.86 | 2.92 | -2.18 |
| 威　海 | 26.43 | -75.57 | -49.14 | 1.32 | -3.78 |
| 郑　州 | 65.14 | -36.86 | 28.28 | 3.26 | -1.84 |
| 洛　阳 | 35.57 | -66.43 | -30.86 | 1.78 | -3.32 |
| 武　汉 | 80.29 | -21.71 | 58.58 | 4.01 | -1.09 |
| 长　沙 | 71.00 | -31.00 | 40.00 | 3.55 | -1.55 |
| 广　州 | 78.00 | -24.00 | 54.00 | 3.90 | -1.20 |
| 深　圳 | 79.00 | -23.00 | 56.00 | 3.95 | -1.15 |
| 东　莞 | 48.86 | -53.14 | -4.28 | 2.44 | -2.66 |
| 中　山 | 30.57 | -71.43 | -40.86 | 1.53 | -3.57 |
| 南　宁 | 30.29 | -71.71 | -41.42 | 1.51 | -3.59 |
| 桂　林 | 18.43 | -83.57 | -65.14 | 0.92 | -4.18 |
| 北　海 | 9.43 | -92.57 | -83.14 | 0.47 | -4.63 |

续表

| 城　市 | 相对资产/% | 相对负债/% | 相对净资产/% | 资产质量系数 | 负债质量系数 |
|---|---|---|---|---|---|
| 海　口 | 10.71 | -91.29 | -80.58 | 0.54 | -4.56 |
| 重　庆 | 86.86 | -15.14 | 71.72 | 4.34 | -0.76 |
| 成　都 | 85.43 | -16.57 | 68.86 | 4.27 | -0.83 |
| 贵　阳 | 22.71 | -79.29 | -56.58 | 1.14 | -3.96 |
| 昆　明 | 39.86 | -62.14 | -22.28 | 1.99 | -3.11 |
| 拉　萨 | — | — | — | — | — |
| 西　安 | 51.00 | -51.00 | 0.00 | 2.55 | -2.55 |
| 兰　州 | 26.00 | -76.00 | -50.00 | 1.30 | -3.80 |
| 西　宁 | 19.71 | -82.29 | -62.58 | 0.99 | -4.11 |
| 银　川 | 21.71 | -80.29 | -58.58 | 1.09 | -4.01 |
| 乌鲁木齐 | 30.14 | -71.86 | -41.72 | 1.51 | -3.59 |

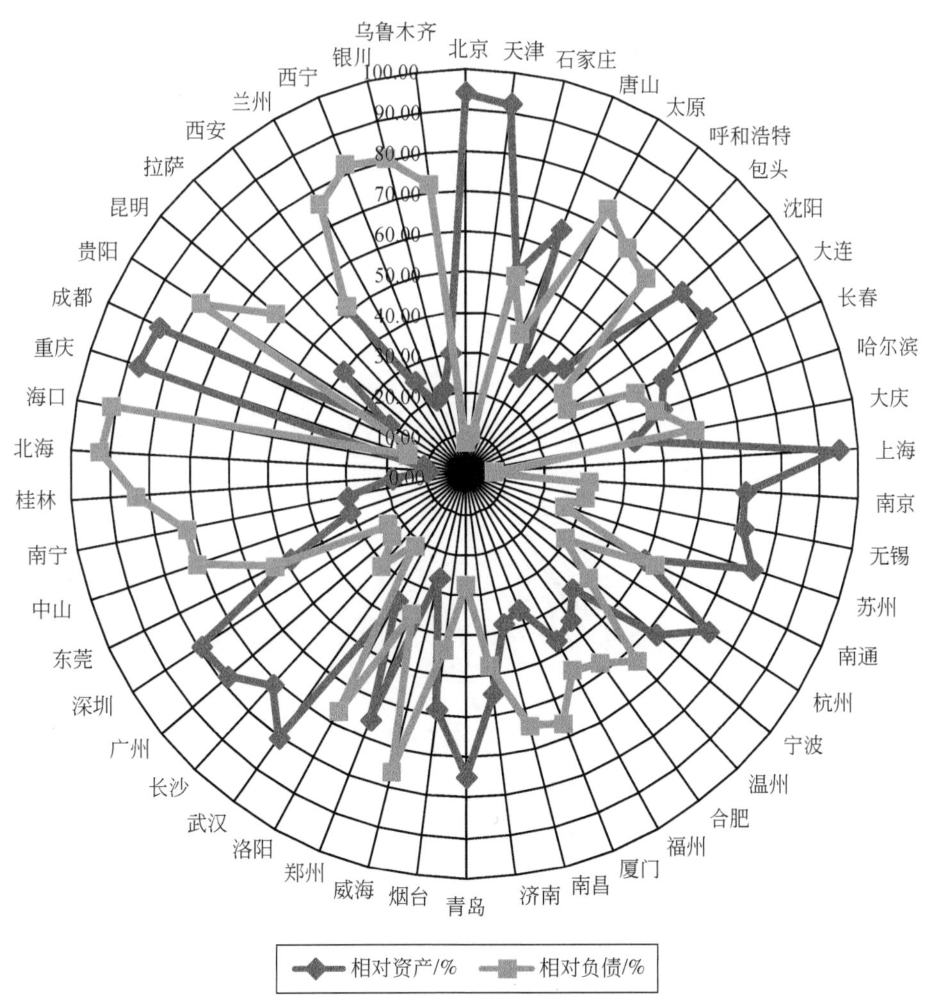


图 7-25　中国新型城市化发展公平系统资产负债图

# 六、中国新型城市化分市资产负债分析

## （一）北京市新型城市化水平资产负债分析

1）城乡发展动力系统：在总数 24 个源指标中，资产累计得分为 104. 80，相对资产为 87. 33%，资产质量系数为 4. 37，表明资产质量优良。同时，负债累计得分为−17. 60，相对负债为−14. 67%，负债质量系数为−0. 73，表明负债质量很好。在该大项中，相对净资产为 72. 66%。

2）城乡发展质量系统：在总数 12 个源指标中，资产累计得分为 58. 10，相对资产为 96. 83%，资产质量系数为 4. 84，表明资产质量优良。同时，负债累计得分为−3. 10，相对负债为−5. 17%，负债质量系数为−0. 26，表明负债质量很好。在该大项中，相对净资产为 91. 66%。

3）城乡发展公平系统：在总数 14 个源指标中，资产累计得分为 65. 90，相对资产为 94. 15%，资产质量系数为 4. 71，表明资产质量优良。同时，负债累计得分为−5. 50，相对负债为−7. 86%，负债质量系数为−0. 39，表明负债质量很好。在该大项中，相对净资产为 86. 29%。

总计上述三大项，在总数 50 个源指标中，总资产累计得分为 228. 80，相对资产为 91. 52%，资产质量系数为 4. 58，表明资产质量优良。同时，负债累计得分为−26. 20，相对负债为−10. 48%，负债质量系数为−0. 52，表明负债质量很好。在该大项中，相对净资产为 81. 04%（图 7-26，表 7-19）。

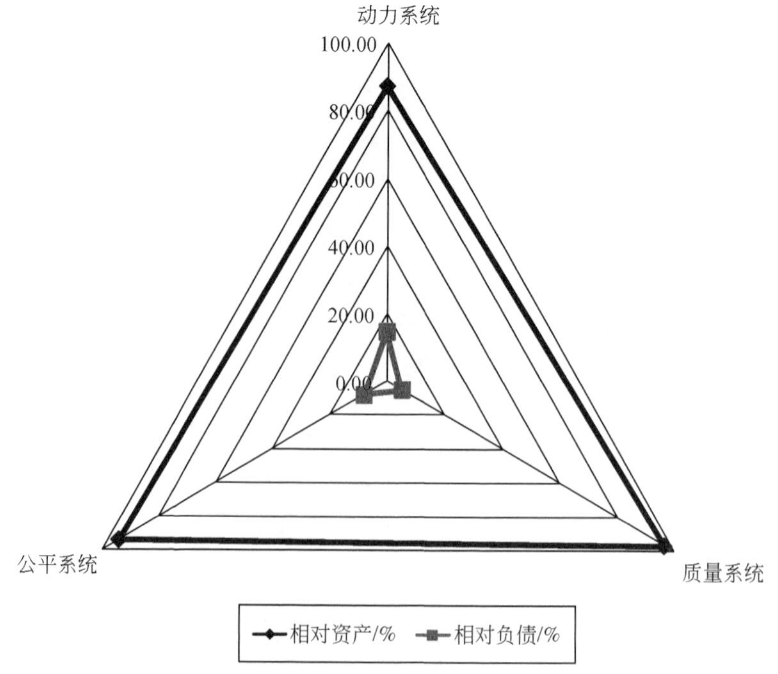


图 7-26　北京市新型城市化水平资产负债图

**表 7-19 北京市新型城市化水平资产负债表**

| 资产 | | | | | | | 三大系统 | | 负债 | | | | | | |
|---|---|---|---|---|---|---|---|---|---|---|---|---|---|---|---|
| 位次 | | 指标数 | 占指标总数/% | 指标分值 | 相对资产/% | 资产质量系数 | | | 位次 | | 指标数 | 占指标总数/% | 指标分值 | 相对负债/% | 负债质量系数 |
| 动力系统 | 1～5 | 18 | 75.00 | 86.7 | 72.25 | | 动力系统 | | 动力系统 | 1～5 | 18 | 75.00 | -5.10 | -4.25 | |
| | 6～10 | 2 | 8.33 | 8.9 | 7.42 | | | | | 6～10 | 2 | 8.33 | -1.30 | -1.08 | |
| | 11～15 | 1 | 4.17 | 3.7 | 3.08 | | 资产：负债 | | | 11～15 | 1 | 4.17 | -1.40 | -1.17 | |
| | 16～20 | 1 | 4.17 | 3.4 | 2.83 | | 87.33 | 14.67 | | 16～20 | 1 | 4.17 | -1.70 | -1.42 | |
| | 21～25 | 0 | 0.00 | 0.0 | 0.00 | | 相对净资产 | 72.66 | | 21～25 | 0 | 0.00 | 0.00 | 0.00 | |
| | 26～30 | 0 | 0.00 | 0.0 | 0.00 | | | | | 26～30 | 0 | 0.00 | 0.00 | 0.00 | |
| | 31～35 | 1 | 4.17 | 1.9 | 1.58 | | | | | 31～35 | 1 | 4.17 | -3.20 | -2.67 | |
| | 36～40 | 0 | 0.00 | 0.0 | 0.00 | | | | | 36～40 | 0 | 0.00 | 0.00 | 0.00 | |
| | 41～45 | 0 | 0.00 | 0.0 | 0.00 | | | | | 41～45 | 0 | 0.00 | 0.00 | 0.00 | |
| | 46～50 | 1 | 4.17 | 0.2 | 0.17 | | | | | 46～50 | 1 | 4.17 | -4.90 | -4.08 | |
| 合计 | | 24 | 100.00 | 104.8 | 87.33 | 4.37 | 24 | | 合计 | | 24 | 100.00 | -17.60 | -14.67 | -0.73 |
| 质量系统 | 1～5 | 10 | 83.33 | 49.1 | 81.33 | | 质量系统 | | 质量系统 | 1～5 | 10 | 83.33 | -1.90 | -3.17 | |
| | 6～10 | 2 | 16.67 | 9.0 | 15.00 | | | | | 6～10 | 2 | 16.67 | -1.20 | -2.00 | |
| | 11～15 | 0 | 0.00 | 0.0 | 0.00 | | 资产：负债 | | | 11～15 | 0 | 0.00 | 0.00 | 0.00 | |
| | 16～20 | 0 | 0.00 | 0.0 | 0.00 | | 96.83 | 5.17 | | 16～20 | 0 | 0.00 | 0.00 | 0.00 | |
| | 21～25 | 0 | 0.00 | 0.0 | 0.00 | | 相对净资产 | 91.66 | | 21～25 | 0 | 0.00 | 0.00 | 0.00 | |
| | 26～30 | 0 | 0.00 | 0.0 | 0.00 | | | | | 26～30 | 0 | 0.00 | 0.00 | 0.00 | |
| | 31～35 | 0 | 0.00 | 0.0 | 0.00 | | | | | 31～35 | 0 | 0.00 | 0.00 | 0.00 | |
| | 36～40 | 0 | 0.00 | 0.0 | 0.00 | | | | | 36～40 | 0 | 0.00 | 0.00 | 0.00 | |
| | 41～45 | 0 | 0.00 | 0.0 | 0.00 | | | | | 41～45 | 0 | 0.00 | 0.00 | 0.00 | |
| | 46～50 | 0 | 0.00 | 0.0 | 0.00 | | | | | 46～50 | 0 | 0.00 | 0.00 | 0.00 | |
| 合计 | | 12 | 100.00 | 58.1 | 96.83 | 4.84 | 12 | | 合计 | | 12 | 100.00 | -3.10 | -5.17 | -0.26 |
| 公平系统 | 1～5 | 11 | 78.57 | 54.1 | 77.29 | | 公平系统 | | 公平系统 | 1～5 | 11 | 78.57 | -2.00 | -2.86 | |
| | 6～10 | 1 | 7.14 | 4.5 | 6.43 | | | | | 6～10 | 1 | 7.14 | -0.60 | -0.86 | |
| | 11～15 | 2 | 14.29 | 7.3 | 10.43 | | 资产：负债 | | | 11～15 | 2 | 14.29 | -2.90 | -4.14 | |
| | 16～20 | 0 | 0.00 | 0.0 | 0.00 | | 94.15 | 7.86 | | 16～20 | 0 | 0.00 | 0.00 | 0.00 | |
| | 21～25 | 0 | 0.00 | 0.0 | 0.00 | | 相对净资产 | 86.29 | | 21～25 | 0 | 0.00 | 0.00 | 0.00 | |
| | 26～30 | 0 | 0.00 | 0.0 | 0.00 | | | | | 26～30 | 0 | 0.00 | 0.00 | 0.00 | |
| | 31～35 | 0 | 0.00 | 0.0 | 0.00 | | | | | 31～35 | 0 | 0.00 | 0.00 | 0.00 | |
| | 36～40 | 0 | 0.00 | 0.0 | 0.00 | | | | | 36～40 | 0 | 0.00 | 0.00 | 0.00 | |
| | 41～45 | 0 | 0.00 | 0.0 | 0.00 | | | | | 41～45 | 0 | 0.00 | 0.00 | 0.00 | |
| | 46～50 | 0 | 0.00 | 0.0 | 0.00 | | | | | 46～50 | 0 | 0.00 | 0.00 | 0.00 | |
| 合计 | | 14 | 100.00 | 65.9 | 94.15 | 4.71 | 14 | | 合计 | | 14 | 100.00 | -5.50 | -7.86 | -0.39 |
| 资产总指标数 | | | 占指标总数/% | 总资产分值 | 相对总资产/% | 总资产质量系数 | 相对总资产：相对总负债 | | 负债总指标数 | | | 占指标总数/% | 总负债分值 | 相对总负债/% | 总负债质量系数 |
| | | | | | | | 91.52 | 10.48 | | | | | | | |
| 50 | | | 100.00 | 228.8 | 91.52 | 4.58 | 相对净资产 | 81.04 | 50 | | | 100.00 | -26.20 | -10.48 | -0.52 |

### （二）天津市新型城市化水平资产负债分析

1）城乡发展动力系统：在总数 24 个源指标中，资产累计得分为 109. 60，相对资产为 91. 33%，资产质量系数为 4. 57，表明资产质量优良。同时，负债累计得分为 -12. 80，相对负债为 -10. 67%，负债质量系数为 -0. 53，表明负债质量很好。在该大项中，相对净资产为 80. 66%。

2）城乡发展质量系统：在总数 12 个源指标中，资产累计得分为 52. 90，相对资产为 88. 16%，资产质量系数为 4. 41，表明资产质量优良。同时，负债累计得分为 -8. 30，相对负债为 -13. 84%，负债质量系数为 -0. 69，表明负债质量很好。在该大项中，相对净资产为 74. 32%。

3）城乡发展公平系统：在总数 14 个源指标中，资产累计得分为 64. 40，相对资产为 92. 00%，资产质量系数为 4. 60，表明资产质量优良。同时，负债累计得分为 -7. 00，相对负债为 -10. 00%，负债质量系数为 -0. 50，表明负债质量很好。在该大项中，相对净资产为 82. 00%。

总计上述三大项，在总数 50 个源指标中，总资产累计得分为 226. 90，相对资产为 90. 76%，资产质量系数为 4. 54，表明资产质量优良。同时，负债累计得分为 -28. 10，相对负债为 -11. 24%，负债质量系数为 -0. 56，表明负债质量很好。在该大项中，相对净资产为 79. 52%（图 7-27，表 7-20）。

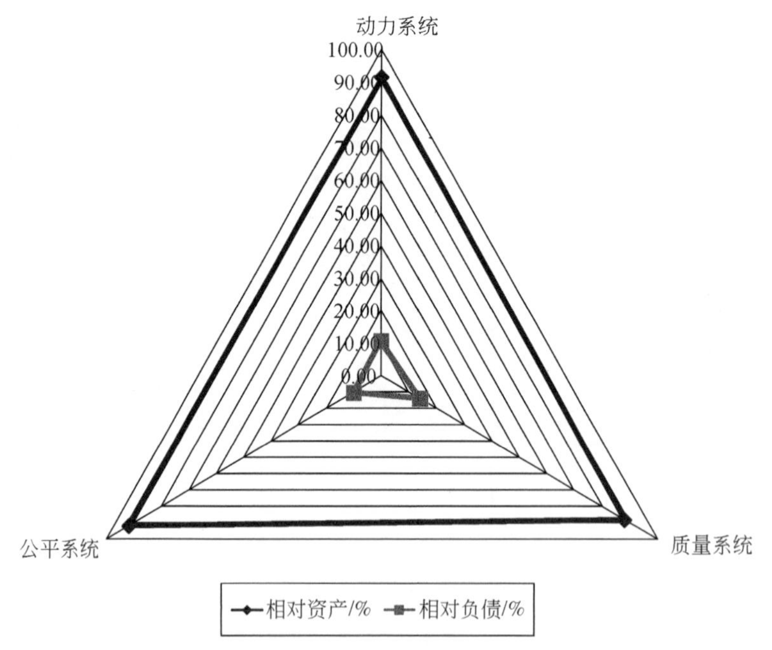


图 7-27　天津市新型城市化水平资产负债图

**表 7-20　天津市新型城市化水平资产负债表**

| 资产 | | | | | | | 三大系统 | | 负债 | | | | | | |
|---|---|---|---|---|---|---|---|---|---|---|---|---|---|---|---|
| 位次 | | 指标数 | 占指标总数/% | 指标分值 | 相对资产/% | 资产质量系数 | | | 位次 | | 指标数 | 占指标总数/% | 指标分值 | 相对负债/% | 负债质量系数 |
| 动力系统 | 1~5 | 15 | 62.50 | 71.2 | 59.33 | | 动力系统 | | 动力系统 | 1~5 | 15 | 62.50 | -5.30 | -4.42 | |
| | 6~10 | 8 | 33.33 | 34.9 | 29.08 | | | | | 6~10 | 8 | 33.33 | -5.90 | -4.92 | |
| | 11~15 | 0 | 0.00 | 0.0 | 0.00 | | 资产：负债 | | | 11~15 | 0 | 0.00 | 0.00 | 0.00 | |
| | 16~20 | 1 | 4.17 | 3.5 | 2.92 | | 91.33 | 10.67 | | 16~20 | 1 | 4.17 | -1.60 | -1.33 | |
| | 21~25 | 0 | 0.00 | 0.0 | 0.00 | | 相对净资产 | 80.66 | | 21~25 | 0 | 0.00 | 0.00 | 0.00 | |
| | 26~30 | 0 | 0.00 | 0.0 | 0.00 | | | | | 26~30 | 0 | 0.00 | 0.00 | 0.00 | |
| | 31~35 | 0 | 0.00 | 0.0 | 0.00 | | | | | 31~35 | 0 | 0.00 | 0.00 | 0.00 | |
| | 36~40 | 0 | 0.00 | 0.0 | 0.00 | | | | | 36~40 | 0 | 0.00 | 0.00 | 0.00 | |
| | 41~45 | 0 | 0.00 | 0.0 | 0.00 | | | | | 41~45 | 0 | 0.00 | 0.00 | 0.00 | |
| | 46~50 | 0 | 0.00 | 0.0 | 0.00 | | | | | 46~50 | 0 | 0.00 | 0.00 | 0.00 | |
| 合计 | | 24 | 100.00 | 109.6 | 91.33 | 4.57 | 24 | | 合计 | | 24 | 100.00 | -12.80 | -10.67 | -0.53 |
| 质量系统 | 1~5 | 9 | 75.00 | 41.9 | 69.83 | | 质量系统 | | 质量系统 | 1~5 | 9 | 75.00 | -4.00 | -6.67 | |
| | 6~10 | 1 | 8.33 | 4.3 | 7.17 | | | | | 6~10 | 1 | 8.33 | -0.80 | -1.33 | |
| | 11~15 | 1 | 8.33 | 3.8 | 6.33 | | 资产：负债 | | | 11~15 | 1 | 8.33 | -1.30 | -2.17 | |
| | 16~20 | 0 | 0.00 | 0.0 | 0.00 | | 88.16 | 13.84 | | 16~20 | 0 | 0.00 | 0.00 | 0.00 | |
| | 21~25 | 1 | 8.33 | 2.9 | 4.83 | | 相对净资产 | 74.32 | | 21~25 | 1 | 8.33 | -2.20 | -3.67 | |
| | 26~30 | 0 | 0.00 | 0.0 | 0.00 | | | | | 26~30 | 0 | 0.00 | 0.00 | 0.00 | |
| | 31~35 | 0 | 0.00 | 0.0 | 0.00 | | | | | 31~35 | 0 | 0.00 | 0.00 | 0.00 | |
| | 36~40 | 0 | 0.00 | 0.0 | 0.00 | | | | | 36~40 | 0 | 0.00 | 0.00 | 0.00 | |
| | 41~45 | 0 | 0.00 | 0.0 | 0.00 | | | | | 41~45 | 0 | 0.00 | 0.00 | 0.00 | |
| | 46~50 | 0 | 0.00 | 0.0 | 0.00 | | | | | 46~50 | 0 | 0.00 | 0.00 | 0.00 | |
| 合计 | | 12 | 100.00 | 52.9 | 88.16 | 4.41 | 12 | | 合计 | | 12 | 100.00 | -8.30 | -13.84 | -0.69 |
| 公平系统 | 1~5 | 9 | 64.29 | 42.6 | 60.86 | | 公平系统 | | 公平系统 | 1~5 | 9 | 64.29 | -3.30 | -4.71 | |
| | 6~10 | 5 | 35.71 | 21.8 | 31.14 | | | | | 6~10 | 5 | 35.71 | -3.70 | -5.29 | |
| | 11~15 | 0 | 0.00 | 0.0 | 0.00 | | 资产：负债 | | | 11~15 | 0 | 0.00 | 0.00 | 0.00 | |
| | 16~20 | 0 | 0.00 | 0.0 | 0.00 | | 92.00 | 10.00 | | 16~20 | 0 | 0.00 | 0.00 | 0.00 | |
| | 21~25 | 0 | 0.00 | 0.0 | 0.00 | | 相对净资产 | 82.00 | | 21~25 | 0 | 0.00 | 0.00 | 0.00 | |
| | 26~30 | 0 | 0.00 | 0.0 | 0.00 | | | | | 26~30 | 0 | 0.00 | 0.00 | 0.00 | |
| | 31~35 | 0 | 0.00 | 0.0 | 0.00 | | | | | 31~35 | 0 | 0.00 | 0.00 | 0.00 | |
| | 36~40 | 0 | 0.00 | 0.0 | 0.00 | | | | | 36~40 | 0 | 0.00 | 0.00 | 0.00 | |
| | 41~45 | 0 | 0.00 | 0.0 | 0.00 | | | | | 41~45 | 0 | 0.00 | 0.00 | 0.00 | |
| | 46~50 | 0 | 0.00 | 0.0 | 0.00 | | | | | 46~50 | 0 | 0.00 | 0.00 | 0.00 | |
| 合计 | | 14 | 100.00 | 64.4 | 92.00 | 4.60 | 14 | | 合计 | | 14 | 100.00 | -7.00 | -10.0 | -0.50 |
| 资产总指标数 | | | 占指标总数/% | 总资产分值 | 相对总资产/% | 总资产质量系数 | 相对总资产：相对总负债 | | 负债总指标数 | | | 占指标总数/% | 总负债分值 | 相对总负债/% | 总负债质量系数 |
| | | | | | | | 90.76 | 11.24 | | | | | | | |
| 50 | | | 100.00 | 226.9 | 90.76 | 4.54 | 相对净资产 | 79.52 | 50 | | | 100.00 | -28.10 | -11.24 | -0.56 |

### （三）石家庄市新型城市化水平资产负债分析

1）城乡发展动力系统：在总数 24 个源指标中，资产累计得分为 51.50，相对资产为 42.91%，资产质量系数为 2.15，表明资产质量一般。同时，负债累计得分为-70.90，相对负债为-59.09%，负债质量系数为-2.95，表明负债质量一般。在该大项中，相对净资产为-16.18%。

2）城乡发展质量系统：在总数 12 个源指标中，资产累计得分为 25.60，相对资产为 42.67%，资产质量系数为 2.13，表明资产质量一般。同时，负债累计得分为-35.60，相对负债为-59.33%，负债质量系数为-2.97，表明负债质量一般。在该大项中，相对净资产为-16.66%。

3）城乡发展公平系统：在总数 14 个源指标中，资产累计得分为 36.10，相对资产为 51.57%，资产质量系数为 2.58，表明资产质量一般。同时，负债累计得分为-35.30，相对负债为-50.44%，负债质量系数为-2.52，表明负债质量一般。在该大项中，相对净资产为 1.13%。

总计上述三大项，在总数 50 个源指标中，总资产累计得分为 113.20，相对资产为 45.28%，资产质量系数为 2.26，表明资产质量一般。同时，负债累计得分为-141.80，相对负债为-56.72%，负债质量系数为-2.84，表明负债质量一般。在该大项中，相对净资产为-11.44%（图 7-28，表 7-21）。

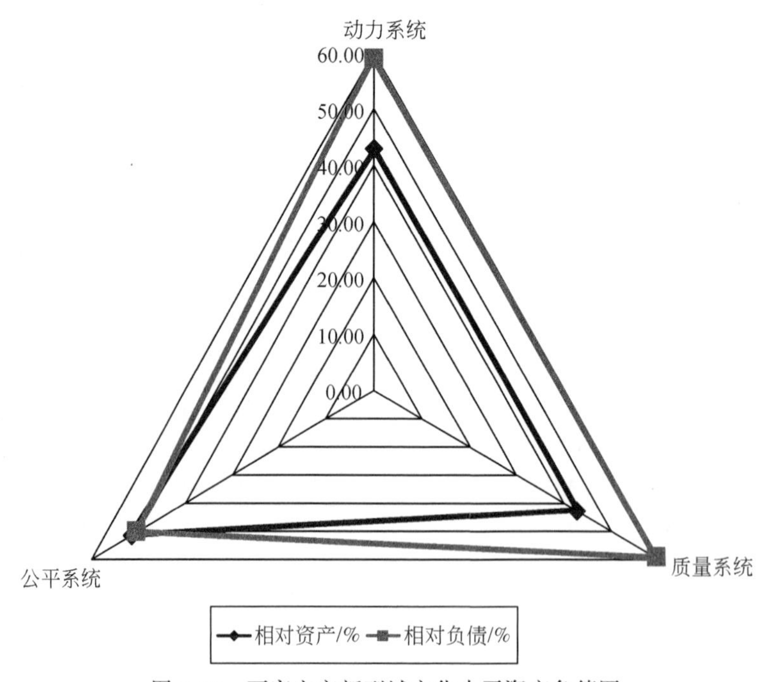


图 7-28　石家庄市新型城市化水平资产负债图

**表 7-21　石家庄市新型城市化水平资产负债表**

| 资产 | | | | | | | 三大系统 | | 负债 | | | | | | |
|---|---|---|---|---|---|---|---|---|---|---|---|---|---|---|---|
| 位次 | | 指标数 | 占指标总数/% | 指标分值 | 相对资产/% | 资产质量系数 | | | 位次 | | 指标数 | 占指标总数/% | 指标分值 | 相对负债/% | 负债质量系数 |
| 动力系统 | 1～5 | 0 | 0.00 | 0.0 | 0.00 | | 动力系统 | | 动力系统 | 1～5 | 0 | 0.00 | 0.00 | 0.00 | |
| | 6～10 | 0 | 0.00 | 0.0 | 0.00 | | | | | 6～10 | 0 | 0.00 | 0.00 | 0.00 | |
| | 11～15 | 0 | 0.00 | 0.0 | 0.00 | | 资产：负债 | | | 11～15 | 0 | 0.00 | 0.00 | 0.00 | |
| | 16～20 | 3 | 12.50 | 9.9 | 8.25 | | 42.91 | 59.09 | | 16～20 | 3 | 12.50 | -5.40 | -4.50 | |
| | 21～25 | 6 | 25.00 | 15.9 | 13.25 | | 相对净资产 | -16.18 | | 21～25 | 6 | 25.00 | -14.70 | -12.25 | |
| | 26～30 | 5 | 20.83 | 11.4 | 9.50 | | | | | 26～30 | 5 | 20.83 | -14.10 | -11.75 | |
| | 31～35 | 3 | 12.50 | 5.2 | 4.33 | | | | | 31～35 | 3 | 12.50 | -10.10 | -8.42 | |
| | 36～40 | 7 | 29.17 | 9.1 | 7.58 | | | | | 36～40 | 7 | 29.17 | -26.60 | -22.17 | |
| | 41～45 | 0 | 0.00 | 0.0 | 0.00 | | | | | 41～45 | 0 | 0.00 | 0.00 | 0.00 | |
| | 46～50 | 0 | 0.00 | 0.0 | 0.00 | | | | | 46～50 | 0 | 0.00 | 0.00 | 0.00 | |
| 合计 | | 24 | 100.00 | 51.5 | 42.91 | 2.15 | 24 | | 合计 | | 24 | 100.00 | -70.90 | -59.09 | -2.95 |
| 质量系统 | 1～5 | 0 | 0.00 | 0.0 | 0.00 | | 质量系统 | | 质量系统 | 1～5 | 0 | 0.00 | 0.00 | 0.00 | |
| | 6～10 | 0 | 0.00 | 0.0 | 0.00 | | | | | 6～10 | 0 | 0.00 | 0.00 | 0.00 | |
| | 11～15 | 0 | 0.00 | 0.0 | 0.00 | | 资产：负债 | | | 11～15 | 0 | 0.00 | 0.00 | 0.00 | |
| | 16～20 | 1 | 8.33 | 3.1 | 5.17 | | 42.67 | 59.33 | | 16～20 | 1 | 8.33 | -2.00 | -3.33 | |
| | 21～25 | 4 | 33.33 | 11.2 | 18.67 | | 相对净资产 | -16.66 | | 21～25 | 4 | 33.33 | -9.20 | -15.33 | |
| | 26～30 | 0 | 0.00 | 0.0 | 0.00 | | | | | 26～30 | 0 | 0.00 | 0.00 | 0.00 | |
| | 31～35 | 4 | 33.33 | 7.8 | 13.00 | | | | | 31～35 | 4 | 33.33 | -12.60 | -21.00 | |
| | 36～40 | 2 | 16.67 | 2.7 | 4.50 | | | | | 36～40 | 2 | 16.67 | -7.50 | -12.50 | |
| | 41～45 | 1 | 8.33 | 0.8 | 1.33 | | | | | 41～45 | 1 | 8.33 | -4.30 | -7.17 | |
| | 46～50 | 0 | 0.00 | 0.0 | 0.00 | | | | | 46～50 | 0 | 0.00 | 0.00 | 0.00 | |
| 合计 | | 12 | 100.00 | 25.6 | 42.67 | 2.13 | 12 | | 合计 | | 12 | 100.00 | -35.60 | -59.33 | -2.97 |
| 公平系统 | 1～5 | 1 | 7.14 | 4.7 | 6.71 | | 公平系统 | | 公平系统 | 1～5 | 1 | 7.14 | -0.40 | -0.57 | |
| | 6～10 | 0 | 0.00 | 0.0 | 0.00 | | | | | 6～10 | 0 | 0.00 | 0.00 | 0.00 | |
| | 11～15 | 0 | 0.00 | 0.0 | 0.00 | | 资产：负债 | | | 11～15 | 0 | 0.00 | 0.00 | 0.00 | |
| | 16～20 | 1 | 7.14 | 3.1 | 4.43 | | 51.57 | 50.44 | | 16～20 | 1 | 7.14 | -2.00 | -2.86 | |
| | 21～25 | 3 | 21.43 | 8.4 | 12.00 | | 相对净资产 | 1.13 | | 21～25 | 3 | 21.43 | -6.90 | -9.86 | |
| | 26～30 | 7 | 50.00 | 16.2 | 23.14 | | | | | 26～30 | 7 | 50.00 | -19.50 | -27.86 | |
| | 31～35 | 2 | 14.29 | 3.7 | 5.29 | | | | | 31～35 | 2 | 14.29 | -6.50 | -9.29 | |
| | 36～40 | 0 | 0.00 | 0.0 | 0.00 | | | | | 36～40 | 0 | 0.00 | 0.00 | 0.00 | |
| | 41～45 | 0 | 0.00 | 0.0 | 0.00 | | | | | 41～45 | 0 | 0.00 | 0.00 | 0.00 | |
| | 46～50 | 0 | 0.00 | 0.0 | 0.00 | | | | | 46～50 | 0 | 0.00 | 0.00 | 0.00 | |
| 合计 | | 14 | 100.00 | 36.1 | 51.57 | 2.58 | 14 | | 合计 | | 14 | 100.00 | -35.30 | -50.44 | -2.52 |
| 资产总指标数 | | | 占指标总数/% | 总资产分值 | 相对总资产/% | 总资产质量系数 | 相对总资产:相对总负债 | | 负债总指标数 | | | 占指标总数/% | 总负债分值 | 相对总负债/% | 总负债质量系数 |
| | | | | | | | 45.28 | 56.72 | | | | | | | |
| 50 | | | 100.00 | 113.2 | 45.28 | 2.26 | 相对净资产 | -11.44 | 50 | | | 100.00 | -141.80 | -56.72 | -2.84 |

### （四）唐山市新型城市化水平资产负债分析

1）城乡发展动力系统：在总数 24 个源指标中，资产累计得分为 66.50，相对资产为 55.43%，资产质量系数为 2.77，表明资产质量一般。同时，负债累计得分为 -55.90，相对负债为 -46.57%，负债质量系数为 -2.33，表明负债质量一般。在该大项中，相对净资产为 8.86%。

2）城乡发展质量系统：在总数 12 个源指标中，资产累计得分为 32.50，相对资产为 54.16%，资产质量系数为 2.71，表明资产质量一般。同时，负债累计得分为 -28.70，相对负债为 -47.84%，负债质量系数为 -2.39，表明负债质量一般。在该大项中，相对净资产为 6.32%。

3）城乡发展公平系统：在总数 14 个源指标中，资产累计得分为 45.40，相对资产为 64.87%，资产质量系数为 3.24，表明资产质量较好。同时，负债累计得分为 -26.00，相对负债为 -37.14%，负债质量系数为 -1.86，表明负债质量较好。在该大项中，相对净资产为 27.73%。

总计上述三大项，在总数 50 个源指标中，总资产累计得分为 144.40，相对资产为 57.76%，资产质量系数为 2.89，表明资产质量一般。同时，负债累计得分为 -110.60，相对负债为 -44.24%，负债质量系数为 -2.21，表明负债质量一般。在该大项中，相对净资产为 13.52%（图 7-29，表 7-22）。

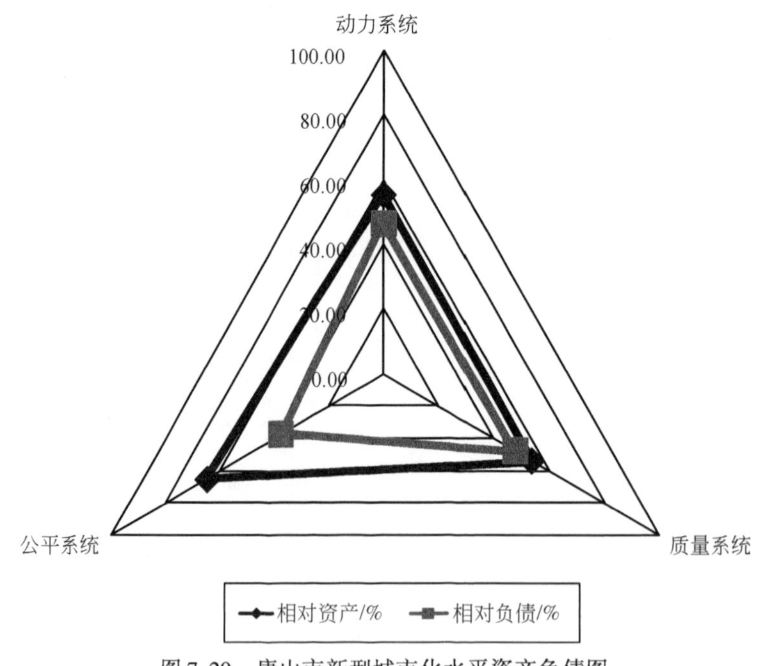


图 7-29　唐山市新型城市化水平资产负债图

**表 7-22　唐山市新型城市化水平资产负债表**

| 资产 | | | | | | | 三大系统 | | 负债 | | | | | | |
|---|---|---|---|---|---|---|---|---|---|---|---|---|---|---|---|
| 位次 | | 指标数 | 占指标总数/% | 指标分值 | 相对资产/% | 资产质量系数 | | | 位次 | | 指标数 | 占指标总数/% | 指标分值 | 相对负债/% | 负债质量系数 |
| 动力系统 | 1～5 | 1 | 4.17 | 4.7 | 3.92 | | 动力系统 | | 动力系统 | 1～5 | 1 | 4.17 | -0.40 | -0.33 | |
| | 6～10 | 1 | 4.17 | 4.1 | 3.42 | | | | | 6～10 | 1 | 4.17 | -1.00 | -0.83 | |
| | 11～15 | 2 | 8.33 | 8.0 | 6.67 | | 资产：负债 | | | 11～15 | 2 | 8.33 | -2.20 | -1.83 | |
| | 16～20 | 7 | 29.17 | 23.0 | 19.17 | | 55.43 | 46.57 | | 16～20 | 7 | 29.17 | -12.70 | -10.58 | |
| | 21～25 | 3 | 12.50 | 8.6 | 7.17 | | 相对净资产 | 8.86 | | 21～25 | 3 | 12.50 | -6.70 | -5.58 | |
| | 26～30 | 3 | 12.50 | 7.0 | 5.83 | | | | | 26～30 | 3 | 12.50 | -8.30 | -6.92 | |
| | 31～35 | 5 | 20.83 | 9.4 | 7.83 | | | | | 31～35 | 5 | 20.83 | -16.10 | -13.42 | |
| | 36～40 | 1 | 4.17 | 1.5 | 1.25 | | | | | 36～40 | 1 | 4.17 | -3.60 | -3.00 | |
| | 41～45 | 0 | 0.00 | 0.0 | 0.00 | | | | | 41～45 | 0 | 0.00 | 0.00 | 0.00 | |
| | 46～50 | 1 | 4.17 | 0.2 | 0.17 | | | | | 46～50 | 1 | 4.17 | -4.90 | -4.08 | |
| 合计 | | 24 | 100.00 | 66.5 | 55.43 | 2.77 | 24 | | 合计 | | 24 | 100.00 | -55.90 | -46.57 | -2.33 |
| 质量系统 | 1～5 | 0 | 0.00 | 0.0 | 0.00 | | 质量系统 | | 质量系统 | 1～5 | 0 | 0.00 | 0.00 | 0.00 | |
| | 6～10 | 0 | 0.00 | 0.0 | 0.00 | | | | | 6～10 | 0 | 0.00 | 0.00 | 0.00 | |
| | 11～15 | 0 | 0.00 | 0.0 | 0.00 | | 资产：负债 | | | 11～15 | 0 | 0.00 | 0.00 | 0.00 | |
| | 16～20 | 4 | 33.33 | 13.3 | 22.17 | | 54.16 | 47.84 | | 16～20 | 4 | 33.33 | -7.10 | -11.83 | |
| | 21～25 | 3 | 25.00 | 8.9 | 14.83 | | 相对净资产 | 6.32 | | 21～25 | 3 | 25.00 | -6.40 | -10.67 | |
| | 26～30 | 2 | 16.67 | 4.7 | 7.83 | | | | | 26～30 | 2 | 16.67 | -5.50 | -9.17 | |
| | 31～35 | 3 | 25.00 | 5.6 | 9.33 | | | | | 31～35 | 3 | 25.00 | -9.70 | -16.17 | |
| | 36～40 | 0 | 0.00 | 0.0 | 0.00 | | | | | 36～40 | 0 | 0.00 | 0.00 | 0.00 | |
| | 41～45 | 0 | 0.00 | 0.0 | 0.00 | | | | | 41～45 | 0 | 0.00 | 0.00 | 0.00 | |
| | 46～50 | 0 | 0.00 | 0.0 | 0.00 | | | | | 46～50 | 0 | 0.00 | 0.00 | 0.00 | |
| 合计 | | 12 | 100.00 | 32.5 | 54.16 | 2.71 | 12 | | 合计 | | 12 | 100.00 | -28.70 | -47.84 | -2.39 |
| 公平系统 | 1～5 | 1 | 7.14 | 4.8 | 6.86 | | 公平系统 | | 公平系统 | 1～5 | 1 | 7.14 | -0.30 | -0.43 | |
| | 6～10 | 0 | 0.00 | 0.0 | 0.00 | | | | | 6～10 | 0 | 0.00 | 0.00 | 0.00 | |
| | 11～15 | 1 | 7.14 | 3.7 | 5.29 | | 资产：负债 | | | 11～15 | 1 | 7.14 | -1.40 | -2.00 | |
| | 16～20 | 8 | 57.14 | 26.1 | 37.29 | | 64.87 | 37.14 | | 16～20 | 8 | 57.14 | -14.70 | -21.00 | |
| | 21～25 | 3 | 21.43 | 8.5 | 12.14 | | 相对净资产 | 27.73 | | 21～25 | 3 | 21.43 | -6.80 | -9.71 | |
| | 26～30 | 1 | 7.14 | 2.3 | 3.29 | | | | | 26～30 | 1 | 7.14 | -2.80 | -4.00 | |
| | 31～35 | 0 | 0.00 | 0.0 | 0.00 | | | | | 31～35 | 0 | 0.00 | 0.00 | 0.00 | |
| | 36～40 | 0 | 0.00 | 0.0 | 0.00 | | | | | 36～40 | 0 | 0.00 | 0.00 | 0.00 | |
| | 41～45 | 0 | 0.00 | 0.0 | 0.00 | | | | | 41～45 | 0 | 0.00 | 0.00 | 0.00 | |
| | 46～50 | 0 | 0.00 | 0.0 | 0.00 | | | | | 46～50 | 0 | 0.00 | 0.00 | 0.00 | |
| 合计 | | 14 | 100.00 | 45.4 | 64.87 | 3.24 | 14 | | 合计 | | 14 | 100.00 | -26.00 | -37.14 | -1.86 |
| 资产总指标数 | | | 占指标总数/% | 总资产分值 | 相对总资产/% | 总资产质量系数 | 相对总资产：相对总负债 | | 负债总指标数 | | | 占指标总数/% | 总负债分值 | 相对总负债/% | 总负债质量系数 |
| | | | | | | | 57.76 | 44.24 | | | | | | | |
| 50 | | | 100.00 | 144.4 | 57.76 | 2.89 | 相对净资产 | 13.52 | 50 | | | 100.00 | -110.60 | -44.24 | -2.21 |

### (五) 太原市新型城市化水平资产负债分析

1) 城乡发展动力系统：在总数 24 个源指标中，资产累计得分为 37.80，相对资产为 31.50%，资产质量系数为 1.58，表明资产质量很差。同时，负债累计得分为-84.60，相对负债为-70.50%，负债质量系数为-3.52，表明负债质量很差。在该大项中，相对净资产为-39.00%。

2) 城乡发展质量系统：在总数 12 个源指标中，资产累计得分为 17.10，相对资产为 28.50%，资产质量系数为 1.43，表明资产质量很差。同时，负债累计得分为-44.10，相对负债为-73.50%，负债质量系数为-3.68，表明负债质量很差。在该大项中，相对净资产为-45.00%。

3) 城乡发展公平系统：在总数 14 个源指标中，资产累计得分为 19.30，相对资产为 27.57%，资产质量系数为 1.38，表明资产质量很差。同时，负债累计得分为-52.10，相对负债为-74.43%，负债质量系数为-3.72，表明负债质量很差。在该大项中，相对净资产为-46.86%。

总计上述三大项，在总数 50 个源指标中，总资产累计得分为 74.20，相对资产为 29.68%，资产质量系数为 1.48，表明资产质量很差。同时，负债累计得分为-180.80，相对负债为-72.32%，负债质量系数为-3.62，表明负债质量很差。在该大项中，相对净资产为-42.64%（图 7-30，表 7-23）。

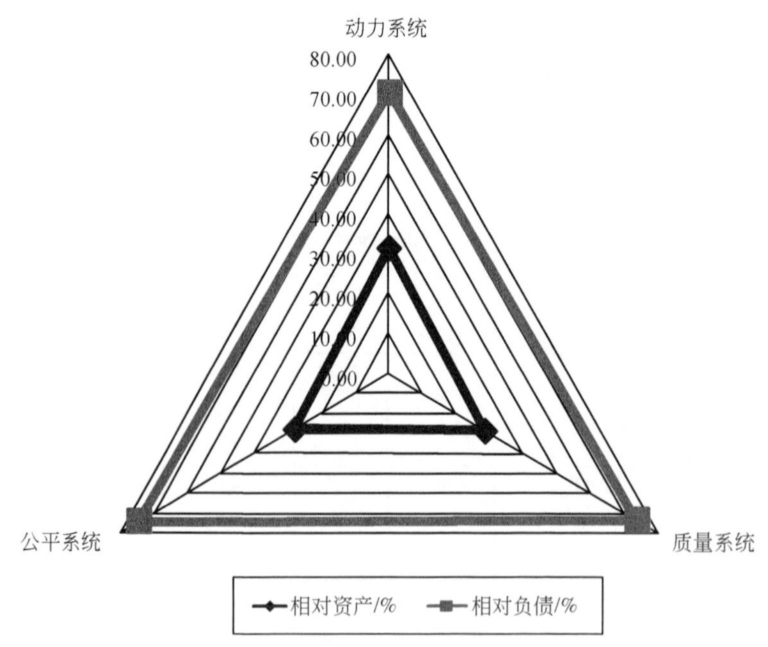


图 7-30　太原市新型城市化水平资产负债图

**表 7-23　太原市新型城市化水平资产负债表**

| 资产 | | | | | | | 三大系统 | | 负债 | | | | | | |
|---|---|---|---|---|---|---|---|---|---|---|---|---|---|---|---|
| 位次 | | 指标数 | 占指标总数/% | 指标分值 | 相对资产/% | 资产质量系数 | | | 位次 | | 指标数 | 占指标总数/% | 指标分值 | 相对负债/% | 负债质量系数 |
| 动力系统 | 1～5 | 0 | 0.00 | 0.0 | 0.00 | | 动力系统 | | 动力系统 | 1～5 | 0 | 0.00 | 0.00 | 0.00 | |
| | 6～10 | 0 | 0.00 | 0.0 | 0.00 | | | | | 6～10 | 0 | 0.00 | 0.00 | 0.00 | |
| | 11～15 | 0 | 0.00 | 0.0 | 0.00 | | 资产：负债 | | | 11～15 | 0 | 0.00 | 0.00 | 0.00 | |
| | 16～20 | 0 | 0.00 | 0.0 | 0.00 | | 31.50 | 70.50 | | 16～20 | 0 | 0.00 | 0.00 | 0.00 | |
| | 21～25 | 3 | 12.50 | 8.3 | 6.92 | | 相对净资产 | -39.00 | | 21～25 | 3 | 12.50 | -7.00 | -5.83 | |
| | 26～30 | 4 | 16.67 | 9.4 | 7.83 | | | | | 26～30 | 4 | 16.67 | -11.00 | -9.17 | |
| | 31～35 | 3 | 12.50 | 4.9 | 4.08 | | | | | 31～35 | 3 | 12.50 | -10.40 | -8.67 | |
| | 36～40 | 8 | 33.33 | 10.4 | 8.67 | | | | | 36～40 | 8 | 33.33 | -30.40 | -25.33 | |
| | 41～45 | 4 | 16.67 | 4.0 | 3.33 | | | | | 41～45 | 4 | 16.67 | -16.40 | -13.67 | |
| | 46～50 | 2 | 8.33 | 0.8 | 0.67 | | | | | 46～50 | 2 | 8.33 | -9.40 | -7.83 | |
| 合计 | | 24 | 100.00 | 37.8 | 31.50 | 1.58 | 24 | | 合计 | | 24 | 100.00 | -84.60 | -70.50 | -3.53 |
| 质量系统 | 1～5 | 0 | 0.00 | 0.0 | 0.00 | | 质量系统 | | 质量系统 | 1～5 | 0 | 0.00 | 0.00 | 0.00 | |
| | 6～10 | 0 | 0.00 | 0.0 | 0.00 | | | | | 6～10 | 0 | 0.00 | 0.00 | 0.00 | |
| | 11～15 | 0 | 0.00 | 0.0 | 0.00 | | 资产：负债 | | | 11～15 | 0 | 0.00 | 0.00 | 0.00 | |
| | 16～20 | 0 | 0.00 | 0.0 | 0.00 | | 28.50 | 73.50 | | 16～20 | 0 | 0.00 | 0.00 | 0.00 | |
| | 21～25 | 0 | 0.00 | 0.0 | 0.00 | | 相对净资产 | -45.00 | | 21～25 | 0 | 0.00 | 0.00 | 0.00 | |
| | 26～30 | 2 | 16.67 | 4.8 | 8.00 | | | | | 26～30 | 2 | 16.67 | -5.40 | -9.00 | |
| | 31～35 | 2 | 16.67 | 3.2 | 5.33 | | | | | 31～35 | 2 | 16.67 | -7.00 | -11.67 | |
| | 36～40 | 6 | 50.00 | 7.3 | 12.17 | | | | | 36～40 | 6 | 50.00 | -23.30 | -38.83 | |
| | 41～45 | 2 | 16.67 | 1.8 | 3.00 | | | | | 41～45 | 2 | 16.67 | -8.40 | -14.00 | |
| | 46～50 | 0 | 0.00 | 0.0 | 0.00 | | | | | 46～50 | 0 | 0.00 | 0.00 | 0.00 | |
| 合计 | | 12 | 100.00 | 17.1 | 28.50 | 1.43 | 12 | | 合计 | | 12 | 100.00 | -44.10 | -73.50 | -3.68 |
| 公平系统 | 1～5 | 0 | 0.00 | 0.0 | 0.00 | | 公平系统 | | 公平系统 | 1～5 | 0 | 0.00 | 0.00 | 0.00 | |
| | 6～10 | 0 | 0.00 | 0.0 | 0.00 | | | | | 6～10 | 0 | 0.00 | 0.00 | 0.00 | |
| | 11～15 | 0 | 0.00 | 0.0 | 0.00 | | 资产：负债 | | | 11～15 | 0 | 0.00 | 0.00 | 0.00 | |
| | 16～20 | 0 | 0.00 | 0.0 | 0.00 | | 27.57 | 74.43 | | 16～20 | 0 | 0.00 | 0.00 | 0.00 | |
| | 21～25 | 0 | 0.00 | 0.0 | 0.00 | | 相对净资产 | -46.86 | | 21～25 | 0 | 0.00 | 0.00 | 0.00 | |
| | 26～30 | 2 | 14.29 | 4.6 | 6.57 | | | | | 26～30 | 2 | 14.29 | -5.60 | -8.00 | |
| | 31～35 | 2 | 14.29 | 3.7 | 5.29 | | | | | 31～35 | 2 | 14.29 | -6.50 | -9.29 | |
| | 36～40 | 6 | 42.86 | 7.1 | 10.14 | | | | | 36～40 | 6 | 42.86 | -23.50 | -33.57 | |
| | 41～45 | 4 | 28.57 | 3.8 | 5.57 | | | | | 41～45 | 4 | 28.57 | -16.50 | -23.57 | |
| | 46～50 | 0 | 0.00 | 0.0 | 0.00 | | | | | 46～50 | 0 | 0.00 | 0.00 | 0.00 | |
| 合计 | | 14 | 100.00 | 19.3 | 27.57 | 1.38 | 14 | | 合计 | | 14 | 100.00 | -52.10 | -74.43 | -3.72 |
| 资产总指标数 | | | 占指标总数/% | 总资产分值 | 相对总资产/% | 总资产质量系数 | 相对总资产:相对总负债 | | 负债总指标数 | | | 占指标总数/% | 总负债分值 | 相对总负债/% | 总负债质量系数 |
| | | | | | | | 29.68 | 72.32 | | | | | | | |
| 50 | | | 100.00 | 74.2 | 29.68 | 1.48 | 相对净资产 | -42.64 | 50 | | | 100.00 | -180.80 | -72.32 | -3.62 |

### （六）呼和浩特市新型城市化水平资产负债分析

1）城乡发展动力系统：在总数 24 个源指标中，资产累计得分为 43.80，相对资产为 36.50%，资产质量系数为 1.83，表明资产质量很差。同时，负债累计得分为-78.60，相对负债为-65.50%，负债质量系数为-3.28，表明负债质量很差。在该大项中，相对净资产为-29.00%。

2）城乡发展质量系统：在总数 12 个源指标中，资产累计得分为 17.80，相对资产为 29.66%，资产质量系数为 1.48，表明资产质量很差。同时，负债累计得分为-43.40，相对负债为-72.34%，负债质量系数为-3.62，表明负债质量很差。在该大项中，相对净资产为-42.68%。

3）城乡发展公平系统：在总数 14 个源指标中，资产累计得分为 23.10，相对资产为 33.00%，资产质量系数为 1.65，表明资产质量很差。同时，负债累计得分为-48.30，相对负债为-69.00%，负债质量系数为-3.45，表明负债质量很差。在该大项中，相对净资产为-36.00%。

总计上述三大项，在总数 50 个源指标中，总资产累计得分为 84.70，相对资产为 33.88%，资产质量系数为 1.69，表明资产质量很差。同时，负债累计得分为-170.30，相对负债为-68.12%，负债质量系数为-3.41，表明负债质量很差。在该大项中，相对净资产为-34.24%（图 7-31，表 7-24）。

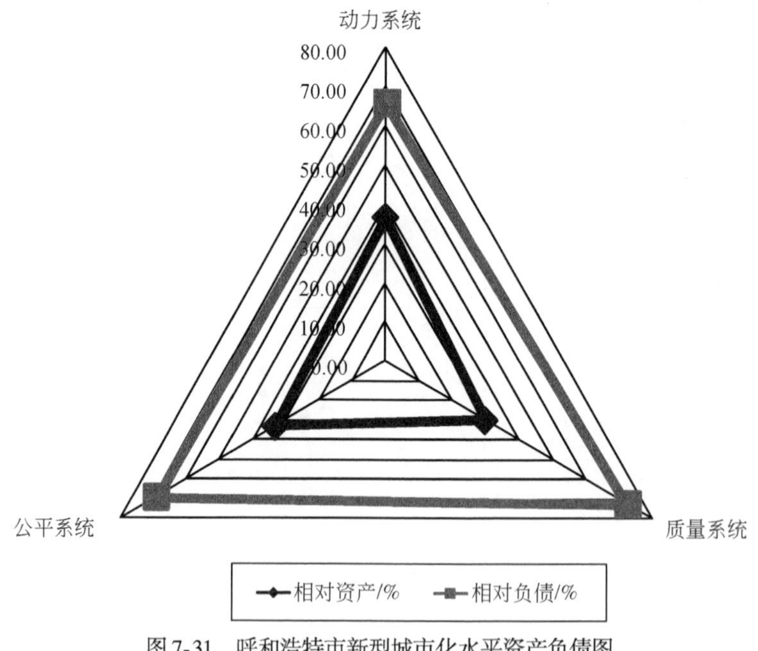


图 7-31　呼和浩特市新型城市化水平资产负债图

**表 7-24　呼和浩特市新型城市化水平资产负债表**

| 资产 | | | | | | | 三大系统 | | 负债 | | | | | | |
|---|---|---|---|---|---|---|---|---|---|---|---|---|---|---|---|
| 位次 | | 指标数 | 占指标总数/% | 指标分值 | 相对资产/% | 资产质量系数 | | | 位次 | | 指标数 | 占指标总数/% | 指标分值 | 相对负债/% | 负债质量系数 |
| 动力系统 | 1～5 | 0 | 0.00 | 0.0 | 0.00 | | 动力系统 | | 动力系统 | 1～5 | 0 | 0.00 | 0.00 | 0.00 | |
| | 6～10 | 1 | 4.17 | 4.5 | 3.75 | | | | | 6～10 | 1 | 4.17 | -0.60 | -0.50 | |
| | 11～15 | 0 | 0.00 | 0.0 | 0.00 | | 资产∶负债 | | | 11～15 | 0 | 0.00 | 0.00 | 0.00 | |
| | 16～20 | 0 | 0.00 | 0.0 | 0.00 | | 36.50 | 65.50 | | 16～20 | 0 | 0.00 | 0.00 | 0.00 | |
| | 21～25 | 3 | 12.50 | 8.4 | 7.00 | | 相对净资产 | -29.00 | | 21～25 | 3 | 12.50 | -6.90 | -5.75 | |
| | 26～30 | 7 | 29.17 | 15.8 | 13.17 | | | | | 26～30 | 7 | 29.17 | -19.90 | -16.58 | |
| | 31～35 | 1 | 4.17 | 1.7 | 1.42 | | | | | 31～35 | 1 | 4.17 | -3.40 | -2.83 | |
| | 36～40 | 8 | 33.33 | 10.6 | 8.83 | | | | | 36～40 | 8 | 33.33 | -30.20 | -25.17 | |
| | 41～45 | 4 | 16.67 | 2.8 | 2.33 | | | | | 41～45 | 4 | 16.67 | -17.60 | -14.67 | |
| | 46～50 | 0 | 0.00 | 0.0 | 0.00 | | | | | 46～50 | 0 | 0.00 | 0.00 | 0.00 | |
| 合计 | | 24 | 100.00 | 43.8 | 36.50 | 1.83 | 24 | | 合计 | | 24 | 100.00 | -78.60 | -65.50 | -3.28 |
| 质量系统 | 1～5 | 0 | 0.00 | 0.0 | 0.00 | | 质量系统 | | 质量系统 | 1～5 | 0 | 0.00 | 0.00 | 0.00 | |
| | 6～10 | 0 | 0.00 | 0.0 | 0.00 | | | | | 6～10 | 0 | 0.00 | 0.00 | 0.00 | |
| | 11～15 | 0 | 0.00 | 0.0 | 0.00 | | 资产∶负债 | | | 11～15 | 0 | 0.00 | 0.00 | 0.00 | |
| | 16～20 | 0 | 0.00 | 0.0 | 0.00 | | 29.66 | 72.34 | | 16～20 | 0 | 0.00 | 0.00 | 0.00 | |
| | 21～25 | 1 | 8.33 | 2.6 | 4.33 | | 相对净资产 | -42.68 | | 21～25 | 1 | 8.33 | -2.50 | -4.17 | |
| | 26～30 | 1 | 8.33 | 2.5 | 4.17 | | | | | 26～30 | 1 | 8.33 | -2.60 | -4.33 | |
| | 31～35 | 3 | 25.00 | 5.3 | 8.83 | | | | | 31～35 | 3 | 25.00 | -10.00 | -16.67 | |
| | 36～40 | 5 | 41.67 | 6.5 | 10.83 | | | | | 36～40 | 5 | 41.67 | -19.00 | -31.67 | |
| | 41～45 | 1 | 8.33 | 0.7 | 1.17 | | | | | 41～45 | 1 | 8.33 | -4.40 | -7.33 | |
| | 46～50 | 1 | 8.33 | 0.2 | 0.33 | | | | | 46～50 | 1 | 8.33 | -4.90 | -8.17 | |
| 合计 | | 12 | 100.00 | 17.8 | 29.66 | 1.48 | 12 | | 合计 | | 12 | 100.00 | -43.40 | -72.34 | -3.62 |
| 公平系统 | 1～5 | 0 | 0.00 | 0.0 | 0.00 | | 公平系统 | | 公平系统 | 1～5 | 0 | 0.00 | 0.00 | 0.00 | |
| | 6～10 | 0 | 0.00 | 0.0 | 0.00 | | | | | 6～10 | 0 | 0.00 | 0.00 | 0.00 | |
| | 11～15 | 0 | 0.00 | 0.0 | 0.00 | | 资产∶负债 | | | 11～15 | 0 | 0.00 | 0.00 | 0.00 | |
| | 16～20 | 2 | 14.29 | 6.9 | 9.86 | | 33.00 | 69.00 | | 16～20 | 2 | 14.29 | -3.30 | -4.71 | |
| | 21～25 | 0 | 0.00 | 0.0 | 0.00 | | 相对净资产 | -36.00 | | 21～25 | 0 | 0.00 | 0.00 | 0.00 | |
| | 26～30 | 0 | 0.00 | 0.0 | 0.00 | | | | | 26～30 | 0 | 0.00 | 0.00 | 0.00 | |
| | 31～35 | 3 | 21.43 | 5.3 | 7.57 | | | | | 31～35 | 3 | 21.43 | -10.00 | -14.29 | |
| | 36～40 | 7 | 50.00 | 9.2 | 13.14 | | | | | 36～40 | 7 | 50.00 | -26.50 | -37.86 | |
| | 41～45 | 2 | 14.29 | 1.7 | 2.43 | | | | | 41～45 | 2 | 14.29 | -8.50 | -12.14 | |
| | 46～50 | 0 | 0.00 | 0.0 | 0.00 | | | | | 46～50 | 0 | 0.00 | 0.00 | 0.00 | |
| 合计 | | 14 | 100.00 | 23.1 | 33.00 | 1.65 | 14 | | 合计 | | 14 | 100.00 | -48.30 | -69.00 | -3.45 |
| 资产总指标数 | | | 占指标总数/% | 总资产分值 | 相对总资产/% | 总资产质量系数 | 相对总资产∶相对总负债 | | 负债总指标数 | | | 占指标总数/% | 总负债分值 | 相对总负债/% | 总负债质量系数 |
| | | | | | | | 33.88 | 68.12 | | | | | | | |
| 50 | | | 100.00 | 84.7 | 33.88 | 1.69 | 相对净资产 | -34.24 | 50 | | | 100.00 | -170.30 | -68.12 | -3.41 |

### （七）包头市新型城市化水平资产负债分析

1）城乡发展动力系统：在总数 24 个源指标中，资产累计得分为 53. 20，相对资产为 44. 33%，资产质量系数为 2. 22，表明资产质量一般。同时，负债累计得分为-67. 40，相对负债为-56. 17%，负债质量系数为-2. 81，表明负债质量一般。在该大项中，相对净资产为-11. 84%。

2）城乡发展质量系统：在总数 12 个源指标中，资产累计得分为 25. 30，相对资产为 42. 17%，资产质量系数为 2. 11，表明资产质量一般。同时，负债累计得分为-35. 90，相对负债为-59. 83%，负债质量系数为-2. 99，表明负债质量一般。在该大项中，相对净资产为-17. 66%。

3）城乡发展公平系统：在总数 14 个源指标中，资产累计得分为 25. 00，相对资产为 35. 71%，资产质量系数为 1. 79，表明资产质量很差。同时，负债累计得分为-46. 40，相对负债为-66. 28%，负债质量系数为-3. 31，表明负债质量很差。在该大项中，相对净资产为-30. 57%。

总计上述三大项，在总数 50 个源指标中，总资产累计得分为 103. 50，相对资产为 41. 40%，资产质量系数为 2. 07，表明资产质量一般。同时，负债累计得分为-149. 70，相对负债为-59. 88%，负债质量系数为-2. 99，表明负债质量一般。在该大项中，相对净资产为-18. 48%（图 7-32，表 7-25）。

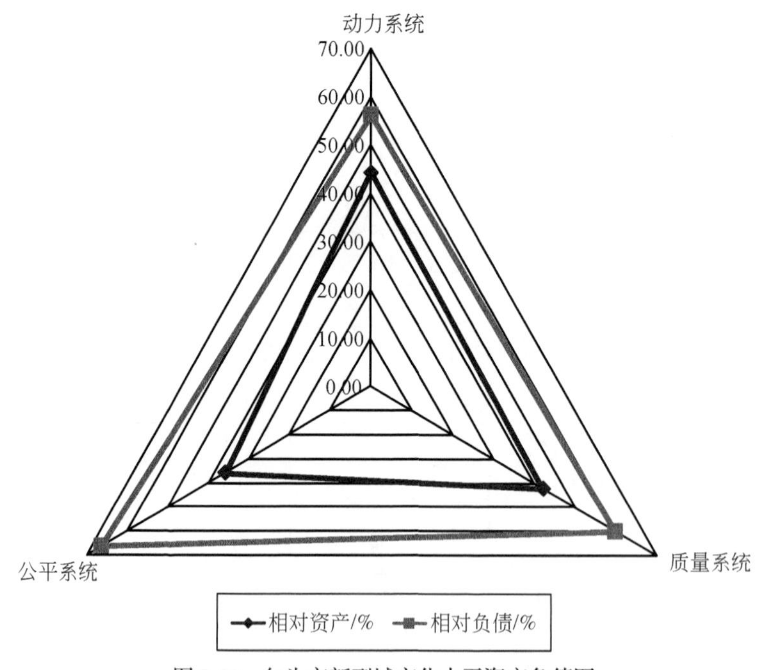


图 7-32　包头市新型城市化水平资产负债图

**表 7-25　包头市新型城市化水平资产负债表**

| 资产 | | | | | | | 三大系统 | | 负债 | | | | | | |
|---|---|---|---|---|---|---|---|---|---|---|---|---|---|---|---|
| 位次 | | 指标数 | 占指标总数/% | 指标分值 | 相对资产/% | 资产质量系数 | | | 位次 | | 指标数 | 占指标总数/% | 指标分值 | 相对负债/% | 负债质量系数 |
| 动力系统 | 1~5 | 1 | 4.17 | 5.0 | 4.17 | | 动力系统 | | 动力系统 | 1~5 | 1 | 4.17 | -0.10 | -0.08 | |
| | 6~10 | 0 | 0.00 | 0.0 | 0.00 | | | | | 6~10 | 0 | 0.00 | 0.00 | 0.00 | |
| | 11~15 | 1 | 4.17 | 4.0 | 3.33 | | 资产：负债 | | | 11~15 | 1 | 4.17 | -1.10 | -0.92 | |
| | 16~20 | 4 | 16.67 | 12.8 | 10.67 | | 44.33 | 56.17 | | 16~20 | 4 | 16.67 | -5.80 | -4.83 | |
| | 21~25 | 4 | 16.67 | 11.1 | 9.25 | | 相对净资产 | -11.84 | | 21~25 | 4 | 16.67 | -9.30 | -7.75 | |
| | 26~30 | 1 | 4.17 | 2.2 | 1.83 | | | | | 26~30 | 1 | 4.17 | -2.90 | -2.42 | |
| | 31~35 | 5 | 20.83 | 9.1 | 7.58 | | | | | 31~35 | 5 | 20.83 | -16.40 | -13.67 | |
| | 36~40 | 6 | 25.00 | 7.8 | 6.50 | | | | | 36~40 | 6 | 25.00 | -22.80 | -19.00 | |
| | 41~45 | 1 | 4.17 | 1.0 | 0.83 | | | | | 41~45 | 1 | 4.17 | -4.10 | -3.42 | |
| | 46~50 | 1 | 4.17 | 0.2 | 0.17 | | | | | 46~50 | 1 | 4.17 | -4.90 | -4.08 | |
| 合计 | | 24 | 100.00 | 53.2 | 44.33 | 2.22 | 24 | | 合计 | | 24 | 100.00 | -67.40 | -56.17 | -2.81 |
| 质量系统 | 1~5 | 0 | 0.00 | 0.0 | 0.00 | | 质量系统 | | 质量系统 | 1~5 | 0 | 0.00 | 0.00 | 0.00 | |
| | 6~10 | 0 | 0.00 | 0.0 | 0.00 | | | | | 6~10 | 0 | 0.00 | 0.00 | 0.00 | |
| | 11~15 | 0 | 0.00 | 0.0 | 0.00 | | 资产：负债 | | | 11~15 | 0 | 0.00 | 0.00 | 0.00 | |
| | 16~20 | 0 | 0.00 | 0.0 | 0.00 | | 42.17 | 59.83 | | 16~20 | 0 | 0.00 | 0.00 | 0.00 | |
| | 21~25 | 2 | 16.67 | 5.8 | 9.67 | | 相对净资产 | -17.66 | | 21~25 | 2 | 16.67 | -4.40 | -7.33 | |
| | 26~30 | 5 | 41.67 | 11.3 | 18.83 | | | | | 26~30 | 5 | 41.67 | -14.20 | -23.67 | |
| | 31~35 | 4 | 33.33 | 7.5 | 12.50 | | | | | 31~35 | 4 | 33.33 | -12.90 | -21.50 | |
| | 36~40 | 0 | 0.00 | 0.0 | 0.00 | | | | | 36~40 | 0 | 0.00 | 0.00 | 0.00 | |
| | 41~45 | 1 | 8.33 | 0.7 | 1.17 | | | | | 41~45 | 1 | 8.33 | -4.40 | -7.33 | |
| | 46~50 | 0 | 0.00 | 0.0 | 0.00 | | | | | 46~50 | 0 | 0.00 | 0.00 | 0.00 | |
| 合计 | | 12 | 100.00 | 25.3 | 42.17 | 2.11 | 12 | | 合计 | | 12 | 100.00 | -35.90 | -59.83 | -2.99 |
| 公平系统 | 1~5 | 0 | 0.00 | 0.0 | 0.00 | | 公平系统 | | 公平系统 | 1~5 | 0 | 0.00 | 0.00 | 0.00 | |
| | 6~10 | 0 | 0.00 | 0.0 | 0.00 | | | | | 6~10 | 0 | 0.00 | 0.00 | 0.00 | |
| | 11~15 | 1 | 7.14 | 4.0 | 5.71 | | 资产：负债 | | | 11~15 | 1 | 7.14 | -1.10 | -1.57 | |
| | 16~20 | 1 | 7.14 | 3.3 | 4.71 | | 35.71 | 66.28 | | 16~20 | 1 | 7.14 | -1.80 | -2.57 | |
| | 21~25 | 2 | 14.29 | 5.6 | 8.00 | | 相对净资产 | -30.57 | | 21~25 | 2 | 14.29 | -4.60 | -6.57 | |
| | 26~30 | 1 | 7.14 | 2.1 | 3.00 | | | | | 26~30 | 1 | 7.14 | -3.00 | -4.29 | |
| | 31~35 | 3 | 21.43 | 5.9 | 8.43 | | | | | 31~35 | 3 | 21.43 | -9.40 | -13.43 | |
| | 36~40 | 2 | 14.29 | 2.7 | 3.86 | | | | | 36~40 | 2 | 14.29 | -7.50 | -10.71 | |
| | 41~45 | 1 | 7.14 | 0.8 | 1.14 | | | | | 41~45 | 1 | 7.14 | -4.30 | -6.14 | |
| | 46~50 | 3 | 21.43 | 0.6 | 0.86 | | | | | 46~50 | 3 | 21.43 | -14.70 | -21.00 | |
| 合计 | | 14 | 100.00 | 25.0 | 35.71 | 1.79 | 14 | | 合计 | | 14 | 100.00 | -46.40 | -66.28 | -3.31 |
| 资产总指标数 | | | 占指标总数/% | 总资产分值 | 相对总资产/% | 总资产质量系数 | 相对总资产：相对总负债 | | 负债总指标数 | | | 占指标总数/% | 总负债分值 | 相对总负债/% | 总负债质量系数 |
| | | | | | | | 41.40 | 59.88 | | | | | | | |
| 50 | | | 100.00 | 103.5 | 41.40 | 2.07 | 相对净资产 | -18.48 | 50 | | | 100.00 | -149.70 | -59.88 | -2.99 |

### （八）沈阳市新型城市化水平资产负债分析

1）城乡发展动力系统：在总数 24 个源指标中，资产累计得分为 83. 30，相对资产为 69. 41%，资产质量系数为 3. 47，表明资产质量较好。同时，负债累计得分为 -35. 50，相对负债为-29. 59%，负债质量系数为-1. 48，表明负债质量较好。在该大项中，相对净资产为 39. 82%。

2）城乡发展质量系统：在总数 12 个源指标中，资产累计得分为 43. 30，相对资产为 72. 16%，资产质量系数为 3. 61，表明资产质量较好。同时，负债累计得分为 -17. 90，相对负债为-29. 84%，负债质量系数为-1. 49，表明负债质量较好。在该大项中，相对净资产为 42. 32%。

3）城乡发展公平系统：在总数 14 个源指标中，资产累计得分为 49. 40，相对资产为 70. 58%，资产质量系数为 3. 53，表明资产质量较好。同时，负债累计得分为 -22. 00，相对负债为-31. 44%，负债质量系数为-1. 57，表明负债质量较好。在该大项中，相对净资产为 39. 14%。

总计上述三大项，在总数 50 个源指标中，总资产累计得分为 176. 00，相对资产为 70. 40%，资产质量系数为 3. 52，表明资产质量较好。同时，负债累计得分为-75. 40，相对负债为-30. 16%，负债质量系数为-1. 51，表明负债质量较好。在该大项中，相对净资产为 40. 24%（图 7-33，表 7-26）。

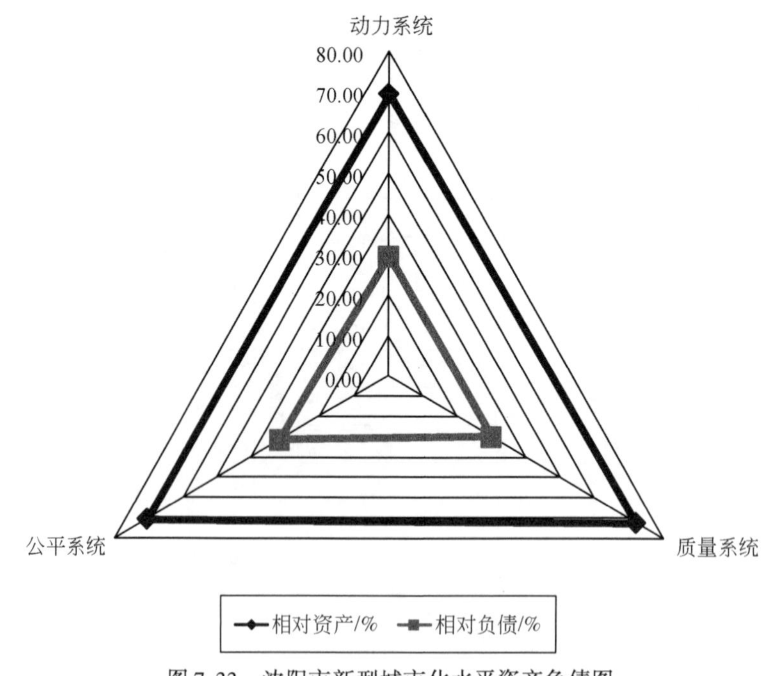


图 7-33　沈阳市新型城市化水平资产负债图

**表 7-26　沈阳市新型城市化水平资产负债表**

| 资产 | | | | | | | 三大系统 | | 负债 | | | | | | |
|---|---|---|---|---|---|---|---|---|---|---|---|---|---|---|---|
| 位次 | | 指标数 | 占指标总数/% | 指标分值 | 相对资产/% | 资产质量系数 | | | 位次 | | 指标数 | 占指标总数/% | 指标分值 | 相对负债/% | 负债质量系数 |
| 动力系统 | 1～5 | 0 | 0.00 | 0.0 | 0.00 | | 动力系统 | | 动力系统 | 1～5 | 0 | 0.00 | 0.00 | 0.00 | |
| | 6～10 | 1 | 4.17 | 4.3 | 3.58 | | | | | 6～10 | 1 | 4.17 | -0.80 | -0.67 | |
| | 11～15 | 9 | 37.50 | 34.2 | 28.50 | | 资产：负债 | | | 11～15 | 9 | 37.50 | -11.70 | -9.75 | |
| | 16～20 | 9 | 37.50 | 30.4 | 25.33 | | 69.41 | 29.59 | | 16～20 | 9 | 37.50 | 11.90 | -9.92 | |
| | 21～25 | 5 | 20.83 | 14.4 | 12.00 | | 相对净资产 | 39.82 | | 21～25 | 5 | 20.83 | -11.10 | -9.25 | |
| | 26～30 | 0 | 0.00 | 0.0 | 0.00 | | | | | 26～30 | 0 | 0.00 | 0.00 | 0.00 | |
| | 31～35 | 0 | 0.00 | 0.0 | 0.00 | | | | | 31～35 | 0 | 0.00 | 0.00 | 0.00 | |
| | 36～40 | 0 | 0.00 | 0.0 | 0.00 | | | | | 36～40 | 0 | 0.00 | 0.00 | 0.00 | |
| | 41～45 | 0 | 0.00 | 0.0 | 0.00 | | | | | 41～45 | 0 | 0.00 | 0.00 | 0.00 | |
| | 46～50 | 0 | 0.00 | 0.0 | 0.00 | | | | | 46～50 | 0 | 0.00 | 0.00 | 0.00 | |
| 合计 | | 24 | 100.00 | 83.8 | 69.41 | 3.47 | 24 | | 合计 | | 24 | 100.00 | -35.50 | -29.59 | -1.48 |
| 质量系统 | 1～5 | 0 | 0.00 | 0.00 | 0.00 | | 质量系统 | | 质量系统 | 1～5 | 0 | 0.00 | 0.0 | 0.00 | |
| | 6～10 | 1 | 8.33 | 4.1 | 6.83 | | | | | 6～10 | 1 | 8.33 | -1.00 | -1.67 | |
| | 11～15 | 7 | 58.33 | 25.8 | 43.00 | | 资产：负债 | | | 11～15 | 7 | 58.33 | -9.90 | -16.50 | |
| | 16～20 | 3 | 25.00 | 10.4 | 17.33 | | 72.16 | 29.84 | | 16～20 | 3 | 25.00 | -4.90 | -8.17 | |
| | 21～25 | 1 | 8.33 | 3.0 | 5.00 | | 相对净资产 | 42.32 | | 21～25 | 1 | 8.33 | -2.10 | -3.50 | |
| | 26～30 | 0 | 0.00 | 0.0 | 0.00 | | | | | 26～30 | 0 | 0.00 | 0.00 | 0.00 | |
| | 31～35 | 0 | 0.00 | 0.0 | 0.00 | | | | | 31～35 | 0 | 0.00 | 0.00 | 0.00 | |
| | 36～40 | 0 | 0.00 | 0.0 | 0.00 | | | | | 36～40 | 0 | 0.00 | 0.00 | 0.00 | |
| | 41～45 | 0 | 0.00 | 0.0 | 0.00 | | | | | 41～45 | 0 | 0.00 | 0.00 | 0.00 | |
| | 46～50 | 0 | 0.00 | 0.0 | 0.00 | | | | | 46～50 | 0 | 0.00 | 0.00 | 0.00 | |
| 合计 | | 12 | 100.00 | 43.3 | 72.16 | 3.61 | 12 | | 合计 | | 12 | 100.00 | -17.90 | -29.84 | -1.49 |
| 公平系统 | 1～5 | 0 | 0.00 | 0.00 | 0.00 | | 公平系统 | | 公平系统 | 1～5 | 0 | 0.00 | 0.0 | 0.00 | |
| | 6～10 | 2 | 14.29 | 8.6 | 12.29 | | | | | 6～10 | 2 | 14.29 | -1.60 | -2.29 | |
| | 11～15 | 6 | 42.86 | 21.9 | 31.29 | | 资产：负债 | | | 11～15 | 6 | 42.86 | -8.70 | -12.43 | |
| | 16～20 | 4 | 28.57 | 13.2 | 18.86 | | 70.58 | 31.44 | | 16～20 | 4 | 28.57 | -7.20 | -10.29 | |
| | 21～25 | 2 | 14.29 | 5.7 | 8.14 | | 相对净资产 | 39.14 | | 21～25 | 2 | 14.29 | -4.50 | -6.43 | |
| | 26～30 | 0 | 0.00 | 0.0 | 0.00 | | | | | 26～30 | 0 | 0.00 | 0.00 | 0.00 | |
| | 31～35 | 0 | 0.00 | 0.0 | 0.00 | | | | | 31～35 | 0 | 0.00 | 0.00 | 0.00 | |
| | 36～40 | 0 | 0.00 | 0.0 | 0.00 | | | | | 36～40 | 0 | 0.00 | 0.00 | 0.00 | |
| | 41～45 | 0 | 0.00 | 0.0 | 0.00 | | | | | 41～45 | 0 | 0.00 | 0.00 | 0.00 | |
| | 46～50 | 0 | 0.00 | 0.0 | 0.00 | | | | | 46～50 | 0 | 0.00 | 0.00 | 0.00 | |
| 合计 | | 14 | 100.00 | 49.4 | 70.58 | 3.53 | 14 | | 合计 | | 14 | 100.00 | -22.00 | -31.44 | -1.57 |
| 资产总指标数 | | | 占指标总数/% | 总资产分值 | 相对总资产/% | 总资产质量系数 | 相对总资产：相对总负债 | | 负债总指标数 | | | 占指标总数/% | 总负债分值 | 相对总负债/% | 总负债质量系数 |
| | | | | | | | 70.40 | 30.16 | | | | | | | |
| 50 | | | 100.00 | 176.0 | 70.40 | 3.52 | 相对净资产 | 40.24 | 50 | | | 100.00 | -75.40 | -30.16 | -1.51 |

### （九）大连市新型城市化水平资产负债分析

1）城乡发展动力系统：在总数 24 个源指标中，资产累计得分为 83. 50，相对资产为 69. 59%，资产质量系数为 3. 48，表明资产质量较好。同时，负债累计得分为 -38. 90，相对负债为-32. 41%，负债质量系数为-1. 62，表明负债质量较好。在该大项中，相对净资产为 37. 18%。

2）城乡发展质量系统：在总数 12 个源指标中，资产累计得分为 44. 80，相对资产为 74. 68%，资产质量系数为 3. 73，表明资产质量较好。同时，负债累计得分为 -16. 40，相对负债为-27. 32%，负债质量系数为-1. 37，表明负债质量较好。在该大项中，相对净资产为 47. 36%。

3）城乡发展公平系统：在总数 14 个源指标中，资产累计得分为 50. 30，相对资产为 71. 85%，资产质量系数为 3. 59，表明资产质量较好。同时，负债累计得分为 -21. 10，相对负债为-30. 14%，负债质量系数为-1. 51，表明负债质量较好。在该大项中，相对净资产为 41. 71%。

总计上述三大项，在总数 50 个源指标中，总资产累计得分为 178. 60，相对资产为 71. 44%，资产质量系数为 3. 57，表明资产质量较好。同时，负债累计得分为-76. 40，相对负债为-30. 56%，负债质量系数为-1. 53，表明负债质量较好。在该大项中，相对净资产为 40. 88%（图 7-34，表 7-27）。

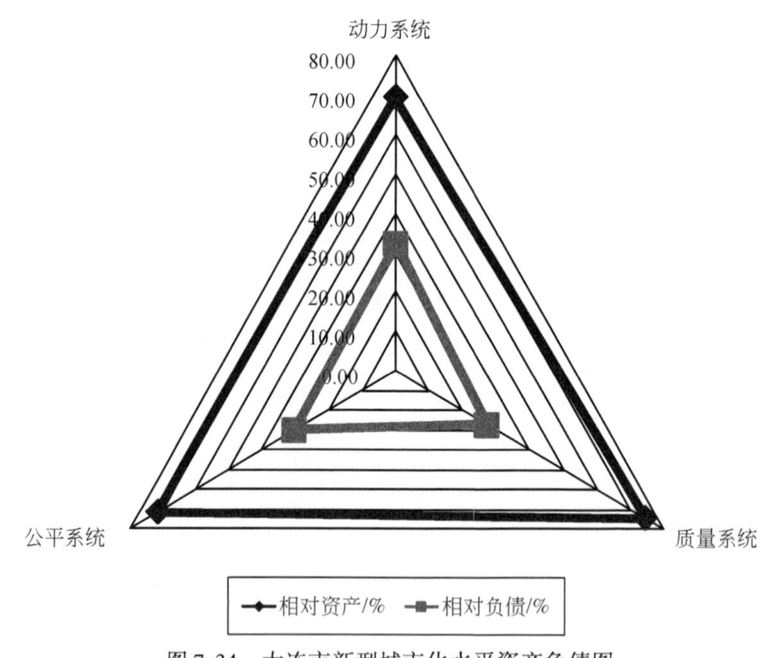


图 7-34　大连市新型城市化水平资产负债图

**表 7-27　大连市新型城市化水平资产负债表**

| 资　产 | | | | | | | 三大系统 | | 负　债 | | | | | | |
|---|---|---|---|---|---|---|---|---|---|---|---|---|---|---|---|
| 位　次 | | 指标数 | 占指标总数/% | 指标分值 | 相对资产/% | 资产质量系数 | | | 位　次 | | 指标数 | 占指标总数/% | 指标分值 | 相对负债/% | 负债质量系数 |
| 动力系统 | 1～5 | 1 | 4.17 | 4.6 | 3.83 | | 动力系统 | | 动力系统 | 1～5 | 1 | 4.17 | -0.50 | -0.42 | |
| | 6～10 | 5 | 20.83 | 20.7 | 17.25 | | | | | 6～10 | 5 | 20.83 | 4.80 | -4.00 | |
| | 11～15 | 8 | 33.33 | 30.2 | 25.17 | | 资产：负债 | | | 11～15 | 8 | 33.33 | -10.60 | -8.83 | |
| | 16～20 | 5 | 20.83 | 16.5 | 13.75 | | 69.59 | 32.41 | | 16～20 | 5 | 20.83 | -9.00 | -7.50 | |
| | 21～25 | 2 | 8.33 | 5.3 | 4.42 | | 相对净资产 | 37.18 | | 21～25 | 2 | 8.33 | -4.90 | -4.08 | |
| | 26～30 | 2 | 8.33 | 5.0 | 4.17 | | | | | 26～30 | 2 | 8.33 | -5.20 | -4.33 | |
| | 31～35 | 0 | 0.00 | 0.0 | 0.00 | | | | | 31～35 | 0 | 0.00 | 0.00 | 0.00 | |
| | 36～40 | 1 | 4.17 | 1.2 | 1.00 | | | | | 36～40 | 1 | 4.17 | -3.90 | -3.25 | |
| | 41～45 | 0 | 0.00 | 0.0 | 0.00 | | | | | 41～45 | 0 | 0.00 | 0.00 | 0.00 | |
| | 46～50 | 0 | 0.00 | 0.0 | 0.00 | | | | | 46～50 | 0 | 0.00 | 0.00 | 0.00 | |
| 合　计 | | 24 | 100.00 | 83.5 | 69.59 | 3.48 | 24 | | 合　计 | | 24 | 100.00 | -38.90 | -32.41 | -1.62 |
| 质量系统 | 1～5 | 0 | 0.00 | 0.00 | 0.00 | | 质量系统 | | 质量系统 | 1～5 | 0 | 0.00 | 0.00 | 0.00 | |
| | 6～10 | 1 | 8.33 | 4.3 | 7.17 | | | | | 6～10 | 1 | 8.33 | -0.80 | -1.33 | |
| | 11～15 | 9 | 75.00 | 34.3 | 57.17 | | 资产：负债 | | | 11～15 | 9 | 75.00 | -11.60 | -19.33 | |
| | 16～20 | 1 | 8.33 | 3.4 | 5.67 | | 74.68 | 27.32 | | 16～20 | 1 | 8.33 | -1.70 | -2.83 | |
| | 21～25 | 1 | 8.33 | 2.8 | 4.67 | | 相对净资产 | 47.36 | | 21～25 | 1 | 8.33 | -2.30 | -3.83 | |
| | 26～30 | 0 | 0.00 | 0.0 | 0.00 | | | | | 26～30 | 0 | 0.00 | 0.00 | 0.00 | |
| | 31～35 | 0 | 0.00 | 0.0 | 0.00 | | | | | 31～35 | 0 | 0.00 | 0.00 | 0.00 | |
| | 36～40 | 0 | 0.00 | 0.0 | 0.00 | | | | | 36～40 | 0 | 0.00 | 0.00 | 0.00 | |
| | 41～45 | 0 | 0.00 | 0.0 | 0.00 | | | | | 41～45 | 0 | 0.00 | 0.00 | 0.00 | |
| | 46～50 | 0 | 0.00 | 0.0 | 0.00 | | | | | 46～50 | 0 | 0.00 | 0.00 | 0.00 | |
| 合　计 | | 12 | 100.00 | 44.8 | 74.68 | 3.73 | 12 | | 合　计 | | 12 | 100.00 | -16.40 | -27.32 | -1.37 |
| 公平系统 | 1～5 | 0 | 0.00 | 0.0 | 0.00 | | 公平系统 | | 公平系统 | 1～5 | 0 | 0.00 | 0.00 | 0.00 | |
| | 6～10 | 1 | 7.14 | 4.1 | 5.86 | | | | | 6～10 | 1 | 7.14 | -1.00 | -1.43 | |
| | 11～15 | 10 | 71.43 | 37.6 | 53.71 | | 资产：负债 | | | 11～15 | 10 | 71.43 | -13.40 | -19.14 | |
| | 16～20 | 1 | 7.14 | 3.2 | 4.57 | | 71.85 | 30.14 | | 16～20 | 1 | 7.14 | -1.90 | -2.71 | |
| | 21～25 | 2 | 14.29 | 5.4 | 7.71 | | 相对净资产 | 41.71 | | 21～25 | 2 | 14.29 | -4.80 | -6.86 | |
| | 26～30 | 0 | 0.00 | 0.0 | 0.00 | | | | | 26～30 | 0 | 0.00 | 0.00 | 0.00 | |
| | 31～35 | 0 | 0.00 | 0.0 | 0.00 | | | | | 31～35 | 0 | 0.00 | 0.00 | 0.00 | |
| | 36～40 | 0 | 0.00 | 0.0 | 0.00 | | | | | 36～40 | 0 | 0.00 | 0.00 | 0.00 | |
| | 41～45 | 0 | 0.00 | 0.0 | 0.00 | | | | | 41～45 | 0 | 0.00 | 0.00 | 0.00 | |
| | 46～50 | 0 | 0.00 | 0.0 | 0.00 | | | | | 46～50 | 0 | 0.00 | 0.00 | 0.00 | |
| 合　计 | | 14 | 100.00 | 50.3 | 71.85 | 3.59 | 14 | | 合　计 | | 14 | 100.00 | -21.10 | -30.14 | -1.51 |
| 资产总指标数 | | | 占指标总数/% | 总资产分值 | 相对总资产/% | 总资产质量系数 | 相对总资产:相对总负债 | | 负债总指标数 | | | 占指标总数/% | 总负债分值 | 相对总负债/% | 总负债质量系数 |
| | | | | | | | 71.44 | 30.56 | | | | | | | |
| 50 | | | 100.00 | 178.6 | 71.44 | 3.57 | 相对净资产 | 40.88 | 50 | | | 100.00 | -76.40 | -30.56 | -1.53 |

### （十）长春市新型城市化水平资产负债分析

1）城乡发展动力系统：在总数 24 个源指标中，资产累计得分为 62.80，相对资产为 52.33%，资产质量系数为 2.62，表明资产质量一般。同时，负债累计得分为 -57.80，相对负债为-48.17%，负债质量系数为-2.41，表明负债质量一般。在该大项中，相对净资产为 4.16%。

2）城乡发展质量系统：在总数 12 个源指标中，资产累计得分为 27.80，相对资产为 46.32%，资产质量系数为 2.32，表明资产质量一般。同时，负债累计得分为 -33.40，相对负债为-55.68%，负债质量系数为-2.78，表明负债质量一般。在该大项中，相对净资产为-9.36%。

3）城乡发展公平系统：在总数 14 个源指标中，资产累计得分为 38.40，相对资产为 54.85%，资产质量系数为 2.74，表明资产质量一般。同时，负债累计得分为 -33.00，相对负债为-47.14%，负债质量系数为-2.36，表明负债质量一般。在该大项中，相对净资产为 7.71%。

总计上述三大项，在总数 50 个源指标中，总资产累计得分为 129.00，相对资产为 51.60%，资产质量系数为 2.58，表明资产质量一般。同时，负债累计得分为-124.20，相对负债为-49.68%，负债质量系数为-2.48，表明负债质量一般。在该大项中，相对净资产为 1.92%（图 7-35，表 7-28）。

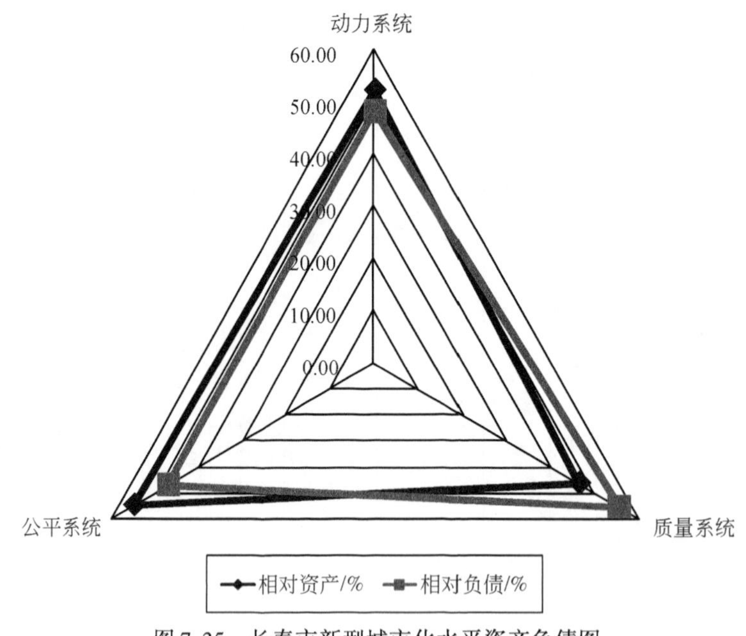


图 7-35　长春市新型城市化水平资产负债图

**表 7-28　长春市新型城市化水平资产负债表**

| 资产 | | | | | | | 三大系统 | | 负债 | | | | | | |
|---|---|---|---|---|---|---|---|---|---|---|---|---|---|---|---|
| 位次 | | 指标数 | 占指标总数/% | 指标分值 | 相对资产/% | 资产质量系数 | | | 位次 | | 指标数 | 占指标总数/% | 指标分值 | 相对负债/% | 负债质量系数 |
| 动力系统 | 1～5 | 0 | 0.00 | 0.0 | 0.00 | | 动力系统 | | 动力系统 | 1～5 | 0 | 0.00 | 0.00 | 0.00 | |
| | 6～10 | 2 | 8.33 | 8.5 | 7.08 | | | | | 6～10 | 2 | 8.33 | -1.70 | -1.42 | |
| | 11～15 | 2 | 8.33 | 7.6 | 6.33 | | 资产：负债 | | | 11～15 | 2 | 8.33 | -2.60 | -2.17 | |
| | 16～20 | 4 | 16.67 | 13.1 | 10.92 | | 52.33 | 48.17 | | 16～20 | 4 | 16.67 | -5.50 | -4.58 | |
| | 21～25 | 4 | 16.67 | 11.5 | 9.58 | | 相对净资产 | 4.16 | | 21～25 | 4 | 16.67 | -8.90 | -7.42 | |
| | 26～30 | 5 | 20.83 | 11.6 | 9.67 | | | | | 26～30 | 5 | 20.83 | -13.90 | -11.58 | |
| | 31～35 | 4 | 16.67 | 7.3 | 6.08 | | | | | 31～35 | 4 | 16.67 | -13.10 | -10.92 | |
| | 36～40 | 2 | 8.33 | 2.3 | 1.92 | | | | | 36～40 | 2 | 8.33 | -7.90 | -6.58 | |
| | 41～45 | 1 | 4.17 | 0.9 | 0.75 | | | | | 41～45 | 1 | 4.17 | -4.20 | -3.50 | |
| | 46～50 | 0 | 0.00 | 0.0 | 0.00 | | | | | 46～50 | 0 | 0.00 | 0.00 | 0.00 | |
| 合计 | | 24 | 100.00 | 62.8 | 52.33 | 2.62 | 24 | | 合计 | | 24 | 100.00 | -67.80 | -48.17 | -2.41 |
| 质量系统 | 1～5 | 0 | 0.00 | 0.0 | 0.00 | | 质量系统 | | 质量系统 | 1～5 | 0 | 0.00 | 0.00 | 0.00 | |
| | 6～10 | 0 | 0.00 | 0.0 | 0.00 | | | | | 6～10 | 0 | 0.00 | 0.00 | 0.00 | |
| | 11～15 | 0 | 0.00 | 0.0 | 0.00 | | 资产：负债 | | | 11～15 | 0 | 0.00 | 0.00 | 0.00 | |
| | 16～20 | 1 | 8.33 | 3.2 | 5.33 | | 46.32 | 55.68 | | 16～20 | 1 | 8.33 | -1.90 | -3.17 | |
| | 21～25 | 5 | 41.67 | 14.0 | 23.33 | | 相对净资产 | -9.36 | | 21～25 | 5 | 41.67 | -11.50 | -19.17 | |
| | 26～30 | 3 | 25.00 | 6.6 | 11.00 | | | | | 26～30 | 3 | 25.00 | -8.70 | -14.50 | |
| | 31～35 | 1 | 8.33 | 1.7 | 2.83 | | | | | 31～35 | 1 | 8.33 | -3.40 | -5.67 | |
| | 36～40 | 1 | 8.33 | 1.4 | 2.33 | | | | | 36～40 | 1 | 8.33 | -3.70 | -6.17 | |
| | 41～45 | 1 | 8.33 | 0.9 | 1.50 | | | | | 41～45 | 1 | 8.33 | -4.20 | -7.00 | |
| | 46～50 | 0 | 0.00 | 0.0 | 0.00 | | | | | 46～50 | 0 | 0.00 | 0.00 | 0.00 | |
| 合计 | | 12 | 100.00 | 27.8 | 46.32 | 2.32 | 12 | | 合计 | | 12 | 100.00 | -33.40 | -55.68 | -2.78 |
| 公平系统 | 1～5 | 0 | 0.00 | 0.0 | 0.00 | | 公平系统 | | 公平系统 | 1～5 | 0 | 0.00 | 0.00 | 0.00 | |
| | 6～10 | 1 | 7.14 | 4.3 | 6.14 | | | | | 6～10 | 1 | 7.14 | -0.80 | -1.14 | |
| | 11～15 | 1 | 7.14 | 3.9 | 5.57 | | 资产：负债 | | | 11～15 | 1 | 7.14 | -1.20 | -1.71 | |
| | 16～20 | 1 | 7.14 | 3.5 | 5.00 | | 54.85 | 47.14 | | 16～20 | 1 | 7.14 | -1.60 | -2.29 | |
| | 21～25 | 4 | 28.57 | 11.0 | 15.71 | | 相对净资产 | 7.71 | | 21～25 | 4 | 28.57 | -9.40 | -13.43 | |
| | 26～30 | 6 | 42.86 | 13.7 | 19.57 | | | | | 26～30 | 6 | 42.86 | -16.90 | -24.14 | |
| | 31～35 | 1 | 7.14 | 2.0 | 2.86 | | | | | 31～35 | 1 | 7.14 | -3.10 | -4.43 | |
| | 36～40 | 0 | 0.00 | 0.0 | 0.00 | | | | | 36～40 | 0 | 0.00 | 0.00 | 0.00 | |
| | 41～45 | 0 | 0.00 | 0.0 | 0.00 | | | | | 41～45 | 0 | 0.00 | 0.00 | 0.00 | |
| | 46～50 | 0 | 0.00 | 0.0 | 0.00 | | | | | 46～50 | 0 | 0.00 | 0.00 | 0.00 | |
| 合计 | | 14 | 100.00 | 38.4 | 54.85 | 2.74 | 14 | | 合计 | | 14 | 100.00 | -33.00 | -47.14 | -2.36 |
| 资产总指标数 | | | 占指标总数/% | 总资产分值 | 相对总资产/% | 总资产质量系数 | 相对总资产：相对总负债 | | 负债总指标数 | | | 占指标总数/% | 总负债分值 | 相对总负债/% | 总负债质量系数 |
| | | | | | | | 51.60 | 49.68 | | | | | | | |
| 50 | | | 100.00 | 129.0 | 51.60 | 2.58 | 相对净资产 | 1.92 | 50 | | | 100.00 | -124.20 | -49.68 | -2.48 |

### （十一）哈尔滨市新型城市化水平资产负债分析

1）城乡发展动力系统：在总数 24 个源指标中，资产累计得分为 49.60，相对资产为 41.33%，资产质量系数为 2.07，表明资产质量一般。同时，负债累计得分为-72.80，相对负债为-60.67%，负债质量系数为-3.03，表明负债质量很差。在该大项中，相对净资产为-19.34%。

2）城乡发展质量系统：在总数 12 个源指标中，资产累计得分为 28.60，相对资产为 47.66%，资产质量系数为 2.38，表明资产质量一般。同时，负债累计得分为-32.60，相对负债为-54.34%，负债质量系数为-2.72，表明负债质量一般。在该大项中，相对净资产为-6.68%。

3）城乡发展公平系统：在总数 14 个源指标中，资产累计得分为 36.30，相对资产为 51.86%，资产质量系数为 2.59，表明资产质量一般。同时，负债累计得分为-35.10，相对负债为-50.14%，负债质量系数为-2.51，表明负债质量一般。在该大项中，相对净资产为 1.72%。

总计上述三大项，在总数 50 个源指标中，总资产累计得分为 114.50，相对资产为 45.80%，资产质量系数为 2.29，表明资产质量一般。同时，负债累计得分为-140.50，相对负债为-56.20%，负债质量系数为-2.81，表明负债质量一般。在该大项中，相对净资产为-10.40%（图 7-36，表 7-29）。

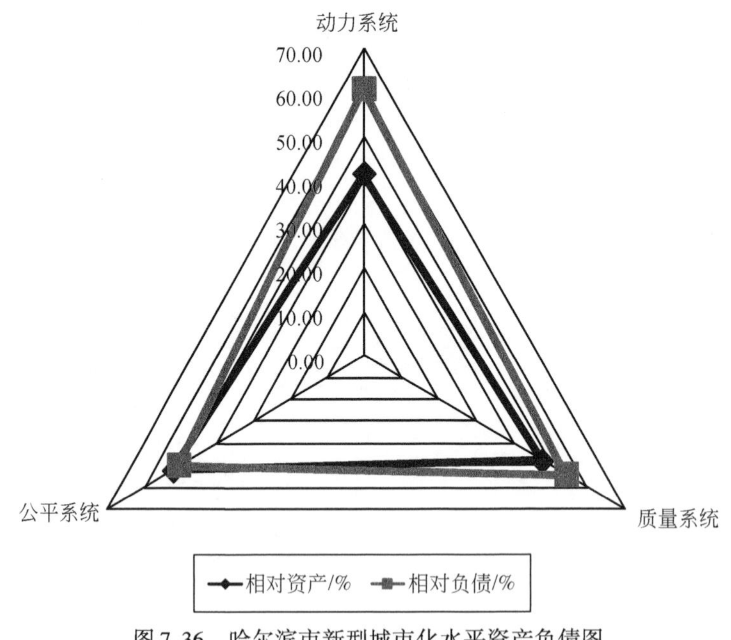


图 7-36　哈尔滨市新型城市化水平资产负债图

**表 7-29　哈尔滨市新型城市化水平资产负债表**

| 资产 | | | | | | | 三大系统 | | 负债 | | | | | | |
|---|---|---|---|---|---|---|---|---|---|---|---|---|---|---|---|
| 位次 | | 指标数 | 占指标总数/% | 指标分值 | 相对资产/% | 资产质量系数 | | | 位次 | | 指标数 | 占指标总数/% | 指标分值 | 相对负债/% | 负债质量系数 |
| 动力系统 | 1～5 | 2 | 8.33 | 9.5 | 7.92 | | 动力系统 | | 动力系统 | 1～5 | 2 | 8.33 | -0.70 | -0.58 | |
| | 6～10 | 0 | 0.00 | 0.0 | 0.00 | | | | | 6～10 | 0 | 0.00 | 0.00 | 0.00 | |
| | 11～15 | 0 | 0.00 | 0.0 | 0.00 | | 资产：负债 | | | 11～15 | 0 | 0.00 | 0.00 | 0.00 | |
| | 16～20 | 0 | 0.00 | 0.0 | 0.00 | | 41.33 | 60.67 | | 16～20 | 0 | 0.00 | 0.00 | 0.00 | |
| | 21～25 | 7 | 29.17 | 19.7 | 16.42 | | 相对净资产 | -19.34 | | 21～25 | 7 | 29.17 | -16.00 | -13.33 | |
| | 26～30 | 1 | 4.17 | 2.1 | 1.75 | | | | | 26～30 | 1 | 4.17 | -3.00 | -2.50 | |
| | 31～35 | 4 | 16.67 | 7.2 | 6.00 | | | | | 31～35 | 4 | 16.67 | -13.20 | -11.00 | |
| | 36～40 | 6 | 25.00 | 8.5 | 7.08 | | | | | 36～40 | 6 | 25.00 | -22.10 | -18.42 | |
| | 41～45 | 3 | 12.50 | 2.2 | 1.83 | | | | | 41～45 | 3 | 12.50 | -13.10 | -10.92 | |
| | 46～50 | 1 | 4.17 | 0.4 | 0.33 | | | | | 46～50 | 1 | 4.17 | -4.70 | -3.92 | |
| 合计 | | 24 | 100.00 | 49.6 | 41.33 | 2.07 | 24 | | 合计 | | 24 | 100.00 | -72.80 | -60.67 | -3.03 |
| 质量系统 | 1～5 | 0 | 0.00 | 0.0 | 0.00 | | 质量系统 | | 质量系统 | 1～5 | 0 | 0.00 | 0.00 | 0.00 | |
| | 6～10 | 0 | 0.00 | 0.0 | 0.00 | | | | | 6～10 | 0 | 0.00 | 0.00 | 0.00 | |
| | 11～15 | 0 | 0.00 | 0.0 | 0.00 | | 资产：负债 | | | 11～15 | 0 | 0.00 | 0.00 | 0.00 | |
| | 16～20 | 1 | 8.33 | 3.2 | 5.33 | | 47.66 | 54.34 | | 16～20 | 1 | 8.33 | -1.90 | -3.17 | |
| | 21～25 | 5 | 41.67 | 13.8 | 23.00 | | 相对净资产 | -6.68 | | 21～25 | 5 | 41.67 | -11.70 | -19.50 | |
| | 26～30 | 4 | 33.33 | 9.3 | 15.50 | | | | | 26～30 | 4 | 33.33 | -11.10 | -18.50 | |
| | 31～35 | 0 | 0.00 | 0.0 | 0.00 | | | | | 31～35 | 0 | 0.00 | 0.00 | 0.00 | |
| | 36～40 | 2 | 16.67 | 2.3 | 3.83 | | | | | 36～40 | 2 | 16.67 | -7.90 | -13.17 | |
| | 41～45 | 0 | 0.00 | 0.0 | 0.00 | | | | | 41～45 | 0 | 0.00 | 0.00 | 0.00 | |
| | 46～50 | 0 | 0.00 | 0.0 | 0.00 | | | | | 46～50 | 0 | 0.00 | 0.00 | 0.00 | |
| 合计 | | 12 | 100.00 | 28.6 | 47.66 | 2.38 | 12 | | 合计 | | 12 | 100.00 | -32.60 | -54.34 | -2.72 |
| 公平系统 | 1～5 | 0 | 0.00 | 0.0 | 0.00 | | 公平系统 | | 公平系统 | 1～5 | 0 | 0.00 | 0.00 | 0.00 | |
| | 6～10 | 1 | 7.14 | 4.4 | 6.29 | | | | | 6～10 | 1 | 7.14 | -0.70 | -1.00 | |
| | 11～15 | 1 | 7.14 | 3.9 | 5.57 | | 资产：负债 | | | 11～15 | 1 | 7.14 | -1.20 | -1.71 | |
| | 16～20 | 2 | 14.29 | 6.4 | 9.14 | | 51.86 | 50.14 | | 16～20 | 2 | 14.29 | -3.80 | -5.43 | |
| | 21～25 | 2 | 14.29 | 5.3 | 7.57 | | 相对净资产 | 1.72 | | 21～25 | 2 | 14.29 | -4.90 | -7.00 | |
| | 26～30 | 5 | 35.71 | 12.0 | 17.14 | | | | | 26～30 | 5 | 35.71 | -13.50 | -19.29 | |
| | 31～35 | 2 | 14.29 | 3.4 | 4.86 | | | | | 31～35 | 2 | 14.29 | -6.80 | -9.71 | |
| | 36～40 | 0 | 0.00 | 0.0 | 0.00 | | | | | 36～40 | 0 | 0.00 | 0.00 | 0.00 | |
| | 41～45 | 1 | 7.14 | 0.9 | 1.29 | | | | | 41～45 | 1 | 7.14 | -4.20 | -6.00 | |
| | 46～50 | 0 | 0.00 | 0.0 | 0.00 | | | | | 46～50 | 0 | 0.00 | 0.00 | 0.00 | |
| 合计 | | 14 | 100.00 | 36.3 | 51.86 | 2.59 | 14 | | 合计 | | 14 | 100.00 | -35.10 | -50.14 | -2.51 |
| 资产总指标数 | | | 占指标总数/% | 总资产分值 | 相对总资产/% | 总资产质量系数 | 相对总资产∶相对总负债 | | 负债总指标数 | | | 占指标总数/% | 总负债分值 | 相对总负债/% | 总负债质量系数 |
| | | | | | | | 45.80 | 56.20 | | | | | | | |
| 50 | | | 100.00 | 114.5 | 45.80 | 2.29 | 相对净资产 | -10.40 | 50 | | | 100.00 | -140.50 | -56.20 | -2.81 |

### （十二）大庆市新型城市化水平资产负债分析

1）城乡发展动力系统：在总数 24 个源指标中，资产累计得分为 64.70，相对资产为 53.92%，资产质量系数为 2.70，表明资产质量一般。同时，负债累计得分为-54.10，相对负债为-45.08%，负债质量系数为-2.25，表明负债质量一般。在该大项中，相对净资产为 8.84%。

2）城乡发展质量系统：在总数 12 个源指标中，资产累计得分为 31.30，相对资产为 52.17%，资产质量系数为 2.61，表明资产质量一般。同时，负债累计得分为-29.90，相对负债为-49.83%，负债质量系数为-2.49，表明负债质量一般。在该大项中，相对净资产为 2.34%。

3）城乡发展公平系统：在总数 14 个源指标中，资产累计得分为 30.20，相对资产为 43.15%，资产质量系数为 2.16，表明资产质量一般。同时，负债累计得分为-41.20，相对负债为-58.87%，负债质量系数为-2.94，表明负债质量一般。在该大项中，相对净资产为-15.72%。

总计上述三大项，在总数 50 个源指标中，总资产累计得分为 126.20，相对资产为 50.48%，资产质量系数为 2.52，表明资产质量一般。同时，负债累计得分为-125.20，相对负债为-50.08%，负债质量系数为-2.50，表明负债质量一般。在该大项中，相对净资产为 0.40%（图 7-37，表 7-30）。

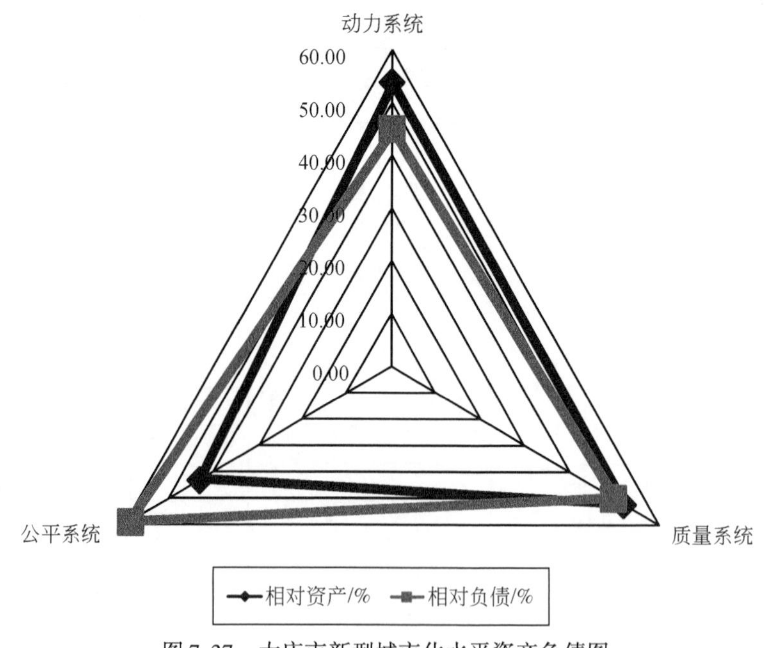


图 7-37　大庆市新型城市化水平资产负债图

**表 7-30　大庆市新型城市化水平资产负债表**

| 资产 | | | | | | | 三大系统 | | 负债 | | | | | | |
|---|---|---|---|---|---|---|---|---|---|---|---|---|---|---|---|
| 位次 | | 指标数 | 占指标总数/% | 指标分值 | 相对资产/% | 资产质量系数 | | | 位次 | | 指标数 | 占指标总数/% | 指标分值 | 相对负债/% | 负债质量系数 |
| 动力系统 | 1～5 | 1 | 4.17 | 4.8 | 4.00 | | 动力系统 | | 动力系统 | 1～5 | 1 | 4.17 | -0.30 | -0.25 | |
| | 6～10 | 4 | 16.67 | 16.9 | 14.08 | | | | | 6～10 | 4 | 16.67 | -3.50 | -2.92 | |
| | 11～15 | 2 | 8.33 | 7.7 | 6.42 | | 资产：负债 | | | 11～15 | 2 | 8.33 | -2.50 | -2.08 | |
| | 16～20 | 4 | 16.67 | 13.0 | 10.83 | | 53.92 | 45.08 | | 16～20 | 4 | 16.67 | -6.80 | -8.17 | |
| | 21～25 | 3 | 12.50 | 8.0 | 6.67 | | 相对净资产 | 8.84 | | 21～25 | 3 | 12.50 | -7.30 | -6.08 | |
| | 26～30 | 3 | 12.50 | 6.6 | 5.50 | | | | | 26～30 | 3 | 12.50 | -8.70 | -7.25 | |
| | 31～35 | 2 | 8.33 | 3.5 | 2.92 | | | | | 31～35 | 2 | 8.33 | -6.70 | -5.58 | |
| | 36～40 | 2 | 8.33 | 2.5 | 2.08 | | | | | 36～40 | 2 | 8.33 | -7.70 | -6.42 | |
| | 41～45 | 2 | 8.33 | 1.5 | 1.25 | | | | | 41～45 | 2 | 8.33 | -8.70 | -7.25 | |
| | 46～50 | 1 | 4.17 | 0.2 | 0.17 | | | | | 46～50 | 1 | 4.17 | -4.90 | -4.08 | |
| 合计 | | 24 | 100.00 | 64.7 | 53.92 | 2.70 | 24 | | 合计 | | 24 | 100.00 | -54.10 | -45.08 | -2.25 |
| 质量系统 | 1～5 | 0 | 0.00 | 0.0 | 0.00 | | 质量系统 | | 质量系统 | 1～5 | 0 | 0.00 | 0.00 | 0.00 | |
| | 6～10 | 1 | 8.33 | 4.3 | 7.17 | | | | | 6～10 | 1 | 8.33 | -0.80 | -1.33 | |
| | 11～15 | 0 | 0.00 | 0.0 | 0.00 | | 资产：负债 | | | 11～15 | 0 | 0.00 | 0.00 | 0.00 | |
| | 16～20 | 1 | 8.33 | 3.2 | 5.33 | | 52.17 | 49.83 | | 16～20 | 1 | 8.33 | -1.90 | -3.17 | |
| | 21～25 | 1 | 8.33 | 2.8 | 4.67 | | 相对净资产 | 2.34 | | 21～25 | 1 | 8.33 | -2.30 | -3.83 | |
| | 26～30 | 9 | 75.00 | 21.0 | 35.00 | | | | | 26～30 | 9 | 75.00 | -24.90 | -41.50 | |
| | 31～35 | 0 | 0.00 | 0.0 | 0.00 | | | | | 31～35 | 0 | 0.00 | 0.00 | 0.00 | |
| | 36～40 | 0 | 0.00 | 0.0 | 0.00 | | | | | 36～40 | 0 | 0.00 | 0.00 | 0.00 | |
| | 41～45 | 0 | 0.00 | 0.0 | 0.00 | | | | | 41～45 | 0 | 0.00 | 0.00 | 0.00 | |
| | 46～50 | 0 | 0.00 | 0.0 | 0.00 | | | | | 46～50 | 0 | 0.00 | 0.00 | 0.00 | |
| 合计 | | 12 | 100.00 | 31.3 | 52.17 | 2.61 | 12 | | 合计 | | 12 | 100.00 | -29.90 | -49.83 | -2.49 |
| 公平系统 | 1～5 | 0 | 0.00 | 0.0 | 0.00 | | 公平系统 | | 公平系统 | 1～5 | 0 | 0.00 | 0.00 | 0.00 | |
| | 6～10 | 1 | 7.14 | 4.1 | 5.86 | | | | | 6～10 | 1 | 7.14 | -1.00 | -1.43 | |
| | 11～15 | 0 | 0.00 | 0.0 | 0.00 | | 资产：负债 | | | 11～15 | 0 | 0.00 | 0.00 | 0.00 | |
| | 16～20 | 0 | 0.00 | 0.0 | 0.00 | | 43.15 | 58.87 | | 16～20 | 0 | 0.00 | 0.00 | 0.00 | |
| | 21～25 | 3 | 21.43 | 8.4 | 12.00 | | 相对净资产 | -15.72 | | 21～25 | 3 | 21.43 | -6.90 | -9.86 | |
| | 26～30 | 5 | 35.71 | 10.9 | 15.57 | | | | | 26～30 | 5 | 35.71 | -14.60 | -20.86 | |
| | 31～35 | 1 | 21.43 | 5.3 | 7.57 | | | | | 31～35 | 3 | 21.43 | -10.00 | -14.29 | |
| | 36～40 | 1 | 7.14 | 1.3 | 1.86 | | | | | 36～40 | 1 | 7.14 | -3.80 | -5.43 | |
| | 41～45 | 0 | 0.00 | 0.0 | 0.00 | | | | | 41～45 | 0 | 0.00 | 0.00 | 0.00 | |
| | 46～50 | 1 | 7.14 | 0.2 | 0.29 | | | | | 46～50 | 1 | 7.14 | -4.90 | -7.00 | |
| 合计 | | 14 | 100.00 | 30.2 | 43.15 | 2.16 | 14 | | 合计 | | 14 | 100.00 | -41.20 | -58.87 | -2.94 |
| 资产总指标数 | | | 占指标总数/% | 总资产分值 | 相对总资产/% | 总资产质量系数 | 相对总资产：相对总负债 | | 负债总指标数 | | | 占指标总数/% | 总负债分值 | 相对总负债/% | 总负债质量系数 |
| | | | | | | | 50.48 | -50.08 | | | | | | | |
| 50 | | | 100.00 | 126.2 | 50.48 | 2.52 | 相对净资产 | 0.40 | 50 | | | 100.00 | -125.20 | -50.08 | -2.50 |

### （十三）上海市新型城市化水平资产负债分析

1）城乡发展动力系统：在总数 24 个源指标中，资产累计得分为 103. 20，相对资产为 86. 00%，资产质量系数为 4. 30，表明资产质量优良。同时，负债累计得分为-19. 20，相对负债为-16. 00%，负债质量系数为-0. 80，表明负债质量很好。在该大项中，相对净资产为 70. 00%。

2）城乡发展质量系统：在总数 12 个源指标中，资产累计得分为 58. 20，相对资产为 97. 00%，资产质量系数为 4. 85，表明资产质量优良。同时，负债累计得分为-3. 00，相对负债为-5. 00%，负债质量系数为-0. 25，表明负债质量很好。在该大项中，相对净资产为 92. 00%。

3）城乡发展公平系统：在总数 14 个源指标中，资产累计得分为 66. 40，相对资产为 94. 85%，资产质量系数为 4. 74，表明资产质量优良。同时，负债累计得分为-5. 00，相对负债为-7. 14%，负债质量系数为-0. 36，表明负债质量很好。在该大项中，相对净资产为 87. 71%。

总计上述三大项，在总数 50 个源指标中，总资产累计得分为 227. 80，相对资产为 91. 12%，资产质量系数为 4. 56，表明资产质量优良。同时，负债累计得分为-27. 20，相对负债为-10. 88%，负债质量系数为-0. 54，表明负债质量很好。在该大项中，相对净资产为 80. 24%（图 7-38，表 7-31）。

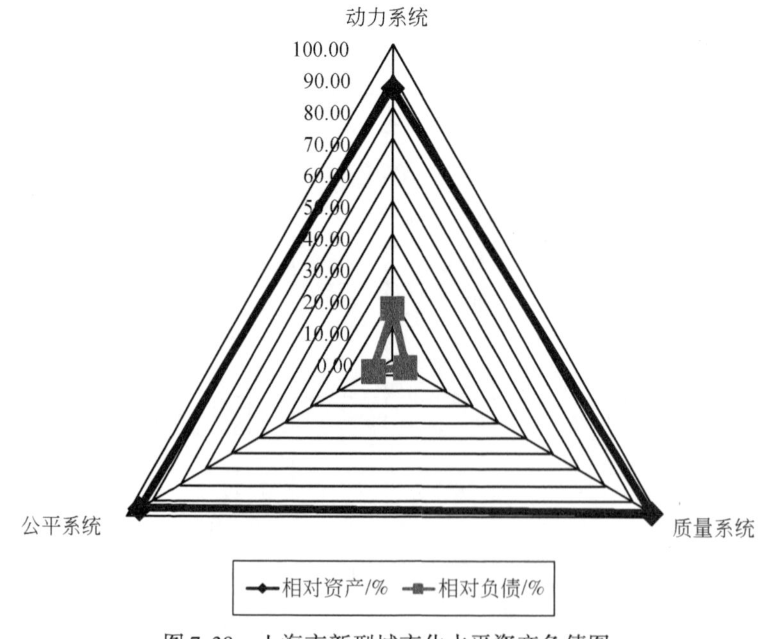


图 7-38　上海市新型城市化水平资产负债图

**表 7-31　上海市新型城市化水平资产负债表**

| 资产 | | | | | | | 三大系统 | | 负债 | | | | | | |
|---|---|---|---|---|---|---|---|---|---|---|---|---|---|---|---|
| 位次 | | 指标数 | 占指标总数/% | 指标分值 | 相对资产/% | 资产质量系数 | | | 位次 | | 指标数 | 占指标总数/% | 指标分值 | 相对负债/% | 负债质量系数 |
| 动力系统 | 1～5 | 20 | 83.33 | 96.9 | 80.75 | | 动力系统 | | 动力系统 | 1～5 | 20 | 83.33 | -5.10 | -4.25 | |
| | 6～10 | 1 | 4.17 | 4.5 | 3.75 | | | | | 6～10 | 1 | 4.17 | -0.60 | -0.50 | |
| | 11～15 | 0 | 0.00 | 0.0 | 0.00 | | 资产：负债 | | | 11～15 | 0 | 0.00 | 0.00 | 0.00 | |
| | 16～20 | 0 | 0.00 | 0.0 | 0.00 | | 86.00 | 16.00 | | 16～20 | 0 | 0.00 | 0.00 | 0.00 | |
| | 21～25 | 0 | 0.00 | 0.0 | 0.00 | | 相对净资产 | 70.00 | | 21～25 | 0 | 0.00 | 0.00 | 0.00 | |
| | 26～30 | 0 | 0.00 | 0.0 | 0.00 | | | | | 26～30 | 0 | 0.00 | 0.00 | 0.00 | |
| | 31～35 | 0 | 0.00 | 0.0 | 0.00 | | | | | 31～35 | 0 | 0.00 | 0.00 | 0.00 | |
| | 36～40 | 1 | 4.17 | 1.4 | 1.17 | | | | | 36～40 | 1 | 4.17 | -3.70 | -3.08 | |
| | 41～45 | 0 | 0.00 | 0.0 | 0.00 | | | | | 41～45 | 0 | 0.00 | 0.00 | 0.00 | |
| | 46～50 | 2 | 8.33 | 0.4 | 0.33 | | | | | 46～50 | 2 | 8.33 | -9.80 | -8.17 | |
| 合计 | | 24 | 100.00 | 103.2 | 86.00 | 4.30 | 24 | | 合计 | | 24 | 100.00 | -19.20 | -16.00 | -0.80 |
| 质量系统 | 1～5 | 11 | 91.67 | 54.1 | 90.17 | | 质量系统 | | 质量系统 | 1～5 | 11 | 91.67 | -2.00 | -3.33 | |
| | 6～10 | 1 | 8.33 | 4.1 | 6.83 | | | | | 6～10 | 1 | 8.33 | -1.00 | -1.67 | |
| | 11～15 | 0 | 0.00 | 0.0 | 0.00 | | 资产：负债 | | | 11～15 | 0 | 0.00 | 0.00 | 0.00 | |
| | 16～20 | 0 | 0.00 | 0.0 | 0.00 | | 97.00 | 5.00 | | 16～20 | 0 | 0.00 | 0.00 | 0.00 | |
| | 21～25 | 0 | 0.00 | 0.0 | 0.00 | | 相对净资产 | 92.00 | | 21～25 | 0 | 0.00 | 0.00 | 0.00 | |
| | 26～30 | 0 | 0.00 | 0.0 | 0.00 | | | | | 26～30 | 0 | 0.00 | 0.00 | 0.00 | |
| | 31～35 | 0 | 0.00 | 0.0 | 0.00 | | | | | 31～35 | 0 | 0.00 | 0.00 | 0.00 | |
| | 36～40 | 0 | 0.00 | 0.0 | 0.00 | | | | | 36～40 | 0 | 0.00 | 0.00 | 0.00 | |
| | 41～45 | 0 | 0.00 | 0.0 | 0.00 | | | | | 41～45 | 0 | 0.00 | 0.00 | 0.00 | |
| | 46～50 | 0 | 0.00 | 0.0 | 0.00 | | | | | 46～50 | 0 | 0.00 | 0.00 | 0.00 | |
| 合计 | | 12 | 100.00 | 58.2 | 97.00 | 4.85 | 12 | | 合计 | | 12 | 100.00 | -3.00 | -5.00 | -0.25 |
| 公平系统 | 1～5 | 11 | 78.57 | 53.7 | 76.71 | | 公平系统 | | 公平系统 | 1～5 | 11 | 78.57 | -2.40 | -3.43 | |
| | 6～10 | 2 | 14.29 | 8.8 | 12.57 | | | | | 6～10 | 2 | 14.29 | -1.40 | -2.00 | |
| | 11～15 | 1 | 7.14 | 3.9 | 5.57 | | 资产：负债 | | | 11～15 | 1 | 7.14 | -1.20 | -1.71 | |
| | 16～20 | 0 | 0.00 | 0.0 | 0.00 | | 94.85 | 7.14 | | 16～20 | 0 | 0.00 | 0.00 | 0.00 | |
| | 21～25 | 0 | 0.00 | 0.0 | 0.00 | | 相对净资产 | 87.71 | | 21～25 | 0 | 0.00 | 0.00 | 0.00 | |
| | 26～30 | 0 | 0.00 | 0.0 | 0.00 | | | | | 26～30 | 0 | 0.00 | 0.00 | 0.00 | |
| | 31～35 | 0 | 0.00 | 0.0 | 0.00 | | | | | 31～35 | 0 | 0.00 | 0.00 | 0.00 | |
| | 36～40 | 0 | 0.00 | 0.0 | 0.00 | | | | | 36～40 | 0 | 0.00 | 0.00 | 0.00 | |
| | 41～45 | 0 | 0.00 | 0.0 | 0.00 | | | | | 41～45 | 0 | 0.00 | 0.00 | 0.00 | |
| | 46～50 | 0 | 0.00 | 0.0 | 0.00 | | | | | 46～50 | 0 | 0.00 | 0.00 | 0.00 | |
| 合计 | | 14 | 100.00 | 66.4 | 94.85 | 4.74 | 14 | | 合计 | | 14 | 100.00 | -5.00 | -7.14 | -0.36 |
| 资产总指标数 | | | 占指标总数/% | 总资产分值 | 相对总资产/% | 总资产质量系数 | 相对总资产：相对总负债 | | 负债总指标数 | | | 占指标总数/% | 总负债分值 | 相对总负债/% | 总负债质量系数 |
| | | | | | | | 91.12 | -10.88 | | | | | | | |
| 50 | | | 100.00 | 227.8 | 91.12 | 4.56 | 相对净资产 | 80.24 | 50 | | | 100.00 | -27.20 | -10.88 | -0.54 |

### （十四）南京市新型城市化水平资产负债分析

1）城乡发展动力系统：在总数 24 个源指标中，资产累计得分为 91. 40，相对资产为 76. 17%，资产质量系数为 3. 81，表明资产质量较好。同时，负债累计得分为-29. 20，相对负债为-24. 33%，负债质量系数为-1. 22，表明负债质量较好。在该大项中，相对净资产为 51. 84%。

2）城乡发展质量系统：在总数 12 个源指标中，资产累计得分为 43. 60，相对资产为 72. 67%，资产质量系数为 3. 63，表明资产质量较好。同时，负债累计得分为-17. 60，相对负债为-29. 33%，负债质量系数为-1. 47，表明负债质量较好。在该大项中，相对净资产为 43. 34%。

3）城乡发展公平系统：在总数 14 个源指标中，资产累计得分为 49. 60，相对资产为 70. 86%，资产质量系数为 3. 54，表明资产质量较好。同时，负债累计得分为-21. 80，相对负债为-31. 15%，负债质量系数为-1. 56，表明负债质量较好。在该大项中，相对净资产为 39. 71%。

总计上述三大项，在总数 50 个源指标中，总资产累计得分为 184. 60，相对资产为 73. 84%，资产质量系数为 3. 69，表明资产质量较好。同时，负债累计得分为-68. 60，相对负债为-27. 44%，负债质量系数为-1. 37，表明负债质量较好。在该大项中，相对净资产为 46. 40%（图 7-39，表 7-32）。

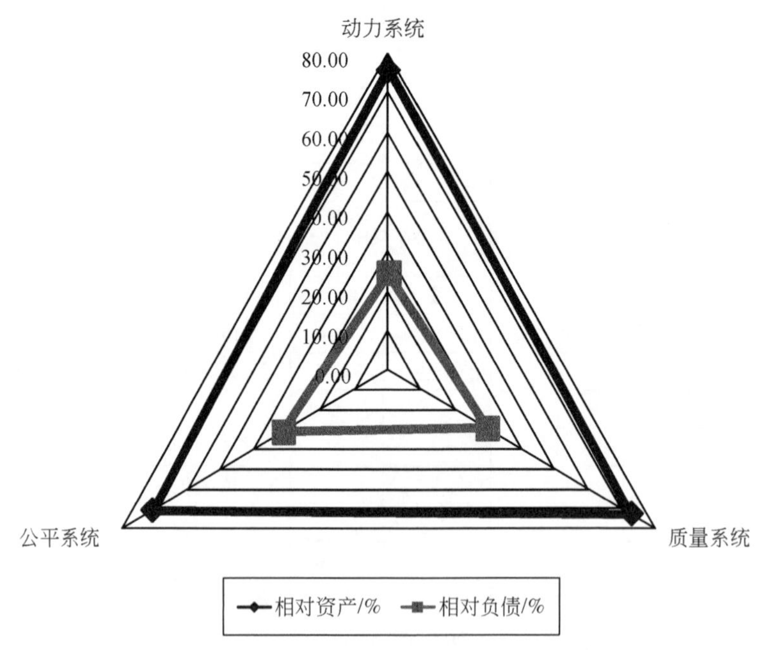


图 7-39　南京市新型城市化水平资产负债图

**表 7-32　南京市新型城市化水平资产负债表**

| 资产 | | | | | | | 三大系统 | | 负债 | | | | | | |
|---|---|---|---|---|---|---|---|---|---|---|---|---|---|---|---|
| 位次 | | 指标数 | 占指标总数/% | 指标分值 | 相对资产/% | 资产质量系数 | | | 位次 | | 指标数 | 占指标总数/% | 指标分值 | 相对负债/% | 负债质量系数 |
| 动力系统 | 1～5 | 0 | 0.00 | 0.0 | 0.00 | | 动力系统 | | 动力系统 | 1～5 | 0 | 0.00 | 0.00 | 0.00 | |
| | 6～10 | 10 | 41.67 | 42.2 | 35.17 | | | | | 6～10 | 10 | 41.67 | -8.80 | -7.33 | |
| | 11～15 | 10 | 41.67 | 38.5 | 32.08 | | 资产：负债 | | | 11～15 | 10 | 41.67 | -12.50 | -10.42 | |
| | 16～20 | 2 | 8.33 | 6.4 | 5.33 | | 76.17 | 24.33 | | 16～20 | 2 | 8.33 | -2.00 | -1.67 | |
| | 21～25 | 0 | 0.00 | 0.0 | 0.00 | | 相对净资产 | 51.84 | | 21～25 | 0 | 0.00 | 0.00 | 0.00 | |
| | 26～30 | 1 | 4.17 | 2.3 | 1.92 | | | | | 26～30 | 1 | 4.17 | -2.80 | -2.33 | |
| | 31～35 | 1 | 4.17 | 2.0 | 1.67 | | | | | 31～35 | 1 | 4.17 | -3.10 | -2.58 | |
| | 36～40 | 0 | 0.00 | 0.0 | 0.00 | | | | | 36～40 | 0 | 0.00 | 0.00 | 0.00 | |
| | 41～45 | 0 | 0.00 | 0.0 | 0.00 | | | | | 41～45 | 0 | 0.00 | 0.00 | 0.00 | |
| | 46～50 | 0 | 0.00 | 0.0 | 0.00 | | | | | 46～50 | 0 | 0.00 | 0.00 | 0.00 | |
| 合计 | | 24 | 100.00 | 91.4 | 76.17 | 3.81 | 24 | | 合计 | | 24 | 100.00 | -29.20 | -24.33 | -1.22 |
| 质量系统 | 1～5 | 1 | 8.33 | 4.6 | 7.67 | | 质量系统 | | 质量系统 | 1～5 | 1 | 8.33 | -0.50 | -0.83 | |
| | 6～10 | 4 | 33.33 | 16.6 | 27.67 | | | | | 6～10 | 4 | 33.33 | -3.80 | -6.33 | |
| | 11～15 | 3 | 25.00 | 11.2 | 18.67 | | 资产：负债 | | | 11～15 | 3 | 25.00 | -4.10 | -6.83 | |
| | 16～20 | 2 | 16.67 | 6.8 | 11.33 | | 72.67 | 29.33 | | 16～20 | 2 | 16.67 | -3.40 | -5.67 | |
| | 21～25 | 1 | 8.33 | 2.9 | 4.83 | | 相对净资产 | 43.34 | | 21～25 | 1 | 8.33 | -2.20 | -3.67 | |
| | 26～30 | 0 | 0.00 | 0.0 | 0.00 | | | | | 26～30 | 0 | 0.00 | 0.00 | 0.00 | |
| | 31～35 | 0 | 0.00 | 0.0 | 0.00 | | | | | 31～35 | 0 | 0.00 | 0.00 | 0.00 | |
| | 36～40 | 1 | 8.33 | 1.5 | 2.50 | | | | | 36～40 | 1 | 8.33 | -3.60 | -6.00 | |
| | 41～45 | 0 | 0.00 | 0.0 | 0.00 | | | | | 41～45 | 0 | 0.00 | 0.00 | 0.00 | |
| | 46～50 | 0 | 0.00 | 0.0 | 0.00 | | | | | 46～50 | 0 | 0.00 | 0.00 | 0.00 | |
| 合计 | | 12 | 100.00 | 43.6 | 72.67 | 3.63 | 12 | | 合计 | | 12 | 100.00 | -17.60 | -29.33 | -1.47 |
| 公平系统 | 1～5 | 0 | 0.00 | 0.0 | 0.00 | | 公平系统 | | 公平系统 | 1～5 | 0 | 0.00 | 0.00 | 0.00 | |
| | 6～10 | 4 | 28.57 | 16.7 | 23.86 | | | | | 6～10 | 4 | 28.57 | -3.70 | -5.29 | |
| | 11～15 | 6 | 42.86 | 23.8 | 34.00 | | 资产：负债 | | | 11～15 | 6 | 42.86 | -6.80 | -9.71 | |
| | 16～20 | 1 | 7.14 | 3.4 | 4.86 | | 70.86 | 31.15 | | 16～20 | 1 | 7.14 | -1.70 | -2.43 | |
| | 21～25 | 1 | 7.14 | 2.8 | 4.00 | | 相对净资产 | 39.71 | | 21～25 | 1 | 7.14 | -2.30 | -3.29 | |
| | 26～30 | 0 | 0.00 | 0.0 | 0.00 | | | | | 26～30 | 0 | 0.00 | 0.00 | 0.00 | |
| | 31～35 | 0 | 0.00 | 0.0 | 0.00 | | | | | 31～35 | 0 | 0.00 | 0.00 | 0.00 | |
| | 36～40 | 2 | 14.29 | 2.9 | 4.14 | | | | | 36～40 | 2 | 14.29 | -7.30 | -10.43 | |
| | 41～45 | 0 | 0.00 | 0.0 | 0.00 | | | | | 41～45 | 0 | 0.00 | 0.00 | 0.00 | |
| | 46～50 | 0 | 0.00 | 0.0 | 0.00 | | | | | 46～50 | 0 | 0.00 | 0.00 | 0.00 | |
| 合计 | | 14 | 100.00 | 49.6 | 70.86 | 3.54 | 14 | | 合计 | | 14 | 100.00 | -21.80 | -31.15 | -1.56 |
| 资产总指标数 | | | 占指标总数/% | 总资产分值 | 相对总资产/% | 总资产质量系数 | 相对总资产：相对总负债 | | 负债总指标数 | | | 占指标总数/% | 总负债分值 | 相对总负债/% | 总负债质量系数 |
| | | | | | | | 73.84 | 27.44 | | | | | | | |
| 50 | | | 100.00 | 184.6 | 73.84 | 3.69 | 相对净资产 | 46.40 | 50 | | | 100.00 | -68.60 | -27.44 | -1.37 |

## (十五) 无锡市新型城市化水平资产负债分析

1) 城乡发展动力系统：在总数 24 个源指标中，资产累计得分为 89.60，相对资产为 74.66%，资产质量系数为 3.73，表明资产质量较好。同时，负债累计得分为-31.00，相对负债为-25.84%，负债质量系数为-1.29，表明负债质量较好。在该大项中，相对净资产为 48.82%。

2) 城乡发展质量系统：在总数 12 个源指标中，资产累计得分为 47.00，相对资产为 78.33%，资产质量系数为 3.92，表明资产质量较好。同时，负债累计得分为-14.20，相对负债为-23.67%，负债质量系数为-1.18，表明负债质量较好。在该大项中，相对净资产为 54.66%。

3) 城乡发展公平系统：在总数 14 个源指标中，资产累计得分为 50.00，相对资产为 71.43%，资产质量系数为 3.57，表明资产质量较好。同时，负债累计得分为-21.40，相对负债为-30.58%，负债质量系数为-1.53，表明负债质量较好。在该大项中，相对净资产为 40.85%。

总计上述三大项，在总数 50 个源指标中，总资产累计得分为 186.60，相对资产为 74.64%，资产质量系数为 3.73，表明资产质量较好。同时，负债累计得分为-66.60，相对负债为-26.64%，负债质量系数为-1.33，表明负债质量较好。在该大项中，相对净资产为 48.00% (图 7-40，表 7-33)。

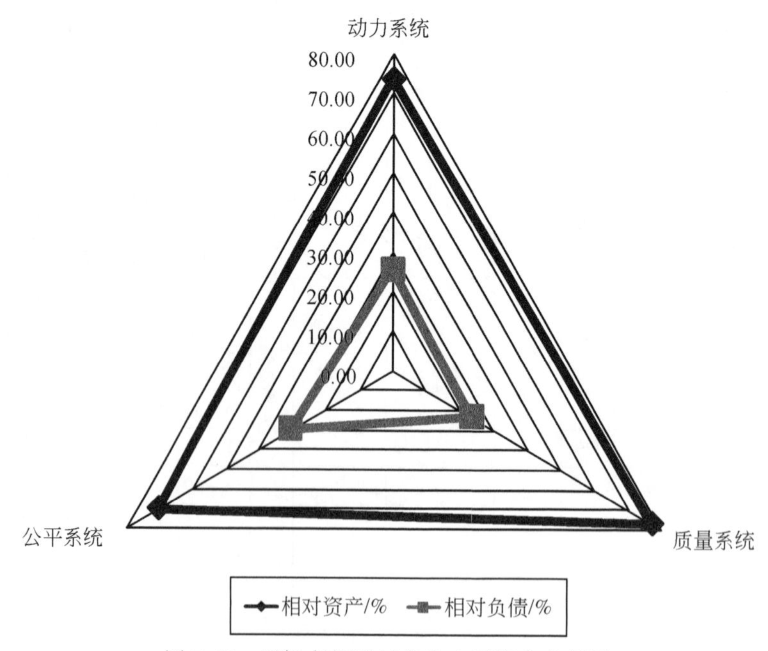


图 7-40　无锡市新型城市化水平资产负债图

## 表 7-33　无锡市新型城市化水平资产负债表

| 资　产 | | | | | | | 三大系统 | | 负　债 | | | | | | |
|---|---|---|---|---|---|---|---|---|---|---|---|---|---|---|---|
| 位　次 | | 指标数 | 占指标总数/% | 指标分值 | 相对资产/% | 资产质量系数 | | | 位　次 | | 指标数 | 占指标总数/% | 指标分值 | 相对负债/% | 负债质量系数 |
| 动力系统 | 1～5 | 2 | 8.33 | 9.4 | 7.83 | | 动力系统 | | 动力系统 | 1～5 | 2 | 8.33 | -0.80 | -0.67 | |
| | 6～10 | 8 | 33.33 | 34.0 | 28.33 | | | | | 6～10 | 8 | 33.33 | -6.80 | -5.67 | |
| | 11～15 | 8 | 33.33 | 30.8 | 25.67 | | 资产：负债 | | | 11～15 | 8 | 33.33 | -10.00 | -8.33 | |
| | 16～20 | 2 | 8.33 | 6.4 | 5.33 | | 74.66 | 25.84 | | 16～20 | 2 | 8.33 | -2.00 | -1.67 | |
| | 21～25 | 2 | 8.33 | 5.7 | 4.75 | | 相对净资产 | 48.82 | | 21～25 | 2 | 8.33 | -4.50 | -3.75 | |
| | 26～30 | 0 | 0.00 | 0.0 | 0.00 | | | | | 26～30 | 0 | 0.00 | 0.00 | 0.00 | |
| | 31～35 | 2 | 8.33 | 3.3 | 2.75 | | | | | 31～35 | 2 | 8.33 | -6.90 | -5.75 | |
| | 36～40 | 0 | 0.00 | 0.0 | 0.00 | | | | | 36～40 | 0 | 0.00 | 0.00 | 0.00 | |
| | 41～45 | 0 | 0.00 | 0.0 | 0.00 | | | | | 41～45 | 0 | 0.00 | 0.00 | 0.00 | |
| | 46～50 | 0 | 0.00 | 0.0 | 0.00 | | | | | 46～50 | 0 | 0.00 | 0.00 | 0.00 | |
| 合　计 | | 24 | 100.00 | 89.6 | 74.66 | 3.73 | 24 | | 合　计 | | 24 | 100.00 | -31.00 | -25.84 | -1.29 |
| 质量系统 | 1～5 | 0 | 0.00 | 0.0 | 0.00 | | 质量系统 | | 质量系统 | 1～5 | 0 | 0.00 | 0.00 | 0.00 | |
| | 6～10 | 4 | 33.33 | 16.7 | 27.83 | | | | | 6～10 | 4 | 33.33 | -3.70 | -6.17 | |
| | 11～15 | 7 | 58.33 | 27.1 | 45.17 | | 资产：负债 | | | 11～15 | 7 | 58.33 | -8.60 | -14.33 | |
| | 16～20 | 1 | 8.33 | 3.2 | 5.33 | | 78.33 | 23.67 | | 16～20 | 1 | 8.33 | -1.90 | -3.17 | |
| | 21～25 | 0 | 0.00 | 0.0 | 0.00 | | 相对净资产 | 54.66 | | 21～25 | 0 | 0.00 | 0.00 | 0.00 | |
| | 26～30 | 0 | 0.00 | 0.0 | 0.00 | | | | | 26～30 | 0 | 0.00 | 0.00 | 0.00 | |
| | 31～35 | 0 | 0.00 | 0.0 | 0.00 | | | | | 31～35 | 0 | 0.00 | 0.00 | 0.00 | |
| | 36～40 | 0 | 0.00 | 0.0 | 0.00 | | | | | 36～40 | 0 | 0.00 | 0.00 | 0.00 | |
| | 41～45 | 0 | 0.00 | 0.0 | 0.00 | | | | | 41～45 | 0 | 0.00 | 0.00 | 0.00 | |
| | 46～50 | 0 | 0.00 | 0.0 | 0.00 | | | | | 46～50 | 0 | 0.00 | 0.00 | 0.00 | |
| 合　计 | | 12 | 100.00 | 47.0 | 78.33 | 3.92 | 12 | | 合　计 | | 12 | 100.00 | -14.20 | -23.67 | -1.18 |
| 公平系统 | 1～5 | 0 | 0.00 | 0.0 | 0.00 | | 公平系统 | | 公平系统 | 1～5 | 0 | 0.00 | 0.00 | 0.00 | |
| | 6～10 | 6 | 42.86 | 24.8 | 35.43 | | | | | 6～10 | 6 | 42.86 | -5.80 | -8.29 | |
| | 11～15 | 5 | 35.71 | 19.5 | 27.86 | | 资产：负债 | | | 11～15 | 5 | 35.71 | -6.00 | -8.57 | |
| | 16～20 | 0 | 0.00 | 0.0 | 0.00 | | 71.43 | 30.58 | | 16～20 | 0 | 0.00 | 0.00 | 0.00 | |
| | 21～25 | 1 | 7.14 | 2.6 | 3.71 | | 相对净资产 | 40.85 | | 21～25 | 1 | 7.14 | -2.50 | -3.57 | |
| | 26～30 | 0 | 0.00 | 0.0 | 0.00 | | | | | 26～30 | 0 | 0.00 | 0.00 | 0.00 | |
| | 31～35 | 1 | 7.14 | 1.7 | 2.43 | | | | | 31～35 | 1 | 7.14 | -3.40 | -4.86 | |
| | 36～40 | 1 | 7.14 | 1.4 | 2.00 | | | | | 36～40 | 1 | 7.14 | -3.70 | -5.29 | |
| | 41～45 | 0 | 0.00 | 0.0 | 0.00 | | | | | 41～45 | 0 | 0.00 | 0.00 | 0.00 | |
| | 46～50 | 0 | 0.00 | 0.0 | 0.00 | | | | | 46～50 | 0 | 0.00 | 0.00 | 0.00 | |
| 合　计 | | 14 | 100.00 | 50.0 | 71.43 | 3.57 | 14 | | 合　计 | | 14 | 100.00 | -21.40 | -30.58 | -1.53 |
| 资产总指标数 | | | 占指标总数/% | 总资产分值 | 相对总资产/% | 总资产质量系数 | 相对总资产：相对总负债 | | 负债总指标数 | | | 占指标总数/% | 总负债分值 | 相对总负债/% | 总负债质量系数 |
| | | | | | | | 74.64 | 26.64 | | | | | | | |
| 50 | | | 100.00 | 186.6 | 74.64 | 3.73 | 相对净资产 | 48.00 | 50 | | | 100.00 | -66.60 | -26.64 | -1.33 |

### （十六）苏州市新型城市化水平资产负债分析

1）城乡发展动力系统：在总数 24 个源指标中，资产累计得分为 105. 90，相对资产为 88. 25%，资产质量系数为 4. 41，表明资产质量优良。同时，负债累计得分为–16. 50，相对负债为–13. 75%，负债质量系数为–0. 69，表明负债质量很好。在该大项中，相对净资产为 74. 50%。

2）城乡发展质量系统：在总数 12 个源指标中，资产累计得分为 52. 10，相对资产为 86. 83%，资产质量系数为 4. 34，表明资产质量优良。同时，负债累计得分为–9. 10，相对负债为–15. 17%，负债质量系数为–0. 76，表明负债质量很好。在该大项中，相对净资产为 71. 66%。

3）城乡发展公平系统：在总数 14 个源指标中，资产累计得分为 53. 30，相对资产为 76. 15%，资产质量系数为 3. 81，表明资产质量较好。同时，负债累计得分为–18. 10，相对负债为–25. 86%，负债质量系数为–1. 29，表明负债质量较好。在该大项中，相对净资产为 50. 29%。

总计上述三大项，在总数 50 个源指标中，总资产累计得分为 211. 30，相对资产为 84. 52%，资产质量系数为 4. 23，表明资产质量优良。同时，负债累计得分为–43. 70，相对负债为–17. 48%，负债质量系数为–0. 87，表明负债质量很好。在该大项中，相对净资产为 67. 04%（图 7-41，表 7-34）。

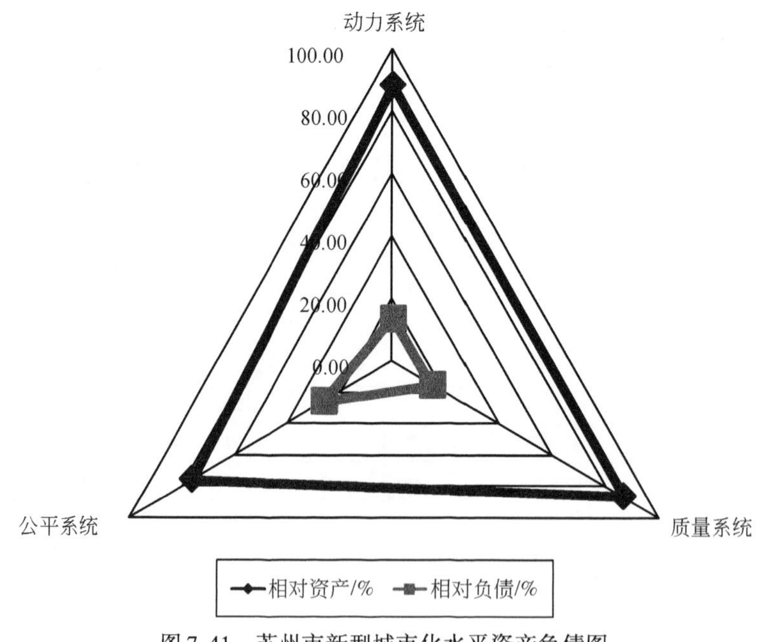


图 7-41　苏州市新型城市化水平资产负债图

**表 7-34　苏州市新型城市化水平资产负债表**

| 资产 | | | | | | | 三大系统 | | 负债 | | | | | | |
|---|---|---|---|---|---|---|---|---|---|---|---|---|---|---|---|
| 位次 | | 指标数 | 占指标总数/% | 指标分值 | 相对资产/% | 资产质量系数 | | | 位次 | | 指标数 | 占指标总数/% | 指标分值 | 相对负债/% | 负债质量系数 |
| 动力系统 | 1～5 | 8 | 33.33 | 37.7 | 31.42 | | 动力系统 | | 动力系统 | 1～5 | 8 | 33.33 | -3.10 | -2.58 | |
| | 6～10 | 13 | 54.17 | 56.7 | 47.25 | | | | | 6～10 | 13 | 54.17 | -9.60 | -8.00 | |
| | 11～15 | 3 | 12.50 | 11.5 | 9.58 | | 资产：负债 | | | 11～15 | 3 | 12.50 | -3.80 | -3.17 | |
| | 16～20 | 0 | 0.00 | 0.0 | 0.00 | | 88.25 | 13.75 | | 16～20 | 0 | 0.00 | 0.00 | 0.00 | |
| | 21～25 | 0 | 0.00 | 0.0 | 0.00 | | 相对净资产 | 74.50 | | 21～25 | 0 | 0.00 | 0.00 | 0.00 | |
| | 26～30 | 0 | 0.00 | 0.0 | 0.00 | | | | | 26～30 | 0 | 0.00 | 0.00 | 0.00 | |
| | 31～35 | 0 | 0.00 | 0.0 | 0.00 | | | | | 31～35 | 0 | 0.00 | 0.00 | 0.00 | |
| | 36～40 | 0 | 0.00 | 0.0 | 0.00 | | | | | 36～40 | 0 | 0.00 | 0.00 | 0.00 | |
| | 41～45 | 0 | 0.00 | 0.0 | 0.00 | | | | | 41～45 | 0 | 0.00 | 0.00 | 0.00 | |
| | 46～50 | 0 | 0.00 | 0.0 | 0.00 | | | | | 46～50 | 0 | 0.00 | 0.00 | 0.00 | |
| 合计 | | 24 | 100.00 | 105.9 | 88.25 | 4.41 | 24 | | 合计 | | 24 | 100.00 | -16.50 | -13.75 | -0.69 |
| 质量系统 | 1～5 | 0 | 0.00 | 0.0 | 0.00 | | 质量系统 | | 质量系统 | 1～5 | 0 | 0.00 | 0.00 | 0.00 | |
| | 6～10 | 11 | 91.67 | 48.2 | 80.33 | | | | | 6～10 | 11 | 91.67 | -7.90 | -13.17 | |
| | 11～15 | 1 | 8.33 | 3.9 | 6.50 | | 资产：负债 | | | 11～15 | 1 | 8.33 | -1.20 | -2.00 | |
| | 16～20 | 0 | 0.00 | 0.0 | 0.00 | | 86.83 | 15.17 | | 16～20 | 0 | 0.00 | 0.00 | 0.00 | |
| | 21～25 | 0 | 0.00 | 0.0 | 0.00 | | 相对净资产 | 71.66 | | 21～25 | 0 | 0.00 | 0.00 | 0.00 | |
| | 26～30 | 0 | 0.00 | 0.0 | 0.00 | | | | | 26～30 | 0 | 0.00 | 0.00 | 0.00 | |
| | 31～35 | 0 | 0.00 | 0.0 | 0.00 | | | | | 31～35 | 0 | 0.00 | 0.00 | 0.00 | |
| | 36～40 | 0 | 0.00 | 0.0 | 0.00 | | | | | 36～40 | 0 | 0.00 | 0.00 | 0.00 | |
| | 41～45 | 0 | 0.00 | 0.0 | 0.00 | | | | | 41～45 | 0 | 0.00 | 0.00 | 0.00 | |
| | 46～50 | 0 | 0.00 | 0.0 | 0.00 | | | | | 46～50 | 0 | 0.00 | 0.00 | 0.00 | |
| 合计 | | 12 | 100.00 | 52.1 | 86.83 | 4.34 | 12 | | 合计 | | 12 | 100.00 | -9.10 | -15.17 | -0.76 |
| 公平系统 | 1～5 | 3 | 21.43 | 13.9 | 19.86 | | 公平系统 | | 公平系统 | 1～5 | 3 | 21.43 | -1.40 | -2.00 | |
| | 6～10 | 8 | 57.14 | 34.7 | 49.57 | | | | | 6～10 | 8 | 57.14 | -6.10 | -8.71 | |
| | 11～15 | 0 | 0.00 | 0.0 | 0.00 | | 资产：负债 | | | 11～15 | 0 | 0.00 | 0.00 | 0.00 | |
| | 16～20 | 0 | 0.00 | 0.0 | 0.00 | | 76.15 | 25.86 | | 16～20 | 0 | 0.00 | 0.00 | 0.00 | |
| | 21～25 | 0 | 0.00 | 0.0 | 0.00 | | 相对净资产 | 50.29 | | 21～25 | 0 | 0.00 | 0.00 | 0.00 | |
| | 26～30 | 1 | 7.14 | 2.4 | 3.43 | | | | | 26～30 | 1 | 7.14 | -2.70 | -3.86 | |
| | 31～35 | 1 | 7.14 | 1.6 | 2.29 | | | | | 31～35 | 1 | 7.14 | -3.50 | -5.00 | |
| | 36～40 | 0 | 0.00 | 0.0 | 0.00 | | | | | 36～40 | 0 | 0.00 | 0.00 | 0.00 | |
| | 41～45 | 1 | 7.14 | 0.7 | 1.00 | | | | | 41～45 | 1 | 7.14 | -4.40 | -6.29 | |
| | 46～50 | 0 | 0.00 | 0.0 | 0.00 | | | | | 46～50 | 0 | 0.00 | 0.00 | 0.00 | |
| 合计 | | 14 | 100.00 | 53.3 | 76.15 | 3.81 | 14 | | 合计 | | 14 | 100.00 | -18.10 | -25.86 | -1.29 |
| 资产总指标数 | | | 占指标总数/% | 总资产分值 | 相对总资产/% | 总资产质量系数 | 相对总资产：相对总负债 | | 负债总指标数 | | | 占指标总数/% | 总负债分值 | 相对总负债/% | 总负债质量系数 |
| | | | | | | | 84.52 | 17.48 | | | | | | | |
| 50 | | | 100.00 | 211.3 | 84.52 | 4.23 | 相对净资产 | 67.04 | 50 | | | 100.00 | -43.70 | -17.48 | -0.87 |

### （十七）南通市新型城市化水平资产负债分析

1）城乡发展动力系统：在总数 24 个源指标中，资产累计得分为 54. 00，相对资产为 45. 00%，资产质量系数为 2. 25，表明资产质量一般。同时，负债累计得分为-64. 80，相对负债为-54. 00%，负债质量系数为-2. 70，表明负债质量一般。在该大项中，相对净资产为-9. 00%。

2）城乡发展质量系统：在总数 12 个源指标中，资产累计得分为 30. 20，相对资产为 50. 34%，资产质量系数为 2. 52，表明资产质量一般。同时，负债累计得分为-31. 00，相对负债为-51. 66%，负债质量系数为-2. 58，表明负债质量一般。在该大项中，相对净资产为-1. 33%。

3）城乡发展公平系统：在总数 14 个源指标中，资产累计得分为 34. 70，相对资产为 49. 56%，资产质量系数为 2. 48，表明资产质量一般。同时，负债累计得分为-36. 70，相对负债为-52. 43%，负债质量系数为-2. 62，表明负债质量一般。在该大项中，相对净资产为-2. 87%。

总计上述三大项，在总数 50 个源指标中，总资产累计得分为 118. 90，相对资产为 47. 56%，资产质量系数为 2. 38，表明资产质量一般。同时，负债累计得分为-132. 50，相对负债为-53. 00%，负债质量系数为-2. 65，表明负债质量一般。在该大项中，相对净资产为-5. 44%（图 7-42，表 7-35）。

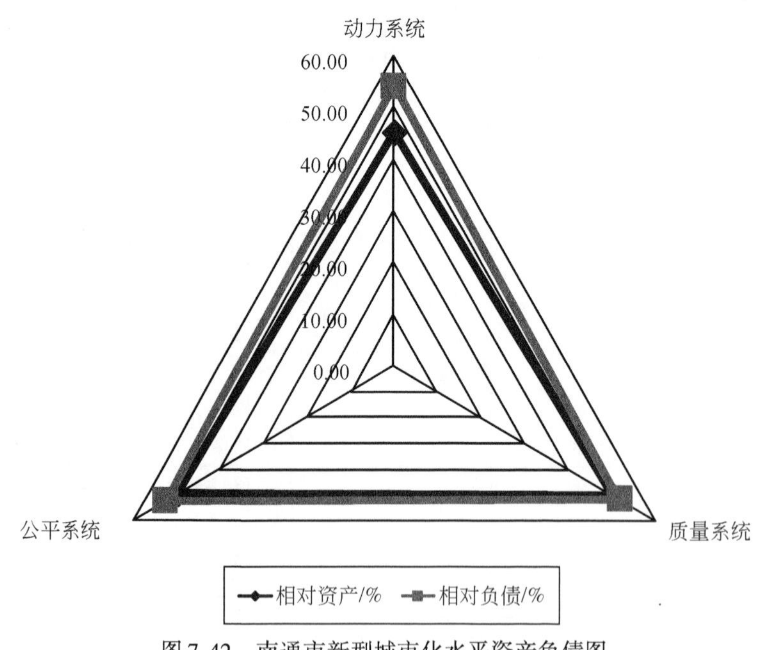


图 7-42　南通市新型城市化水平资产负债图

## 表 7-35　南通市新型城市化水平资产负债表

| 资　产 | | | | | | | 三大系统 | | 负　债 | | | | | | |
|---|---|---|---|---|---|---|---|---|---|---|---|---|---|---|---|
| 位　次 | | 指标数 | 占指标总数/% | 指标分值 | 相对资产/% | 资产质量系数 | | | 位　次 | | 指标数 | 占指标总数/% | 指标分值 | 相对负债/% | 负债质量系数 |
| 动力系统 | 1～5 | 0 | 0.00 | 0.0 | 0.00 | | 动力系统 | | 动力系统 | 1～5 | 0 | 0.00 | 0.00 | 0.00 | |
| | 6～10 | 0 | 0.00 | 0.0 | 0.00 | | | | | 6～10 | 0 | 0.00 | 0.00 | 0.00 | |
| | 11～15 | 0 | 0.00 | 0.0 | 0.00 | | 资产：负债 | | | 11～15 | 0 | 0.00 | 0.00 | 0.00 | |
| | 16～20 | 5 | 20.83 | 16.6 | 13.83 | | 45.00 | 54.00 | | 16～20 | 5 | 20.83 | -5.30 | -4.42 | |
| | 21～25 | 8 | 33.33 | 22.9 | 19.08 | | 相对净资产 | -9.00 | | 21～25 | 8 | 33.33 | -17.90 | -14.92 | |
| | 26～30 | 2 | 8.33 | 4.4 | 3.67 | | | | | 26～30 | 2 | 8.33 | -5.80 | -4.83 | |
| | 31～35 | 2 | 8.33 | 3.4 | 2.83 | | | | | 31～35 | 2 | 8.33 | -6.80 | -5.67 | |
| | 36～40 | 2 | 8.33 | 2.6 | 2.17 | | | | | 36～40 | 2 | 8.33 | -7.60 | -6.33 | |
| | 41～45 | 5 | 20.83 | 4.1 | 3.42 | | | | | 41～45 | 5 | 20.83 | -21.40 | -17.83 | |
| | 46～50 | 0 | 0.00 | 0.0 | 0.00 | | | | | 46～50 | 0 | 0.00 | 0.00 | 0.00 | |
| 合　计 | | 24 | 100.00 | 54.0 | 45.00 | 2.25 | 24 | | 合　计 | | 24 | 100.00 | -64.80 | -54.00 | -2.70 |
| 质量系统 | 1～5 | 0 | 0.00 | 0.0 | 0.00 | | 质量系统 | | 质量系统 | 1～5 | 0 | 0.00 | 0.00 | 0.00 | |
| | 6～10 | 0 | 0.00 | 0.0 | 0.00 | | | | | 6～10 | 0 | 0.00 | 0.00 | 0.00 | |
| | 11～15 | 0 | 0.00 | 0.0 | 0.00 | | 资产：负债 | | | 11～15 | 0 | 0.00 | 0.00 | 0.00 | |
| | 16～20 | 5 | 41.67 | 16.0 | 26.67 | | 50.34 | 51.66 | | 16～20 | 5 | 41.67 | -9.50 | -15.83 | |
| | 21～25 | 3 | 25.00 | 8.5 | 14.17 | | 相对净资产 | -1.33 | | 21～25 | 3 | 25.00 | -6.80 | -11.33 | |
| | 26～30 | 0 | 0.00 | 0.0 | 0.00 | | | | | 26～30 | 0 | 0.00 | 0.00 | 0.00 | |
| | 31～35 | 2 | 16.67 | 3.6 | 6.00 | | | | | 31～35 | 2 | 16.67 | -6.60 | -11.00 | |
| | 36～40 | 1 | 8.33 | 1.2 | 2.00 | | | | | 36～40 | 1 | 8.33 | -3.90 | -6.50 | |
| | 41～45 | 1 | 8.33 | 0.9 | 1.50 | | | | | 41～45 | 1 | 8.33 | -4.20 | -7.00 | |
| | 46～50 | 0 | 0.00 | 0.0 | 0.00 | | | | | 46～50 | 0 | 0.00 | 0.00 | 0.00 | |
| 合　计 | | 12 | 100.00 | 30.2 | 50.34 | 2.52 | 12 | | 合　计 | | 12 | 100.00 | -31.00 | -51.66 | -2.58 |
| 公平系统 | 1～5 | 0 | 0.00 | 0.0 | 0.00 | | 公平系统 | | 公平系统 | 1～5 | 0 | 0.00 | 0.00 | 0.00 | |
| | 6～10 | 0 | 0.00 | 0.0 | 0.00 | | | | | 6～10 | 0 | 0.00 | 0.00 | 0.00 | |
| | 11～15 | 0 | 0.00 | 0.0 | 0.00 | | 资产：负债 | | | 11～15 | 0 | 0.00 | 0.00 | 0.00 | |
| | 16～20 | 2 | 14.29 | 6.8 | 9.71 | | 49.56 | 52.43 | | 16～20 | 2 | 14.29 | -3.40 | -4.86 | |
| | 21～25 | 8 | 57.14 | 22.8 | 32.57 | | 相对净资产 | -2.87 | | 21～25 | 8 | 57.14 | -18.00 | -25.71 | |
| | 26～30 | 1 | 7.14 | 2.2 | 3.14 | | | | | 26～30 | 1 | 7.14 | -2.90 | -4.14 | |
| | 31～35 | 0 | 0.00 | 0.0 | 0.00 | | | | | 31～35 | 0 | 0.00 | 0.00 | 0.00 | |
| | 36～40 | 1 | 7.14 | 1.4 | 2.00 | | | | | 36～40 | 1 | 7.14 | -3.70 | -5.29 | |
| | 41～45 | 1 | 7.14 | 1.0 | 1.43 | | | | | 41～45 | 1 | 7.14 | -4.10 | -5.86 | |
| | 46～50 | 1 | 7.14 | 0.5 | 0.71 | | | | | 46～50 | 1 | 7.14 | -4.60 | -6.57 | |
| 合　计 | | 14 | 100.00 | 34.7 | 49.56 | 2.48 | 14 | | 合　计 | | 14 | 100.00 | -36.70 | -52.43 | -2.62 |
| 资产总指标数 | | | 占指标总数/% | 总资产分值 | 相对总资产/% | 总资产质量系数 | 相对总资产:相对总负债 | | 负债总指标数 | | | 占指标总数/% | 总负债分值 | 相对总负债/% | 总负债质量系数 |
| | | | | | | | 47.56 | 53.00 | | | | | | | |
| 50 | | | 100.00 | 118.9 | 47.56 | 2.38 | 相对净资产 | -5.44 | 50 | | | 100.00 | -132.50 | -53.00 | -2.65 |

### （十八）杭州市新型城市化水平资产负债分析

1）城乡发展动力系统：在总数24个源指标中，资产累计得分为90.90，相对资产为75.76%，资产质量系数为3.79，表明资产质量较好。同时，负债累计得分为-26.10，相对负债为-21.74%，负债质量系数为-1.09，表明负债质量较好。在该大项中，相对净资产为54.02%。

2）城乡发展质量系统：在总数12个源指标中，资产累计得分为46.60，相对资产为77.67%，资产质量系数为3.88，表明资产质量较好。同时，负债累计得分为-14.60，相对负债为-24.33%，负债质量系数为-1.22，表明负债质量较好。在该大项中，相对净资产为53.34%。

3）城乡发展公平系统：在总数14个源指标中，资产累计得分为50.80，相对资产为72.57%，资产质量系数为3.63，表明资产质量较好。同时，负债累计得分为-20.60，相对负债为-29.43%，负债质量系数为-1.47，表明负债质量较好。在该大项中，相对净资产为43.14%。

总计上述三大项，在总数50个源指标中，总资产累计得分为188.30，相对资产为75.32%，资产质量系数为3.77，表明资产质量较好。同时，负债累计得分为-61.30，相对负债为-24.52%，负债质量系数为-1.23，表明负债质量较好。在该大项中，相对净资产为50.80%（图7-43，表7-36）。

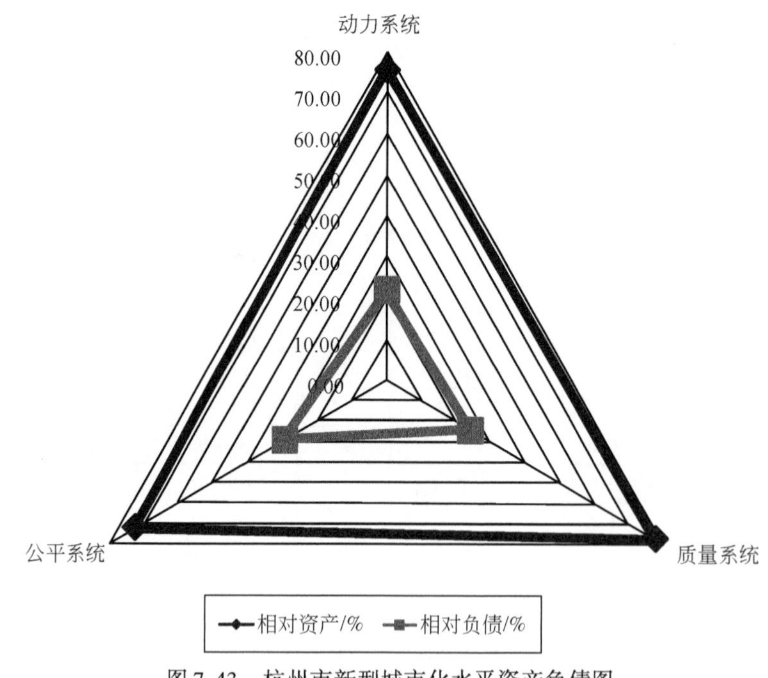


图7-43　杭州市新型城市化水平资产负债图

**表 7-36　杭州市新型城市化水平资产负债表**

| 资产 | | | | | | | 三大系统 | | 负债 | | | | | | |
|---|---|---|---|---|---|---|---|---|---|---|---|---|---|---|---|
| 位次 | | 指标数 | 占指标总数/% | 指标分值 | 相对资产/% | 资产质量系数 | | | 位次 | | 指标数 | 占指标总数/% | 指标分值 | 相对负债/% | 负债质量系数 |
| 动力系统 | 1~5 | 0 | 0.00 | 0.0 | 0.00 | | 动力系统 | | 动力系统 | 1~5 | 0 | 0.00 | 0.00 | 0.00 | |
| | 6~10 | 7 | 29.17 | 30.2 | 25.17 | | | | | 6~10 | 7 | 29.17 | -5.50 | -4.58 | |
| | 11~15 | 10 | 41.67 | 39.2 | 32.67 | | 资产：负债 | | | 11~15 | 10 | 41.67 | -11.80 | -9.83 | |
| | 16~20 | 4 | 16.67 | 13.4 | 11.17 | | 75.76 | 21.74 | | 16~20 | 4 | 16.67 | -1.60 | -1.33 | |
| | 21~25 | 2 | 8.33 | 6.0 | 5.00 | | 相对净资产 | 54.02 | | 21~25 | 2 | 8.33 | -4.20 | -3.50 | |
| | 26~30 | 1 | 4.17 | 2.1 | 1.75 | | | | | 26~30 | 1 | 4.17 | -3.00 | -2.50 | |
| | 31~35 | 0 | 0.00 | 0.0 | 0.00 | | | | | 31~35 | 0 | 0.00 | 0.00 | 0.00 | |
| | 36~40 | 0 | 0.00 | 0.0 | 0.00 | | | | | 36~40 | 0 | 0.00 | 0.00 | 0.00 | |
| | 41~45 | 0 | 0.00 | 0.0 | 0.00 | | | | | 41~45 | 0 | 0.00 | 0.00 | 0.00 | |
| | 46~50 | 0 | 0.00 | 0.0 | 0.00 | | | | | 46~50 | 0 | 0.00 | 0.00 | 0.00 | |
| 合计 | | 24 | 100.00 | 90.9 | 75.76 | 3.79 | 24 | | 合计 | | 24 | 100.00 | -26.10 | -21.74 | -1.09 |
| 质量系统 | 1~5 | 0 | 0.00 | 0.0 | 0.00 | | 质量系统 | | 质量系统 | 1~5 | 0 | 0.00 | 0.00 | 0.00 | |
| | 6~10 | 4 | 33.33 | 16.5 | 27.50 | | | | | 6~10 | 4 | 33.33 | -3.90 | -6.50 | |
| | 11~15 | 7 | 58.33 | 27.0 | 45.00 | | 资产：负债 | | | 11~15 | 7 | 58.33 | -8.70 | -14.50 | |
| | 16~20 | 1 | 8.33 | 3.1 | 5.17 | | 77.67 | 24.33 | | 16~20 | 1 | 8.33 | -2.00 | -3.33 | |
| | 21~25 | 0 | 0.00 | 0.0 | 0.00 | | 相对净资产 | 53.34 | | 21~25 | 0 | 0.00 | 0.00 | 0.00 | |
| | 26~30 | 0 | 0.00 | 0.0 | 0.00 | | | | | 26~30 | 0 | 0.00 | 0.00 | 0.00 | |
| | 31~35 | 0 | 0.00 | 0.0 | 0.00 | | | | | 31~35 | 0 | 0.00 | 0.00 | 0.00 | |
| | 36~40 | 0 | 0.00 | 0.0 | 0.00 | | | | | 36~40 | 0 | 0.00 | 0.00 | 0.00 | |
| | 41~45 | 0 | 0.00 | 0.0 | 0.00 | | | | | 41~45 | 0 | 0.00 | 0.00 | 0.00 | |
| | 46~50 | 0 | 0.00 | 0.0 | 0.00 | | | | | 46~50 | 0 | 0.00 | 0.00 | 0.00 | |
| 合计 | | 12 | 100.00 | 46.6 | 77.67 | 3.88 | 12 | | 合计 | | 12 | 100.00 | -14.60 | -24.33 | -1.22 |
| 公平系统 | 1~5 | 0 | 0.00 | 0.0 | 0.00 | | 公平系统 | | 公平系统 | 1~5 | 0 | 0.00 | 0.00 | 0.00 | |
| | 6~10 | 7 | 50.00 | 29.5 | 42.14 | | | | | 6~10 | 7 | 50.00 | -6.20 | -8.86 | |
| | 11~15 | 4 | 28.57 | 15.2 | 21.71 | | 资产：负债 | | | 11~15 | 4 | 28.57 | -5.20 | -7.43 | |
| | 16~20 | 0 | 0.00 | 0.0 | 0.00 | | 72.57 | 29.43 | | 16~20 | 0 | 0.00 | 0.00 | 0.00 | |
| | 21~25 | 1 | 7.14 | 3.0 | 4.29 | | 相对净资产 | 43.14 | | 21~25 | 1 | 7.14 | -2.10 | -3.00 | |
| | 26~30 | 1 | 7.14 | 2.2 | 3.14 | | | | | 26~30 | 1 | 7.14 | -2.90 | -4.14 | |
| | 31~35 | 0 | 0.00 | 0.0 | 0.00 | | | | | 31~35 | 0 | 0.00 | 0.00 | 0.00 | |
| | 36~40 | 0 | 0.00 | 0.0 | 0.00 | | | | | 36~40 | 0 | 0.00 | 0.00 | 0.00 | |
| | 41~45 | 1 | 7.14 | 0.9 | 1.29 | | | | | 41~45 | 1 | 7.14 | -4.20 | -6.00 | |
| | 46~50 | 0 | 0.00 | 0.0 | 0.00 | | | | | 46~50 | 0 | 0.00 | 0.00 | 0.00 | |
| 合计 | | 14 | 100.00 | 50.8 | 72.57 | 3.63 | 14 | | 合计 | | 14 | 100.00 | -20.60 | -29.43 | -1.47 |
| 资产总指标数 | | | 占指标总数/% | 总资产分值 | 相对总资产/% | 总资产质量系数 | 相对总资产：相对总负债 | | 负债总指标数 | | | 占指标总数/% | 总负债分值 | 相对总负债/% | 总负债质量系数 |
| | | | | | | | 75.32 | 24.52 | | | | | | | |
| 50 | | | 100.00 | 188.3 | 75.32 | 3.77 | 相对净资产 | 50.80 | 50 | | | 100.00 | -61.30 | -24.52 | -1.23 |

### （十九）宁波市新型城市化水平资产负债分析

1）城乡发展动力系统：在总数 24 个源指标中，资产累计得分为 81. 30，相对资产为 67. 75%，资产质量系数为 3. 39，表明资产质量较好。同时，负债累计得分为-37. 50，相对负债为-31. 25%，负债质量系数为-1. 56，表明负债质量较好。在该大项中，相对净资产为 36. 50%。

2）城乡发展质量系统：在总数 12 个源指标中，资产累计得分为 41. 50，相对资产为 69. 17%，资产质量系数为 3. 46，表明资产质量较好。同时，负债累计得分为-19. 70，相对负债为-32. 83%，负债质量系数为-1. 64，表明负债质量较好。在该大项中，相对净资产为 36. 34%。

3）城乡发展公平系统：在总数 14 个源指标中，资产累计得分为 43. 50，相对资产为 62. 14%，资产质量系数为 3. 11，表明资产质量较好。同时，负债累计得分为-27. 90，相对负债为-39. 86%，负债质量系数为-1. 99，表明负债质量较好。在该大项中，相对净资产为 22. 28%。

总计上述三大项，在总数 50 个源指标中，总资产累计得分为 166. 30，相对资产为 66. 52%，资产质量系数为 3. 33，表明资产质量较好。同时，负债累计得分为-85. 10，相对负债为-34. 04%，负债质量系数为-1. 70，表明负债质量较好。在该大项中，相对净资产为 32. 48%（图 7-44，表 7-37）。

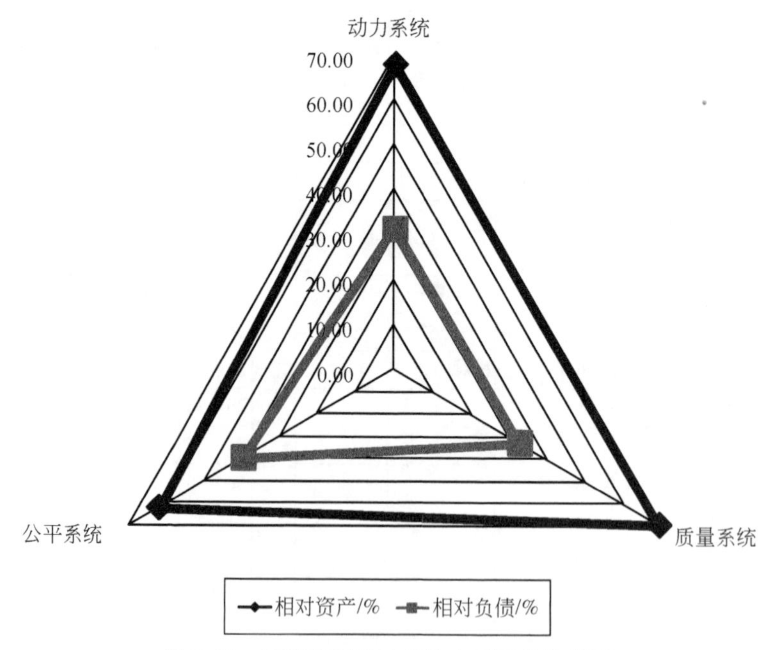


图 7-44　宁波市新型城市化水平资产负债图

**表 7-37　宁波市新型城市化水平资产负债表**

| 资产 | | | | | | | 三大系统 | | 负债 | | | | | | |
|---|---|---|---|---|---|---|---|---|---|---|---|---|---|---|---|
| 位次 | | 指标数 | 占指标总数/% | 指标分值 | 相对资产/% | 资产质量系数 | | | 位次 | | 指标数 | 占指标总数/% | 指标分值 | 相对负债/% | 负债质量系数 |
| 动力系统 | 1～5 | 0 | 0.00 | 0.0 | 0.00 | | 动力系统 | | 动力系统 | 1～5 | 0 | 0.00 | 0.00 | 0.00 | |
| | 6～10 | 2 | 8.33 | 8.4 | 7.00 | | | | | 6～10 | 2 | 8.33 | -1.80 | -1.50 | |
| | 11～15 | 11 | 45.83 | 41.4 | 34.50 | | 资产：负债 | | | 11～15 | 11 | 45.83 | -14.70 | -12.25 | |
| | 16～20 | 6 | 25.00 | 19.8 | 16.50 | | 67.75 | 31.25 | | 16～20 | 6 | 25.00 | -7.20 | -6.00 | |
| | 21～25 | 2 | 8.33 | 5.7 | 4.75 | | 相对净资产 | 36.50 | | 21～25 | 2 | 8.33 | -4.50 | -3.75 | |
| | 26～30 | 2 | 8.33 | 4.8 | 4.00 | | | | | 26～30 | 2 | 8.33 | -5.40 | -4.50 | |
| | 31～35 | 0 | 0.00 | 0.0 | 0.00 | | | | | 31～35 | 0 | 0.00 | 0.00 | 0.00 | |
| | 36～40 | 1 | 4.17 | 1.2 | 1.00 | | | | | 36～40 | 1 | 4.17 | -3.90 | -3.25 | |
| | 41～45 | 0 | 0.00 | 0.0 | 0.00 | | | | | 41～45 | 0 | 0.00 | 0.00 | 0.00 | |
| | 46～50 | 0 | 0.00 | 0.0 | 0.00 | | | | | 46～50 | 0 | 0.00 | 0.00 | 0.00 | |
| 合计 | | 24 | 100.00 | 81.3 | 67.75 | 3.39 | 24 | | 合计 | | 24 | 100.00 | -37.50 | -31.25 | -1.56 |
| 质量系统 | 1～5 | 0 | 0.00 | 0.0 | 0.00 | | 质量系统 | | 质量系统 | 1～5 | 0 | 0.00 | 0.00 | 0.00 | |
| | 6～10 | 0 | 0.00 | 0.0 | 0.00 | | | | | 6～10 | 0 | 0.00 | 0.00 | 0.00 | |
| | 11～15 | 5 | 41.67 | 18.9 | 31.50 | | 资产：负债 | | | 11～15 | 5 | 41.67 | -6.60 | -11.00 | |
| | 16～20 | 5 | 41.67 | 16.9 | 28.17 | | 69.17 | 32.83 | | 16～20 | 5 | 41.67 | -8.60 | -14.33 | |
| | 21～25 | 2 | 16.67 | 5.7 | 9.50 | | 相对净资产 | 36.34 | | 21～25 | 2 | 16.67 | -4.50 | -7.50 | |
| | 26～30 | 0 | 0.00 | 0.0 | 0.00 | | | | | 26～30 | 0 | 0.00 | 0.00 | 0.00 | |
| | 31～35 | 0 | 0.00 | 0.0 | 0.00 | | | | | 31～35 | 0 | 0.00 | 0.00 | 0.00 | |
| | 36～40 | 0 | 0.00 | 0.0 | 0.00 | | | | | 36～40 | 0 | 0.00 | 0.00 | 0.00 | |
| | 41～45 | 0 | 0.00 | 0.0 | 0.00 | | | | | 41～45 | 0 | 0.00 | 0.00 | 0.00 | |
| | 46～50 | 0 | 0.00 | 0.0 | 0.00 | | | | | 46～50 | 0 | 0.00 | 0.00 | 0.00 | |
| 合计 | | 12 | 100.00 | 41.5 | 69.17 | 3.46 | 12 | | 合计 | | 12 | 100.00 | -19.70 | -32.83 | -1.64 |
| 公平系统 | 1～5 | 0 | 0.00 | 0.0 | 0.00 | | 公平系统 | | 公平系统 | 1～5 | 0 | 0.00 | 0.00 | 0.00 | |
| | 6～10 | 0 | 0.00 | 0.0 | 0.00 | | | | | 6～10 | 0 | 0.00 | 0.00 | 0.00 | |
| | 11～15 | 6 | 42.86 | 22.4 | 32.00 | | 资产：负债 | | | 11～15 | 6 | 42.86 | -8.20 | -11.71 | |
| | 16～20 | 5 | 35.71 | 16.5 | 23.57 | | 62.14 | 39.86 | | 16～20 | 5 | 35.71 | -9.00 | -12.86 | |
| | 21～25 | 1 | 7.14 | 2.8 | 4.00 | | 相对净资产 | 22.28 | | 21～25 | 1 | 7.14 | -2.30 | -3.29 | |
| | 26～30 | 0 | 0.00 | 0.0 | 0.00 | | | | | 26～30 | 0 | 0.00 | 0.00 | 0.00 | |
| | 31～35 | 0 | 0.00 | 0.0 | 0.00 | | | | | 31～35 | 0 | 0.00 | 0.00 | 0.00 | |
| | 36～40 | 0 | 0.00 | 0.0 | 0.00 | | | | | 36～40 | 0 | 0.00 | 0.00 | 0.00 | |
| | 41～45 | 2 | 14.29 | 1.8 | 2.57 | | | | | 41～45 | 2 | 14.29 | -8.40 | -12.00 | |
| | 46～50 | 0 | 0.00 | 0.0 | 0.00 | | | | | 46～50 | 0 | 0.00 | 0.00 | 0.00 | |
| 合计 | | 14 | 100.00 | 43.5 | 62.14 | 3.11 | 14 | | 合计 | | 14 | 100.00 | -27.90 | -39.86 | -1.99 |
| 资产总指标数 | | | 占指标总数/% | 总资产分值 | 相对总资产/% | 总资产质量系数 | 相对总资产：相对总负债 | | 负债总指标数 | | | 占指标总数/% | 总负债分值 | 相对总负债/% | 总负债质量系数 |
| | | | | | | | 66.52 | 34.04 | | | | | | | |
| 50 | | | 100.00 | 166.3 | 66.52 | 3.33 | 相对净资产 | 32.48 | 50 | | | 100.00 | -85.10 | -34.04 | -1.70 |

### （二十）温州市新型城市化水平资产负债分析

1）城乡发展动力系统：在总数 24 个源指标中，资产累计得分为 41.80，相对资产为 34.84%，资产质量系数为 1.74，表明资产质量很差。同时，负债累计得分为-80.60，相对负债为-67.16%，负债质量系数为-3.36，表明负债质量很差。在该大项中，相对净资产为-32.32%。

2）城乡发展质量系统：在总数 12 个源指标中，资产累计得分为 23.00，相对资产为 38.34%，资产质量系数为 1.92，表明资产质量很差。同时，负债累计得分为-38.20，相对负债为-63.66%，负债质量系数为-3.18，表明负债质量很差。在该大项中，相对净资产为-25.32%。

3）城乡发展公平系统：在总数 14 个源指标中，资产累计得分为 27.20，相对资产为 38.86%，资产质量系数为 1.94，表明资产质量很差。同时，负债累计得分为-44.20，相对负债为-63.14%，负债质量系数为-3.16，表明负债质量很差。在该大项中，相对净资产为-24.28%。

总计上述三大项，在总数 50 个源指标中，总资产累计得分为 92.00，相对资产为 36.80%，资产质量系数为 1.84，表明资产质量很差。同时，负债累计得分为-163.00，相对负债为-65.20%，负债质量系数为-3.26，表明负债质量很差。在该大项中，相对净资产为-28.40%（图 7-45，表 7-38）。

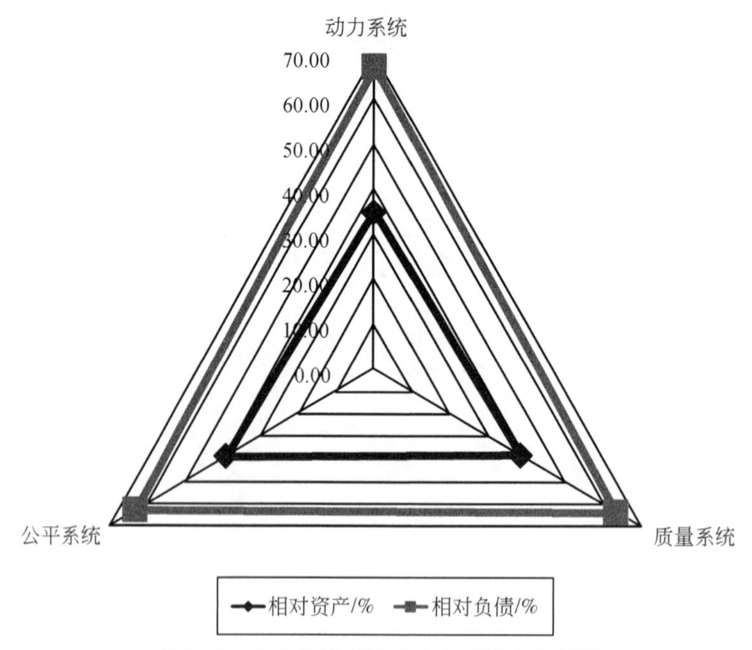


图 7-45　温州市新型城市化水平资产负债图

**表 7-38　温州市新型城市化水平资产负债表**

| 资产 | | | | | | | 三大系统 | | 负债 | | | | | | |
|---|---|---|---|---|---|---|---|---|---|---|---|---|---|---|---|
| 位次 | | 指标数 | 占指标总数/% | 指标分值 | 相对资产/% | 资产质量系数 | | | 位次 | | 指标数 | 占指标总数/% | 指标分值 | 相对负债/% | 负债质量系数 |
| 动力系统 | 1～5 | 0 | 0.00 | 0.0 | 0.00 | | 动力系统 | | 动力系统 | 1～5 | 0 | 0.00 | 0.00 | 0.00 | |
| | 6～10 | 0 | 0.00 | 0.0 | 0.00 | | | | | 6～10 | 0 | 0.00 | 0.00 | 0.00 | |
| | 11～15 | 0 | 0.00 | 0.0 | 0.00 | | 资产：负债 | | | 11～15 | 0 | 0.00 | 0.00 | 0.00 | |
| | 16～20 | 0 | 0.00 | 0.0 | 0.00 | | 34.84 | 67.16 | | 16～20 | 0 | 0.00 | 0.00 | 0.00 | |
| | 21～25 | 2 | 8.33 | 5.9 | 4.92 | | 相对净资产 | -32.32 | | 21～25 | 2 | 8.33 | -4.30 | -3.58 | |
| | 26～30 | 8 | 33.33 | 18.2 | 15.17 | | | | | 26～30 | 8 | 33.33 | -22.60 | -18.83 | |
| | 31～35 | 6 | 25.00 | 11.1 | 9.25 | | | | | 31～35 | 6 | 25.00 | -19.50 | -16.25 | |
| | 36～40 | 3 | 12.50 | 3.7 | 3.08 | | | | | 36～40 | 3 | 12.50 | -11.60 | -9.67 | |
| | 41～45 | 2 | 8.33 | 1.8 | 1.50 | | | | | 41～45 | 2 | 8.33 | -8.40 | -7.00 | |
| | 46～50 | 3 | 12.50 | 1.1 | 0.92 | | | | | 46～50 | 3 | 12.50 | -14.20 | -11.83 | |
| 合计 | | 24 | 100.00 | 41.8 | 34.84 | 1.74 | 24 | | 合计 | | 24 | 100.00 | -80.60 | -67.16 | -3.36 |
| 质量系统 | 1～5 | 0 | 0.00 | 0.0 | 0.00 | | 质量系统 | | 质量系统 | 1～5 | 0 | 0.00 | 0.00 | 0.00 | |
| | 6～10 | 0 | 0.00 | 0.0 | 0.00 | | | | | 6～10 | 0 | 0.00 | 0.00 | 0.00 | |
| | 11～15 | 0 | 0.00 | 0.0 | 0.00 | | 资产：负债 | | | 11～15 | 0 | 0.00 | 0.00 | 0.00 | |
| | 16～20 | 0 | 0.00 | 0.0 | 0.00 | | 38.34 | 63.66 | | 16～20 | 0 | 0.00 | 0.00 | 0.00 | |
| | 21～25 | 1 | 8.33 | 2.6 | 4.33 | | 相对净资产 | -25.32 | | 21～25 | 1 | 8.33 | -2.50 | -4.17 | |
| | 26～30 | 4 | 33.33 | 9.1 | 15.17 | | | | | 26～30 | 4 | 33.33 | -11.30 | -18.83 | |
| | 31～35 | 6 | 50.00 | 10.9 | 18.17 | | | | | 31～35 | 6 | 50.00 | -19.70 | -32.83 | |
| | 36～40 | 0 | 0.00 | 0.0 | 0.00 | | | | | 36～40 | 0 | 0.00 | 0.00 | 0.00 | |
| | 41～45 | 0 | 0.00 | 0.0 | 0.00 | | | | | 41～45 | 0 | 0.00 | 0.00 | 0.00 | |
| | 46～50 | 1 | 8.33 | 0.4 | 0.67 | | | | | 46～50 | 1 | 8.33 | -4.70 | -7.83 | |
| 合计 | | 12 | 100.00 | 23.0 | 38.34 | 1.92 | 12 | | 合计 | | 12 | 100.00 | -38.20 | -63.66 | -3.18 |
| 公平系统 | 1～5 | 0 | 0.00 | 0.0 | 0.00 | | 公平系统 | | 公平系统 | 1～5 | 0 | 0.00 | 0.00 | 0.00 | |
| | 6～10 | 0 | 0.00 | 0.0 | 0.00 | | | | | 6～10 | 0 | 0.00 | 0.00 | 0.00 | |
| | 11～15 | 1 | 7.14 | 3.6 | 5.14 | | 资产：负债 | | | 11～15 | 1 | 7.14 | -1.50 | -2.14 | |
| | 16～20 | 0 | 0.00 | 0.0 | 0.00 | | 38.86 | 63.14 | | 16～20 | 0 | 0.00 | 0.00 | 0.00 | |
| | 21～25 | 1 | 7.14 | 2.9 | 4.14 | | 相对净资产 | -24.28 | | 21～25 | 1 | 7.14 | -2.20 | -3.14 | |
| | 26～30 | 4 | 28.57 | 8.7 | 12.43 | | | | | 26～30 | 4 | 28.57 | -11.70 | -16.71 | |
| | 31～35 | 4 | 28.57 | 7.6 | 10.86 | | | | | 31～35 | 4 | 28.57 | -12.80 | -18.29 | |
| | 36～40 | 3 | 21.43 | 3.8 | 5.43 | | | | | 36～40 | 3 | 21.43 | -11.50 | -16.43 | |
| | 41～45 | 1 | 7.14 | 0.6 | 0.86 | | | | | 41～45 | 1 | 7.14 | -4.50 | -6.43 | |
| | 46～50 | 0 | 0.00 | 0.0 | 0.00 | | | | | 46～50 | 0 | 0.00 | 0.00 | 0.00 | |
| 合计 | | 14 | 100.00 | 27.2 | 38.86 | 1.94 | 14 | | 合计 | | 14 | 100.00 | -44.20 | -63.14 | -3.16 |
| 资产总指标数 | | | 占指标总数/% | 总资产分值 | 相对总资产/% | 总资产质量系数 | 相对总资产：相对总负债 | | 负债总指标数 | | | 占指标总数/% | 总负债分值 | 相对总负债/% | 总负债质量系数 |
| | | | | | | | 36.80 | 65.20 | | | | | | | |
| 50 | | | 100.00 | 92.0 | 36.80 | 1.84 | 相对净资产 | -28.40 | 50 | | | 100.00 | -163.00 | -65.20 | -3.26 |

## （二十一）合肥市新型城市化水平资产负债分析

1）城乡发展动力系统：在总数 24 个源指标中，资产累计得分为 53.00，相对资产为 44.17%，资产质量系数为 2.21，表明资产质量一般。同时，负债累计得分为-69.40，相对负债为-57.83%，负债质量系数为-2.89，表明负债质量一般。在该大项中，相对净资产为-13.66%。

2）城乡发展质量系统：在总数 12 个源指标中，资产累计得分为 29.20，相对资产为 48.67%，资产质量系数为 2.43，表明资产质量一般。同时，负债累计得分为-32.00，相对负债为-53.33%，负债质量系数为-2.67，表明负债质量一般。在该大项中，相对净资产为-4.66%。

3）城乡发展公平系统：在总数 14 个源指标中，资产累计得分为 31.20，相对资产为 44.57%，资产质量系数为 2.23，表明资产质量一般。同时，负债累计得分为-40.20，相对负债为-57.43%，负债质量系数为-2.87，表明负债质量一般。在该大项中，相对净资产为-12.86%。

总计上述三大项，在总数 50 个源指标中，总资产累计得分为 113.40，相对资产为 45.36%，资产质量系数为 2.27，表明资产质量一般。同时，负债累计得分为-141.60，相对负债为-56.64%，负债质量系数为-2.83，表明负债质量一般。在该大项中，相对净资产为-11.28%（图 7-46，表 7-39）。

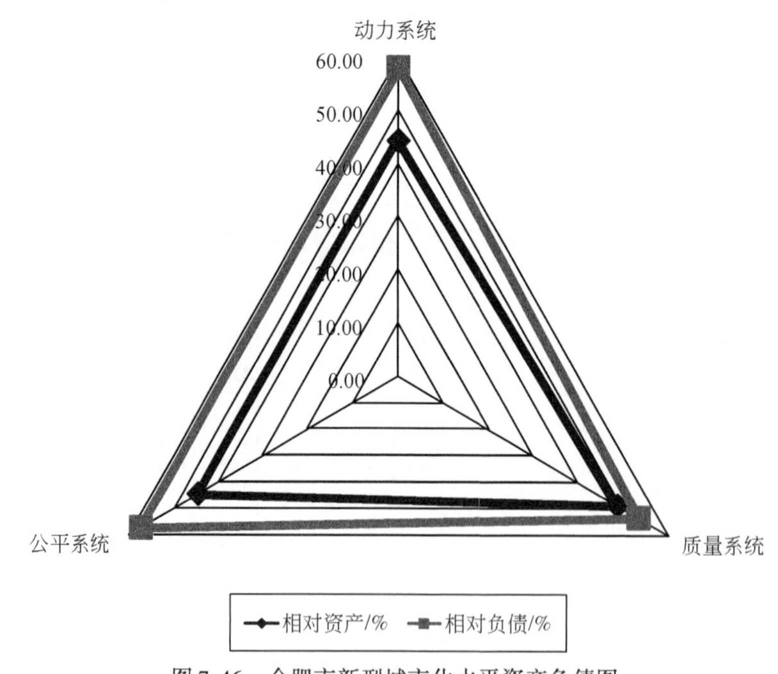


图 7-46　合肥市新型城市化水平资产负债图

**表 7-39　合肥市新型城市化水平资产负债表**

| 资产 | | | | | | | 三大系统 | | 负债 | | | | | | |
|---|---|---|---|---|---|---|---|---|---|---|---|---|---|---|---|
| 位次 | | 指标数 | 占指标总数/% | 指标分值 | 相对资产/% | 资产质量系数 | | | 位次 | | 指标数 | 占指标总数/% | 指标分值 | 相对负债/% | 负债质量系数 |
| 动力系统 | 1~5 | 0 | 0.00 | 0.0 | 0.00 | | 动力系统 | | 动力系统 | 1~5 | 0 | 0.00 | 0.00 | 0.00 | |
| | 6~10 | 0 | 0.00 | 0.0 | 0.00 | | | | | 6~10 | 0 | 0.00 | 0.00 | 0.00 | |
| | 11~15 | 1 | 4.17 | 3.8 | 3.17 | | 资产：负债 | | | 11~15 | 1 | 4.17 | -1.30 | -1.08 | |
| | 16~20 | 1 | 4.17 | 3.2 | 2.67 | | 44.17 | 57.83 | | 16~20 | 1 | 4.17 | -1.90 | -1.58 | |
| | 21~25 | 4 | 16.67 | 10.9 | 9.08 | | 相对净资产 | -13.66 | | 21~25 | 4 | 16.67 | -9.50 | -7.92 | |
| | 26~30 | 9 | 37.50 | 21.4 | 17.83 | | | | | 26~30 | 9 | 37.50 | -24.50 | -20.42 | |
| | 31~35 | 6 | 25.00 | 11.4 | 9.50 | | | | | 31~35 | 6 | 25.00 | -19.20 | -16.00 | |
| | 36~40 | 1 | 4.17 | 1.4 | 1.17 | | | | | 36~40 | 1 | 4.17 | -3.70 | -3.08 | |
| | 41~45 | 0 | 0.00 | 0.0 | 0.00 | | | | | 41~45 | 0 | 0.00 | 0.00 | 0.00 | |
| | 46~50 | 2 | 8.33 | 0.9 | 0.75 | | | | | 46~50 | 2 | 8.33 | -9.30 | -7.75 | |
| 合计 | | 24 | 100.00 | 53.0 | 44.17 | 2.21 | 24 | | 合计 | | 24 | 100.00 | -69.40 | -57.83 | -2.89 |
| 质量系统 | 1~5 | 0 | 0.00 | 0.0 | 0.00 | | 质量系统 | | 质量系统 | 1~5 | 0 | 0.00 | 0.00 | 0.00 | |
| | 6~10 | 0 | 0.00 | 0.0 | 0.00 | | | | | 6~10 | 0 | 0.00 | 0.00 | 0.00 | |
| | 11~15 | 0 | 0.00 | 0.0 | 0.00 | | 资产：负债 | | | 11~15 | 0 | 0.00 | 0.00 | 0.00 | |
| | 16~20 | 2 | 16.67 | 6.6 | 11.00 | | 48.67 | 53.33 | | 16~20 | 2 | 16.67 | -3.60 | -6.00 | |
| | 21~25 | 3 | 25.00 | 8.4 | 14.00 | | 相对净资产 | -4.66 | | 21~25 | 3 | 25.00 | -6.90 | -11.50 | |
| | 26~30 | 4 | 33.33 | 9.7 | 16.17 | | | | | 26~30 | 4 | 33.33 | -10.70 | -17.83 | |
| | 31~35 | 1 | 8.33 | 1.7 | 2.83 | | | | | 31~35 | 1 | 8.33 | -3.40 | -5.67 | |
| | 36~40 | 2 | 16.67 | 2.8 | 4.67 | | | | | 36~40 | 2 | 16.67 | -7.40 | -12.33 | |
| | 41~45 | 0 | 0.00 | 0.0 | 0.00 | | | | | 41~45 | 0 | 0.00 | 0.00 | 0.00 | |
| | 46~50 | 0 | 0.00 | 0.0 | 0.00 | | | | | 46~50 | 0 | 0.00 | 0.00 | 0.00 | |
| 合计 | | 12 | 100.00 | 29.2 | 48.67 | 2.43 | 12 | | 合计 | | 12 | 100.00 | -32.00 | -53.33 | -2.67 |
| 公平系统 | 1~5 | 0 | 0.00 | 0.0 | 0.00 | | 公平系统 | | 公平系统 | 1~5 | 0 | 0.00 | 0.00 | 0.00 | |
| | 6~10 | 0 | 0.00 | 0.0 | 0.00 | | | | | 6~10 | 0 | 0.00 | 0.00 | 0.00 | |
| | 11~15 | 0 | 0.00 | 0.0 | 0.00 | | 资产：负债 | | | 11~15 | 0 | 0.00 | 0.00 | 0.00 | |
| | 16~20 | 0 | 0.00 | 0.0 | 0.00 | | 44.57 | 57.43 | | 16~20 | 0 | 0.00 | 0.00 | 0.00 | |
| | 21~25 | 4 | 28.57 | 11.5 | 16.43 | | 相对净资产 | -12.86 | | 21~25 | 4 | 28.57 | -8.90 | -12.71 | |
| | 26~30 | 6 | 42.86 | 13.6 | 19.43 | | | | | 26~30 | 6 | 42.86 | -17.00 | -24.29 | |
| | 31~35 | 1 | 7.14 | 1.9 | 2.71 | | | | | 31~35 | 1 | 7.14 | -3.20 | -4.57 | |
| | 36~40 | 3 | 21.43 | 4.2 | 6.00 | | | | | 36~40 | 3 | 21.43 | -11.10 | -15.86 | |
| | 41~45 | 0 | 0.00 | 0.0 | 0.00 | | | | | 41~45 | 0 | 0.00 | 0.00 | 0.00 | |
| | 46~50 | 0 | 0.00 | 0.0 | 0.00 | | | | | 46~50 | 0 | 0.00 | 0.00 | 0.00 | |
| 合计 | | 14 | 100.00 | 31.2 | 44.57 | 2.23 | 14 | | 合计 | | 14 | 100.00 | -40.20 | -57.43 | -2.87 |
| 资产总指标数 | | | 占指标总数/% | 总资产分值 | 相对总资产/% | 总资产质量系数 | 相对总资产：相对总负债 | | 负债总指标数 | | | 占指标总数/% | 总负债分值 | 相对总负债/% | 总负债质量系数 |
| | | | | | | | 45.36 | 56.64 | | | | | | | |
| 50 | | | 100.00 | 113.4 | 45.36 | 2.27 | 相对净资产 | -11.28 | 50 | | | 100.00 | -141.60 | -56.64 | -2.83 |

### （二十二）福州市新型城市化水平资产负债分析

1）城乡发展动力系统：在总数24个源指标中，资产累计得分为58.00，相对资产为48.34%，资产质量系数为2.42，表明资产质量一般。同时，负债累计得分为-64.40，相对负债为-53.66%，负债质量系数为-2.68，表明负债质量一般。在该大项中，相对净资产为-5.32%。

2）城乡发展质量系统：在总数12个源指标中，资产累计得分为28.80，相对资产为47.99%，资产质量系数为2.40，表明资产质量一般。同时，负债累计得分为-32.40，相对负债为-54.00%，负债质量系数为-2.70，表明负债质量一般。在该大项中，相对净资产为-6.01%。

3）城乡发展公平系统：在总数14个源指标中，资产累计得分为32.80，相对资产为46.86%，资产质量系数为2.34，表明资产质量一般。同时，负债累计得分为-38.60，相对负债为-55.14%，负债质量系数为-2.76，表明负债质量一般。在该大项中，相对净资产为-8.28%。

总计上述三大项，在总数50个源指标中，总资产累计得分为119.60，相对资产为47.84%，资产质量系数为2.39，表明资产质量一般。同时，负债累计得分为-135.40，相对负债为-54.16%，负债质量系数为-2.71，表明负债质量一般。在该大项中，相对净资产为-6.32%（图7-47，表7-40）。

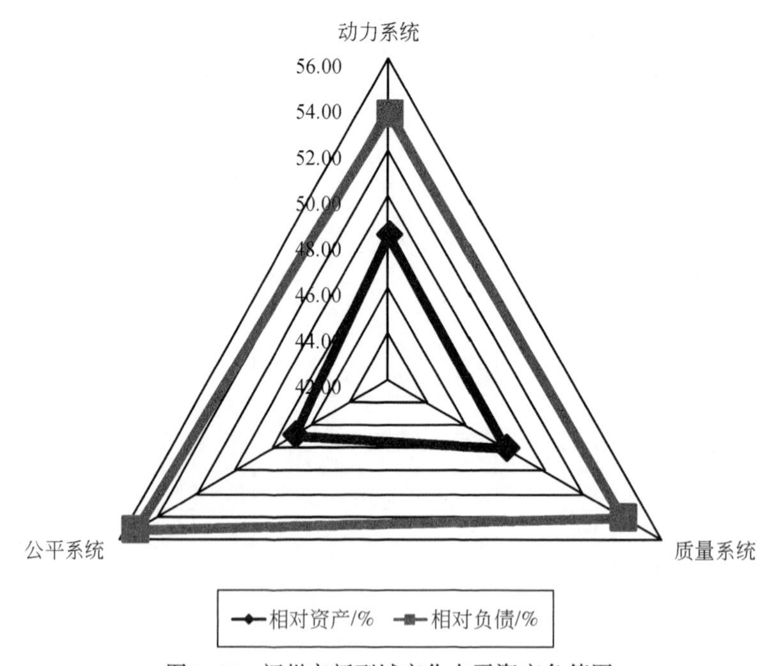


图7-47　福州市新型城市化水平资产负债图

**表 7-40　福州市新型城市化水平资产负债表**

| 资产 | | | | | | | 三大系统 | | 负债 | | | | | | |
|---|---|---|---|---|---|---|---|---|---|---|---|---|---|---|---|
| 位次 | | 指标数 | 占指标总数/% | 指标分值 | 相对资产/% | 资产质量系数 | | | 位次 | | 指标数 | 占指标总数/% | 指标分值 | 相对负债/% | 负债质量系数 |
| 动力系统 | 1～5 | 0 | 0.00 | 0.0 | 0.00 | | 动力系统 | | 动力系统 | 1～5 | 0 | 0.00 | 0.00 | 0.00 | |
| | 6～10 | 0 | 0.00 | 0.0 | 0.00 | | | | | 6～10 | 0 | 0.00 | 0.00 | 0.00 | |
| | 11～15 | 0 | 0.00 | 0.0 | 0.00 | | 资产：负债 | | | 11～15 | 0 | 0.00 | 0.00 | 0.00 | |
| | 16～20 | 1 | 4.17 | 3.2 | 2.67 | | 48.34 | 53.66 | | 16～20 | 1 | 4.17 | -1.90 | -1.58 | |
| | 21～25 | 7 | 29.17 | 19.7 | 16.42 | | 相对净资产 | -5.32 | | 21～25 | 7 | 29.17 | -16.00 | -13.33 | |
| | 26～30 | 13 | 54.17 | 30.5 | 25.42 | | | | | 26～30 | 13 | 54.17 | -35.80 | -29.83 | |
| | 31～35 | 2 | 8.33 | 3.6 | 3.00 | | | | | 31～35 | 2 | 8.33 | -6.60 | -5.50 | |
| | 36～40 | 0 | 0.00 | 0.0 | 0.00 | | | | | 36～40 | 0 | 0.00 | 0.00 | 0.00 | |
| | 41～45 | 1 | 4.17 | 1.0 | 0.83 | | | | | 41～45 | 1 | 4.17 | -4.10 | -3.42 | |
| | 46～50 | 0 | 0.00 | 0.0 | 0.00 | | | | | 46～50 | 0 | 0.00 | 0.00 | 0.00 | |
| 合计 | | 24 | 100.00 | 58.0 | 48.34 | 2.42 | 24 | | 合计 | | 24 | 100.00 | -64.40 | -53.66 | -2.68 |
| 质量系统 | 1～5 | 0 | 0.00 | 0.0 | 0.00 | | 质量系统 | | 质量系统 | 1～5 | 0 | 0.00 | 0.00 | 0.00 | |
| | 6～10 | 0 | 0.00 | 0.0 | 0.00 | | | | | 6～10 | 0 | 0.00 | 0.00 | 0.00 | |
| | 11～15 | 0 | 0.00 | 0.0 | 0.00 | | 资产：负债 | | | 11～15 | 0 | 0.00 | 0.00 | 0.00 | |
| | 16～20 | 1 | 8.33 | 3.2 | 5.33 | | 47.99 | 54.00 | | 16～20 | 1 | 8.33 | -1.90 | -3.17 | |
| | 21～25 | 6 | 50.00 | 16.2 | 27.00 | | 相对净资产 | -6.01 | | 21～25 | 6 | 50.00 | -14.40 | -24.00 | |
| | 26～30 | 2 | 16.67 | 5.0 | 8.33 | | | | | 26～30 | 2 | 16.67 | -5.20 | -8.67 | |
| | 31～35 | 1 | 8.33 | 1.8 | 3.00 | | | | | 31～35 | 1 | 8.33 | -3.30 | -5.50 | |
| | 36～40 | 2 | 16.67 | 2.6 | 4.33 | | | | | 36～40 | 2 | 16.67 | -7.60 | -12.67 | |
| | 41～45 | 0 | 0.00 | 0.0 | 0.00 | | | | | 41～45 | 0 | 0.00 | 0.00 | 0.00 | |
| | 46～50 | 0 | 0.00 | 0.0 | 0.00 | | | | | 46～50 | 0 | 0.00 | 0.00 | 0.00 | |
| 合计 | | 12 | 100.00 | 28.8 | 47.99 | 2.40 | 12 | | 合计 | | 12 | 100.00 | -32.40 | -54.00 | -2.70 |
| 公平系统 | 1～5 | 0 | 0.00 | 0.0 | 0.00 | | 公平系统 | | 公平系统 | 1～5 | 0 | 0.00 | 0.00 | 0.00 | |
| | 6～10 | 0 | 0.00 | 0.0 | 0.00 | | | | | 6～10 | 0 | 0.00 | 0.00 | 0.00 | |
| | 11～15 | 0 | 0.00 | 0.0 | 0.00 | | 资产：负债 | | | 11～15 | 0 | 0.00 | 0.00 | 0.00 | |
| | 16～20 | 1 | 7.14 | 3.1 | 4.43 | | 46.86 | 55.14 | | 16～20 | 1 | 7.14 | -2.00 | -2.86 | |
| | 21～25 | 5 | 35.71 | 13.3 | 19.00 | | 相对净资产 | -8.28 | | 21～25 | 5 | 35.71 | -12.20 | -17.43 | |
| | 26～30 | 5 | 35.71 | 11.5 | 16.43 | | | | | 26～30 | 5 | 35.71 | -14.00 | -20.00 | |
| | 31～35 | 2 | 14.29 | 3.7 | 5.29 | | | | | 31～35 | 2 | 14.29 | -6.50 | -9.29 | |
| | 36～40 | 1 | 7.14 | 1.2 | 1.71 | | | | | 36～40 | 1 | 7.14 | -3.90 | -5.57 | |
| | 41～45 | 0 | 0.00 | 0.0 | 0.00 | | | | | 41～45 | 0 | 0.00 | 0.00 | 0.00 | |
| | 46～50 | 0 | 0.00 | 0.0 | 0.00 | | | | | 46～50 | 0 | 0.00 | 0.00 | 0.00 | |
| 合计 | | 14 | 100.00 | 32.8 | 46.86 | 2.34 | 14 | | 合计 | | 14 | 100.00 | -38.60 | -55.14 | -2.76 |
| 资产总指标数 | | | 占指标总数/% | 总资产分值 | 相对总资产/% | 总资产质量系数 | 相对总资产：相对总负债 | | 负债总指标数 | | | 占指标总数/% | 总负债分值 | 相对总负债/% | 总负债质量系数 |
| | | | | | | | 47.84 | 54.16 | | | | | | | |
| 50 | | | 100.00 | 119.6 | 47.84 | 2.39 | 相对净资产 | -6.32 | 50 | | | 100.00 | -135.40 | -54.16 | -2.71 |

### （二十三）厦门市新型城市化水平资产负债分析

1）城乡发展动力系统：在总数 24 个源指标中，资产累计得分为 57. 60，相对资产为 48. 00%，资产质量系数为 2. 40，表明资产质量一般。同时，负债累计得分为-64. 80，相对负债为-54. 00%，负债质量系数为-2. 70，表明负债质量一般。在该大项中，相对净资产为-6. 00%。

2）城乡发展质量系统：在总数 12 个源指标中，资产累计得分为 25. 30，相对资产为 42. 17%，资产质量系数为 2. 11，表明资产质量一般。同时，负债累计得分为-35. 90，相对负债为-59. 83%，负债质量系数为-2. 99，表明负债质量一般。在该大项中，相对净资产为-17. 66%。

3）城乡发展公平系统：在总数 14 个源指标中，资产累计得分为 25. 20，相对资产为 36. 01%，资产质量系数为 1. 80，表明资产质量很差。同时，负债累计得分为-46. 20，相对负债为-66. 01%，负债质量系数为-3. 30，表明负债质量很差。在该大项中，相对净资产为-30. 00%。

总计上述三大项，在总数 50 个源指标中，总资产累计得分为 108. 10，相对资产为 43. 24%，资产质量系数为 2. 16，表明资产质量一般。同时，负债累计得分为-146. 90，相对负债为-58. 76%，负债质量系数为-2. 94，表明负债质量一般。在该大项中，相对净资产为-15. 52%（图 7-48，表 7-41）。

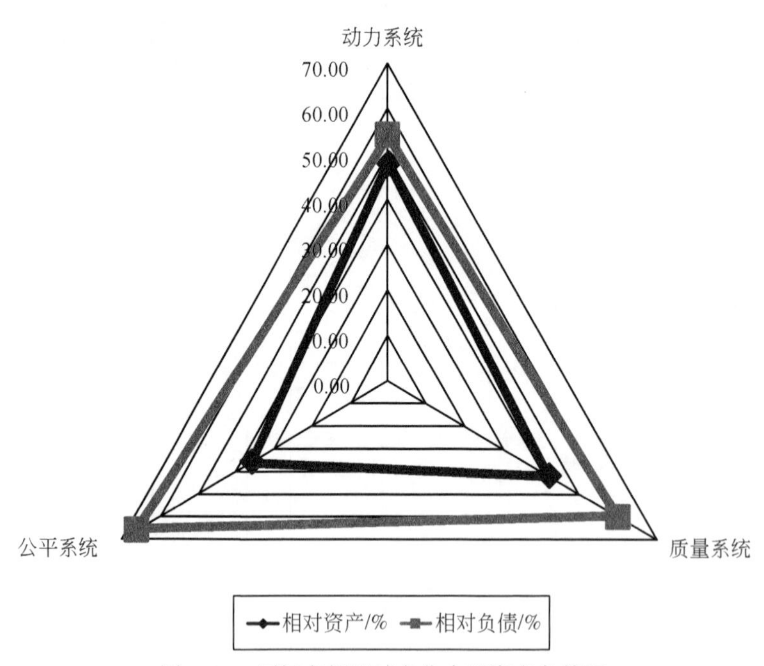


图 7-48　厦门市新型城市化水平资产负债图

**表 7-41　厦门市新型城市化水平资产负债表**

| 资产 | | | | | | | 三大系统 | | 负债 | | | | | | |
|---|---|---|---|---|---|---|---|---|---|---|---|---|---|---|---|
| 位次 | | 指标数 | 占指标总数/% | 指标分值 | 相对资产/% | 资产质量系数 | | | 位次 | | 指标数 | 占指标总数/% | 指标分值 | 相对负债/% | 负债质量系数 |
| 动力系统 | 1～5 | 0 | 0.00 | 0.0 | 0.00 | | 动力系统 | | 动力系统 | 1～5 | 0 | 0.00 | 0.00 | 0.00 | |
| | 6～10 | 0 | 0.00 | 0.0 | 0.00 | | | | | 6～10 | 0 | 0.00 | 0.00 | 0.00 | |
| | 11～15 | 3 | 12.50 | 11.6 | 9.67 | | 资产：负债 | | | 11～15 | 3 | 12.50 | -3.70 | -3.08 | |
| | 16～20 | 5 | 20.83 | 16.5 | 13.75 | | 48.00 | 54.00 | | 16～20 | 5 | 20.83 | -9.00 | -7.50 | |
| | 21～25 | 4 | 16.67 | 10.5 | 8.75 | | 相对净资产 | -6.00 | | 21～25 | 4 | 16.67 | -9.90 | -8.25 | |
| | 26～30 | 4 | 16.67 | 9.0 | 7.50 | | | | | 26～30 | 4 | 16.67 | -11.40 | -9.50 | |
| | 31～35 | 4 | 16.67 | 6.8 | 5.67 | | | | | 31～35 | 4 | 16.67 | -13.60 | -11.33 | |
| | 36～40 | 1 | 4.17 | 1.5 | 1.25 | | | | | 36～40 | 1 | 4.17 | -3.60 | -3.00 | |
| | 41～45 | 1 | 4.17 | 1.0 | 0.83 | | | | | 41～45 | 1 | 4.17 | -4.10 | -3.42 | |
| | 46～50 | 2 | 8.33 | 0.7 | 0.58 | | | | | 46～50 | 2 | 8.33 | -9.50 | -7.92 | |
| 合计 | | 24 | 100.00 | 57.6 | 48.00 | 2.40 | 24 | | 合计 | | 24 | 100.00 | -64.80 | -54.00 | -2.70 |
| 质量系统 | 1～5 | 0 | 0.00 | 0.0 | 0.00 | | 质量系统 | | 质量系统 | 1～5 | 0 | 0.00 | 0.00 | 0.00 | |
| | 6～10 | 0 | 0.00 | 0.0 | 0.00 | | | | | 6～10 | 0 | 0.00 | 0.00 | 0.00 | |
| | 11～15 | 0 | 0.00 | 0.0 | 0.00 | | 资产：负债 | | | 11～15 | 0 | 0.00 | 0.00 | 0.00 | |
| | 16～20 | 2 | 16.67 | 6.6 | 11.00 | | 42.17 | 59.83 | | 16～20 | 2 | 16.67 | -3.60 | -6.00 | |
| | 21～25 | 2 | 16.67 | 5.4 | 9.00 | | 相对净资产 | -17.66 | | 21～25 | 2 | 16.67 | -4.80 | -8.00 | |
| | 26～30 | 1 | 8.33 | 2.1 | 3.50 | | | | | 26～30 | 1 | 8.33 | -3.00 | -5.00 | |
| | 31～35 | 4 | 33.33 | 7.2 | 12.00 | | | | | 31～35 | 4 | 33.33 | -13.20 | -22.00 | |
| | 36～40 | 3 | 25.00 | 4.0 | 6.67 | | | | | 36～40 | 3 | 25.00 | -11.30 | -18.83 | |
| | 41～45 | 0 | 0.00 | 0.0 | 0.00 | | | | | 41～45 | 0 | 0.00 | 0.00 | 0.00 | |
| | 46～50 | 0 | 0.00 | 0.0 | 0.00 | | | | | 46～50 | 0 | 0.00 | 0.00 | 0.00 | |
| 合计 | | 12 | 100.00 | 25.3 | 42.17 | 2.11 | 12 | | 合计 | | 12 | 100.00 | -35.90 | -59.83 | -2.99 |
| 公平系统 | 1～5 | 0 | 0.00 | 0.0 | 0.00 | | 公平系统 | | 公平系统 | 1～5 | 0 | 0.00 | 0.00 | 0.00 | |
| | 6～10 | 0 | 0.00 | 0.0 | 0.00 | | | | | 6～10 | 0 | 0.00 | 0.00 | 0.00 | |
| | 11～15 | 0 | 0.00 | 0.0 | 0.00 | | 资产：负债 | | | 11～15 | 0 | 0.00 | 0.00 | 0.00 | |
| | 16～20 | 2 | 14.29 | 6.5 | 9.29 | | 36.01 | 66.01 | | 16～20 | 2 | 14.29 | -3.70 | -5.29 | |
| | 21～25 | 0 | 0.00 | 0.0 | 0.00 | | 相对净资产 | -30.00 | | 21～25 | 0 | 0.00 | 0.00 | 0.00 | |
| | 26～30 | 4 | 28.57 | 8.7 | 12.43 | | | | | 26～30 | 4 | 28.57 | -11.70 | -16.71 | |
| | 31～35 | 4 | 28.57 | 6.9 | 9.86 | | | | | 31～35 | 4 | 28.57 | -13.50 | -19.29 | |
| | 36～40 | 2 | 14.29 | 2.3 | 3.29 | | | | | 36～40 | 2 | 14.29 | -7.90 | -11.29 | |
| | 41～45 | 0 | 0.00 | 0.0 | 0.00 | | | | | 41～45 | 0 | 0.00 | 0.00 | 0.00 | |
| | 46～50 | 2 | 14.29 | 0.8 | 1.14 | | | | | 46～50 | 2 | 14.29 | -9.40 | -13.43 | |
| 合计 | | 14 | 100.00 | 25.2 | 36.01 | 1.80 | 14 | | 合计 | | 14 | 100.00 | -46.20 | -66.01 | -3.30 |
| 资产总指标数 | | | 占指标总数/% | 总资产分值 | 相对总资产/% | 总资产质量系数 | 相对总资产：相对总负债 | | 负债总指标数 | | | 占指标总数/% | 总负债分值 | 相对总负债/% | 总负债质量系数 |
| | | | | | | | 43.24 | 58.76 | | | | | | | |
| 50 | | | 100.00 | 108.1 | 43.24 | 2.16 | 相对净资产 | -15.52 | 50 | | | 100.00 | -146.90 | -58.76 | -2.94 |

### （二十四）南昌市新型城市化水平资产负债分析

1）城乡发展动力系统：在总数24个源指标中，资产累计得分为45.30，相对资产为37.75%，资产质量系数为1.89，表明资产质量很差。同时，负债累计得分为-77.10，相对负债为-64.25%，负债质量系数为-3.21，表明负债质量很差。在该大项中，相对净资产为-26.50%。

2）城乡发展质量系统：在总数12个源指标中，资产累计得分为20.40，相对资产为34.00%，资产质量系数为1.70，表明资产质量很差。同时，负债累计得分为-40.80，相对负债为-68.00%，负债质量系数为-3.40，表明负债质量很差。在该大项中，相对净资产为-34.00%。

3）城乡发展公平系统：在总数14个源指标中，资产累计得分为26.70，相对资产为38.14%，资产质量系数为1.91，表明资产质量很差。同时，负债累计得分为-44.70，相对负债为-63.85%，负债质量系数为-3.19，表明负债质量很差。在该大项中，相对净资产为-25.71%。

总计上述三大项，在总数50个源指标中，总资产累计得分为92.40，相对资产为36.96%，资产质量系数为1.85，表明资产质量很差。同时，负债累计得分为-162.60，相对负债为-65.04%，负债质量系数为-3.25，表明负债质量很差。在该大项中，相对净资产为-28.08%（图7-49，表7-42）。

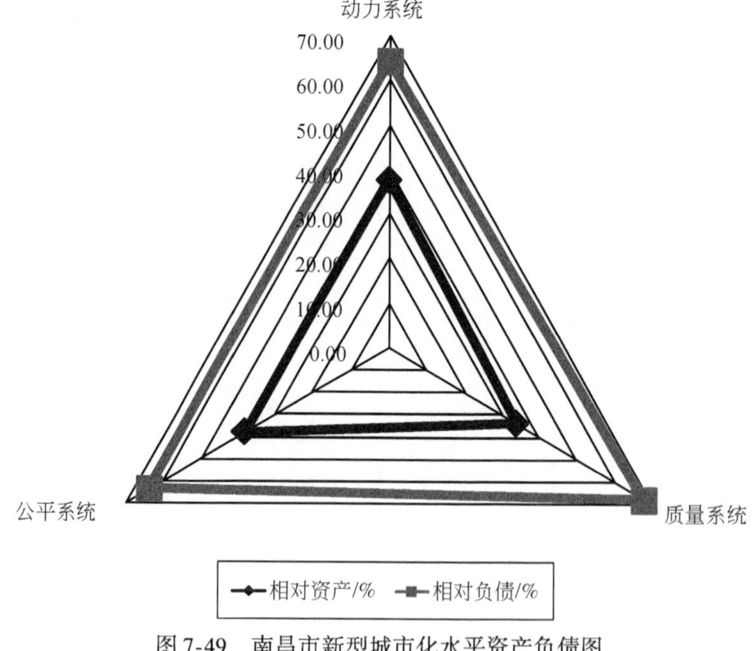


图7-49　南昌市新型城市化水平资产负债图

**表 7-42　南昌市新型城市化水平资产负债表**

| 资产 | | | | | | | 三大系统 | | 负债 | | | | | | |
|---|---|---|---|---|---|---|---|---|---|---|---|---|---|---|---|
| 位次 | | 指标数 | 占指标总数/% | 指标分值 | 相对资产/% | 资产质量系数 | | | 位次 | | 指标数 | 占指标总数/% | 指标分值 | 相对负债/% | 负债质量系数 |
| 动力系统 | 1～5 | 0 | 0.00 | 0.0 | 0.00 | | 动力系统 | | 动力系统 | 1～5 | 0 | 0.00 | 0.00 | 0.00 | |
| | 6～10 | 0 | 0.00 | 0.0 | 0.00 | | | | | 6～10 | 0 | 0.00 | 0.00 | 0.00 | |
| | 11～15 | 0 | 0.00 | 0.0 | 0.00 | | 资产：负债 | | | 11～15 | 0 | 0.00 | 0.00 | 0.00 | |
| | 16～20 | 0 | 0.00 | 0.0 | 0.00 | | 37.75 | 64.25 | | 16～20 | 0 | 0.00 | 0.00 | 0.00 | |
| | 21～25 | 2 | 8.33 | 5.9 | 4.92 | | 相对净资产 | -26.50 | | 21～25 | 2 | 8.33 | -4.30 | -3.58 | |
| | 26～30 | 6 | 25.00 | 13.8 | 11.50 | | | | | 26～30 | 6 | 25.00 | -16.80 | -14.00 | |
| | 31～35 | 10 | 41.67 | 17.5 | 14.58 | | | | | 31～35 | 10 | 41.67 | -33.50 | -27.92 | |
| | 36～40 | 6 | 25.00 | 8.1 | 6.75 | | | | | 36～40 | 6 | 25.00 | -22.50 | -18.75 | |
| | 41～45 | 0 | 0.00 | 0.0 | 0.00 | | | | | 41～45 | 0 | 0.00 | 0.00 | 0.00 | |
| | 46～50 | 0 | 0.00 | 0.0 | 0.00 | | | | | 46～50 | 0 | 0.00 | 0.00 | 0.00 | |
| 合计 | | 24 | 100.00 | 45.3 | 37.75 | 1.89 | 24 | | 合计 | | 24 | 100.00 | -77.10 | -64.25 | -3.21 |
| 质量系统 | 1～5 | 0 | 0.00 | 0.0 | 0.00 | | 质量系统 | | 质量系统 | 1～5 | 0 | 0.00 | 0.00 | 0.00 | |
| | 6～10 | 0 | 0.00 | 0.0 | 0.00 | | | | | 6～10 | 0 | 0.00 | 0.00 | 0.00 | |
| | 11～15 | 0 | 0.00 | 0.0 | 0.00 | | 资产：负债 | | | 11～15 | 0 | 0.00 | 0.00 | 0.00 | |
| | 16～20 | 0 | 0.00 | 0.0 | 0.00 | | 34.00 | 68.00 | | 16～20 | 0 | 0.00 | 0.00 | 0.00 | |
| | 21～25 | 0 | 0.00 | 0.0 | 0.00 | | 相对净资产 | -34.00 | | 21～25 | 0 | 0.00 | 0.00 | 0.00 | |
| | 26～30 | 2 | 16.67 | 4.2 | 7.00 | | | | | 26～30 | 2 | 16.67 | -6.00 | -10.00 | |
| | 31～35 | 7 | 58.33 | 12.7 | 21.17 | | | | | 31～35 | 7 | 58.33 | -23.00 | -38.33 | |
| | 36～40 | 2 | 16.67 | 2.7 | 4.50 | | | | | 36～40 | 2 | 16.67 | -7.50 | -12.50 | |
| | 41～45 | 1 | 8.33 | 0.8 | 1.33 | | | | | 41～45 | 1 | 8.33 | -4.30 | -7.17 | |
| | 46～50 | 0 | 0.00 | 0.0 | 0.00 | | | | | 46～50 | 0 | 0.00 | 0.00 | 0.00 | |
| 合计 | | 12 | 100.00 | 20.4 | 34.00 | 1.70 | 12 | | 合计 | | 12 | 100.00 | -40.80 | -68.00 | -3.40 |
| 公平系统 | 1～5 | 0 | 0.00 | 0.0 | 0.00 | | 公平系统 | | 公平系统 | 1～5 | 0 | 0.00 | 0.00 | 0.00 | |
| | 6～10 | 0 | 0.00 | 0.0 | 0.00 | | | | | 6～10 | 0 | 0.00 | 0.00 | 0.00 | |
| | 11～15 | 1 | 7.14 | 3.6 | 5.14 | | 资产：负债 | | | 11～15 | 1 | 7.14 | -1.50 | -2.14 | |
| | 16～20 | 0 | 0.00 | 0.0 | 0.00 | | 38.14 | 63.85 | | 16～20 | 0 | 0.00 | 0.00 | 0.00 | |
| | 21～25 | 1 | 7.14 | 2.8 | 4.00 | | 相对净资产 | -25.71 | | 21～25 | 1 | 7.14 | -2.30 | -3.29 | |
| | 26～30 | 2 | 14.29 | 4.9 | 7.00 | | | | | 26～30 | 2 | 14.29 | -5.30 | -7.57 | |
| | 31～35 | 6 | 42.86 | 10.2 | 14.57 | | | | | 31～35 | 6 | 42.86 | -20.40 | -29.14 | |
| | 36～40 | 4 | 28.57 | 5.2 | 7.43 | | | | | 36～40 | 4 | 28.57 | -15.20 | -21.71 | |
| | 41～45 | 0 | 0.00 | 0.0 | 0.00 | | | | | 41～45 | 0 | 0.00 | 0.00 | 0.00 | |
| | 46～50 | 0 | 0.00 | 0.0 | 0.00 | | | | | 46～50 | 0 | 0.00 | 0.00 | 0.00 | |
| 合计 | | 14 | 100.00 | 26.7 | 38.14 | 1.91 | 14 | | 合计 | | 14 | 100.00 | -44.70 | -63.85 | -3.19 |
| 资产总指标数 | | | 占指标总数/% | 总资产分值 | 相对总资产/% | 总资产质量系数 | 相对总资产：相对总负债 | | 负债总指标数 | | | 占指标总数/% | 总负债分值 | 相对总负债/% | 总负债质量系数 |
| | | | | | | | 36.96 | 65.04 | | | | | | | |
| 50 | | | 100.00 | 92.4 | 36.96 | 1.85 | 相对净资产 | -28.08 | 50 | | | 100.00 | -162.60 | -65.04 | -3.25 |

### （二十五）济南市新型城市化水平资产负债分析

1）城乡发展动力系统：在总数 24 个源指标中，资产累计得分为 60. 50，相对资产为 50. 42%，资产质量系数为 2. 52，表明资产质量一般。同时，负债累计得分为-60. 10，相对负债为-50. 08%，负债质量系数为-2. 50，表明负债质量一般。在该大项中，相对净资产为 0. 34%。

2）城乡发展质量系统：在总数 12 个源指标中，资产累计得分为 35. 40，相对资产为 59. 00%，资产质量系数为 2. 95，表明资产质量一般。同时，负债累计得分为-25. 80，相对负债为-43. 00%，负债质量系数为-2. 15，表明负债质量一般。在该大项中，相对净资产为 16. 00%。

3）城乡发展公平系统：在总数 14 个源指标中，资产累计得分为 38. 20，相对资产为 54. 57%，资产质量系数为 2. 73，表明资产质量一般。同时，负债累计得分为-33. 20，相对负债为-47. 43%，负债质量系数为-2. 37，表明负债质量一般。在该大项中，相对净资产为 7. 14%。

总计上述三大项，在总数 50 个源指标中，总资产累计得分为 134. 10，相对资产为 53. 64%，资产质量系数为 2. 68，表明资产质量一般。同时，负债累计得分为-119. 10，相对负债为-47. 64%，负债质量系数为-2. 38，表明负债质量一般。在该大项中，相对净资产为 6. 00%（图 7-50，表 7-43）。

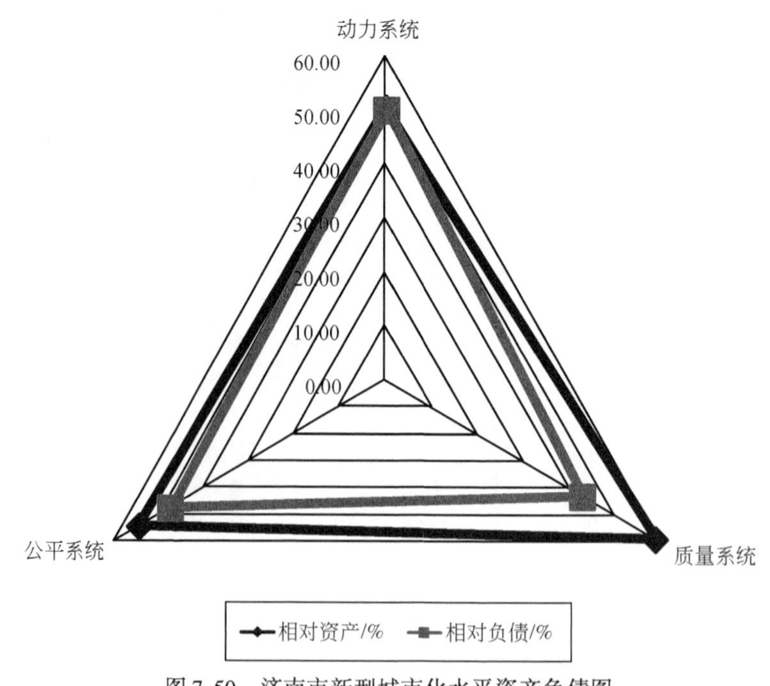


图 7-50　济南市新型城市化水平资产负债图

**表 7-43　济南市新型城市化水平资产负债表**

| 资产 | | | | | | | 三大系统 | | 负债 | | | | | | |
|---|---|---|---|---|---|---|---|---|---|---|---|---|---|---|---|
| 位次 | | 指标数 | 占指标总数/% | 指标分值 | 相对资产/% | 资产质量系数 | | | 位次 | | 指标数 | 占指标总数/% | 指标分值 | 相对负债/% | 负债质量系数 |
| 动力系统 | 1～5 | 0 | 0.00 | 0.0 | 0.00 | | 动力系统 | | 动力系统 | 1～5 | 0 | 0.00 | 0.00 | 0.00 | |
| | 6～10 | 0 | 0.00 | 0.0 | 0.00 | | | | | 6～10 | 0 | 0.00 | 0.00 | 0.00 | |
| | 11～15 | 1 | 4.17 | 3.9 | 3.25 | | 资产：负债 | | | 11～15 | 1 | 4.17 | -1.20 | -1.00 | |
| | 16～20 | 3 | 12.50 | 9.9 | 8.25 | | 50.42 | 50.08 | | 16～20 | 3 | 12.50 | -3.60 | -3.00 | |
| | 21～25 | 7 | 29.17 | 19.8 | 16.50 | | 相对净资产 | 0.34 | | 21～25 | 7 | 29.17 | -15.90 | -13.25 | |
| | 26～30 | 6 | 25.00 | 14.0 | 11.67 | | | | | 26～30 | 6 | 25.00 | -16.60 | -13.83 | |
| | 31～35 | 7 | 29.17 | 12.9 | 10.75 | | | | | 31～35 | 7 | 29.17 | -22.80 | -19.00 | |
| | 36～40 | 0 | 0.00 | 0.0 | 0.00 | | | | | 36～40 | 0 | 0.00 | 0.00 | 0.00 | |
| | 41～45 | 0 | 0.00 | 0.0 | 0.00 | | | | | 41～45 | 0 | 0.00 | 0.00 | 0.00 | |
| | 46～50 | 0 | 0.00 | 0.0 | 0.00 | | | | | 46～50 | 0 | 0.00 | 0.00 | 0.00 | |
| 合计 | | 24 | 100.00 | 60.5 | 50.42 | 2.52 | 24 | | 合计 | | 24 | 100.00 | -60.10 | -50.08 | -2.50 |
| 质量系统 | 1～5 | 0 | 0.00 | 0.0 | 0.00 | | 质量系统 | | 质量系统 | 1～5 | 0 | 0.00 | 0.00 | 0.00 | |
| | 6～10 | 0 | 0.00 | 0.0 | 0.00 | | | | | 6～10 | 0 | 0.00 | 0.00 | 0.00 | |
| | 11～15 | 0 | 0.00 | 0.0 | 0.00 | | 资产：负债 | | | 11～15 | 0 | 0.00 | 0.00 | 0.00 | |
| | 16～20 | 5 | 41.67 | 16.0 | 26.67 | | 59.00 | 43.00 | | 16～20 | 5 | 41.67 | -9.50 | -15.83 | |
| | 21～25 | 5 | 41.67 | 14.9 | 24.83 | | 相对净资产 | 16.00 | | 21～25 | 5 | 41.67 | -10.60 | -17.67 | |
| | 26～30 | 1 | 8.33 | 2.5 | 4.17 | | | | | 26～30 | 1 | 8.33 | -2.60 | -4.33 | |
| | 31～35 | 1 | 8.33 | 2.0 | 3.33 | | | | | 31～35 | 1 | 8.33 | -3.10 | -5.17 | |
| | 36～40 | 0 | 0.00 | 0.0 | 0.00 | | | | | 36～40 | 0 | 0.00 | 0.00 | 0.00 | |
| | 41～45 | 0 | 0.00 | 0.0 | 0.00 | | | | | 41～45 | 0 | 0.00 | 0.00 | 0.00 | |
| | 46～50 | 0 | 0.00 | 0.0 | 0.00 | | | | | 46～50 | 0 | 0.00 | 0.00 | 0.00 | |
| 合计 | | 12 | 100.00 | 35.4 | 59.00 | 2.95 | 12 | | 合计 | | 12 | 100.00 | -25.80 | -43.00 | -2.15 |
| 公平系统 | 1～5 | 0 | 0.00 | 0.0 | 0.00 | | 公平系统 | | 公平系统 | 1～5 | 0 | 0.00 | 0.00 | 0.00 | |
| | 6～10 | 0 | 0.00 | 0.0 | 0.00 | | | | | 6～10 | 0 | 0.00 | 0.00 | 0.00 | |
| | 11～15 | 0 | 0.00 | 0.0 | 0.00 | | 资产：负债 | | | 11～15 | 0 | 0.00 | 0.00 | 0.00 | |
| | 16～20 | 2 | 14.29 | 6.7 | 9.57 | | 54.57 | 47.43 | | 16～20 | 2 | 14.29 | -3.50 | -5.00 | |
| | 21～25 | 9 | 64.29 | 24.9 | 35.57 | | 相对净资产 | 7.14 | | 21～25 | 9 | 64.29 | -21.00 | -30.00 | |
| | 26～30 | 2 | 14.29 | 4.6 | 6.57 | | | | | 26～30 | 2 | 14.29 | -5.60 | -8.00 | |
| | 31～35 | 1 | 7.14 | 2.0 | 2.86 | | | | | 31～35 | 1 | 7.14 | -3.10 | -4.43 | |
| | 36～40 | 0 | 0.00 | 0.0 | 0.00 | | | | | 36～40 | 0 | 0.00 | 0.00 | 0.00 | |
| | 41～45 | 0 | 0.00 | 0.0 | 0.00 | | | | | 41～45 | 0 | 0.00 | 0.00 | 0.00 | |
| | 46～50 | 0 | 0.00 | 0.0 | 0.00 | | | | | 46～50 | 0 | 0.00 | 0.00 | 0.00 | |
| 合计 | | 14 | 100.00 | 38.2 | 54.57 | 2.73 | 14 | | 合计 | | 14 | 100.00 | -33.20 | -47.43 | -2.37 |
| 资产总指标数 | | | 占指标总数/% | 总资产分值 | 相对总资产/% | 总资产质量系数 | 相对总资产:相对总负债 | | 负债总指标数 | | | 占指标总数/% | 总负债分值 | 相对总负债/% | 总负债质量系数 |
| | | | | | | | 53.64 | 47.64 | | | | | | | |
| 50 | | | 100.00 | 134.1 | 53.64 | 2.68 | 相对净资产 | 6.00 | 50 | | | 100.00 | -119.10 | -47.64 | -2.38 |

### （二十六）青岛市新型城市化水平资产负债分析

1）城乡发展动力系统：在总数 24 个源指标中，资产累计得分为 86.30，相对资产为 71.92%，资产质量系数为 3.60，表明资产质量较好。同时，负债累计得分为-34.30，相对负债为-28.58%，负债质量系数为-1.43，表明负债质量较好。在该大项中，相对净资产为 43.34%。

2）城乡发展质量系统：在总数 12 个源指标中，资产累计得分为 46.30，相对资产为 77.16%，资产质量系数为 3.86，表明资产质量较好。同时，负债累计得分为-14.90，相对负债为-24.83%，负债质量系数为-1.24，表明负债质量较好。在该大项中，相对净资产为 52.33%。

3）城乡发展公平系统：在总数 14 个源指标中，资产累计得分为 52.30，相对资产为 74.71%，资产质量系数为 3.74，表明资产质量较好。同时，负债累计得分为-19.10，相对负债为-27.29%，负债质量系数为-1.36，表明负债质量较好。在该大项中，相对净资产为 47.42%。

总计上述三大项，在总数 50 个源指标中，总资产累计得分为 184.90，相对资产为 73.96%，资产质量系数为 3.70，表明资产质量较好。同时，负债累计得分为-68.30，相对负债为-27.32%，负债质量系数为-1.37，表明负债质量较好。在该大项中，相对净资产为 46.64%（图 7-51，表 7-44）。

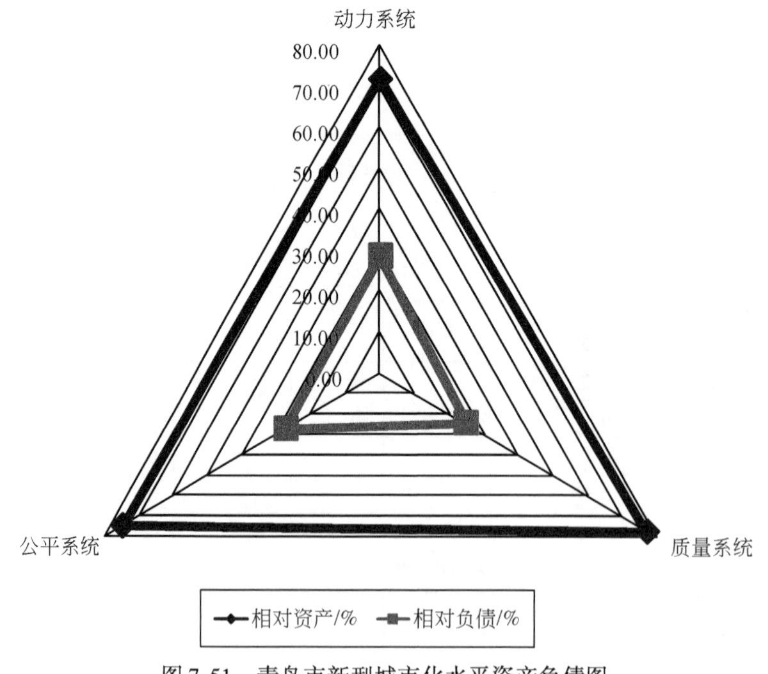


图 7-51　青岛市新型城市化水平资产负债图

**表 7-44　青岛市新型城市化水平资产负债表**

| 资产 | | | | | | | 三大系统 | | 负债 | | | | | | |
|---|---|---|---|---|---|---|---|---|---|---|---|---|---|---|---|
| 位次 | | 指标数 | 占指标总数/% | 指标分值 | 相对资产/% | 资产质量系数 | | | 位次 | | 指标数 | 占指标总数/% | 指标分值 | 相对负债/% | 负债质量系数 |
| 动力系统 | 1～5 | 1 | 4.17 | 4.6 | 3.83 | | 动力系统 | | 动力系统 | 1～5 | 1 | 4.17 | -0.50 | -0.42 | |
| | 6～10 | 4 | 16.67 | 16.7 | 13.92 | | | | | 6～10 | 4 | 16.67 | -3.70 | -3.08 | |
| | 11～15 | 10 | 41.67 | 37.3 | 31.08 | | 资产：负债 | | | 11～15 | 10 | 41.67 | -13.70 | -11.42 | |
| | 16～20 | 7 | 29.17 | 23.1 | 19.25 | | 71.92 | 28.58 | | 16～20 | 7 | 29.17 | -10.80 | -9.00 | |
| | 21～25 | 1 | 4.17 | 2.6 | 2.17 | | 相对净资产 | 43.34 | | 21～25 | 1 | 4.17 | -2.50 | -2.08 | |
| | 26～30 | 0 | 0.00 | 0.0 | 0.00 | | | | | 26～30 | 0 | 0.00 | 0.00 | 0.00 | |
| | 31～35 | 1 | 4.17 | 2.0 | 1.67 | | | | | 31～35 | 1 | 4.17 | -3.10 | -2.58 | |
| | 36～40 | 0 | 0.00 | 0.0 | 0.00 | | | | | 36～40 | 0 | 0.00 | 0.00 | 0.00 | |
| | 41～45 | 0 | 0.00 | 0.0 | 0.00 | | | | | 41～45 | 0 | 0.00 | 0.00 | 0.00 | |
| | 46～50 | 0 | 0.00 | 0.0 | 0.00 | | | | | 46～50 | 0 | 0.00 | 0.00 | 0.00 | |
| 合计 | | 24 | 100.00 | 86.3 | 71.92 | 3.60 | 24 | | 合计 | | 24 | 100.00 | -34.30 | -28.58 | -1.43 |
| 质量系统 | 1～5 | 0 | 0.00 | 0.0 | 0.00 | | 质量系统 | | 质量系统 | 1～5 | 0 | 0.00 | 0.00 | 0.00 | |
| | 6～10 | 4 | 33.33 | 16.7 | 27.83 | | | | | 6～10 | 4 | 33.33 | -3.70 | -6.17 | |
| | 11～15 | 5 | 41.67 | 19.5 | 32.50 | | 资产：负债 | | | 11～15 | 5 | 41.67 | -6.00 | -10.00 | |
| | 16～20 | 3 | 25.00 | 10.1 | 16.83 | | 77.16 | 24.83 | | 16～20 | 3 | 25.00 | -5.20 | -8.67 | |
| | 21～25 | 0 | 0.00 | 0.0 | 0.00 | | 相对净资产 | 52.33 | | 21～25 | 0 | 0.00 | 0.00 | 0.00 | |
| | 26～30 | 0 | 0.00 | 0.0 | 0.00 | | | | | 26～30 | 0 | 0.00 | 0.00 | 0.00 | |
| | 31～35 | 0 | 0.00 | 0.0 | 0.00 | | | | | 31～35 | 0 | 0.00 | 0.00 | 0.00 | |
| | 36～40 | 0 | 0.00 | 0.0 | 0.00 | | | | | 36～40 | 0 | 0.00 | 0.00 | 0.00 | |
| | 41～45 | 0 | 0.00 | 0.0 | 0.00 | | | | | 41～45 | 0 | 0.00 | 0.00 | 0.00 | |
| | 46～50 | 0 | 0.00 | 0.0 | 0.00 | | | | | 46～50 | 0 | 0.00 | 0.00 | 0.00 | |
| 合计 | | 12 | 100.00 | 46.3 | 77.16 | 3.86 | 12 | | 合计 | | 12 | 100.00 | -14.90 | -24.83 | -1.24 |
| 公平系统 | 1～5 | 0 | 0.00 | 0.0 | 0.00 | | 公平系统 | | 公平系统 | 1～5 | 0 | 0.00 | 0.00 | 0.00 | |
| | 6～10 | 2 | 14.29 | 8.5 | 12.14 | | | | | 6～10 | 2 | 14.29 | -1.70 | -2.43 | |
| | 11～15 | 10 | 71.43 | 37.9 | 54.14 | | 资产：负债 | | | 11～15 | 10 | 71.43 | -13.10 | -18.71 | |
| | 16～20 | 1 | 7.14 | 3.5 | 5.00 | | 74.71 | 27.29 | | 16～20 | 1 | 7.14 | -1.60 | -2.29 | |
| | 21～25 | 0 | 0.00 | 0.0 | 0.00 | | 相对净资产 | 47.42 | | 21～25 | 0 | 0.00 | 0.00 | 0.00 | |
| | 26～30 | 1 | 7.14 | 2.4 | 3.43 | | | | | 26～30 | 1 | 7.14 | -2.70 | -3.86 | |
| | 31～35 | 0 | 0.00 | 0.0 | 0.00 | | | | | 31～35 | 0 | 0.00 | 0.00 | 0.00 | |
| | 36～40 | 0 | 0.00 | 0.0 | 0.00 | | | | | 36～40 | 0 | 0.00 | 0.00 | 0.00 | |
| | 41～45 | 0 | 0.00 | 0.0 | 0.00 | | | | | 41～45 | 0 | 0.00 | 0.00 | 0.00 | |
| | 46～50 | 0 | 0.00 | 0.0 | 0.00 | | | | | 46～50 | 0 | 0.00 | 0.00 | 0.00 | |
| 合计 | | 14 | 100.00 | 52.3 | 74.71 | 3.74 | 14 | | 合计 | | 14 | 100.00 | -19.10 | -27.29 | -1.36 |
| 资产总指标数 | | | 占指标总数/% | 总资产分值 | 相对总资产/% | 总资产质量系数 | 相对总资产：相对总负债 | | 负债总指标数 | | | 占指标总数/% | 总负债分值 | 相对总负债/% | 总负债质量系数 |
| | | | | | | | 73.96 | 27.32 | | | | | | | |
| 50 | | | 100.00 | 184.9 | 73.96 | 3.70 | 相对净资产 | 46.64 | 50 | | | 100.00 | -68.30 | -27.32 | -1.37 |

### （二十七）烟台市新型城市化水平资产负债分析

1）城乡发展动力系统：在总数 24 个源指标中，资产累计得分为 67.60，相对资产为 56.34%，资产质量系数为 2.82，表明资产质量一般。同时，负债累计得分为-53.00，相对负债为-44.17%，负债质量系数为-2.21，表明负债质量一般。在该大项中，相对净资产为 12.17%。

2）城乡发展质量系统：在总数 12 个源指标中，资产累计得分为 35.80，相对资产为 59.67%，资产质量系数为 2.98，表明资产质量一般。同时，负债累计得分为-25.40，相对负债为-42.33%，负债质量系数为-2.12，表明负债质量一般。在该大项中，相对净资产为 17.34%。

3）城乡发展公平系统：在总数 14 个源指标中，资产累计得分为 40.90，相对资产为 58.44%，资产质量系数为 2.92，表明资产质量一般。同时，负债累计得分为-30.50，相对负债为-43.57%，负债质量系数为-2.18，表明负债质量一般。在该大项中，相对净资产为 14.87%。

总计上述三大项，在总数 50 个源指标中，总资产累计得分为 144.30，相对资产为 57.72%，资产质量系数为 2.89，表明资产质量一般。同时，负债累计得分为-108.90，相对负债为-43.56%，负债质量系数为-2.18，表明负债质量一般。在该大项中，相对净资产为 14.16%（图 7-52，表 7-45）。

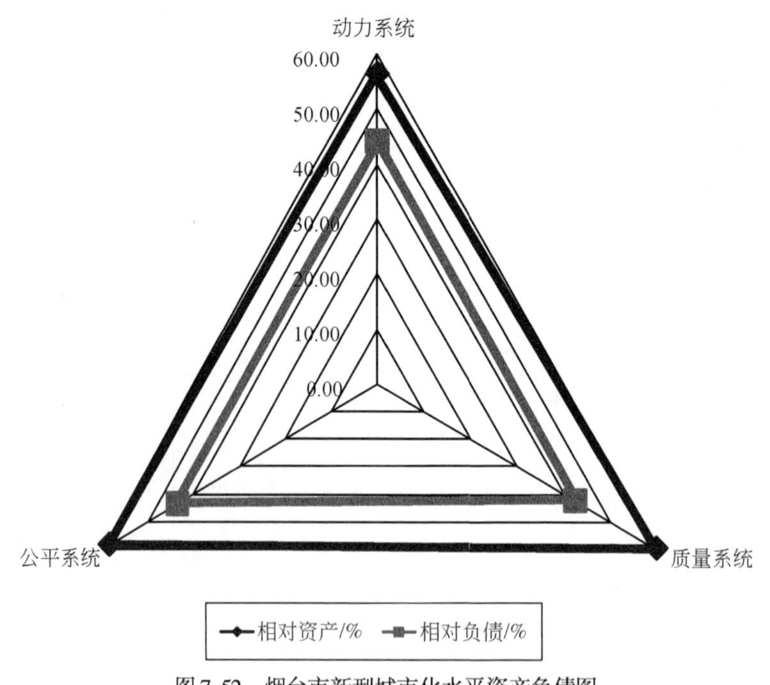


图 7-52　烟台市新型城市化水平资产负债图

**表 7-45　烟台市新型城市化水平资产负债表**

| 资产 | | | | | | | 三大系统 | | 负债 | | | | | | |
|---|---|---|---|---|---|---|---|---|---|---|---|---|---|---|---|
| 位次 | | 指标数 | 占指标总数/% | 指标分值 | 相对资产/% | 资产质量系数 | | | 位次 | | 指标数 | 占指标总数/% | 指标分值 | 相对负债/% | 负债质量系数 |
| 动力系统 | 1~5 | 0 | 0.00 | 0.0 | 0.00 | | 动力系统 | | 动力系统 | 1~5 | 0 | 0.00 | 0.00 | 0.00 | |
| | 6~10 | 1 | 4.17 | 4.4 | 3.67 | | | | | 6~10 | 1 | 4.17 | -0.70 | -0.58 | |
| | 11~15 | 5 | 20.83 | 18.5 | 15.42 | | 资产：负债 | | | 11~15 | 5 | 20.83 | -7.00 | -5.83 | |
| | 16~20 | 6 | 25.00 | 19.4 | 16.17 | | 56.34 | 44.17 | | 16~20 | 6 | 25.00 | -9.40 | -7.83 | |
| | 21~25 | 5 | 20.83 | 13.8 | 11.50 | | 相对净资产 | 12.17 | | 21~25 | 5 | 20.83 | -11.70 | -9.75 | |
| | 26~30 | 2 | 8.33 | 4.5 | 3.75 | | | | | 26~30 | 2 | 8.33 | -5.70 | -4.75 | |
| | 31~35 | 2 | 8.33 | 3.6 | 3.00 | | | | | 31~35 | 2 | 8.33 | -6.60 | -5.50 | |
| | 36~40 | 2 | 8.33 | 2.8 | 2.33 | | | | | 36~40 | 2 | 8.33 | -7.40 | -6.17 | |
| | 41~45 | 1 | 4.17 | 0.6 | 0.50 | | | | | 41~45 | 1 | 4.17 | -4.50 | -3.75 | |
| | 46~50 | 0 | 0.00 | 0.0 | 0.00 | | | | | 46~50 | 0 | 0.00 | 0.00 | 0.00 | |
| 合计 | | 24 | 100.00 | 67.6 | 56.34 | 2.82 | 24 | | 合计 | | 24 | 100.00 | -53.00 | -44.17 | -2.21 |
| 质量系统 | 1~5 | 0 | 0.00 | 0.0 | 0.00 | | 质量系统 | | 质量系统 | 1~5 | 0 | 0.00 | 0.00 | 0.00 | |
| | 6~10 | 0 | 0.00 | 0.0 | 0.00 | | | | | 6~10 | 0 | 0.00 | 0.00 | 0.00 | |
| | 11~15 | 1 | 8.33 | 3.6 | 6.00 | | 资产：负债 | | | 11~15 | 1 | 8.33 | -1.50 | -2.50 | |
| | 16~20 | 7 | 58.33 | 23.2 | 38.67 | | 59.67 | 42.33 | | 16~20 | 7 | 58.33 | -12.50 | -20.83 | |
| | 21~25 | 2 | 16.67 | 5.2 | 8.67 | | 相对净资产 | 17.34 | | 21~25 | 2 | 16.67 | -5.00 | -8.33 | |
| | 26~30 | 1 | 8.33 | 2.4 | 4.00 | | | | | 26~30 | 1 | 8.33 | -2.70 | -4.50 | |
| | 31~35 | 0 | 0.00 | 0.0 | 0.00 | | | | | 31~35 | 0 | 0.00 | 0.00 | 0.00 | |
| | 36~40 | 1 | 8.33 | 1.4 | 2.33 | | | | | 36~40 | 1 | 8.33 | -3.70 | -6.17 | |
| | 41~45 | 0 | 0.00 | 0.0 | 0.00 | | | | | 41~45 | 0 | 0.00 | 0.00 | 0.00 | |
| | 46~50 | 0 | 0.00 | 0.0 | 0.00 | | | | | 46~50 | 0 | 0.00 | 0.00 | 0.00 | |
| 合计 | | 12 | 100.00 | 35.8 | 59.67 | 2.98 | 12 | | 合计 | | 12 | 100.00 | -25.40 | -42.33 | -2.12 |
| 公平系统 | 1~5 | 0 | 0.00 | 0.0 | 0.00 | | 公平系统 | | 公平系统 | 1~5 | 0 | 0.00 | 0.00 | 0.00 | |
| | 6~10 | 0 | 0.00 | 0.0 | 0.00 | | | | | 6~10 | 0 | 0.00 | 0.00 | 0.00 | |
| | 11~15 | 1 | 7.14 | 3.7 | 5.29 | | 资产：负债 | | | 11~15 | 1 | 7.14 | -1.40 | -2.00 | |
| | 16~20 | 5 | 35.71 | 16.0 | 22.86 | | 58.44 | 43.57 | | 16~20 | 5 | 35.71 | -9.50 | -13.57 | |
| | 21~25 | 6 | 42.86 | 17.4 | 24.86 | | 相对净资产 | 14.87 | | 21~25 | 6 | 42.86 | -13.20 | -18.86 | |
| | 26~30 | 0 | 0.00 | 0.0 | 0.00 | | | | | 26~30 | 0 | 0.00 | 0.00 | 0.00 | |
| | 31~35 | 2 | 14.29 | 3.8 | 5.43 | | | | | 31~35 | 2 | 14.29 | -6.40 | -9.14 | |
| | 36~40 | 0 | 0.00 | 0.0 | 0.00 | | | | | 36~40 | 0 | 0.00 | 0.00 | 0.00 | |
| | 41~45 | 0 | 0.00 | 0.0 | 0.00 | | | | | 41~45 | 0 | 0.00 | 0.00 | 0.00 | |
| | 46~50 | 0 | 0.00 | 0.0 | 0.00 | | | | | 46~50 | 0 | 0.00 | 0.00 | 0.00 | |
| 合计 | | 14 | 100.00 | 40.9 | 58.44 | 2.92 | 14 | | 合计 | | 14 | 100.00 | -30.50 | -43.57 | -2.18 |
| 资产总指标数 | | | 占指标总数/% | 总资产分值 | 相对总资产/% | 总资产质量系数 | 相对总资产 | 相对总负债 | 负债总指标数 | | | 占指标总数/% | 总负债分值 | 相对总负债/% | 总负债质量系数 |
| | | | | | | | 57.72 | 43.56 | | | | | | | |
| 50 | | | 100.00 | 144.3 | 57.72 | 2.89 | 相对净资产 | 14.16 | 50 | | | 100.00 | -108.90 | -43.56 | -2.18 |

### （二十八）威海市新型城市化水平资产负债分析

1）城乡发展动力系统：在总数 24 个源指标中，资产累计得分为 38.70，相对资产为 32.24%，资产质量系数为 1.61，表明资产质量很差。同时，负债累计得分为-83.70，相对负债为-69.74%，负债质量系数为-3.49，表明负债质量很差。在该大项中，相对净资产为-37.50%。

2）城乡发展质量系统：在总数 12 个源指标中，资产累计得分为 19.40，相对资产为 32.34%，资产质量系数为 1.62，表明资产质量很差。同时，负债累计得分为-41.80，相对负债为-69.66%，负债质量系数为-3.48，表明负债质量很差。在该大项中，相对净资产为-37.32%。

3）城乡发展公平系统：在总数 14 个源指标中，资产累计得分为 18.50，相对资产为 26.43%，资产质量系数为 1.32，表明资产质量很差。同时，负债累计得分为-52.90，相对负债为-75.58%，负债质量系数为-3.78，表明负债质量很差。在该大项中，相对净资产为-49.15%。

总计上述三大项，在总数 50 个源指标中，总资产累计得分为 76.60，相对资产为 30.64%，资产质量系数为 1.53，表明资产质量很差。同时，负债累计得分为-178.40，相对负债为-71.36%，负债质量系数为-3.57，表明负债质量很差。在该大项中，相对净资产为-40.72%（图 7-53，表 7-46）。

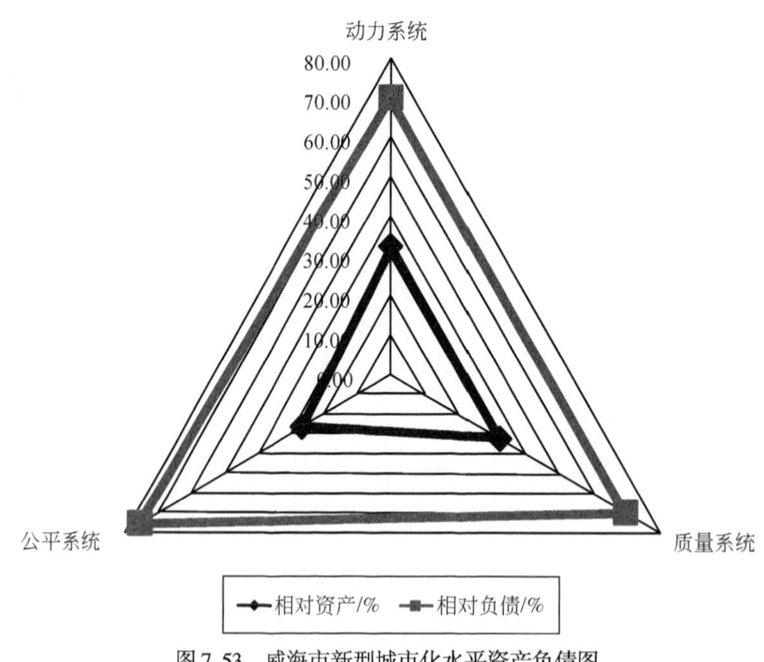


图 7-53　威海市新型城市化水平资产负债图

**表 7-46　威海市新型城市化水平资产负债表**

| 资产 | | | | | | | 三大系统 | | 负债 | | | | | | |
|---|---|---|---|---|---|---|---|---|---|---|---|---|---|---|---|
| 位次 | | 指标数 | 占指标总数/% | 指标分值 | 相对资产/% | 资产质量系数 | | | 位次 | | 指标数 | 占指标总数/% | 指标分值 | 相对负债/% | 负债质量系数 |
| 动力系统 | 1～5 | 0 | 0.00 | 0.0 | 0.00 | | 动力系统 | | 动力系统 | 1～5 | 0 | 0.00 | 0.00 | 0.00 | |
| | 6～10 | 0 | 0.00 | 0.0 | 0.00 | | | | | 6～10 | 0 | 0.00 | 0.00 | 0.00 | |
| | 11～15 | 0 | 0.00 | 0.0 | 0.00 | | 资产：负债 | | | 11～15 | 0 | 0.00 | 0.00 | 0.00 | |
| | 16～20 | 1 | 4.17 | 3.1 | 2.58 | | 32.24 | 69.74 | | 16～20 | 1 | 4.17 | -2.00 | -1.67 | |
| | 21～25 | 1 | 4.17 | 2.8 | 2.33 | | 相对净资产 | -37.50 | | 21～25 | 1 | 4.17 | -2.30 | -1.92 | |
| | 26～30 | 6 | 25.00 | 13.6 | 11.33 | | | | | 26～30 | 6 | 25.00 | -17.00 | -14.17 | |
| | 31～35 | 3 | 12.50 | 5.3 | 4.42 | | | | | 31～35 | 3 | 12.50 | -10.00 | -8.33 | |
| | 36～40 | 9 | 37.50 | 11.7 | 9.75 | | | | | 36～40 | 9 | 37.50 | -34.20 | -28.50 | |
| | 41～45 | 1 | 4.17 | 1.0 | 0.83 | | | | | 41～45 | 1 | 4.17 | -4.10 | -3.42 | |
| | 46～50 | 3 | 12.50 | 1.2 | 1.00 | | | | | 46～50 | 3 | 12.50 | -14.10 | -11.75 | |
| 合计 | | 24 | 100.00 | 38.7 | 32.24 | 1.61 | 24 | | 合计 | | 24 | 100.00 | -83.70 | -69.74 | -3.49 |
| 质量系统 | 1～5 | 0 | 0.00 | 0.0 | 0.00 | | 质量系统 | | 质量系统 | 1～5 | 0 | 0.00 | 0.00 | 0.00 | |
| | 6～10 | 0 | 0.00 | 0.0 | 0.00 | | | | | 6～10 | 0 | 0.00 | 0.00 | 0.00 | |
| | 11～15 | 0 | 0.00 | 0.0 | 0.00 | | 资产：负债 | | | 11～15 | 0 | 0.00 | 0.00 | 0.00 | |
| | 16～20 | 1 | 8.33 | 3.2 | 5.33 | | 32.34 | 69.66 | | 16～20 | 1 | 8.33 | -1.90 | -3.17 | |
| | 21～25 | 0 | 0.00 | 0.0 | 0.00 | | 相对净资产 | -37.32 | | 21～25 | 0 | 0.00 | 0.00 | 0.00 | |
| | 26～30 | 1 | 8.33 | 2.2 | 3.67 | | | | | 26～30 | 1 | 8.33 | -2.90 | -4.83 | |
| | 31～35 | 5 | 41.67 | 8.8 | 14.67 | | | | | 31～35 | 5 | 41.67 | -16.70 | -27.83 | |
| | 36～40 | 3 | 25.00 | 3.7 | 6.17 | | | | | 36～40 | 3 | 25.00 | -11.60 | -19.33 | |
| | 41～45 | 1 | 8.33 | 1.0 | 1.67 | | | | | 41～45 | 1 | 8.33 | -4.10 | -6.83 | |
| | 46～50 | 1 | 8.33 | 0.5 | 0.83 | | | | | 46～50 | 1 | 8.33 | -4.60 | -7.67 | |
| 合计 | | 12 | 100.00 | 19.4 | 32.34 | 1.62 | 12 | | 合计 | | 12 | 100.00 | -41.80 | -69.66 | -3.48 |
| 公平系统 | 1～5 | 0 | 0.00 | 0.0 | 0.00 | | 公平系统 | | 公平系统 | 1～5 | 0 | 0.00 | 0.00 | 0.00 | |
| | 6～10 | 0 | 0.00 | 0.0 | 0.00 | | | | | 6～10 | 0 | 0.00 | 0.00 | 0.00 | |
| | 11～15 | 0 | 0.00 | 0.0 | 0.00 | | 资产：负债 | | | 11～15 | 0 | 0.00 | 0.00 | 0.00 | |
| | 16～20 | 0 | 0.00 | 0.0 | 0.00 | | 26.43 | 75.58 | | 16～20 | 0 | 0.00 | 0.00 | 0.00 | |
| | 21～25 | 0 | 0.00 | 0.0 | 0.00 | | 相对净资产 | -49.15 | | 21～25 | 0 | 0.00 | 0.00 | 0.00 | |
| | 26～30 | 0 | 0.00 | 0.0 | 0.00 | | | | | 26～30 | 0 | 0.00 | 0.00 | 0.00 | |
| | 31～35 | 5 | 35.71 | 9.2 | 13.14 | | | | | 31～35 | 5 | 35.71 | -16.30 | -23.29 | |
| | 36～40 | 6 | 42.86 | 7.6 | 10.86 | | | | | 36～40 | 6 | 42.86 | -23.00 | -32.86 | |
| | 41～45 | 1 | 7.14 | 0.9 | 1.29 | | | | | 41～45 | 1 | 7.14 | -4.20 | -6.00 | |
| | 46～50 | 2 | 14.29 | 0.8 | 1.14 | | | | | 46～50 | 2 | 14.29 | -9.40 | -13.43 | |
| 合计 | | 14 | 100.00 | 18.5 | 26.43 | 1.32 | 14 | | 合计 | | 14 | 100.00 | -52.90 | -75.58 | -3.78 |
| 资产总指标数 | | | 占指标总数/% | 总资产分值 | 相对总资产/% | 总资产质量系数 | 相对总资产：相对总负债 | | 负债总指标数 | | | 占指标总数/% | 总负债分值 | 相对总负债/% | 总负债质量系数 |
| | | | | | | | 30.64 | 71.36 | | | | | | | |
| 50 | | | 100.00 | 76.6 | 30.64 | 1.53 | 相对净资产 | -40.72 | 50 | | | 100.00 | -178.40 | -71.36 | -3.57 |

### （二十九）郑州市新型城市化水平资产负债分析

1）城乡发展动力系统：在总数 24 个源指标中，资产累计得分为 67.70，相对资产为 56.42%，资产质量系数为 2.82，表明资产质量一般。同时，负债累计得分为-51.10，相对负债为-42.58%，负债质量系数为-2.13，表明负债质量一般。在该大项中，相对净资产为 13.84%。

2）城乡发展质量系统：在总数 12 个源指标中，资产累计得分为 30.90，相对资产为 51.51%，资产质量系数为 2.58，表明资产质量一般。同时，负债累计得分为-30.30，相对负债为-50.49%，负债质量系数为-2.53，表明负债质量一般。在该大项中，相对净资产为 1.02%。

3）城乡发展公平系统：在总数 14 个源指标中，资产累计得分为 45.60，相对资产为 65.14%，资产质量系数为 3.26，表明资产质量较好。同时，负债累计得分为-25.80，相对负债为-36.86%，负债质量系数为-1.84，表明负债质量较好。在该大项中，相对净资产为 28.28%。

总计上述三大项，在总数 50 个源指标中，总资产累计得分为 144.20，相对资产为 57.68%，资产质量系数为 2.88，表明资产质量一般。同时，负债累计得分为-107.20，相对负债为-42.88%，负债质量系数为-2.14，表明负债质量一般。在该大项中，相对净资产为 14.80%（图 7-54，表 7-47）。

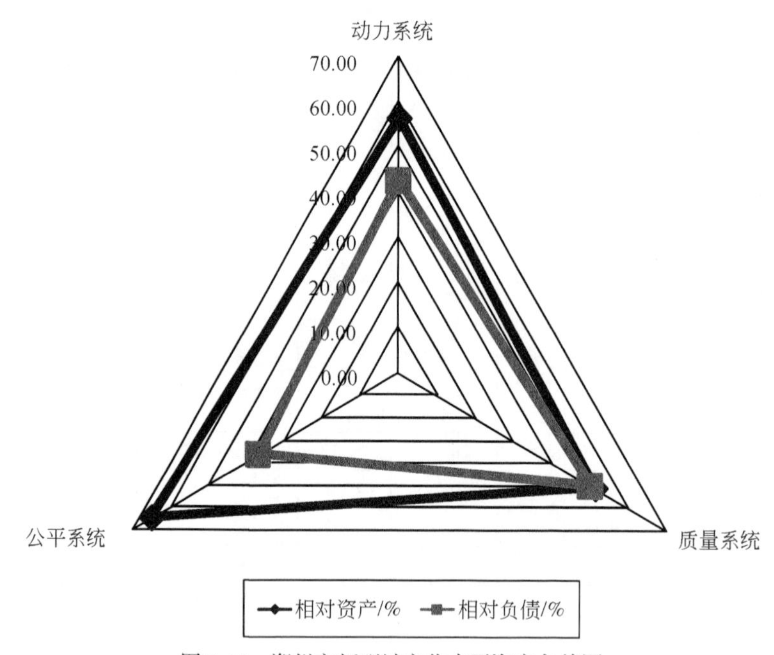


图 7-54　郑州市新型城市化水平资产负债图

**表 7-47　郑州市新型城市化水平资产负债表**

| 资　产 | | | | | | | 三大系统 | | 负　债 | | | | | | |
|---|---|---|---|---|---|---|---|---|---|---|---|---|---|---|---|
| 位　次 | | 指标数 | 占指标总数/% | 指标分值 | 相对资产/% | 资产质量系数 | | | 位　次 | | 指标数 | 占指标总数/% | 指标分值 | 相对负债/% | 负债质量系数 |
| 动力系统 | 1 ~ 5 | 0 | 0.00 | 0.0 | 0.00 | | 动力系统 | | 动力系统 | 1 ~ 5 | 0 | 0.00 | 0.00 | 0.00 | |
| | 6 ~ 10 | 0 | 0.00 | 0.0 | 0.00 | | | | | 6 ~ 10 | 0 | 0.00 | 0.00 | 0.00 | |
| | 11 ~ 15 | 3 | 12.50 | 10.9 | 9.08 | | 资产：负债 | | | 11 ~ 15 | 3 | 12.50 | -4.50 | -3.67 | |
| | 16 ~ 20 | 10 | 41.67 | 33.0 | 27.50 | | 56.42 | 42.58 | | 16 ~ 20 | 10 | 41.67 | -14.40 | -12.00 | |
| | 21 ~ 25 | 6 | 25.00 | 16.7 | 13.92 | | 相对净资产 | 13.84 | | 21 ~ 25 | 6 | 25.00 | -13.90 | -11.58 | |
| | 26 ~ 30 | 0 | 0.00 | 0.0 | 0.00 | | | | | 26 ~ 30 | 0 | 0.00 | 0.00 | 0.00 | |
| | 31 ~ 35 | 3 | 12.50 | 5.6 | 4.67 | | | | | 31 ~ 35 | 3 | 12.50 | -9.70 | -8.08 | |
| | 36 ~ 40 | 0 | 0.00 | 0.0 | 0.00 | | | | | 36 ~ 40 | 0 | 0.00 | 0.00 | 0.00 | |
| | 41 ~ 45 | 2 | 8.33 | 1.5 | 1.25 | | | | | 41 ~ 45 | 2 | 8.33 | -8.70 | -7.25 | |
| | 46 ~ 50 | 0 | 0.00 | 0.0 | 0.00 | | | | | 46 ~ 50 | 0 | 0.00 | 0.00 | 0.00 | |
| 合　计 | | 24 | 100.00 | 67.7 | 56.42 | 2.82 | 24 | | 合　计 | | 24 | 100.00 | -51.10 | -42.58 | -2.13 |
| 质量系统 | 1 ~ 5 | 0 | 0.00 | 0.0 | 0.00 | | 质量系统 | | 质量系统 | 1 ~ 5 | 0 | 0.00 | 0.00 | 0.00 | |
| | 6 ~ 10 | 0 | 0.00 | 0.0 | 0.00 | | | | | 6 ~ 10 | 0 | 0.00 | 0.00 | 0.00 | |
| | 11 ~ 15 | 0 | 0.00 | 0.0 | 0.00 | | 资产：负债 | | | 11 ~ 15 | 0 | 0.00 | 0.00 | 0.00 | |
| | 16 ~ 20 | 5 | 41.67 | 16.6 | 27.67 | | 51.51 | 50.49 | | 16 ~ 20 | 5 | 41.67 | -8.90 | -14.83 | |
| | 21 ~ 25 | 1 | 8.33 | 2.9 | 4.83 | | 相对净资产 | 1.02 | | 21 ~ 25 | 1 | 8.33 | -2.20 | -3.67 | |
| | 26 ~ 30 | 3 | 25.00 | 7.0 | 11.67 | | | | | 26 ~ 30 | 3 | 25.00 | -8.30 | -13.83 | |
| | 31 ~ 35 | 1 | 8.33 | 1.9 | 3.17 | | | | | 31 ~ 35 | 1 | 8.33 | -3.20 | -5.33 | |
| | 36 ~ 40 | 1 | 8.33 | 1.5 | 2.50 | | | | | 36 ~ 40 | 1 | 8.33 | -3.60 | -6.00 | |
| | 41 ~ 45 | 1 | 8.33 | 1.0 | 1.67 | | | | | 41 ~ 45 | 1 | 8.33 | -4.10 | -6.83 | |
| | 46 ~ 50 | 0 | 0.00 | 0.0 | 0.00 | | | | | 46 ~ 50 | 0 | 0.00 | 0.00 | 0.00 | |
| 合　计 | | 12 | 100.00 | 30.9 | 51.51 | 2.58 | 12 | | 合　计 | | 12 | 100.00 | -30.30 | -50.49 | -2.53 |
| 公平系统 | 1 ~ 5 | 0 | 0.00 | 0.0 | 0.00 | | 公平系统 | | 公平系统 | 1 ~ 5 | 0 | 0.00 | 0.00 | 0.00 | |
| | 6 ~ 10 | 1 | 7.14 | 4.2 | 6.00 | | | | | 6 ~ 10 | 1 | 7.14 | -0.90 | -1.29 | |
| | 11 ~ 15 | 3 | 21.43 | 11.2 | 16.00 | | 资产：负债 | | | 11 ~ 15 | 3 | 21.43 | -4.10 | -5.86 | |
| | 16 ~ 20 | 6 | 42.86 | 19.6 | 28.00 | | 65.14 | 36.86 | | 16 ~ 20 | 6 | 42.86 | -11.00 | -15.71 | |
| | 21 ~ 25 | 3 | 21.43 | 8.8 | 12.57 | | 相对净资产 | 28.28 | | 21 ~ 25 | 3 | 21.43 | - 6.50 | -9.29 | |
| | 26 ~ 30 | 0 | 0.00 | 0.0 | 0.00 | | | | | 26 ~ 30 | 0 | 0.00 | 0.00 | 0.00 | |
| | 31 ~ 35 | 1 | 7.14 | 1.8 | 2.57 | | | | | 31 ~ 35 | 1 | 7.14 | -3.30 | -4.71 | |
| | 36 ~ 40 | 0 | 0.00 | 0.0 | 0.00 | | | | | 36 ~ 40 | 0 | 0.00 | 0.00 | 0.00 | |
| | 41 ~ 45 | 0 | 0.00 | 0.0 | 0.00 | | | | | 41 ~ 45 | 0 | 0.00 | 0.00 | 0.00 | |
| | 46 ~ 50 | 0 | 0.00 | 0.0 | 0.00 | | | | | 46 ~ 50 | 0 | 0.00 | 0.00 | 0.00 | |
| 合　计 | | 14 | 100.00 | 45.6 | 65.14 | 3.26 | 14 | | 合　计 | | 14 | 100.00 | -25.80 | -36.86 | -1.84 |
| 资产总指标数 | | | 占指标总数/% | 总资产分值 | 相对总资产/% | 总资产质量系数 | 相对总资产 | 相对总负债 | 负债总指标数 | | | 占指标总数/% | 总负债分值 | 相对总负债/% | 总负债质量系数 |
| | | | | | | | 57.68 | 42.88 | | | | | | | |
| 50 | | | 100.00 | 144.2 | 57.68 | 2.88 | 相对净资产 | 14.80 | 50 | | | 100.00 | -107.20 | -42.88 | -2.14 |

### （三十）洛阳市新型城市化水平资产负债分析

1）城乡发展动力系统：在总数 24 个源指标中，资产累计得分为 36.60，相对资产为 30.50%，资产质量系数为 1.53，表明资产质量很差。同时，负债累计得分为-85.80，相对负债为-71.50%，负债质量系数为-3.58，表明负债质量很差。在该大项中，相对净资产为-41.00%。

2）城乡发展质量系统：在总数 12 个源指标中，资产累计得分为 14.90，相对资产为 24.84%，资产质量系数为 1.24，表明资产质量很差。同时，负债累计得分为-46.30，相对负债为-77.16%，负债质量系数为-3.86，表明负债质量很差。在该大项中，相对净资产为-52.32%。

3）城乡发展公平系统：在总数 14 个源指标中，资产累计得分为 24.90，相对资产为 35.57%，资产质量系数为 1.78，表明资产质量很差。同时，负债累计得分为-46.50，相对负债为-66.43%，负债质量系数为-3.32，表明负债质量很差。在该大项中，相对净资产为-30.86%。

总计上述三大项，在总数 50 个源指标中，总资产累计得分为 76.40，相对资产为 30.56%，资产质量系数为 1.53，表明资产质量很差。同时，负债累计得分为-178.60，相对负债为-71.44%，负债质量系数为-3.57，表明负债质量很差。在该大项中，相对净资产为-40.88%（图 7-55，表 7-48）。

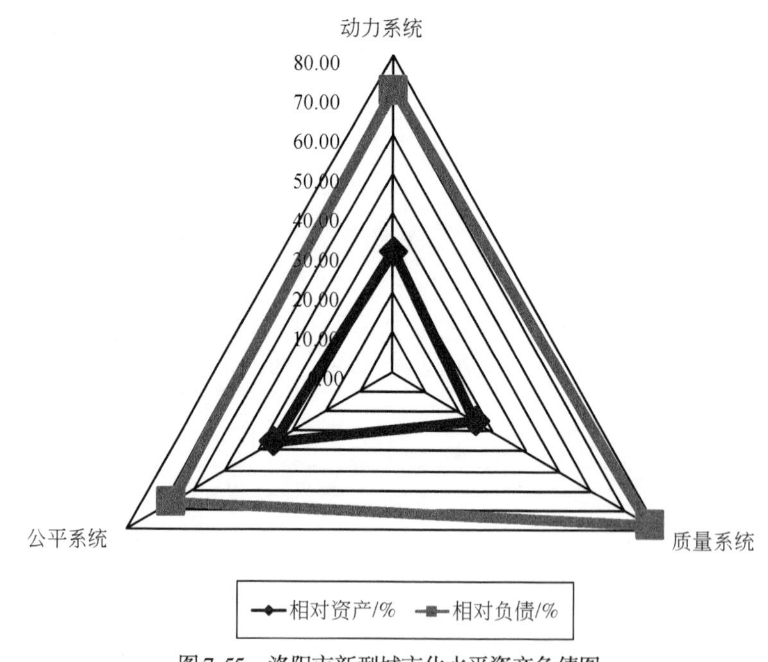


图 7-55　洛阳市新型城市化水平资产负债图

## 表 7-48 洛阳市新型城市化水平资产负债表

| 资产 | | | | | | | 三大系统 | | 负债 | | | | | | |
|---|---|---|---|---|---|---|---|---|---|---|---|---|---|---|---|
| 位次 | | 指标数 | 占指标总数/% | 指标分值 | 相对资产/% | 资产质量系数 | 三大系统 | | 位次 | | 指标数 | 占指标总数/% | 指标分值 | 相对负债/% | 负债质量系数 |
| 动力系统 | 1~5 | 0 | 0.00 | 0.0 | 0.00 | | 动力系统 | | 动力系统 | 1~5 | 0 | 0.00 | 0.00 | 0.00 | |
| | 6~10 | 0 | 0.00 | 0.0 | 0.00 | | | | | 6~10 | 0 | 0.00 | 0.00 | 0.00 | |
| | 11~15 | 0 | 0.00 | 0.0 | 0.00 | | 资产：负债 | | | 11~15 | 0 | 0.00 | 0.00 | 0.00 | |
| | 16~20 | 0 | 0.00 | 0.0 | 0.00 | | 30.50 | 71.50 | | 16~20 | 0 | 0.00 | 0.00 | 0.00 | |
| | 21~25 | 2 | 8.33 | 5.2 | 4.33 | | 相对净资产 | -41.00 | | 21~25 | 2 | 8.33 | -5.00 | -4.17 | |
| | 26~30 | 5 | 20.83 | 11.1 | 9.25 | | | | | 26~30 | 5 | 20.83 | -14.50 | -12.00 | |
| | 31~35 | 4 | 16.67 | 6.6 | 5.50 | | | | | 31~35 | 4 | 16.67 | -13.80 | -11.50 | |
| | 36~40 | 6 | 25.00 | 8.6 | 7.17 | | | | | 36~40 | 6 | 25.00 | -22.00 | -18.33 | |
| | 41~45 | 6 | 25.00 | 4.7 | 3.92 | | | | | 41~45 | 6 | 25.00 | -25.90 | -21.58 | |
| | 46~50 | 1 | 4.17 | 0.4 | 0.33 | | | | | 46~50 | 1 | 4.17 | -4.70 | -3.92 | |
| 合计 | | 24 | 100.00 | 36.6 | 30.50 | 1.53 | 24 | | 合计 | | 24 | 100.00 | -85.80 | -71.50 | -3.58 |
| 质量系统 | 1~5 | 0 | 0.00 | 0.0 | 0.00 | | 质量系统 | | 质量系统 | 1~5 | 0 | 0.00 | 0.00 | 0.00 | |
| | 6~10 | 0 | 0.00 | 0.0 | 0.00 | | | | | 6~10 | 0 | 0.00 | 0.00 | 0.00 | |
| | 11~15 | 0 | 0.00 | 0.0 | 0.00 | | 资产：负债 | | | 11~15 | 0 | 0.00 | 0.00 | 0.00 | |
| | 16~20 | 0 | 0.00 | 0.0 | 0.00 | | 24.84 | 77.16 | | 16~20 | 0 | 0.00 | 0.00 | 0.00 | |
| | 21~25 | 0 | 0.00 | 0.0 | 0.00 | | 相对净资产 | -52.32 | | 21~25 | 0 | 0.00 | 0.00 | 0.00 | |
| | 26~30 | 2 | 16.67 | 4.3 | 7.17 | | | | | 26~30 | 2 | 16.67 | -5.90 | -9.83 | |
| | 31~35 | 1 | 8.33 | 1.6 | 2.67 | | | | | 31~35 | 1 | 8.33 | -3.50 | -5.83 | |
| | 36~40 | 4 | 33.33 | 4.9 | 8.17 | | | | | 36~40 | 4 | 33.33 | -15.50 | -25.83 | |
| | 41~45 | 4 | 33.33 | 3.6 | 6.00 | | | | | 41~45 | 4 | 33.33 | -16.80 | -28.00 | |
| | 46~50 | 1 | 8.33 | 0.5 | 0.83 | | | | | 46~50 | 1 | 8.33 | -4.60 | -7.67 | |
| 合计 | | 12 | 100.00 | 14.9 | 24.84 | 1.24 | 12 | | 合计 | | 12 | 100.00 | -45.30 | -77.16 | -3.86 |
| 公平系统 | 1~5 | 0 | 0.00 | 0.0 | 0.00 | | 公平系统 | | 公平系统 | 1~5 | 0 | 0.00 | 0.00 | 0.00 | |
| | 6~10 | 0 | 0.00 | 0.0 | 0.00 | | | | | 6~10 | 0 | 0.00 | 0.00 | 0.00 | |
| | 11~15 | 1 | 7.14 | 4.0 | 5.71 | | 资产：负债 | | | 11~15 | 1 | 7.14 | -1.10 | -1.57 | |
| | 16~20 | 0 | 0.00 | 0.0 | 0.00 | | 35.57 | 66.43 | | 16~20 | 0 | 0.00 | 0.00 | 0.00 | |
| | 21~25 | 1 | 7.14 | 2.9 | 4.14 | | 相对净资产 | -30.86 | | 21~25 | 1 | 7.14 | -2.20 | -3.14 | |
| | 26~30 | 1 | 7.14 | 2.4 | 3.43 | | | | | 26~30 | 1 | 7.14 | -2.70 | -3.86 | |
| | 31~35 | 5 | 35.71 | 9.0 | 12.86 | | | | | 31~35 | 5 | 35.71 | -16.50 | -23.57 | |
| | 36~40 | 3 | 21.43 | 4.1 | 5.86 | | | | | 36~40 | 3 | 21.43 | -11.20 | -16.00 | |
| | 41~45 | 3 | 21.43 | 2.5 | 3.57 | | | | | 41~45 | 3 | 21.43 | -12.80 | -18.29 | |
| | 46~50 | 0 | 0.00 | 0.0 | 0.00 | | | | | 46~50 | 0 | 0.00 | 0.00 | 0.00 | |
| 合计 | | 14 | 100.00 | 24.9 | 35.57 | 1.78 | 14 | | 合计 | | 14 | 100.00 | -46.50 | -66.43 | -3.32 |
| 资产总指标数 | | | 占指标总数/% | 总资产分值 | 相对总资产/% | 总资产质量系数 | 相对总资产:相对总负债 | | 负债总指标数 | | | 占指标总数/% | 总负债分值 | 相对总负债/% | 总负债质量系数 |
| | | | | | | | 30.56 | 71.44 | | | | | | | |
| 50 | | | 100.00 | 76.4 | 30.56 | 1.53 | 相对净资产 | -40.88 | 50 | | | 100.00 | -178.60 | -71.44 | -3.57 |

### （三十一）武汉市新型城市化水平资产负债分析

1）城乡发展动力系统：在总数 24 个源指标中，资产累计得分为 92.50，相对资产为 77.08%，资产质量系数为 3.85，表明资产质量较好。同时，负债累计得分为-29.90，相对负债为-24.92%，负债质量系数为-1.25，表明负债质量较好。在该大项中，相对净资产为 52.16%。

2）城乡发展质量系统：在总数 12 个源指标中，资产累计得分为 45.30，相对资产为 75.50%，资产质量系数为 3.78，表明资产质量较好。同时，负债累计得分为-15.90，相对负债为-26.50%，负债质量系数为-1.33，表明负债质量较好。在该大项中，相对净资产为 49.00%。

3）城乡发展公平系统：在总数 14 个源指标中，资产累计得分为 56.20，相对资产为 80.29%，资产质量系数为 4.01，表明资产质量优良。同时，负债累计得分为-15.20，相对负债为-21.71%，负债质量系数为-1.09，表明负债质量较好。在该大项中，相对净资产为 58.58%。

总计上述三大项，在总数 50 个源指标中，总资产累计得分为 194.00，相对资产为 77.60%，资产质量系数为 3.88，表明资产质量较好。同时，负债累计得分为-61.00，相对负债为-24.40%，负债质量系数为-1.22，表明负债质量较好。在该大项中，相对净资产为 53.20%（图 7-56，表 7-49）。

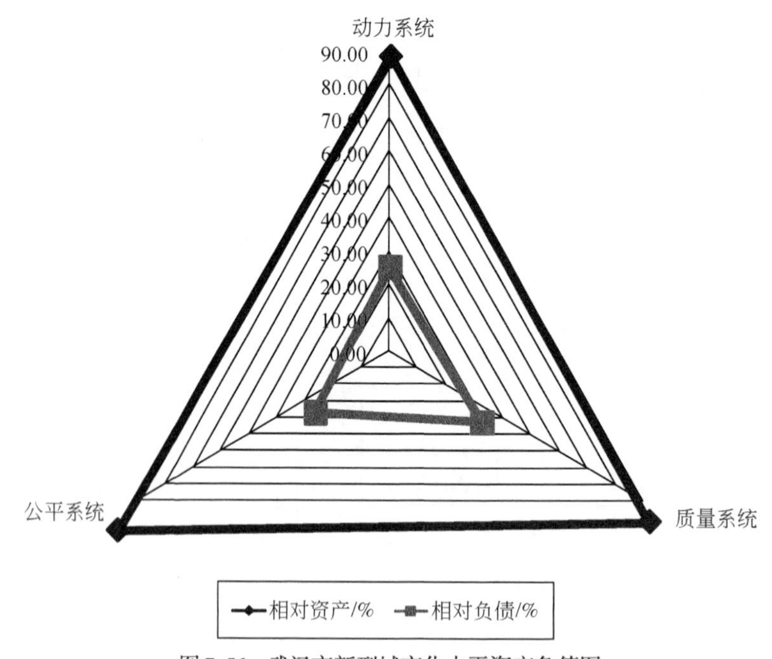


图 7-56　武汉市新型城市化水平资产负债图

**表 7-49　武汉市新型城市化水平资产负债表**

| 资产 | | | | | | | 三大系统 | | 负债 | | | | | | |
|---|---|---|---|---|---|---|---|---|---|---|---|---|---|---|---|
| 位次 | | 指标数 | 占指标总数/% | 指标分值 | 相对资产/% | 资产质量系数 | | | 位次 | | 指标数 | 占指标总数/% | 指标分值 | 相对负债/% | 负债质量系数 |
| 动力系统 | 1～5 | 0 | 0.00 | 0.0 | 0.00 | | 动力系统 | | 动力系统 | 1～5 | 0 | 0.00 | 0.00 | 0.00 | |
| | 6～10 | 12 | 50.00 | 50.7 | 42.25 | | | | | 6～10 | 12 | 50.00 | -10.50 | -8.75 | |
| | 11～15 | 7 | 29.17 | 26.9 | 22.42 | | 资产：负债 | | | 11～15 | 7 | 29.17 | -8.80 | -7.33 | |
| | 16～20 | 3 | 12.50 | 9.7 | 8.08 | | 77.08 | 24.92 | | 16～20 | 3 | 12.50 | -5.60 | -4.67 | |
| | 21～25 | 1 | 4.17 | 2.7 | 2.25 | | 相对净资产 | 52.16 | | 21～25 | 1 | 4.17 | -2.40 | -2.00 | |
| | 26～30 | 1 | 4.17 | 2.5 | 2.08 | | | | | 26～30 | 1 | 4.17 | -2.60 | -2.17 | |
| | 31～35 | 0 | 0.00 | 0.0 | 0.00 | | | | | 31～35 | 0 | 0.00 | 0.00 | 0.00 | |
| | 36～40 | 0 | 0.00 | 0.0 | 0.00 | | | | | 36～40 | 0 | 0.00 | 0.00 | 0.00 | |
| | 41～45 | 0 | 0.00 | 0.0 | 0.00 | | | | | 41～45 | 0 | 0.00 | 0.00 | 0.00 | |
| | 46～50 | 0 | 0.00 | 0.0 | 0.00 | | | | | 46～50 | 0 | 0.00 | 0.00 | 0.00 | |
| 合计 | | 24 | 100.00 | 92.5 | 77.08 | 3.85 | 24 | | 合计 | | 24 | 100.00 | -29.90 | -24.92 | -1.25 |
| 质量系统 | 1～5 | 0 | 0.00 | 0.0 | 0.00 | | 质量系统 | | 质量系统 | 1～5 | 0 | 0.00 | 0.00 | 0.00 | |
| | 6～10 | 4 | 3.33 | 16.9 | 28.17 | | | | | 6～10 | 4 | 33.33 | -3.50 | -5.83 | |
| | 11～15 | 6 | 50.00 | 22.5 | 37.50 | | 资产：负债 | | | 11～15 | 6 | 50.00 | -8.10 | -13.50 | |
| | 16～20 | 1 | 8.33 | 3.2 | 5.33 | | 75.50 | 26.50 | | 16～20 | 1 | 8.33 | -1.90 | -3.17 | |
| | 21～25 | 1 | 8.33 | 2.7 | 4.50 | | 相对净资产 | 49.00 | | 21～25 | 1 | 8.33 | -2.40 | -4.00 | |
| | 26～30 | 0 | 0.00 | 0.0 | 0.00 | | | | | 26～30 | 0 | 0.00 | 0.00 | 0.00 | |
| | 31～35 | 0 | 0.00 | 0.0 | 0.00 | | | | | 31～35 | 0 | 0.00 | 0.00 | 0.00 | |
| | 36～40 | 0 | 0.00 | 0.0 | 0.00 | | | | | 36～40 | 0 | 0.00 | 0.00 | 0.00 | |
| | 41～45 | 0 | 0.00 | 0.0 | 0.00 | | | | | 41～45 | 0 | 0.00 | 0.00 | 0.00 | |
| | 46～50 | 0 | 0.00 | 0.0 | 0.00 | | | | | 46～50 | 0 | 0.00 | 0.00 | 0.00 | |
| 合计 | | 12 | 100.00 | 45.3 | 75.50 | 3.78 | 12 | | 合计 | | 12 | 100.00 | -15.90 | -26.50 | -1.33 |
| 公平系统 | 1～5 | 0 | 0.00 | 0.0 | 0.00 | | 公平系统 | | 公平系统 | 1～5 | 0 | 0.00 | 0.00 | 0.00 | |
| | 6～10 | 7 | 50.00 | 29.7 | 42.43 | | | | | 6～10 | 7 | 50.00 | -6.00 | -8.57 | |
| | 11～15 | 5 | 35.71 | 19.5 | 27.86 | | 资产：负债 | | | 11～15 | 5 | 35.71 | -6.00 | -8.57 | |
| | 16～20 | 2 | 14.29 | 7.0 | 10.00 | | 80.29 | 21.71 | | 16～20 | 2 | 14.29 | -3.20 | -4.57 | |
| | 21～25 | 0 | 0.00 | 0.0 | 0.00 | | 相对净资产 | 58.58 | | 21～25 | 0 | 0.00 | 0.00 | 0.00 | |
| | 26～30 | 0 | 0.00 | 0.0 | 0.00 | | | | | 26～30 | 0 | 0.00 | 0.00 | 0.00 | |
| | 31～35 | 0 | 0.00 | 0.0 | 0.00 | | | | | 31～35 | 0 | 0.00 | 0.00 | 0.00 | |
| | 36～40 | 0 | 0.00 | 0.0 | 0.00 | | | | | 36～40 | 0 | 0.00 | 0.00 | 0.00 | |
| | 41～45 | 0 | 0.00 | 0.0 | 0.00 | | | | | 41～45 | 0 | 0.00 | 0.00 | 0.00 | |
| | 46～50 | 0 | 0.00 | 0.0 | 0.00 | | | | | 46～50 | 0 | 0.00 | 0.00 | 0.00 | |
| 合计 | | 14 | 100.00 | 56.2 | 80.29 | 4.01 | 14 | | 合计 | | 14 | 100.00 | -15.20 | -21.71 | -1.09 |
| 资产总指标数 | | | 占指标总数/% | 总资产分值 | 相对总资产/% | 总资产质量系数 | 相对总资产：相对总负债 | | 负债总指标数 | | | 占指标总数/% | 总负债分值 | 相对总负债/% | 总负债质量系数 |
| | | | | | | | 77.60 | 24.40 | | | | | | | |
| 50 | | | 100.00 | 194.0 | 77.60 | 3.88 | 相对净资产 | 53.20 | 50 | | | 100.00 | -61.00 | -24.40 | -1.22 |

### （三十二）长沙市新型城市化水平资产负债分析

1）城乡发展动力系统：在总数 24 个源指标中，资产累计得分为 79.40，相对资产为 66.17%，资产质量系数为 3.31，表明资产质量较好。同时，负债累计得分为-43.00，相对负债为-35.83%，负债质量系数为-1.79，表明负债质量较好。在该大项中，相对净资产为 30.34%。

2）城乡发展质量系统：在总数 12 个源指标中，资产累计得分为 39.60，相对资产为 66.00%，资产质量系数为 3.30，表明资产质量较好。同时，负债累计得分为-21.60，相对负债为-36.00%，负债质量系数为-1.80，表明负债质量较好。在该大项中，相对净资产为 30.00%。

3）城乡发展公平系统：在总数 14 个源指标中，资产累计得分为 49.70，相对资产为 71.00%，资产质量系数为 3.55，表明资产质量较好。同时，负债累计得分为-21.70，相对负债为-31.00%，负债质量系数为-1.55，表明负债质量较好。在该大项中，相对净资产为 40.00%。

总计上述三大项，在总数 50 个源指标中，总资产累计得分为 168.70，相对资产为 67.48%，资产质量系数为 3.37，表明资产质量较好。同时，负债累计得分为-86.30，相对负债为-34.52%，负债质量系数为-1.73，表明负债质量较好。在该大项中，相对净资产为 32.96%（图 7-57，表 7-50）。

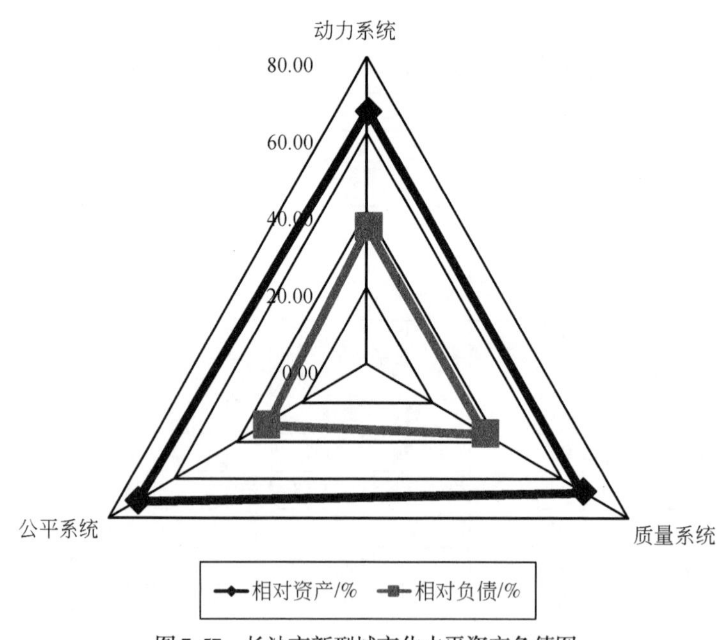


图 7-57　长沙市新型城市化水平资产负债图

**表 7-50　长沙市新型城市化水平资产负债表**

| 资产 | | | | | | | 三大系统 | | 负债 | | | | | | |
|---|---|---|---|---|---|---|---|---|---|---|---|---|---|---|---|
| 位次 | | 指标数 | 占指标总数/% | 指标分值 | 相对资产/% | 资产质量系数 | | | 位次 | | 指标数 | 占指标总数/% | 指标分值 | 相对负债/% | 负债质量系数 |
| 动力系统 | 1～5 | 0 | 0.00 | 0.0 | 0.00 | | 动力系统 | | 动力系统 | 1～5 | 0 | 0.00 | 0.00 | 0.00 | |
| | 6～10 | 1 | 4.17 | 4.2 | 3.50 | | | | | 6～10 | 1 | 4.17 | -0.90 | -0.75 | |
| | 11～15 | 8 | 33.33 | 29.3 | 24.42 | | 资产：负债 | | | 11～15 | 8 | 33.33 | -11.50 | -9.58 | |
| | 16～20 | 10 | 41.67 | 33.5 | 27.92 | | 66.17 | 35.83 | | 16～20 | 10 | 41.67 | -17.50 | -14.58 | |
| | 21～25 | 2 | 8.33 | 5.9 | 4.92 | | 相对净资产 | 30.34 | | 21～25 | 2 | 8.33 | -4.30 | -3.58 | |
| | 26～30 | 1 | 4.17 | 2.5 | 2.08 | | | | | 26～30 | 1 | 4.17 | -2.60 | -2.17 | |
| | 31～35 | 2 | 8.33 | 4.0 | 3.33 | | | | | 31～35 | 2 | 8.33 | -6.20 | -5.17 | |
| | 36～40 | 0 | 0.00 | 0.0 | 0.00 | | | | | 36～40 | 0 | 0.00 | 0.00 | 0.00 | |
| | 41～45 | 0 | 0.00 | 0.0 | 0.00 | | | | | 41～45 | 0 | 0.00 | 0.00 | 0.00 | |
| | 46～50 | 0 | 0.00 | 0.0 | 0.00 | | | | | 46～50 | 0 | 0.00 | 0.00 | 0.00 | |
| 合计 | | 24 | 100.00 | 79.4 | 66.17 | 3.31 | 24 | | 合计 | | 24 | 100.00 | -43.00 | -35.83 | -1.79 |
| 质量系统 | 1～5 | 0 | 0.00 | 0.0 | 0.00 | | 质量系统 | | 质量系统 | 1～5 | 0 | 0.00 | 0.00 | 0.00 | |
| | 6～10 | 0 | 0.00 | 0.0 | 0.00 | | | | | 6～10 | 0 | 0.00 | 0.00 | 0.00 | |
| | 11～15 | 4 | 33.33 | 14.8 | 24.67 | | 资产：负债 | | | 11～15 | 4 | 33.33 | -5.60 | -9.33 | |
| | 16～20 | 6 | 50.00 | 20.3 | 33.83 | | 66.00 | 36.00 | | 16～20 | 6 | 50.00 | -10.30 | -17.17 | |
| | 21～25 | 0 | 0.00 | 0.0 | 0.00 | | 相对净资产 | 30.00 | | 21～25 | 0 | 0.00 | 0.00 | 0.00 | |
| | 26～30 | 2 | 16.67 | 4.5 | 7.50 | | | | | 26～30 | 2 | 16.67 | -5.70 | -9.50 | |
| | 31～35 | 0 | 0.00 | 0.0 | 0.00 | | | | | 31～35 | 0 | 0.00 | 0.00 | 0.00 | |
| | 36～40 | 0 | 0.00 | 0.0 | 0.00 | | | | | 36～40 | 0 | 0.00 | 0.00 | 0.00 | |
| | 41～45 | 0 | 0.00 | 0.0 | 0.00 | | | | | 41～45 | 0 | 0.00 | 0.00 | 0.00 | |
| | 46～50 | 0 | 0.00 | 0.0 | 0.00 | | | | | 46～50 | 0 | 0.00 | 0.00 | 0.00 | |
| 合计 | | 12 | 100.00 | 39.6 | 66.00 | 3.30 | 12 | | 合计 | | 12 | 100.00 | -21.60 | -36.00 | -1.80 |
| 公平系统 | 1～5 | 0 | 0.00 | 0.0 | 0.00 | | 公平系统 | | 公平系统 | 1～5 | 0 | 0.00 | 0.00 | 0.00 | |
| | 6～10 | 2 | 14.29 | 8.4 | 12.00 | | | | | 6～10 | 2 | 14.29 | -1.80 | -2.57 | |
| | 11～15 | 1 | 7.14 | 3.8 | 5.43 | | 资产：负债 | | | 11～15 | 1 | 7.14 | -1.30 | -1.86 | |
| | 16～20 | 11 | 78.57 | 37.5 | 53.57 | | 71.00 | 31.00 | | 16～20 | 11 | 78.57 | -18.60 | -26.57 | |
| | 21～25 | 0 | 0.00 | 0.0 | 0.00 | | 相对净资产 | 40.00 | | 21～25 | 0 | 0.00 | 0.00 | 0.00 | |
| | 26～30 | 0 | 0.00 | 0.0 | 0.00 | | | | | 26～30 | 0 | 0.00 | 0.00 | 0.00 | |
| | 31～35 | 0 | 0.00 | 0.0 | 0.00 | | | | | 31～35 | 0 | 0.00 | 0.00 | 0.00 | |
| | 36～40 | 0 | 0.00 | 0.0 | 0.00 | | | | | 36～40 | 0 | 0.00 | 0.00 | 0.00 | |
| | 41～45 | 0 | 0.00 | 0.0 | 0.00 | | | | | 41～45 | 0 | 0.00 | 0.00 | 0.00 | |
| | 46～50 | 0 | 0.00 | 0.0 | 0.00 | | | | | 46～50 | 0 | 0.00 | 0.00 | 0.00 | |
| 合计 | | 14 | 100.00 | 49.7 | 71.00 | 3.55 | 14 | | 合计 | | 14 | 100.00 | -21.70 | -31.00 | -1.55 |
| 资产总指标数 | | | 占指标总数/% | 总资产分值 | 相对总资产/% | 总资产质量系数 | 相对总资产：相对总负债 | | 负债总指标数 | | | 占指标总数/% | 总负债分值 | 相对总负债/% | 总负债质量系数 |
| | | | | | | | 67.48 | 34.52 | | | | | | | |
| 50 | | | 100.00 | 168.7 | 67.48 | 3.37 | 相对净资产 | 32.96 | 50 | | | 100.00 | -86.30 | -34.52 | -1.73 |

## (三十三) 广州市新型城市化水平资产负债分析

1) 城乡发展动力系统: 在总数 24 个源指标中, 资产累计得分为 106.90, 相对资产为 89.08%, 资产质量系数为 4.45, 表明资产质量优良。同时, 负债累计得分为-15.50, 相对负债为-12.92%, 负债质量系数为-0.65, 表明负债质量很好。在该大项中, 相对净资产为 76.16%。

2) 城乡发展质量系统: 在总数 12 个源指标中, 资产累计得分为 54.10, 相对资产为 90.17%, 资产质量系数为 4.51, 表明资产质量优良。同时, 负债累计得分为-7.10, 相对负债为-11.83%, 负债质量系数为-0.59, 表明负债质量很好。在该大项中, 相对净资产为 78.34%。

3) 城乡发展公平系统: 在总数 14 个源指标中, 资产累计得分为 54.60, 相对资产为 78.00%, 资产质量系数为 3.90, 表明资产质量较好。同时, 负债累计得分为-16.80, 相对负债为-24.00%, 负债质量系数为-1.20, 表明负债质量较好。在该大项中, 相对净资产为 54.00%。

总计上述三大项, 在总数 50 个源指标中, 总资产累计得分为 215.60, 相对资产为 86.24%, 资产质量系数为 4.31, 表明资产质量优良。同时, 负债累计得分为-39.40, 相对负债为-15.76%, 负债质量系数为-0.79, 表明负债质量很好。在该大项中, 相对净资产为 70.48% (图 7-58, 表 7-51)。

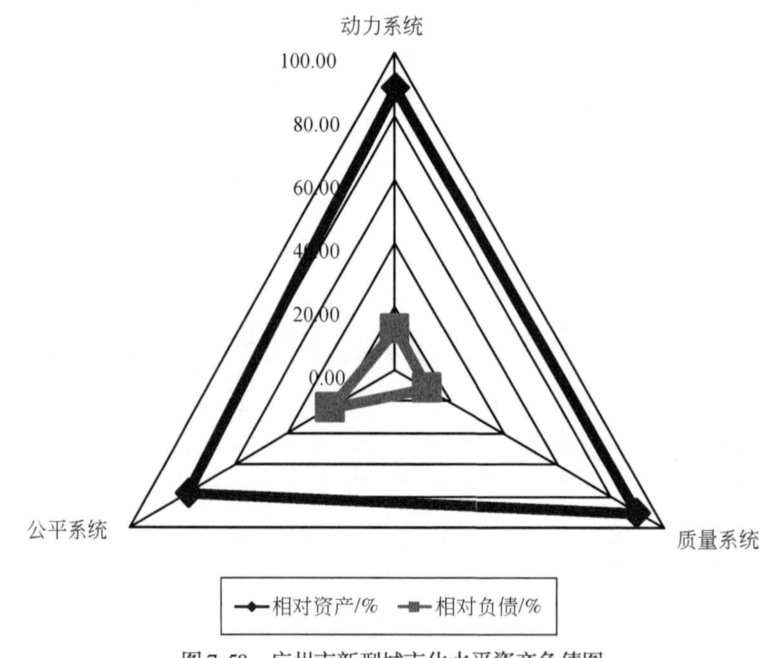


图 7-58　广州市新型城市化水平资产负债图

**表 7-51　广州市新型城市化水平资产负债表**

| 资产 | | | | | | | 三大系统 | | 负债 | | | | | | |
|---|---|---|---|---|---|---|---|---|---|---|---|---|---|---|---|
| 位次 | | 指标数 | 占指标总数/% | 指标分值 | 相对资产/% | 资产质量系数 | | | 位次 | | 指标数 | 占指标总数/% | 指标分值 | 相对负债/% | 负债质量系数 |
| 动力系统 | 1～5 | 13 | 54.17 | 61.5 | 51.25 | | 动力系统 | | 动力系统 | 1～5 | 13 | 54.17 | -4.80 | -4.00 | |
| | 6～10 | 8 | 33.33 | 35.2 | 29.33 | | | | | 6～10 | 8 | 33.33 | -5.60 | -4.67 | |
| | 11～15 | 1 | 4.17 | 3.8 | 3.17 | | 资产：负债 | | | 11～15 | 1 | 4.17 | -1.30 | -1.08 | |
| | 16～20 | 1 | 4.17 | 3.4 | 2.83 | | 89.08 | 12.92 | | 16～20 | 1 | 4.17 | -1.70 | -1.42 | |
| | 21～25 | 1 | 4.17 | 3.0 | 2.50 | | 相对净资产 | 76.16 | | 21～25 | 1 | 4.17 | -2.10 | -1.75 | |
| | 26～30 | 0 | 0.00 | 0.0 | 0.00 | | | | | 26～30 | 0 | 0.00 | 0.00 | 0.00 | |
| | 31～35 | 0 | 0.00 | 0.0 | 0.00 | | | | | 31～35 | 0 | 0.00 | 0.00 | 0.00 | |
| | 36～40 | 0 | 0.00 | 0.0 | 0.00 | | | | | 36～40 | 0 | 0.00 | 0.00 | 0.00 | |
| | 41～45 | 0 | 0.00 | 0.0 | 0.00 | | | | | 41～45 | 0 | 0.00 | 0.00 | 0.00 | |
| | 46～50 | 0 | 0.00 | 0.0 | 0.00 | | | | | 46～50 | 0 | 0.00 | 0.00 | 0.00 | |
| 合计 | | 24 | 100.00 | 106.9 | 89.08 | 4.45 | 24 | | 合计 | | 24 | 100.00 | -15.50 | -12.92 | -0.65 |
| 质量系统 | 1～5 | 5 | 41.67 | 23.4 | 39.00 | | 质量系统 | | 质量系统 | 1～5 | 5 | 41.67 | -2.10 | -3.50 | |
| | 6～10 | 7 | 58.33 | 30.7 | 51.17 | | | | | 6～10 | 7 | 58.33 | -5.00 | -8.33 | |
| | 11～15 | 0 | 0.00 | 0.0 | 0.00 | | 资产：负债 | | | 11～15 | 0 | 0.00 | 0.00 | 0.00 | |
| | 16～20 | 0 | 0.00 | 0.0 | 0.00 | | 90.17 | 11.83 | | 16～20 | 0 | 0.00 | 0.00 | 0.00 | |
| | 21～25 | 0 | 0.00 | 0.0 | 0.00 | | 相对净资产 | 78.34 | | 21～25 | 0 | 0.00 | 0.00 | 0.00 | |
| | 26～30 | 0 | 0.00 | 0.0 | 0.00 | | | | | 26～30 | 0 | 0.00 | 0.00 | 0.00 | |
| | 31～35 | 0 | 0.00 | 0.0 | 0.00 | | | | | 31～35 | 0 | 0.00 | 0.00 | 0.00 | |
| | 36～40 | 0 | 0.00 | 0.0 | 0.00 | | | | | 36～40 | 0 | 0.00 | 0.00 | 0.00 | |
| | 41～45 | 0 | 0.00 | 0.0 | 0.00 | | | | | 41～45 | 0 | 0.00 | 0.00 | 0.00 | |
| | 46～50 | 0 | 0.00 | 0.0 | 0.00 | | | | | 46～50 | 0 | 0.00 | 0.00 | 0.00 | |
| 合计 | | 12 | 100.00 | 54.1 | 90.17 | 4.51 | 12 | | 合计 | | 12 | 100.00 | -7.10 | -11.83 | -0.59 |
| 公平系统 | 1～5 | 3 | 21.43 | 14.0 | 20.00 | | 公平系统 | | 公平系统 | 1～5 | 3 | 21.43 | -1.30 | -1.86 | |
| | 6～10 | 7 | 50.00 | 30.8 | 44.00 | | | | | 6～10 | 7 | 50.00 | -4.90 | -7.00 | |
| | 11～15 | 0 | 0.00 | 0.0 | 0.00 | | 资产：负债 | | | 11～15 | 0 | 0.00 | 0.00 | 0.00 | |
| | 16～20 | 1 | 7.14 | 3.1 | 4.43 | | 78.00 | 24.00 | | 16～20 | 1 | 7.14 | -2.00 | -2.86 | |
| | 21～25 | 1 | 7.14 | 2.6 | 3.71 | | 相对净资产 | 54.00 | | 21～25 | 1 | 7.14 | -2.50 | -3.57 | |
| | 26～30 | 1 | 7.14 | 2.5 | 3.57 | | | | | 26～30 | 1 | 7.14 | -2.60 | -3.71 | |
| | 31～35 | 1 | 7.14 | 1.6 | 2.29 | | | | | 31～35 | 1 | 7.14 | -3.50 | -5.00 | |
| | 36～40 | 0 | 0.00 | 0.0 | 0.00 | | | | | 36～40 | 0 | 0.00 | 0.00 | 0.00 | |
| | 41～45 | 0 | 0.00 | 0.0 | 0.00 | | | | | 41～45 | 0 | 0.00 | 0.00 | 0.00 | |
| | 46～50 | 0 | 0.00 | 0.0 | 0.00 | | | | | 46～50 | 0 | 0.00 | 0.00 | 0.00 | |
| 合计 | | 14 | 100.00 | 54.6 | 78.00 | 3.90 | 14 | | 合计 | | 14 | 100.00 | -16.80 | -24.00 | -1.20 |
| 资产总指标数 | | | 占指标总数/% | 总资产分值 | 相对总资产/% | 总资产质量系数 | 相对总资产：相对总负债 | | 负债总指标数 | | | 占指标总数/% | 总负债分值 | 相对总负债/% | 总负债质量系数 |
| | | | | | | | 86.24 | 15.76 | | | | | | | |
| 50 | | | 100.00 | 215.6 | 86.24 | 4.31 | 相对净资产 | 70.48 | 50 | | | 100.00 | -39.40 | -15.76 | -0.79 |

### （三十四）深圳市新型城市化水平资产负债分析

1）城乡发展动力系统：在总数 24 个源指标中，资产累计得分为 106.00，相对资产为 88.33%，资产质量系数为 4.42，表明资产质量优良。同时，负债累计得分为-16.40，相对负债为-13.67%，负债质量系数为-0.68，表明负债质量很好。在该大项中，相对净资产为 74.66%。

2）城乡发展质量系统：在总数 12 个源指标中，资产累计得分为 51.20，相对资产为 85.33%，资产质量系数为 4.27，表明资产质量优良。同时，负债累计得分为-10.00，相对负债为-16.67%，负债质量系数为-0.83，表明负债质量很好。在该大项中，相对净资产为 68.66%。

3）城乡发展公平系统：在总数 14 个源指标中，资产累计得分为 55.30，相对资产为 79.01%，资产质量系数为 3.95，表明资产质量较好。同时，负债累计得分为-16.10，相对负债为-23.00%，负债质量系数为-1.15，表明负债质量较好。在该大项中，相对净资产为 56.01%。

总计上述三大项，在总数 50 个源指标中，总资产累计得分为 212.50，相对资产为 85.00%，资产质量系数为 4.25，表明资产质量优良。同时，负债累计得分为-42.50，相对负债为-17.00%，负债质量系数为-0.85，表明负债质量很好。在该大项中，相对净资产为 68.00%（图 7-59，表 7-52）。

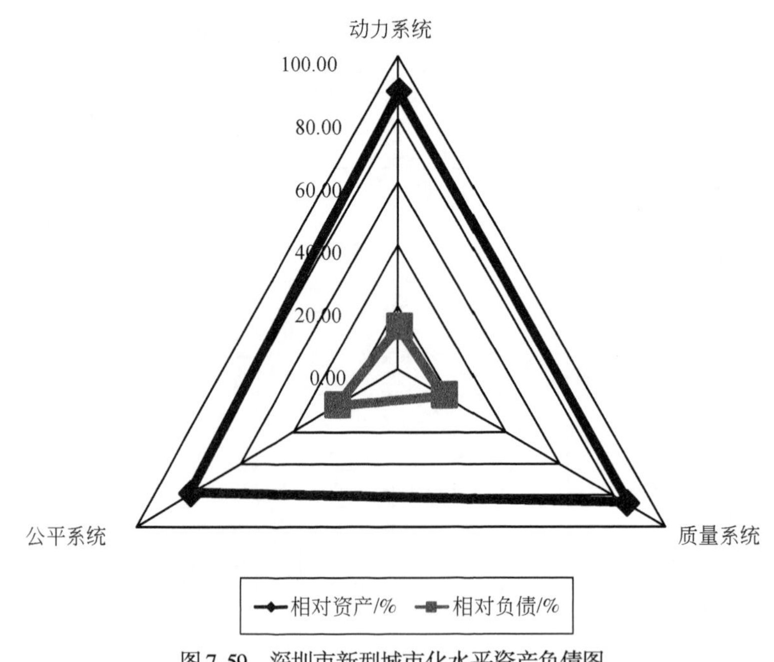


图 7-59　深圳市新型城市化水平资产负债图

**表 7-52　深圳市新型城市化水平资产负债表**

| 资产 | | | | | | | 三大系统 | | 负债 | | | | | | |
|---|---|---|---|---|---|---|---|---|---|---|---|---|---|---|---|
| 位次 | | 指标数 | 占指标总数/% | 指标分值 | 相对资产/% | 资产质量系数 | | | 位次 | | 指标数 | 占指标总数/% | 指标分值 | 相对负债/% | 负债质量系数 |
| 动力系统 | 1~5 | 15 | 62.50 | 73.5 | 61.25 | | 动力系统 | | 动力系统 | 1~5 | 15 | 62.50 | -3.00 | -2.50 | |
| | 6~10 | 7 | 29.17 | 30.7 | 25.58 | | | | | 6~10 | 7 | 29.17 | -5.00 | -4.17 | |
| | 11~15 | 0 | 0.00 | 0.0 | 0.00 | | 资产：负债 | | | 11~15 | 0 | 0.00 | 0.00 | 0.00 | |
| | 16~20 | 0 | 0.00 | 0.0 | 0.00 | | 88.33 | 13.67 | | 16~20 | 0 | 0.00 | 0.00 | 0.00 | |
| | 21~25 | 0 | 0.00 | 0.0 | 0.00 | | 相对净资产 | 74.66 | | 21~25 | 0 | 0.00 | 0.00 | 0.00 | |
| | 26~30 | 0 | 0.00 | 0.0 | 0.00 | | | | | 26~30 | 0 | 0.00 | 0.00 | 0.00 | |
| | 31~35 | 0 | 0.00 | 0.0 | 0.00 | | | | | 31~35 | 0 | 0.00 | 0.00 | 0.00 | |
| | 36~40 | 0 | 0.00 | 0.0 | 0.00 | | | | | 36~40 | 0 | 0.00 | 0.00 | 0.00 | |
| | 41~45 | 2 | 8.33 | 1.8 | 1.50 | | | | | 41~45 | 2 | 8.33 | -8.40 | -7.00 | |
| | 46~50 | 0 | 0.00 | 0.0 | 0.00 | | | | | 46~50 | 0 | 0.00 | 0.00 | 0.00 | |
| 合计 | | 24 | 100.00 | 106.0 | 88.33 | 4.42 | 24 | | 合计 | | 24 | 100.00 | -16.40 | -13.67 | -0.68 |
| 质量系统 | 1~5 | 5 | 41.67 | 24.2 | 40.33 | | 质量系统 | | 质量系统 | 1~5 | 5 | 41.67 | -1.30 | -2.17 | |
| | 6~10 | 6 | 50.00 | 26.5 | 44.17 | | | | | 6~10 | 6 | 50.00 | -4.10 | -6.83 | |
| | 11~15 | 0 | 0.00 | 0.0 | 0.00 | | 资产：负债 | | | 11~15 | 0 | 0.00 | 0.00 | 0.00 | |
| | 16~20 | 0 | 0.00 | 0.0 | 0.00 | | 85.33 | 16.67 | | 16~20 | 0 | 0.00 | 0.00 | 0.00 | |
| | 21~25 | 0 | 0.00 | 0.0 | 0.00 | | 相对净资产 | 68.66 | | 21~25 | 0 | 0.00 | 0.00 | 0.00 | |
| | 26~30 | 0 | 0.00 | 0.0 | 0.00 | | | | | 26~30 | 0 | 0.00 | 0.00 | 0.00 | |
| | 31~35 | 0 | 0.00 | 0.0 | 0.00 | | | | | 31~35 | 0 | 0.00 | 0.00 | 0.00 | |
| | 36~40 | 0 | 0.00 | 0.0 | 0.00 | | | | | 36~40 | 0 | 0.00 | 0.00 | 0.00 | |
| | 41~45 | 0 | 0.00 | 0.0 | 0.00 | | | | | 41~45 | 0 | 0.00 | 0.00 | 0.00 | |
| | 46~50 | 1 | 8.33 | 0.5 | 0.83 | | | | | 46~50 | 1 | 8.33 | -4.60 | -7.67 | |
| 合计 | | 12 | 100.00 | 51.2 | 85.33 | 4.27 | 12 | | 合计 | | 12 | 100.00 | -10.00 | -16.67 | -0.83 |
| 公平系统 | 1~5 | 5 | 35.71 | 23.7 | 33.86 | | 公平系统 | | 公平系统 | 1~5 | 5 | 35.71 | -1.80 | -2.57 | |
| | 6~10 | 6 | 42.86 | 26.8 | 38.29 | | | | | 6~10 | 6 | 42.86 | -3.80 | -5.43 | |
| | 11~15 | 0 | 0.00 | 0.0 | 0.00 | | 资产：负债 | | | 11~15 | 0 | 0.00 | 0.00 | 0.00 | |
| | 16~20 | 0 | 0.00 | 0.0 | 0.00 | | 79.01 | 23.00 | | 16~20 | 0 | 0.00 | 0.00 | 0.00 | |
| | 21~25 | 1 | 7.14 | 2.7 | 3.86 | | 相对净资产 | 56.01 | | 21~25 | 1 | 7.14 | -2.40 | -3.43 | |
| | 26~30 | 0 | 0.00 | 0.0 | 0.00 | | | | | 26~30 | 0 | 0.00 | 0.00 | 0.00 | |
| | 31~35 | 1 | 7.14 | 1.9 | 2.71 | | | | | 31~35 | 1 | 7.14 | -3.20 | -4.57 | |
| | 36~40 | 0 | 0.00 | 0.0 | 0.00 | | | | | 36~40 | 0 | 0.00 | 0.00 | 0.00 | |
| | 41~45 | 0 | 0.00 | 0.0 | 0.00 | | | | | 41~45 | 0 | 0.00 | 0.00 | 0.00 | |
| | 46~50 | 1 | 7.14 | 0.2 | 0.29 | | | | | 46~50 | 1 | 7.14 | -4.90 | -7.00 | |
| 合计 | | 14 | 100.00 | 55.3 | 79.01 | 3.95 | 14 | | 合计 | | 14 | 100.00 | -16.10 | -23.00 | -1.15 |
| 资产总指标数 | | | 占指标总数/% | 总资产分值 | 相对总资产/% | 总资产质量系数 | 相对总资产：相对总负债 | | 负债总指标数 | | | 占指标总数/% | 总负债分值 | 相对总负债/% | 总负债质量系数 |
| | | | | | | | 85.00 | 17.00 | | | | | | | |
| 50 | | | 100.00 | 212.5 | 85.00 | 4.25 | 相对净资产 | 68.00 | 50 | | | 100.00 | -45.50 | -17.00 | -0.85 |

### （三十五）东莞市新型城市化水平资产负债分析

1）城乡发展动力系统：在总数 24 个源指标中，资产累计得分为 84.90，相对资产为 70.75%，资产质量系数为 3.54，表明资产质量较好。同时，负债累计得分为-35.70，相对负债为-29.75%，负债质量系数为-1.49，表明负债质量较好。在该大项中，相对净资产为 41.00%。

2）城乡发展质量系统：在总数 12 个源指标中，资产累计得分为 34.90，相对资产为 58.16%，资产质量系数为 2.91，表明资产质量一般。同时，负债累计得分为-26.30，相对负债为-43.84%，负债质量系数为-2.19，表明负债质量一般。在该大项中，相对净资产为 14.32%。

3）城乡发展公平系统：在总数 14 个源指标中，资产累计得分为 34.20，相对资产为 48.86%，资产质量系数为 2.44，表明资产质量一般。同时，负债累计得分为-37.20，相对负债为-53.13%，负债质量系数为-2.66，表明负债质量一般。在该大项中，相对净资产为-4.27%。

总计上述三大项，在总数 50 个源指标中，总资产累计得分为 154.00，相对资产为 61.60%，资产质量系数为 3.08，表明资产质量较好。同时，负债累计得分为-99.20，相对负债为-39.68%，负债质量系数为-1.98，表明负债质量较好。在该大项中，相对净资产为 21.92%（图 7-60，表 7-53）。

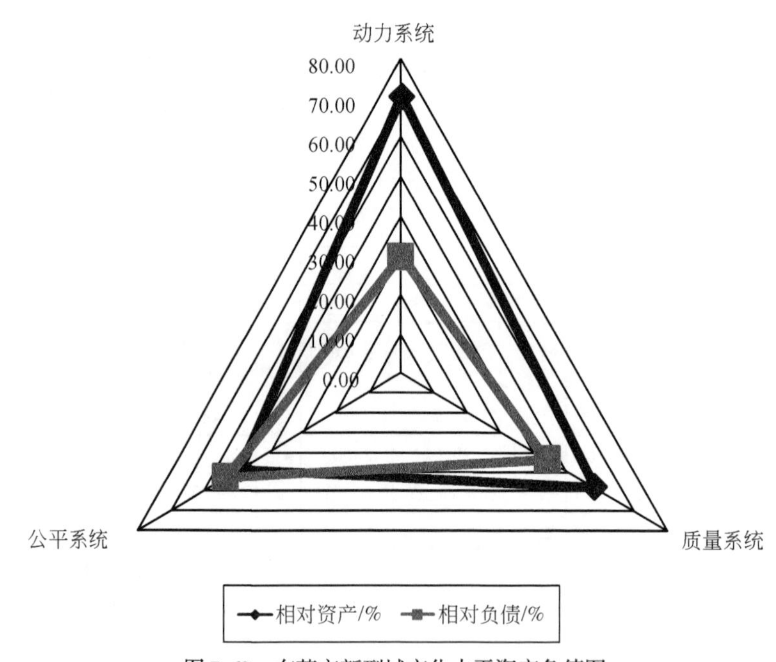


图 7-60　东莞市新型城市化水平资产负债图

**表 7-53　东莞市新型城市化水平资产负债表**

| 资产 | | | | | | | 三大系统 | | 负债 | | | | | | |
|---|---|---|---|---|---|---|---|---|---|---|---|---|---|---|---|
| 位次 | | 指标数 | 占指标总数/% | 指标分值 | 相对资产/% | 资产质量系数 | | | 位次 | | 指标数 | 占指标总数/% | 指标分值 | 相对负债/% | 负债质量系数 |
| 动力系统 | 1～5 | 4 | 16.67 | 19.2 | 16.00 | | 动力系统 | | 动力系统 | 1～5 | 4 | 16.67 | -1.20 | -1.00 | |
| | 6～10 | 5 | 20.83 | 21.9 | 18.25 | | | | | 6～10 | 5 | 20.83 | -3.60 | -3.00 | |
| | 11～15 | 4 | 16.67 | 15.5 | 12.92 | | 资产：负债 | | | 11～15 | 4 | 16.67 | -4.90 | -4.08 | |
| | 16～20 | 5 | 20.83 | 16.5 | 13.75 | | 70.75 | 29.75 | | 16～20 | 5 | 20.83 | -7.20 | -6.00 | |
| | 21～25 | 2 | 8.33 | 5.7 | 4.75 | | 相对净资产 | 41.00 | | 21～25 | 2 | 8.33 | -4.50 | -3.75 | |
| | 26～30 | 1 | 4.17 | 2.4 | 2.00 | | | | | 26～30 | 1 | 4.17 | -2.70 | -2.25 | |
| | 31～35 | 1 | 4.17 | 1.9 | 1.58 | | | | | 31～35 | 1 | 4.17 | -3.20 | -2.67 | |
| | 36～40 | 1 | 4.17 | 1.1 | 0.92 | | | | | 36～40 | 1 | 4.17 | -4.00 | -3.33 | |
| | 41～45 | 1 | 4.17 | 0.7 | 0.58 | | | | | 41～45 | 1 | 4.17 | -4.40 | -3.67 | |
| | 46～50 | 0 | 0.00 | 0.0 | 0.00 | | | | | 46～50 | 0 | 0.00 | 0.00 | 0.00 | |
| 合计 | | 24 | 100.00 | 84.9 | 70.75 | 3.54 | 24 | | 合计 | | 24 | 100.00 | -35.70 | -29.75 | -1.49 |
| 质量系统 | 1～5 | 1 | 8.33 | 4.7 | 7.83 | | 质量系统 | | 质量系统 | 1～5 | 1 | 8.33 | -0.40 | -0.67 | |
| | 6～10 | 2 | 16.67 | 8.3 | 13.83 | | | | | 6～10 | 2 | 16.67 | -1.90 | -3.17 | |
| | 11～15 | 2 | 16.67 | 7.8 | 13.00 | | 资产：负债 | | | 11～15 | 2 | 16.67 | -2.40 | -4.00 | |
| | 16～20 | 1 | 8.33 | 3.2 | 5.33 | | 58.16 | 43.84 | | 16～20 | 1 | 8.33 | -1.90 | -3.17 | |
| | 21～25 | 1 | 8.33 | 2.7 | 4.50 | | 相对净资产 | 14.32 | | 21～25 | 1 | 8.33 | -2.40 | -4.00 | |
| | 26～30 | 3 | 25.00 | 6.7 | 11.17 | | | | | 26～30 | 3 | 25.00 | -8.60 | -14.33 | |
| | 31～35 | 0 | 0.00 | 0.0 | 0.00 | | | | | 31～35 | 0 | 0.00 | 0.00 | 0.00 | |
| | 36～40 | 0 | 0.00 | 0.0 | 0.00 | | | | | 36～40 | 0 | 0.00 | 0.00 | 0.00 | |
| | 41～45 | 1 | 8.33 | 1.0 | 1.67 | | | | | 41～45 | 1 | 8.33 | -4.10 | -6.83 | |
| | 46～50 | 1 | 8.33 | 0.5 | 0.83 | | | | | 46～50 | 1 | 8.33 | -4.60 | -7.67 | |
| 合计 | | 12 | 100.00 | 34.9 | 58.16 | 2.91 | 12 | | 合计 | | 12 | 100.00 | -26.30 | -43.84 | -2.19 |
| 公平系统 | 1～5 | 1 | 7.14 | 4.6 | 6.57 | | 公平系统 | | 公平系统 | 1～5 | 1 | 7.14 | -0.50 | -0.71 | |
| | 6～10 | 0 | 0.00 | 0.0 | 0.00 | | | | | 6～10 | 0 | 0.00 | 0.00 | 0.00 | |
| | 11～15 | 1 | 7.14 | 3.9 | 5.57 | | 资产：负债 | | | 11～15 | 1 | 7.14 | -1.20 | -1.71 | |
| | 16～20 | 6 | 42.86 | 19.0 | 27.14 | | 48.86 | 53.13 | | 16～20 | 6 | 42.86 | -11.60 | -16.57 | |
| | 21～25 | 1 | 7.14 | 3.0 | 4.29 | | 相对净资产 | -4.27 | | 21～25 | 1 | 7.14 | -2.10 | -3.00 | |
| | 26～30 | 1 | 7.14 | 2.5 | 3.57 | | | | | 26～30 | 1 | 7.14 | -2.60 | -3.71 | |
| | 31～35 | 0 | 0.00 | 0.0 | 0.00 | | | | | 31～35 | 0 | 0.00 | 0.00 | 0.00 | |
| | 36～40 | 0 | 0.00 | 0.0 | 0.00 | | | | | 36～40 | 0 | 0.00 | 0.00 | 0.00 | |
| | 41～45 | 1 | 7.14 | 0.6 | 0.86 | | | | | 41～45 | 1 | 7.14 | -4.50 | -6.43 | |
| | 46～50 | 3 | 21.43 | 0.6 | 0.86 | | | | | 46～50 | 3 | 21.43 | -14.70 | -21.00 | |
| 合计 | | 14 | 100.00 | 34.2 | 48.86 | 2.44 | 14 | | 合计 | | 14 | 100.00 | -37.20 | -53.13 | -2.66 |
| 资产总指标数 | | | 占指标总数/% | 总资产分值 | 相对总资产/% | 总资产质量系数 | 相对总资产：相对总负债 | | 负债总指标数 | | | 占指标总数/% | 总负债分值 | 相对总负债/% | 总负债质量系数 |
| | | | | | | | 61.60 | 39.68 | | | | | | | |
| 50 | | | 100.00 | 154.0 | 61.60 | 3.08 | 相对净资产 | 21.92 | 50 | | | 100.00 | -99.20 | -39.68 | -1.98 |

### （三十六）中山市新型城市化水平资产负债分析

1）城乡发展动力系统：在总数 24 个源指标中，资产累计得分为 46.90，相对资产为 39.07%，资产质量系数为 1.95，表明资产质量很差。同时，负债累计得分为-73.70，相对负债为-61.43%，负债质量系数为-3.07，表明负债质量很差。在该大项中，相对净资产为-22.36%。

2）城乡发展质量系统：在总数 12 个源指标中，资产累计得分为 19.90，相对资产为 33.17%，资产质量系数为 1.66，表明资产质量很差。同时，负债累计得分为-41.30，相对负债为-68.83%，负债质量系数为-3.44，表明负债质量很差。在该大项中，相对净资产为-35.66%。

3）城乡发展公平系统：在总数 14 个源指标中，资产累计得分为 21.40，相对资产为 30.57%，资产质量系数为 1.53，表明资产质量很差。同时，负债累计得分为-50.00，相对负债为-71.43%，负债质量系数为-3.57，表明负债质量很差。在该大项中，相对净资产为-40.86%。

总计上述三大项，在总数 50 个源指标中，总资产累计得分为 88.20，相对资产为 35.28%，资产质量系数为 1.76，表明资产质量很差。同时，负债累计得分为-165.00，相对负债为-66.00%，负债质量系数为-3.30，表明负债质量很差。在该大项中，相对净资产为-30.72%（图 7-61，表 7-54）。

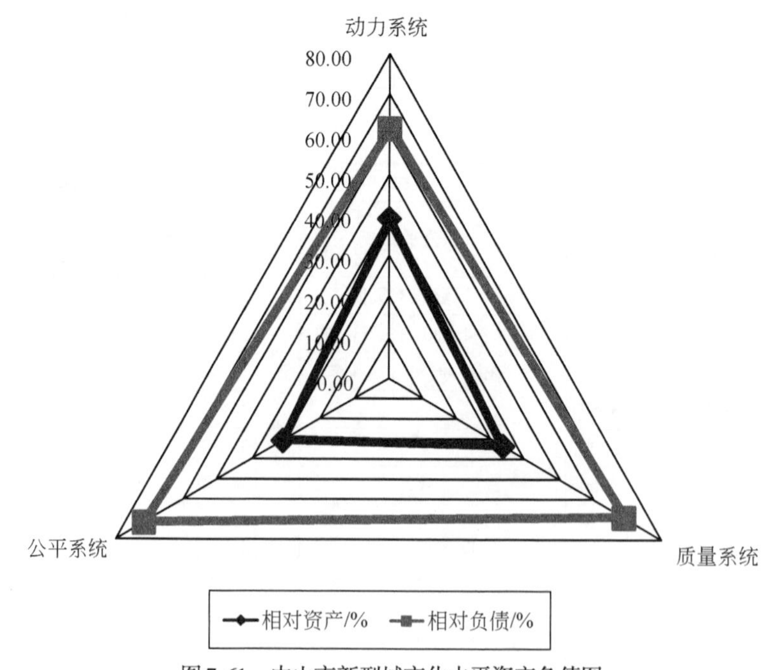


图 7-61　中山市新型城市化水平资产负债图

**表 7-54　中山市新型城市化水平资产负债表**

| 资产 | | | | | | | 三大系统 | | 负债 | | | | | | |
|---|---|---|---|---|---|---|---|---|---|---|---|---|---|---|---|
| 位次 | | 指标数 | 占指标总数/% | 指标分值 | 相对资产/% | 资产质量系数 | | | 位次 | | 指标数 | 占指标总数/% | 指标分值 | 相对负债/% | 负债质量系数 |
| 动力系统 | 1～5 | 0 | 0.00 | 0.0 | 0.00 | | 动力系统 | | 动力系统 | 1～5 | 0 | 0.00 | 0.00 | 0.00 | |
| | 6～10 | 0 | 0.00 | 0.0 | 0.00 | | | | | 6～10 | 0 | 0.00 | 0.00 | 0.00 | |
| | 11～15 | 2 | 8.33 | 7.3 | 6.08 | | 资产：负债 | | | 11～15 | 2 | 8.33 | -2.90 | -2.42 | |
| | 16～20 | 2 | 8.33 | 6.4 | 5.33 | | 39.07 | 61.43 | | 16～20 | 2 | 8.33 | -2.00 | -1.67 | |
| | 21～25 | 6 | 25.00 | 17.0 | 14.17 | | 相对净资产 | -22.36 | | 21～25 | 6 | 25.00 | -13.60 | -11.33 | |
| | 26～30 | 1 | 4.17 | 2.2 | 1.83 | | | | | 26～30 | 1 | 4.17 | -2.90 | -2.42 | |
| | 31～35 | 3 | 12.50 | 5.4 | 4.50 | | | | | 31～35 | 3 | 12.50 | -9.90 | -8.25 | |
| | 36～40 | 4 | 16.67 | 5.2 | 4.33 | | | | | 36～40 | 4 | 16.67 | -15.20 | -12.67 | |
| | 41～45 | 3 | 12.50 | 2.4 | 2.00 | | | | | 41～45 | 3 | 12.50 | -12.90 | -10.75 | |
| | 46～50 | 3 | 12.50 | 1.0 | 0.83 | | | | | 46～50 | 3 | 12.50 | -14.30 | -11.92 | |
| 合计 | | 24 | 100.00 | 46.9 | 39.07 | 1.95 | 24 | | 合计 | | 24 | 100.00 | -73.70 | -61.43 | -3.07 |
| 质量系统 | 1～5 | 0 | 0.00 | 0.0 | 0.00 | | 质量系统 | | 质量系统 | 1～5 | 0 | 0.00 | 0.00 | 0.00 | |
| | 6～10 | 0 | 0.00 | 0.0 | 0.00 | | | | | 6～10 | 0 | 0.00 | 0.00 | 0.00 | |
| | 11～15 | 0 | 0.00 | 0.0 | 0.00 | | 资产：负债 | | | 11～15 | 0 | 0.00 | 0.00 | 0.00 | |
| | 16～20 | 0 | 0.00 | 0.0 | 0.00 | | 33.17 | 68.83 | | 16～20 | 0 | 0.00 | 0.00 | 0.00 | |
| | 21～25 | 2 | 16.67 | 5.8 | 9.67 | | 相对净资产 | -35.66 | | 21～25 | 2 | 16.67 | -4.40 | -7.33 | |
| | 26～30 | 1 | 8.33 | 2.1 | 3.50 | | | | | 26～30 | 1 | 8.33 | -3.00 | -5.00 | |
| | 31～35 | 2 | 16.67 | 3.4 | 5.67 | | | | | 31～35 | 2 | 16.67 | -6.8 | -11.33 | |
| | 36～40 | 6 | 50.00 | 8.0 | 13.33 | | | | | 36～40 | 6 | 50.00 | -22.60 | -37.67 | |
| | 41～45 | 1 | 8.33 | 0.6 | 1.00 | | | | | 41～45 | 1 | 8.33 | -4.50 | -7.50 | |
| | 46～50 | 0 | 0.00 | 0.0 | 0.00 | | | | | 46～50 | 0 | 0.00 | 0.00 | 0.00 | |
| 合计 | | 12 | 100.00 | 19.90 | 33.17 | 1.66 | 12 | | 合计 | | 12 | 100.00 | -41.30 | -68.83 | -3.44 |
| 公平系统 | 1～5 | 0 | 0.00 | 0.0 | 0.00 | | 公平系统 | | 公平系统 | 1～5 | 0 | 0.00 | 0.00 | 0.00 | |
| | 6～10 | 0 | 0.00 | 0.0 | 0.00 | | | | | 6～10 | 0 | 0.00 | 0.00 | 0.00 | |
| | 11～15 | 0 | 0.00 | 0.0 | 0.00 | | 资产：负债 | | | 11～15 | 0 | 0.00 | 0.00 | 0.00 | |
| | 16～20 | 1 | 7.14 | 3.4 | 4.86 | | 30.57 | 71.43 | | 16～20 | 1 | 7.14 | -1.70 | -2.43 | |
| | 21～25 | 0 | 0.00 | 0.0 | 0.00 | | 相对净资产 | -40.86 | | 21～25 | 0 | 0.00 | 0.00 | 0.00 | |
| | 26～30 | 2 | 14.29 | 4.6 | 6.57 | | | | | 26～30 | 2 | 14.29 | -5.60 | -8.00 | |
| | 31～35 | 4 | 28.57 | 7.2 | 10.29 | | | | | 31～35 | 4 | 28.57 | -13.20 | -18.86 | |
| | 36～40 | 3 | 21.43 | 4.0 | 5.71 | | | | | 36～40 | 3 | 21.43 | -11.30 | -16.14 | |
| | 41～45 | 1 | 7.14 | 1.0 | 1.43 | | | | | 41～45 | 1 | 7.14 | -4.10 | -5.86 | |
| | 46～50 | 3 | 21.43 | 1.2 | 1.71 | | | | | 46～50 | 3 | 21.43 | -14.10 | -20.14 | |
| 合计 | | 14 | 100.00 | 21.4 | 30.57 | 1.53 | 14 | | 合计 | | 14 | 100.00 | -50.00 | -71.43 | -3.57 |
| 资产总指标数 | | | 占指标总数/% | 总资产分值 | 相对总资产/% | 总资产质量系数 | 相对总资产:相对总负债 | | 负债总指标数 | | | 占指标总数/% | 总负债分值 | 相对总负债/% | 总负债质量系数 |
| | | | | | | | 35.28 | 66.00 | | | | | | | |
| 50 | | | 100.00 | 88.2 | 35.28 | 1.76 | 相对净资产 | -30.72 | 50 | | | 100.00 | -165.00 | -66.00 | -3.30 |

### （三十七）南宁市新型城市化水平资产负债分析

1）城乡发展动力系统：在总数 24 个源指标中，资产累计得分为 31.50，相对资产为 26.25%，资产质量系数为 1.31，表明资产质量很差。同时，负债累计得分为-90.90，相对负债为-75.75%，负债质量系数为-3.79，表明负债质量很差。在该大项中，相对净资产为-49.50%。

2）城乡发展质量系统：在总数 12 个源指标中，资产累计得分为 17.40，相对资产为 29.00%，资产质量系数为 1.45，表明资产质量很差。同时，负债累计得分为-43.80，相对负债为-73.00%，负债质量系数为-3.65，表明负债质量很差。在该大项中，相对净资产为-44.00%。

3）城乡发展公平系统：在总数 14 个源指标中，资产累计得分为 21.20，相对资产为 30.28%，资产质量系数为 1.51，表明资产质量很差。同时，负债累计得分为-50.20，相对负债为-71.71%，负债质量系数为-3.59，表明负债质量很差。在该大项中，相对净资产为-41.43%。

总计上述三大项，在总数 50 个源指标中，总资产累计得分为 70.10，相对资产为 28.04%，资产质量系数为 1.40，表明资产质量很差。同时，负债累计得分为-184.90，相对负债为-73.96%，负债质量系数为-3.70，表明负债质量很差。在该大项中，相对净资产为-45.92%（图 7-62，表 7-55）。

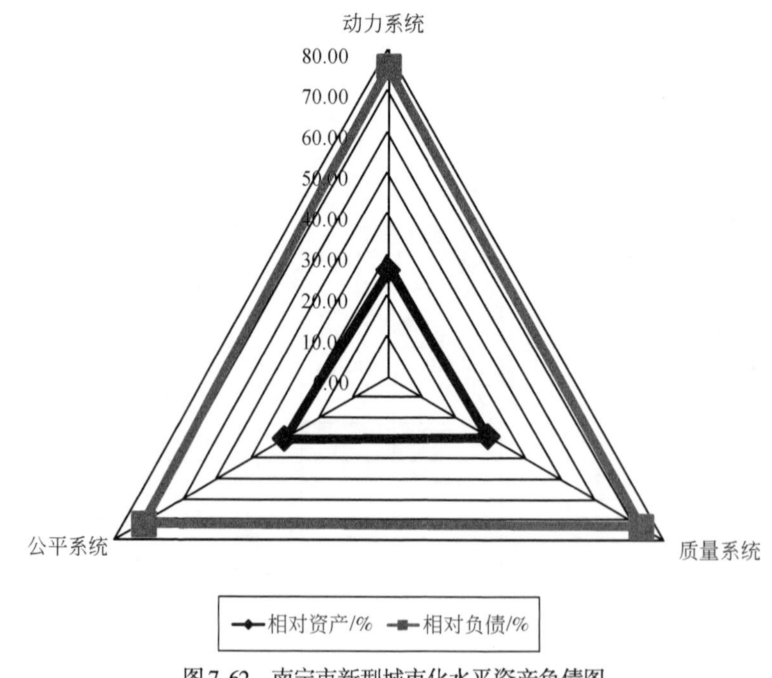


图 7-62　南宁市新型城市化水平资产负债图

**表 7-55　南宁市新型城市化水平资产负债表**

| 资产 | | | | | | | 三大系统 | | 负债 | | | | | | |
|---|---|---|---|---|---|---|---|---|---|---|---|---|---|---|---|
| 位次 | | 指标数 | 占指标总数/% | 指标分值 | 相对资产/% | 资产质量系数 | | | 位次 | | 指标数 | 占指标总数/% | 指标分值 | 相对负债/% | 负债质量系数 |
| 动力系统 | 1～5 | 0 | 0.00 | 0.0 | 0.00 | | 动力系统 | | 动力系统 | 1～5 | 0 | 0.00 | 0.00 | 0.00 | |
| | 6～10 | 0 | 0.00 | 0.0 | 0.00 | | | | | 6～10 | 0 | 0.00 | 0.00 | 0.00 | |
| | 11～15 | 0 | 0.00 | 0.0 | 0.00 | | 资产：负债 | | | 11～15 | 0 | 0.00 | 0.00 | 0.00 | |
| | 16～20 | 0 | 0.00 | 0.0 | 0.00 | | 26.25 | 75.75 | | 16～20 | 0 | 0.00 | 0.00 | 0.00 | |
| | 21～25 | 2 | 8.33 | 5.5 | 4.58 | | 相对净资产 | -49.50 | | 21～25 | 2 | 8.33 | -4.70 | -3.92 | |
| | 26～30 | 1 | 4.17 | 2.2 | 1.83 | | | | | 26～30 | 1 | 4.17 | -2.90 | -2.42 | |
| | 31～35 | 5 | 20.83 | 8.6 | 7.17 | | | | | 31～35 | 5 | 20.83 | -16.90 | -14.08 | |
| | 36～40 | 5 | 20.83 | 6.6 | 5.50 | | | | | 36～40 | 5 | 20.83 | -18.90 | -15.75 | |
| | 41～45 | 11 | 45.83 | 8.6 | 7.17 | | | | | 41～45 | 11 | 45.83 | -47.50 | -39.58 | |
| | 46～50 | 0 | 0.00 | 0.0 | 0.00 | | | | | 46～50 | 0 | 0.00 | 0.00 | 0.00 | |
| 合　计 | | 24 | 100.00 | 31.5 | 26.25 | 1.31 | 24 | | 合　计 | | 24 | 100.00 | -90.90 | -75.75 | -3.79 |
| 质量系统 | 1～5 | 0 | 0.00 | 0.0 | 0.00 | | 质量系统 | | 质量系统 | 1～5 | 0 | 0.00 | 0.00 | 0.00 | |
| | 6～10 | 0 | 0.00 | 0.0 | 0.00 | | | | | 6～10 | 0 | 0.00 | 0.00 | 0.00 | |
| | 11～15 | 1 | 8.33 | 4.0 | 6.67 | | 资产：负债 | | | 11～15 | 1 | 8.33 | -1.10 | -1.83 | |
| | 16～20 | 0 | 0.00 | 0.0 | 0.00 | | 29.00 | 73.00 | | 16～20 | 0 | 0.00 | 0.00 | 0.00 | |
| | 21～25 | 0 | 0.00 | 0.0 | 0.00 | | 相对净资产 | -44.00 | | 21～25 | 0 | 0.00 | 0.00 | 0.00 | |
| | 26～30 | 0 | 0.00 | 0.0 | 0.00 | | | | | 26～30 | 0 | 0.00 | 0.00 | 0.00 | |
| | 31～35 | 3 | 25.00 | 4.9 | 8.17 | | | | | 31～35 | 3 | 25.00 | -10.40 | -17.33 | |
| | 36～40 | 5 | 41.67 | 6.3 | 10.50 | | | | | 36～40 | 5 | 41.67 | -19.20 | -32.00 | |
| | 41～45 | 2 | 16.67 | 2.0 | 3.33 | | | | | 41～45 | 2 | 16.67 | -8.20 | -13.67 | |
| | 46～50 | 1 | 8.33 | 0.2 | 0.33 | | | | | 46～50 | 1 | 8.33 | -4.90 | -8.17 | |
| 合　计 | | 12 | 100.00 | 17.4 | 29.00 | 1.45 | 12 | | 合　计 | | 12 | 100.00 | -43.80 | -73.00 | -3.65 |
| 公平系统 | 1～5 | 0 | 0.00 | 0.0 | 0.00 | | 公平系统 | | 公平系统 | 1～5 | 0 | 0.00 | 0.00 | 0.00 | |
| | 6～10 | 0 | 0.00 | 0.0 | 0.00 | | | | | 6～10 | 0 | 0.00 | 0.00 | 0.00 | |
| | 11～15 | 0 | 0.00 | 0.0 | 0.00 | | 资产：负债 | | | 11～15 | 0 | 0.00 | 0.00 | 0.00 | |
| | 16～20 | 0 | 0.00 | 0.0 | 0.00 | | 30.28 | 71.71 | | 16～20 | 0 | 0.00 | 0.00 | 0.00 | |
| | 21～25 | 0 | 0.00 | 0.0 | 0.00 | | 相对净资产 | -41.43 | | 21～25 | 0 | 0.00 | 0.00 | 0.00 | |
| | 26～30 | 2 | 14.29 | 4.9 | 7.00 | | | | | 26～30 | 2 | 14.29 | -5.30 | -7.57 | |
| | 31～35 | 2 | 14.29 | 3.5 | 5.00 | | | | | 31～35 | 2 | 14.29 | -6.70 | -9.57 | |
| | 36～40 | 8 | 57.14 | 11.0 | 15.71 | | | | | 36～40 | 8 | 57.14 | -29.80 | -42.57 | |
| | 41～45 | 2 | 14.29 | 1.8 | 2.57 | | | | | 41～45 | 2 | 14.29 | -8.40 | -12.00 | |
| | 46～50 | 0 | 0.00 | 0.0 | 0.00 | | | | | 46～50 | 0 | 0.00 | 0.00 | 0.00 | |
| 合　计 | | 14 | 100.00 | 21.2 | 30.28 | 1.51 | 14 | | 合　计 | | 14 | 100.00 | -50.20 | -71.71 | -3.59 |
| 资产总指标数 | | | 占指标总数/% | 总资产分值 | 相对总资产/% | 总资产质量系数 | 相对总资产：相对总负债 | | 负债总指标数 | | | 占指标总数/% | 总负债分值 | 相对总负债/% | 总负债质量系数 |
| | | | | | | | 28.04 | 73.96 | | | | | | | |
| 50 | | | 100.00 | 70.1 | 28.04 | 1.40 | 相对净资产 | -45.92 | 50 | | | 100.00 | -184.90 | -73.76 | -3.70 |

### （三十八）桂林市新型城市化水平资产负债分析

1）城乡发展动力系统：在总数 24 个源指标中，资产累计得分为 18.60，相对资产为 15.51%，资产质量系数为 0.78，表明资产质量很差。同时，负债累计得分为-103.80，相对负债为-86.50%，负债质量系数为-4.33，表明负债质量很差。在该大项中，相对净资产为-70.99%。

2）城乡发展质量系统：在总数 12 个源指标中，资产累计得分为 9.30，相对资产为 15.50%，资产质量系数为 0.78，表明资产质量很差。同时，负债累计得分为-51.90，相对负债为-86.50%，负债质量系数为-4.33，表明负债质量很差。在该大项中，相对净资产为-71.00%。

3）城乡发展公平系统：在总数 14 个源指标中，资产累计得分为 12.90，相对资产为 18.43%，资产质量系数为 0.92，表明资产质量很差。同时，负债累计得分为-58.50，相对负债为-83.57%，负债质量系数为-4.18，表明负债质量很差。在该大项中，相对净资产为-65.14%。

总计上述三大项，在总数 50 个源指标中，总资产累计得分为 40.80，相对资产为 16.32%，资产质量系数为 0.82，表明资产质量很差。同时，负债累计得分为-214.20，相对负债为-85.68%，负债质量系数为-4.28，表明负债质量很差。在该大项中，相对净资产为-69.36%（图 7-63，表 7-56）。

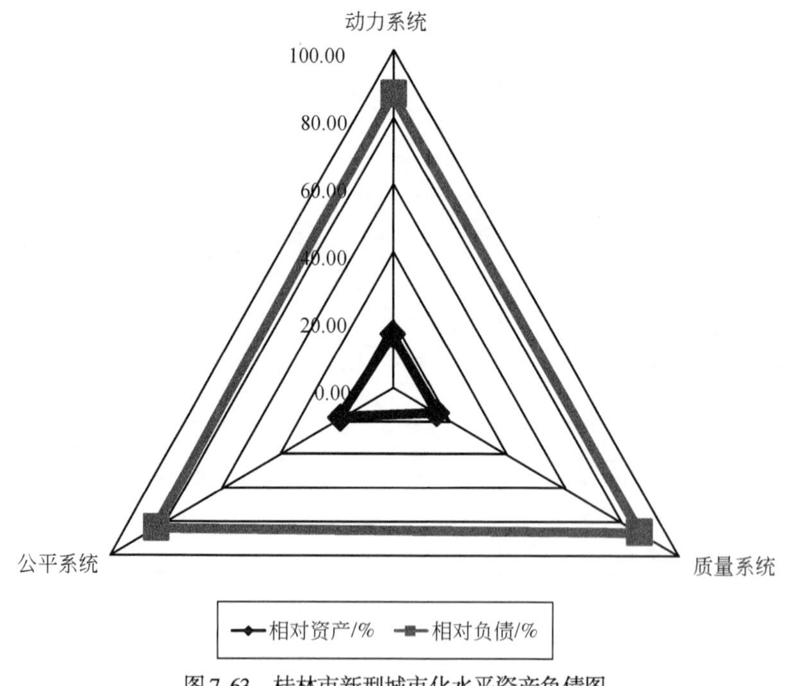


图 7-63　桂林市新型城市化水平资产负债图

**表 7-56　桂林市新型城市化水平资产负债表**

| 资产 | | | | | | | 三大系统 | | 负债 | | | | | | |
|---|---|---|---|---|---|---|---|---|---|---|---|---|---|---|---|
| 位次 | | 指标数 | 占指标总数/% | 指标分值 | 相对资产/% | 资产质量系数 | | | 位次 | | 指标数 | 占指标总数/% | 指标分值 | 相对负债/% | 负债质量系数 |
| 动力系统 | 1~5 | 0 | 0.00 | 0.0 | 0.00 | | 动力系统 | | 动力系统 | 1~5 | 0 | 0.00 | 0.00 | 0.00 | |
| | 6~10 | 0 | 0.00 | 0.0 | 0.00 | | | | | 6~10 | 0 | 0.00 | 0.00 | 0.00 | |
| | 11~15 | 0 | 0.00 | 0.0 | 0.00 | | 资产：负债 | | | 11~15 | 0 | 0.00 | 0.00 | 0.00 | |
| | 16~20 | 0 | 0.00 | 0.0 | 0.00 | | 15.51 | 86.50 | | 16~20 | 0 | 0.00 | 0.00 | 0.00 | |
| | 21~25 | 1 | 4.17 | 2.8 | 2.33 | | 相对净资产 | -70.99 | | 21~25 | 1 | 4.17 | -2.30 | -1.92 | |
| | 26~30 | 0 | 0.00 | 0.0 | 0.00 | | | | | 26~30 | 0 | 0.00 | 0.00 | 0.00 | |
| | 31~35 | 1 | 4.17 | 2.0 | 1.67 | | | | | 31~35 | 1 | 4.17 | -3.10 | -2.58 | |
| | 36~40 | 4 | 16.67 | 4.7 | 3.92 | | | | | 36~40 | 4 | 16.67 | -15.70 | -13.08 | |
| | 41~45 | 9 | 37.50 | 6.8 | 5.67 | | | | | 41~45 | 9 | 37.50 | -39.10 | -32.58 | |
| | 46~50 | 9 | 37.50 | 2.3 | 1.92 | | | | | 46~50 | 9 | 37.50 | -43.60 | -36.33 | |
| 合计 | | 24 | 100.00 | 18.6 | 15.51 | 0.78 | 24 | | 合计 | | 24 | 100.00 | -103.80 | -86.50 | -4.33 |
| 质量系统 | 1~5 | 0 | 0.00 | 0.0 | 0.00 | | 质量系统 | | 质量系统 | 1~5 | 0 | 0.00 | 0.00 | 0.00 | |
| | 6~10 | 0 | 0.00 | 0.0 | 0.00 | | | | | 6~10 | 0 | 0.00 | 0.00 | 0.00 | |
| | 11~15 | 0 | 0.00 | 0.0 | 0.00 | | 资产：负债 | | | 11~15 | 0 | 0.00 | 0.00 | 0.00 | |
| | 16~20 | 0 | 0.00 | 0.0 | 0.00 | | 15.50 | 86.50 | | 16~20 | 0 | 0.00 | 0.00 | 0.00 | |
| | 21~25 | 0 | 0.00 | 0.0 | 0.00 | | 相对净资产 | -71.00 | | 21~25 | 0 | 0.00 | 0.00 | 0.00 | |
| | 26~30 | 0 | 0.00 | 0.0 | 0.00 | | | | | 26~30 | 0 | 0.00 | 0.00 | 0.00 | |
| | 31~35 | 0 | 0.00 | 0.0 | 0.00 | | | | | 31~35 | 0 | 0.00 | 0.00 | 0.00 | |
| | 36~40 | 1 | 8.33 | 1.5 | 2.50 | | | | | 36~40 | 1 | 8.33 | -3.60 | -6.00 | |
| | 41~45 | 8 | 66.67 | 6.7 | 11.17 | | | | | 41~45 | 8 | 66.67 | -34.10 | -56.83 | |
| | 46~50 | 3 | 25.00 | 1.1 | 1.83 | | | | | 46~50 | 3 | 25.00 | -14.20 | -23.67 | |
| 合计 | | 12 | 100.00 | 9.3 | 15.50 | 0.78 | 12 | | 合计 | | 12 | 100.00 | -51.90 | -86.50 | -4.33 |
| 公平系统 | 1~5 | 0 | 0.00 | 0.0 | 0.00 | | 公平系统 | | 公平系统 | 1~5 | 0 | 0.00 | 0.00 | 0.00 | |
| | 6~10 | 0 | 0.00 | 0.0 | 0.00 | | | | | 6~10 | 0 | 0.00 | 0.00 | 0.00 | |
| | 11~15 | 0 | 0.00 | 0.0 | 0.00 | | 资产：负债 | | | 11~15 | 0 | 0.00 | 0.00 | 0.00 | |
| | 16~20 | 0 | 0.00 | 0.0 | 0.00 | | 18.43 | 83.57 | | 16~20 | 0 | 0.00 | 0.00 | 0.00 | |
| | 21~25 | 0 | 0.00 | 0.0 | 0.00 | | 相对净资产 | -65.14 | | 21~25 | 0 | 0.00 | 0.00 | 0.00 | |
| | 26~30 | 1 | 7.14 | 2.5 | 3.57 | | | | | 26~30 | 1 | 7.14 | -2.60 | -3.71 | |
| | 31~35 | 1 | 7.14 | 1.6 | 2.29 | | | | | 31~35 | 1 | 7.14 | -3.50 | -5.00 | |
| | 36~40 | 1 | 7.14 | 1.3 | 1.86 | | | | | 36~40 | 1 | 7.14 | -3.80 | -5.43 | |
| | 41~45 | 9 | 64.29 | 6.8 | 9.71 | | | | | 41~45 | 9 | 64.29 | -39.10 | -55.86 | |
| | 46~50 | 2 | 14.29 | 0.7 | 1.00 | | | | | 46~50 | 2 | 14.29 | -9.50 | -13.57 | |
| 合计 | | 14 | 100.00 | 12.9 | 18.43 | 0.92 | 14 | | 合计 | | 14 | 100.00 | -58.50 | -83.57 | -4.18 |
| 资产总指标数 | | | 占指标总数/% | 总资产分值 | 相对总资产/% | 总资产质量系数 | 相对总资产：相对总负债 | | 负债总指标数 | | | 占指标总数/% | 总负债分值 | 相对总负债/% | 总负债质量系数 |
| | | | | | | | 16.32 | 85.68 | | | | | | | |
| 50 | | | 100.00 | 40.8 | 16.32 | 0.82 | 相对净资产 | -69.36 | 50 | | | 100.00 | -214.20 | -85.68 | -4.28 |

### （三十九）北海市新型城市化水平资产负债分析

1）城乡发展动力系统：在总数 24 个源指标中，资产累计得分为 9.60，相对资产为 8.00%，资产质量系数为 0.40，表明资产质量很差。同时，负债累计得分为-112.80，相对负债为-94.00%，负债质量系数为-4.70，表明负债质量很差。在该大项中，相对净资产为-86.00%。

2）城乡发展质量系统：在总数 12 个源指标中，资产累计得分为 4.90，相对资产为 8.16%，资产质量系数为 0.41，表明资产质量很差。同时，负债累计得分为-56.30，相对负债为-93.84%，负债质量系数为-4.69，表明负债质量很差。在该大项中，相对净资产为-85.68%。

3）城乡发展公平系统：在总数 14 个源指标中，资产累计得分为 6.60，相对资产为 9.43%，资产质量系数为 0.47，表明资产质量很差。同时，负债累计得分为-64.80，相对负债为-92.57%，负债质量系数为-4.63，表明负债质量很差。在该大项中，相对净资产为-83.14%。

总计上述三大项，在总数 50 个源指标中，总资产累计得分为 21.10，相对资产为 8.44%，资产质量系数为 0.42，表明资产质量很差。同时，负债累计得分为-233.90，相对负债为-93.56%，负债质量系数为-4.68，表明负债质量很差。在该大项中，相对净资产为-85.12%（图 7-64，表 7-57）。

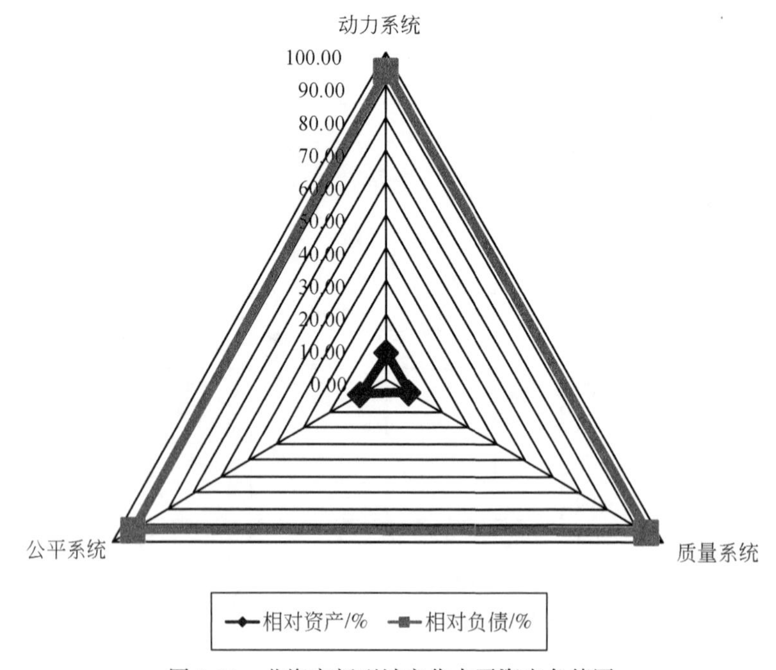


图 7-64　北海市新型城市化水平资产负债图

**表 7-57　北海市新型城市化水平资产负债表**

| 资产 | | | | | | | 三大系统 | | 负债 | | | | | | |
|---|---|---|---|---|---|---|---|---|---|---|---|---|---|---|---|
| 位次 | | 指标数 | 占指标总数/% | 指标分值 | 相对资产/% | 资产质量系数 | | | 位次 | | 指标数 | 占指标总数/% | 指标分值 | 相对负债/% | 负债质量系数 |
| 动力系统 | 1～5 | 0 | 0.00 | 0.0 | 0.00 | | 动力系统 | | 动力系统 | 1～5 | 0 | 0.00 | 0.00 | 0.00 | |
| | 6～10 | 0 | 0.00 | 0.0 | 0.00 | | | | | 6～10 | 0 | 0.00 | 0.00 | 0.00 | |
| | 11～15 | 0 | 0.00 | 0.0 | 0.00 | | 资产：负债 | | | 11～15 | 0 | 0.00 | 0.00 | 0.00 | |
| | 16～20 | 0 | 0.00 | 0.0 | 0.00 | | 8.00 | 94.00 | | 16～20 | 0 | 0.00 | 0.00 | 0.00 | |
| | 21～25 | 0 | 0.00 | 0.0 | 0.00 | | 相对净资产 | -86.00 | | 21～25 | 0 | 0.00 | 0.00 | 0.00 | |
| | 26～30 | 0 | 0.00 | 0.0 | 0.00 | | | | | 26～30 | 0 | 0.00 | 0.00 | 0.00 | |
| | 31～35 | 0 | 0.00 | 0.0 | 0.00 | | | | | 31～35 | 0 | 0.00 | 0.00 | 0.00 | |
| | 36～40 | 0 | 0.00 | 0.0 | 0.00 | | | | | 36～40 | 0 | 0.00 | 0.00 | 0.00 | |
| | 41～45 | 4 | 16.76 | 2.7 | 2.25 | | | | | 41～45 | 4 | 16.67 | -17.70 | -14.75 | |
| | 46～50 | 20 | 83.33 | 6.9 | 5.75 | | | | | 46～50 | 20 | 83.33 | -95.10 | -79.25 | |
| 合计 | | 24 | 100.00 | 9.6 | 8.00 | 0.40 | 24 | | 合计 | | 24 | 100.00 | -112.80 | -94.00 | -4.70 |
| 质量系统 | 1～5 | 0 | 0.00 | 0.0 | 0.00 | | 质量系统 | | 质量系统 | 1～5 | 0 | 0.00 | 0.00 | 0.00 | |
| | 6～10 | 0 | 0.00 | 0.0 | 0.00 | | | | | 6～10 | 0 | 0.00 | 0.00 | 0.00 | |
| | 11～15 | 0 | 0.00 | 0.0 | 0.00 | | 资产：负债 | | | 11～15 | 0 | 0.00 | 0.00 | 0.00 | |
| | 16～20 | 0 | 0.00 | 0.0 | 0.00 | | 8.16 | 93.84 | | 16～20 | 0 | 0.00 | 0.00 | 0.00 | |
| | 21～25 | 0 | 0.00 | 0.0 | 0.00 | | 相对净资产 | -85.68 | | 21～25 | 0 | 0.00 | 0.00 | 0.00 | |
| | 26～30 | 0 | 0.00 | 0.0 | 0.00 | | | | | 26～30 | 0 | 0.00 | 0.00 | 0.00 | |
| | 31～35 | 0 | 0.00 | 0.0 | 0.00 | | | | | 31～35 | 0 | 0.00 | 0.00 | 0.00 | |
| | 36～40 | 0 | 0.00 | 0.0 | 0.00 | | | | | 36～40 | 0 | 0.00 | 0.00 | 0.00 | |
| | 41～45 | 2 | 16.67 | 1.4 | 2.33 | | | | | 41～45 | 2 | 16.67 | -8.80 | -14.67 | |
| | 46～50 | 10 | 83.33 | 3.5 | 5.83 | | | | | 46～50 | 10 | 83.33 | -47.50 | -79.17 | |
| 合计 | | 12 | 100.00 | 4.9 | 8.16 | 0.41 | 12 | | 合计 | | 12 | 100.00 | -56.30 | -93.84 | -4.69 |
| 公平系统 | 1～5 | 0 | 0.00 | 0.0 | 0.00 | | 公平系统 | | 公平系统 | 1～5 | 0 | 0.00 | 0.00 | 0.00 | |
| | 6～10 | 0 | 0.00 | 0.0 | 0.00 | | | | | 6～10 | 0 | 0.00 | 0.00 | 0.00 | |
| | 11～15 | 0 | 0.00 | 0.0 | 0.00 | | 资产：负债 | | | 11～15 | 0 | 0.00 | 0.00 | 0.00 | |
| | 16～20 | 0 | 0.00 | 0.0 | 0.00 | | 9.43 | 92.57 | | 16～20 | 0 | 0.00 | 0.00 | 0.00 | |
| | 21～25 | 0 | 0.00 | 0.0 | 0.00 | | 相对净资产 | -83.14 | | 21～25 | 0 | 0.00 | 0.00 | 0.00 | |
| | 26～30 | 0 | 0.00 | 0.0 | 0.00 | | | | | 26～30 | 0 | 0.00 | 0.00 | 0.00 | |
| | 31～35 | 0 | 0.00 | 0.0 | 0.00 | | | | | 31～35 | 0 | 0.00 | 0.00 | 0.00 | |
| | 36～40 | 1 | 7.14 | 1.3 | 1.86 | | | | | 36～40 | 1 | 7.14 | -3.80 | -5.43 | |
| | 41～45 | 3 | 21.43 | 1.9 | 2.71 | | | | | 41～45 | 3 | 21.43 | -13.40 | -19.14 | |
| | 46～50 | 10 | 71.43 | 3.4 | 4.86 | | | | | 46～50 | 10 | 71.43 | -47.60 | -68.00 | |
| 合计 | | 14 | 100.00 | 6.6 | 9.43 | 0.47 | 14 | | 合计 | | 14 | 100.00 | -64.80 | -92.57 | -4.63 |
| 资产总指标数 | | | 占指标总数/% | 总资产分值 | 相对总资产/% | 总资产质量系数 | 相对总资产：相对总负债 | | 负债总指标数 | | | 占指标总数/% | 总负债分值 | 相对总负债/% | 总负债质量系数 |
| | | | | | | | 8.44 | 93.56 | | | | | | | |
| 50 | | | 100.00 | 21.1 | 8.44 | 0.42 | 相对净资产 | -85.12 | 50 | | | 100.00 | -233.90 | -93.56 | -4.68 |

### （四十）海口市新型城市化水平资产负债分析

1）城乡发展动力系统：在总数 24 个源指标中，资产累计得分为 13. 80，相对资产为 11. 50%，资产质量系数为 0. 58，表明资产质量很差。同时，负债累计得分为-108. 60，相对负债为-90. 50%，负债质量系数为-4. 53，表明负债质量很差。在该大项中，相对净资产为-79. 00%。

2）城乡发展质量系统：在总数 12 个源指标中，资产累计得分为 7. 00，相对资产为 11. 66%，资产质量系数为 0. 58，表明资产质量很差。同时，负债累计得分为-54. 20，相对负债为-90. 34%，负债质量系数为-4. 52，表明负债质量很差。在该大项中，相对净资产为-78. 68%。

3）城乡发展公平系统：在总数 14 个源指标中，资产累计得分为 7. 50，相对资产为 10. 71%，资产质量系数为 0. 54，表明资产质量很差。同时，负债累计得分为-63. 90，相对负债为-91. 29%，负债质量系数为-4. 56，表明负债质量很差。在该大项中，相对净资产为-80. 58%。

总计上述三大项，在总数 50 个源指标中，总资产累计得分为 28. 30，相对资产为 11. 32%，资产质量系数为 0. 57，表明资产质量很差。同时，负债累计得分为-226. 70，相对负债为-90. 68%，负债质量系数为-4. 53，表明负债质量很差。在该大项中，相对净资产为-79. 36%（图 7-65，表 7-58）。

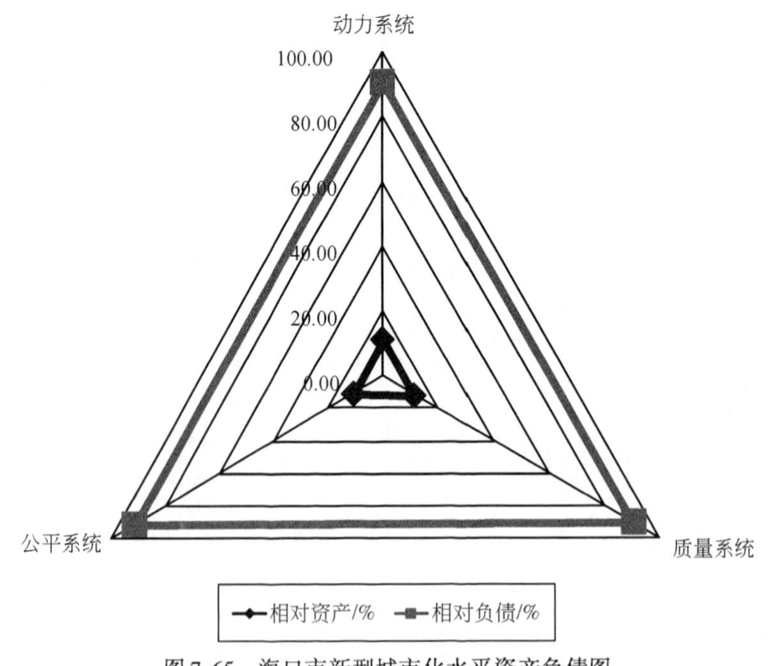


图 7-65　海口市新型城市化水平资产负债图

**表 7-58　海口市新型城市化水平资产负债表**

| 资产 | | | | | | | 三大系统 | | 负债 | | | | | | |
|---|---|---|---|---|---|---|---|---|---|---|---|---|---|---|---|
| 位次 | | 指标数 | 占指标总数/% | 指标分值 | 相对资产/% | 资产质量系数 | | | 位次 | | 指标数 | 占指标总数/% | 指标分值 | 相对负债/% | 负债质量系数 |
| 动力系统 | 1~5 | 0 | 0.00 | 0.0 | 0.00 | | 动力系统 | | 动力系统 | 1~5 | 0 | 0.00 | 0.00 | 0.00 | |
| | 6~10 | 0 | 0.00 | 0.0 | 0.00 | | | | | 6~10 | 0 | 0.00 | 0.00 | 0.00 | |
| | 11~15 | 0 | 0.00 | 0.0 | 0.00 | | 资产：负债 | | | 11~15 | 0 | 0.00 | 0.00 | 0.00 | |
| | 16~20 | 0 | 0.00 | 0.0 | 0.00 | | 11.50 | 90.50 | | 16~20 | 0 | 0.00 | 0.00 | 0.00 | |
| | 21~25 | 0 | 0.00 | 0.0 | 0.00 | | 相对净资产 | -79.00 | | 21~25 | 0 | 0.00 | 0.00 | 0.00 | |
| | 26~30 | 0 | 0.00 | 0.0 | 0.00 | | | | | 26~30 | 0 | 0.00 | 0.00 | 0.00 | |
| | 31~35 | 0 | 0.00 | 0.0 | 0.00 | | | | | 31~35 | 0 | 0.00 | 0.00 | 0.00 | |
| | 36~40 | 2 | 8.33 | 2.2 | 1.83 | | | | | 36~40 | 2 | 8.33 | -8.00 | -6.67 | |
| | 41~45 | 7 | 29.17 | 5.9 | 4.92 | | | | | 41~45 | 7 | 29.17 | -29.80 | -24.83 | |
| | 46~50 | 15 | 62.50 | 5.7 | 4.75 | | | | | 46~50 | 15 | 62.50 | -70.80 | -59.00 | |
| 合计 | | 24 | 100.00 | 13.8 | 11.50 | 0.58 | 24 | | 合计 | | 24 | 100.00 | -108.60 | -90.50 | -4.53 |
| 质量系统 | 1~5 | 0 | 0.00 | 0.0 | 0.00 | | 质量系统 | | 质量系统 | 1~5 | 0 | 0.00 | 0.00 | 0.00 | |
| | 6~10 | 0 | 0.00 | 0.0 | 0.00 | | | | | 6~10 | 0 | 0.00 | 0.00 | 0.00 | |
| | 11~15 | 0 | 0.00 | 0.0 | 0.00 | | 资产：负债 | | | 11~15 | 0 | 0.00 | 0.00 | 0.00 | |
| | 16~20 | 0 | 0.00 | 0.0 | 0.00 | | 11.66 | 90.34 | | 16~20 | 0 | 0.00 | 0.00 | 0.00 | |
| | 21~25 | 0 | 0.00 | 0.0 | 0.00 | | 相对净资产 | -78.68 | | 21~25 | 0 | 0.00 | 0.00 | 0.00 | |
| | 26~30 | 0 | 0.00 | 0.0 | 0.00 | | | | | 26~30 | 0 | 0.00 | 0.00 | 0.00 | |
| | 31~35 | 0 | 0.00 | 0.0 | 0.00 | | | | | 31~35 | 0 | 0.00 | 0.00 | 0.00 | |
| | 36~40 | 0 | 0.00 | 0.0 | 0.00 | | | | | 36~40 | 0 | 0.00 | 0.00 | 0.00 | |
| | 41~45 | 8 | 66.67 | 5.3 | 8.83 | | | | | 41~45 | 8 | 66.67 | -35.50 | -59.17 | |
| | 46~50 | 4 | 33.33 | 1.7 | 2.83 | | | | | 46~50 | 4 | 33.33 | -18.70 | -31.17 | |
| 合计 | | 12 | 100.00 | 7.0 | 11.66 | 0.58 | 12 | | 合计 | | 12 | 100.00 | -54.20 | -90.34 | -4.52 |
| 公平系统 | 1~5 | 0 | 0.00 | 0.0 | 0.00 | | 公平系统 | | 公平系统 | 1~5 | 0 | 0.00 | 0.00 | 0.00 | |
| | 6~10 | 0 | 0.00 | 0.0 | 0.00 | | | | | 6~10 | 0 | 0.00 | 0.00 | 0.00 | |
| | 11~15 | 0 | 0.00 | 0.0 | 0.00 | | 资产：负债 | | | 11~15 | 0 | 0.00 | 0.00 | 0.00 | |
| | 16~20 | 0 | 0.00 | 0.0 | 0.00 | | 10.71 | 91.29 | | 16~20 | 0 | 0.00 | 0.00 | 0.00 | |
| | 21~25 | 0 | 0.00 | 0.0 | 0.00 | | 相对净资产 | -80.58 | | 21~25 | 0 | 0.00 | 0.00 | 0.00 | |
| | 26~30 | 0 | 0.00 | 0.0 | 0.00 | | | | | 26~30 | 0 | 0.00 | 0.00 | 0.00 | |
| | 31~35 | 0 | 0.00 | 0.0 | 0.00 | | | | | 31~35 | 0 | 0.00 | 0.00 | 0.00 | |
| | 36~40 | 0 | 0.00 | 0.0 | 0.00 | | | | | 36~40 | 0 | 0.00 | 0.00 | 0.00 | |
| | 41~45 | 7 | 50.00 | 4.7 | 6.71 | | | | | 41~45 | 7 | 50.00 | -31.00 | -44.29 | |
| | 46~50 | 7 | 50.00 | 2.8 | 4.00 | | | | | 46~50 | 7 | 50.00 | -32.90 | -47.00 | |
| 合计 | | 14 | 100.00 | 7.5 | 10.71 | 0.54 | 14 | | 合计 | | 14 | 100.00 | -63.90 | -91.29 | -4.56 |
| 资产总指标数 | | | 占指标总数/% | 总资产分值 | 相对总资产/% | 总资产质量系数 | 相对总资产：相对总负债 | | 负债总指标数 | | | 占指标总数/% | 总负债分值 | 相对总负债/% | 总负债质量系数 |
| | | | | | | | 11.32 | 90.68 | | | | | | | |
| 50 | | | 100.00 | 28.3 | 11.32 | 0.57 | 相对净资产 | -79.36 | 50 | | | 100.00 | -226.70 | -90.68 | -4.53 |

### （四十一）重庆市新型城市化水平资产负债分析

1）城乡发展动力系统：在总数 24 个源指标中，资产累计得分为 84. 90，相对资产为 70. 75%，资产质量系数为 3. 54，表明资产质量较好。同时，负债累计得分为-37. 50，相对负债为-31. 25%，负债质量系数为-1. 56，表明负债质量较好。在该大项中，相对净资产为 39. 50%。

2）城乡发展质量系统：在总数 12 个源指标中，资产累计得分为 46. 70，相对资产为 77. 83%，资产质量系数为 3. 89，表明资产质量较好。同时，负债累计得分为-14. 50，相对负债为-24. 17%，负债质量系数为-1. 21，表明负债质量较好。在该大项中，相对净资产为 53. 66%。

3）城乡发展公平系统：在总数 14 个源指标中，资产累计得分为 60. 80，相对资产为 86. 86%，资产质量系数为 4. 34，表明资产质量优良。同时，负债累计得分为-10. 60，相对负债为-15. 14%，负债质量系数为-0. 76，表明负债质量很好。在该大项中，相对净资产为 71. 72%。

总计上述三大项，在总数 50 个源指标中，总资产累计得分为 192. 40，相对资产为 76. 96%，资产质量系数为 3. 85，表明资产质量较好。同时，负债累计得分为-62. 60，相对负债为-25. 04%，负债质量系数为-1. 25，表明负债质量较好。在该大项中，相对净资产为 51. 92%（图 7-66，表 7-59）。

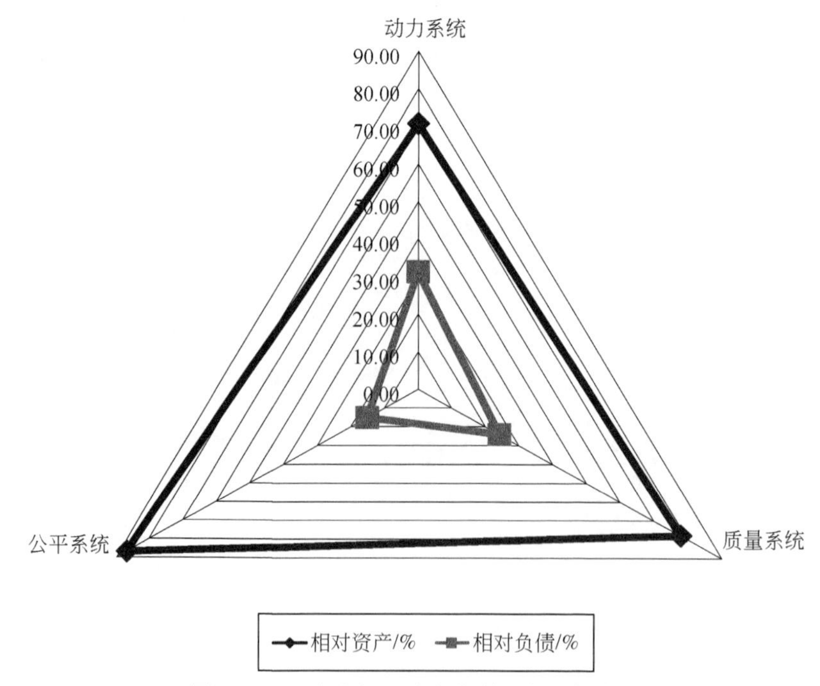


图 7-66　重庆市新型城市化水平资产负债图

**表 7-59　重庆市新型城市化水平资产负债表**

| 资产 | | | | | | | 三大系统 | | 负债 | | | | | | |
|---|---|---|---|---|---|---|---|---|---|---|---|---|---|---|---|
| 位次 | | 指标数 | 占指标总数/% | 指标分值 | 相对资产/% | 资产质量系数 | | | 位次 | | 指标数 | 占指标总数/% | 指标分值 | 相对负债/% | 负债质量系数 |
| 动力系统 | 1~5 | 10 | 41.67 | 47.9 | 39.92 | | 动力系统 | | 动力系统 | 1~5 | 10 | 41.67 | -3.10 | -2.58 | |
| | 6~10 | 1 | 4.17 | 4.3 | 3.58 | | | | | 6~10 | 1 | 4.17 | -0.80 | -0.67 | |
| | 11~15 | 4 | 16.67 | 15.2 | 12.67 | | 资产：负债 | | | 11~15 | 4 | 16.67 | -5.20 | -4.33 | |
| | 16~20 | 1 | 4.17 | 3.5 | 2.92 | | 70.75 | 31.25 | | 16~20 | 1 | 4.17 | -1.60 | -1.33 | |
| | 21~25 | 1 | 4.17 | 2.7 | 2.25 | | 相对净资产 | 39.50 | | 21~25 | 1 | 4.17 | -2.40 | -2.00 | |
| | 26~30 | 2 | 8.33 | 4.6 | 3.83 | | | | | 26~30 | 2 | 8.33 | -5.60 | 4.67 | |
| | 31~35 | 3 | 12.50 | 5.5 | 4.58 | | | | | 31~35 | 3 | 12.50 | -9.80 | -8.17 | |
| | 36~40 | 0 | 0.00 | 0.0 | 0.00 | | | | | 36~40 | 0 | 0.00 | 0.00 | 0.00 | |
| | 41~45 | 1 | 4.17 | 0.8 | 0.67 | | | | | 41~45 | 1 | 4.17 | -4.30 | -3.58 | |
| | 46~50 | 1 | 4.17 | 0.4 | 0.33 | | | | | 46~50 | 1 | 4.17 | -4.70 | -3.92 | |
| 合计 | | 24 | 100.00 | 84.9 | 70.75 | 3.54 | 24 | | 合计 | | 24 | 100.00 | -37.50 | -31.25 | -1.56 |
| 质量系统 | 1~5 | 6 | 50.00 | 28.1 | 46.83 | | 质量系统 | | 质量系统 | 1~5 | 6 | 50.00 | -2.50 | -4.17 | |
| | 6~10 | 3 | 25.00 | 13.3 | 22.17 | | | | | 6~10 | 3 | 25.00 | -2.00 | -3.33 | |
| | 11~15 | 0 | 0.00 | 0.0 | 0.00 | | 资产：负债 | | | 11~15 | 0 | 0.00 | 0.00 | 0.00 | |
| | 16~20 | 0 | 0.00 | 0.0 | 0.00 | | 77.83 | 24.17 | | 16~20 | 0 | 0.00 | 0.00 | 0.00 | |
| | 21~25 | 1 | 8.33 | 2.6 | 4.33 | | 相对净资产 | 53.66 | | 21~25 | 1 | 8.33 | -2.50 | -4.17 | |
| | 26~30 | 0 | 8.33 | 2.5 | 4.17 | | | | | 26~30 | 1 | 8.33 | -2.60 | -4.33 | |
| | 31~35 | 0 | 0.00 | 0.0 | 0.00 | | | | | 31~35 | 0 | 0.00 | 0.00 | 0.00 | |
| | 36~40 | 0 | 0.00 | 0.0 | 0.00 | | | | | 36~40 | 0 | 0.00 | 0.00 | 0.00 | |
| | 41~45 | 0 | 0.00 | 0.0 | 0.00 | | | | | 41~45 | 0 | 0.00 | 0.00 | 0.00 | |
| | 46~50 | 1 | 8.33 | 0.2 | 0.33 | | | | | 46~50 | 1 | 8.33 | -4.90 | -8.17 | |
| 合计 | | 12 | 100.00 | 46.7 | 77.83 | 3.89 | 12 | | 合计 | | 12 | 100.00 | -14.50 | -24.17 | -1.21 |
| 公平系统 | 1~5 | 8 | 57.14 | 38.0 | 54.29 | | 公平系统 | | 公平系统 | 1~5 | 8 | 57.14 | -2.80 | -4.00 | |
| | 6~10 | 4 | 28.57 | 17.6 | 25.14 | | | | | 6~10 | 4 | 28.57 | -2.80 | -4.00 | |
| | 11~15 | 0 | 0.00 | 0.0 | 0.00 | | 资产：负债 | | | 11~15 | 0 | 0.00 | 0.00 | 0.00 | |
| | 16~20 | 0 | 0.00 | 0.0 | 0.00 | | 86.86 | 15.14 | | 16~20 | 0 | 0.00 | 0.00 | 0.00 | |
| | 21~25 | 1 | 7.14 | 3.0 | 4.29 | | 相对净资产 | 71.72 | | 21~25 | 1 | 7.14 | -2.10 | -3.00 | |
| | 26~30 | 1 | 7.14 | 2.2 | 3.14 | | | | | 26~30 | 1 | 7.14 | -2.90 | -4.14 | |
| | 31~35 | 0 | 0.00 | 0.0 | 0.00 | | | | | 31~35 | 0 | 0.00 | 0.00 | 0.00 | |
| | 36~40 | 0 | 0.00 | 0.0 | 0.00 | | | | | 36~40 | 0 | 0.00 | 0.00 | 0.00 | |
| | 41~45 | 0 | 0.00 | 0.0 | 0.00 | | | | | 41~45 | 0 | 0.00 | 0.00 | 0.00 | |
| | 46~50 | 0 | 0.00 | 0.0 | 0.00 | | | | | 46~50 | 0 | 0.00 | 0.00 | 0.00 | |
| 合计 | | 14 | 100.00 | 60.8 | 86.86 | 4.34 | 14 | | 合计 | | 14 | 100.00 | -10.60 | -15.14 | -0.76 |
| 资产总指标数 | | | 占指标总数/% | 总资产分值 | 相对总资产/% | 总资产质量系数 | 相对总资产：相对总负债 | | 负债总指标数 | | | 占指标总数/% | 总负债分值 | 相对总负债/% | 总负债质量系数 |
| | | | | | | | 76.96 | 25.04 | | | | | | | |
| 50 | | | 100.00 | 192.4 | 76.96 | 3.85 | 相对净资产 | 51.92 | 50 | | | 100.00 | -62.60 | -25.04 | -1.25 |

## （四十二）成都市新型城市化水平资产负债分析

1）城乡发展动力系统：在总数24个源指标中，资产累计得分为105.50，相对资产为87.91%，资产质量系数为4.40，表明资产质量优良。同时，负债累计得分为-16.90，相对负债为-14.09%，负债质量系数为-0.70，表明负债质量很好。在该大项中，相对净资产为73.82%。

2）城乡发展质量系统：在总数12个源指标中，资产累计得分为55.20，相对资产为92.00%，资产质量系数为4.60，表明资产质量优良。同时，负债累计得分为-6.00，相对负债为-10.00%，负债质量系数为-0.50，表明负债质量很好。在该大项中，相对净资产为82.00%。

3）城乡发展公平系统：在总数14个源指标中，资产累计得分为59.80，相对资产为85.43%，资产质量系数为4.27，表明资产质量优良。同时，负债累计得分为-11.60，相对负债为-16.57%，负债质量系数为-0.83，表明负债质量很好。在该大项中，相对净资产为68.86%。

总计上述三大项，在总数50个源指标中，总资产累计得分为220.50，相对资产为88.20%，资产质量系数为4.41，表明资产质量优良。同时，负债累计得分为-34.50，相对负债为-13.80%，负债质量系数为-0.69，表明负债质量很好。在该大项中，相对净资产为74.40%（图7-67，表7-60）。

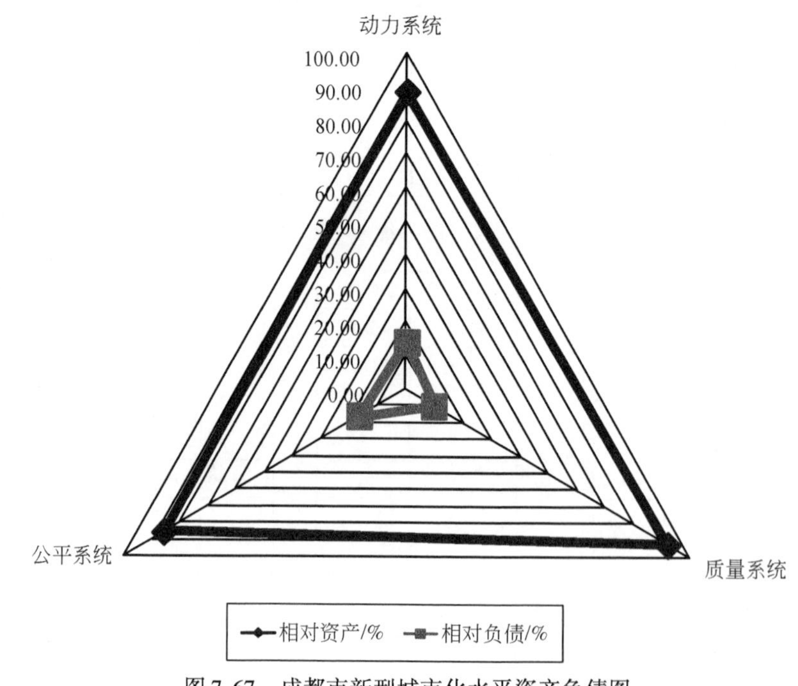


图7-67　成都市新型城市化水平资产负债图

**表 7-60　成都市新型城市化水平资产负债表**

| 资产 | | | | | | | 三大系统 | | 负债 | | | | | | |
|---|---|---|---|---|---|---|---|---|---|---|---|---|---|---|---|
| 位次 | | 指标数 | 占指标总数/% | 指标分值 | 相对资产/% | 资产质量系数 | | | 位次 | | 指标数 | 占指标总数/% | 指标分值 | 相对负债/% | 负债质量系数 |
| 动力系统 | 1～5 | 8 | 33.33 | 38.8 | 32.33 | | 动力系统 | | 动力系统 | 1～5 | 8 | 33.33 | -2.00 | -1.67 | |
| | 6～10 | 14 | 58.33 | 60.7 | 50.58 | | | | | 6～10 | 14 | 58.33 | -10.70 | -8.92 | |
| | 11～15 | 1 | 4.17 | 3.8 | 3.17 | | 资产：负债 | | | 11～15 | 1 | 4.17 | -1.30 | -1.08 | |
| | 16～20 | 0 | 0.00 | 0.0 | 0.00 | | 87.91 | 14.09 | | 16～20 | 0 | 0.00 | 0.00 | 0.00 | |
| | 21～25 | 0 | 0.00 | 0.0 | 0.00 | | 相对净资产 | 73.82 | | 21～25 | 0 | 0.00 | 0.00 | 0.00 | |
| | 26～30 | 1 | 4.17 | 2.2 | 1.83 | | | | | 26～30 | 1 | 4.17 | -2.90 | -2.42 | |
| | 31～35 | 0 | 0.00 | 0.0 | 0.00 | | | | | 31～35 | 0 | 0.00 | 0.00 | 0.00 | |
| | 36～40 | 0 | 0.00 | 0.0 | 0.00 | | | | | 36～40 | 0 | 0.00 | 0.00 | 0.00 | |
| | 41～45 | 0 | 0.00 | 0.0 | 0.00 | | | | | 41～45 | 0 | 0.00 | 0.00 | 0.00 | |
| | 46～50 | 0 | 0.00 | 0.0 | 0.00 | | | | | 46～50 | 0 | 0.00 | 0.00 | 0.00 | |
| 合计 | | 24 | 100.00 | 105.5 | 87.91 | 4.40 | 24 | | 合计 | | 24 | 100.00 | -16.90 | -14.09 | -0.70 |
| 质量系统 | 1～5 | 7 | 58.33 | 33.9 | 56.50 | | 质量系统 | | 质量系统 | 1～5 | 7 | 58.33 | -1.80 | -3.00 | |
| | 6～10 | 4 | 33.33 | 17.5 | 29.17 | | | | | 6～10 | 4 | 33.33 | -2.90 | -4.83 | |
| | 11～15 | 1 | 8.33 | 3.8 | 6.33 | | 资产：负债 | | | 11～15 | 1 | 8.33 | -1.30 | -2.17 | |
| | 16～20 | 0 | 0.00 | 0.0 | 0.00 | | 92.00 | 10.00 | | 16～20 | 0 | 0.00 | 0.00 | 0.00 | |
| | 21～25 | 0 | 0.00 | 0.0 | 0.00 | | 相对净资产 | 82.00 | | 21～25 | 0 | 0.00 | 0.00 | 0.00 | |
| | 26～30 | 0 | 0.00 | 0.0 | 0.00 | | | | | 26～30 | 0 | 0.00 | 0.00 | 0.00 | |
| | 31～35 | 0 | 0.00 | 0.0 | 0.00 | | | | | 31～35 | 0 | 0.00 | 0.00 | 0.00 | |
| | 36～40 | 0 | 0.00 | 0.0 | 0.00 | | | | | 36～40 | 0 | 0.00 | 0.00 | 0.00 | |
| | 41～45 | 0 | 0.00 | 0.0 | 0.00 | | | | | 41～45 | 0 | 0.00 | 0.00 | 0.00 | |
| | 46～50 | 0 | 0.00 | 0.0 | 0.00 | | | | | 46～50 | 0 | 0.00 | 0.00 | 0.00 | |
| 合计 | | 12 | 100.00 | 55.2 | 92.00 | 4.60 | 12 | | 合计 | | 12 | 100.00 | -6.00 | -10.00 | -0.50 |
| 公平系统 | 1～5 | 10 | 71.43 | 48.4 | 69.14 | | 公平系统 | | 公平系统 | 1～5 | 10 | 71.43 | -2.60 | -3.71 | |
| | 6～10 | 1 | 7.14 | 4.5 | 6.43 | | | | | 6～10 | 1 | 7.14 | -0.60 | -0.86 | |
| | 11～15 | 0 | 0.00 | 0.0 | 0.00 | | 资产：负债 | | | 11～15 | 0 | 0.00 | 0.00 | 0.00 | |
| | 16～20 | 2 | 14.29 | 6.7 | 9.57 | | 85.43 | 16.57 | | 16～20 | 2 | 14.29 | -3.50 | -5.00 | |
| | 21～25 | 0 | 0.00 | 0.0 | 0.00 | | 相对净资产 | 68.86 | | 21～25 | 0 | 0.00 | 0.00 | 0.00 | |
| | 26～30 | 0 | 0.00 | 0.0 | 0.00 | | | | | 26～30 | 0 | 0.00 | 0.00 | 0.00 | |
| | 31～35 | 0 | 0.00 | 0.0 | 0.00 | | | | | 31～35 | 0 | 0.00 | 0.00 | 0.00 | |
| | 36～40 | 0 | 0.00 | 0.0 | 0.00 | | | | | 36～40 | 0 | 0.00 | 0.00 | 0.00 | |
| | 41～45 | 0 | 0.00 | 0.0 | 0.00 | | | | | 41～45 | 0 | 0.00 | 0.00 | 0.00 | |
| | 46～50 | 1 | 7.14 | 0.2 | 0.29 | | | | | 46～50 | 1 | 7.14 | -4.90 | -7.00 | |
| 合计 | | 14 | 100.00 | 59.8 | 85.43 | 4.27 | 14 | | 合计 | | 14 | 100.00 | -11.60 | -16.57 | -0.83 |
| 资产总指标数 | | | 占指标总数/% | 总资产分值 | 相对总资产/% | 总资产质量系数 | 相对总资产：相对总负债 | | 负债总指标数 | | | 占指标总数/% | 总负债分值 | 相对总负债/% | 总负债质量系数 |
| | | | | | | | 88.20 | 13.80 | | | | | | | |
| 50 | | | 100.00 | 220.5 | 88.20 | 4.41 | 相对净资产 | 74.40 | 50 | | | 100.00 | -34.50 | -13.80 | -0.69 |

### （四十三）贵阳市新型城市化水平资产负债分析

1）城乡发展动力系统：在总数 24 个源指标中，资产累计得分为 29.20，相对资产为 24.33%，资产质量系数为 1.22，表明资产质量很差。同时，负债累计得分为-91.40，相对负债为-76.17%，负债质量系数为-3.81，表明负债质量很差。在该大项中，相对净资产为-51.84%。

2）城乡发展质量系统：在总数 12 个源指标中，资产累计得分为 13.10，相对资产为 21.84%，资产质量系数为 1.09，表明资产质量很差。同时，负债累计得分为-48.10，相对负债为-80.16%，负债质量系数为-4.01，表明负债质量很差。在该大项中，相对净资产为-58.32%。

3）城乡发展公平系统：在总数 14 个源指标中，资产累计得分为 15.90，相对资产为 22.72%，资产质量系数为 1.14，表明资产质量很差。同时，负债累计得分为-55.50，相对负债为-79.29%，负债质量系数为-3.96，表明负债质量很差。在该大项中，相对净资产为-56.57%。

总计上述三大项，在总数 50 个源指标中，总资产累计得分为 58.20，相对资产为 23.28%，资产质量系数为 1.16，表明资产质量很差。同时，负债累计得分为-195.00，相对负债为-78.00%，负债质量系数为-3.90，表明负债质量很差。在该大项中，相对净资产为-54.72%（图 7-68，表 7-61）。

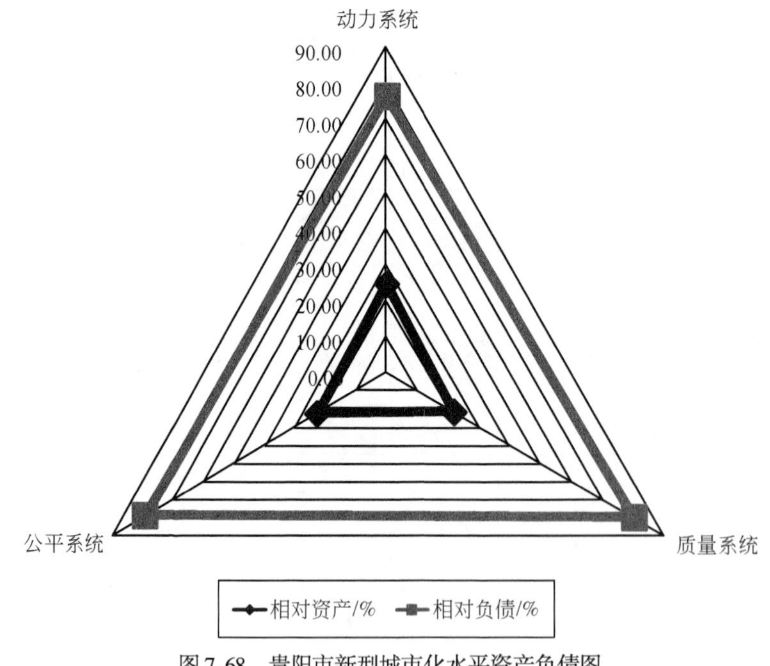


图 7-68　贵阳市新型城市化水平资产负债图

**表 7-61　贵阳市新型城市化水平资产负债表**

| 资产 | | | | | | | 三大系统 | | 负债 | | | | | | |
|---|---|---|---|---|---|---|---|---|---|---|---|---|---|---|---|
| 位次 | | 指标数 | 占指标总数/% | 指标分值 | 相对资产/% | 资产质量系数 | | | 位次 | | 指标数 | 占指标总数/% | 指标分值 | 相对负债/% | 负债质量系数 |
| 动力系统 | 1~5 | 0 | 0.00 | 0.0 | 0.00 | | 动力系统 | | 动力系统 | 1~5 | 0 | 0.00 | 0.00 | 0.00 | |
| | 6~10 | 0 | 0.00 | 0.0 | 0.00 | | | | | 6~10 | 0 | 0.00 | 0.00 | 0.00 | |
| | 11~15 | 0 | 0.00 | 0.0 | 0.00 | | 资产：负债 | | | 11~15 | 0 | 0.00 | 0.00 | 0.00 | |
| | 16~20 | 1 | 4.17 | 3.3 | 2.75 | | 24.33 | 76.17 | | 16~20 | 1 | 4.17 | 0.00 | 0.00 | |
| | 21~25 | 0 | 0.00 | 0.0 | 0.00 | | 相对净资产 | -51.84 | | 21~25 | 0 | 0.00 | 0.00 | 0.00 | |
| | 26~30 | 1 | 4.17 | 2.4 | 2.00 | | | | | 26~30 | 1 | 4.17 | -2.70 | -2.25 | |
| | 31~35 | 4 | 16.67 | 6.7 | 5.58 | | | | | 31~35 | 4 | 16.67 | -13.70 | -11.42 | |
| | 36~40 | 8 | 33.33 | 9.9 | 8.25 | | | | | 36~40 | 8 | 33.33 | -30.90 | -25.75 | |
| | 41~45 | 7 | 29.17 | 5.9 | 4.92 | | | | | 41~45 | 7 | 29.17 | -29.80 | -24.83 | |
| | 46~50 | 3 | 12.50 | 1.0 | 0.83 | | | | | 46~50 | 3 | 12.50 | -14.30 | -11.92 | |
| 合计 | | 24 | 100.00 | 29.2 | 24.33 | 1.22 | 24 | | 合计 | | 24 | 100.00 | -91.40 | -76.17 | -3.81 |
| 质量系统 | 1~5 | 0 | 0.00 | 0.0 | 0.00 | | 质量系统 | | 质量系统 | 1~5 | 0 | 0.00 | 0.00 | 0.00 | |
| | 6~10 | 0 | 0.00 | 0.0 | 0.00 | | | | | 6~10 | 0 | 0.00 | 0.00 | 0.00 | |
| | 11~15 | 0 | 0.00 | 0.0 | 0.00 | | 资产：负债 | | | 11~15 | 0 | 0.00 | 0.00 | 0.00 | |
| | 16~20 | 0 | 0.00 | 0.0 | 0.00 | | 21.84 | 80.16 | | 16~20 | 0 | 0.00 | 0.00 | 0.00 | |
| | 21~25 | 0 | 0.00 | 0.0 | 0.00 | | 相对净资产 | -58.32 | | 21~25 | 0 | 0.00 | 0.00 | 0.00 | |
| | 26~30 | 0 | 0.00 | 0.0 | 0.00 | | | | | 26~30 | 0 | 0.00 | 0.00 | 0.00 | |
| | 31~35 | 1 | 8.33 | 1.6 | 2.67 | | | | | 31~35 | 1 | 8.33 | -3.50 | -5.83 | |
| | 36~40 | 4 | 33.33 | 5.4 | 9.00 | | | | | 36~40 | 4 | 33.33 | -15.00 | -25.00 | |
| | 41~45 | 7 | 58.33 | 6.1 | 10.17 | | | | | 41~45 | 7 | 58.33 | -29.60 | -49.33 | |
| | 46~50 | 0 | 0.00 | 0.0 | 0.00 | | | | | 46~50 | 0 | 0.00 | 0.00 | 0.00 | |
| 合计 | | 12 | 100.00 | 13.1 | 21.84 | 1.09 | 12 | | 合计 | | 12 | 100.00 | -48.10 | -80.16 | -4.01 |
| 公平系统 | 1~5 | 0 | 0.00 | 0.0 | 0.00 | | 公平系统 | | 公平系统 | 1~5 | 0 | 0.00 | 0.00 | 0.00 | |
| | 6~10 | 0 | 0.00 | 0.0 | 0.00 | | | | | 6~10 | 0 | 0.00 | 0.00 | 0.00 | |
| | 11~15 | 1 | 7.14 | 3.8 | 5.43 | | 资产：负债 | | | 11~15 | 1 | 7.14 | -1.30 | -1.86 | |
| | 16~20 | 0 | 0.00 | 0.0 | 0.00 | | 22.72 | 79.29 | | 16~20 | 0 | 0.00 | 0.00 | 0.00 | |
| | 21~25 | 0 | 0.00 | 0.0 | 0.00 | | 相对净资产 | -56.57 | | 21~25 | 0 | 0.00 | 0.00 | 0.00 | |
| | 26~30 | 0 | 0.00 | 0.0 | 0.00 | | | | | 26~30 | 0 | 0.00 | 0.00 | 0.00 | |
| | 31~35 | 1 | 7.14 | 2.0 | 2.86 | | | | | 31~35 | 1 | 7.14 | -3.10 | -4.43 | |
| | 36~40 | 4 | 28.57 | 4.6 | 6.57 | | | | | 36~40 | 4 | 28.57 | -15.80 | -22.57 | |
| | 41~45 | 6 | 42.86 | 5.1 | 7.29 | | | | | 41~45 | 6 | 42.86 | -25.50 | -36.43 | |
| | 46~50 | 2 | 14.29 | 0.4 | 0.57 | | | | | 46~50 | 2 | 14.29 | -9.80 | -14.00 | |
| 合计 | | 14 | 100.00 | 15.9 | 22.72 | 1.14 | 14 | | 合计 | | 14 | 100.00 | -55.50 | -79.29 | -3.96 |
| 资产总指标数 | | | 占指标总数/% | 总资产分值 | 相对总资产/% | 总资产质量系数 | 相对总资产：相对总负债 | | 负债总指标数 | | | 占指标总数/% | 总负债分值 | 相对总负债/% | 总负债质量系数 |
| | | | | | | | 23.28 | 78.00 | | | | | | | |
| 50 | | | 100.00 | 58.2 | 23.28 | 1.16 | 相对净资产 | -54.72 | 50 | | | 100.00 | -195.00 | -78.00 | -3.90 |

### （四十四）昆明市新型城市化水平资产负债分析

1）城乡发展动力系统：在总数 24 个源指标中，资产累计得分为 48.00，相对资产为 40.01%，资产质量系数为 2.00，表明资产质量很差。同时，负债累计得分为-72.60，相对负债为-60.49%，负债质量系数为-3.03，表明负债质量很差。在该大项中，相对净资产为-20.48%。

2）城乡发展质量系统：在总数 12 个源指标中，资产累计得分为 22.70，相对资产为 37.83%，资产质量系数为 1.89，表明资产质量很差。同时，负债累计得分为-38.50，相对负债为-64.17%，负债质量系数为-3.21，表明负债质量很差。在该大项中，相对净资产为-26.34%。

3）城乡发展公平系统：在总数 14 个源指标中，资产累计得分为 27.90，相对资产为 39.85%，资产质量系数为 1.99，表明资产质量很差。同时，负债累计得分为-43.50，相对负债为-62.15%，负债质量系数为-3.11，表明负债质量很差。在该大项中，相对净资产为-22.30%。

总计上述三大项，在总数 50 个源指标中，总资产累计得分为 98.60，相对资产为 39.44%，资产质量系数为 1.97，表明资产质量很差。同时，负债累计得分为-154.60，相对负债为-61.84%，负债质量系数为-3.09，表明负债质量很差。在该大项中，相对净资产为-22.40%（图 7-69，表 7-62）。

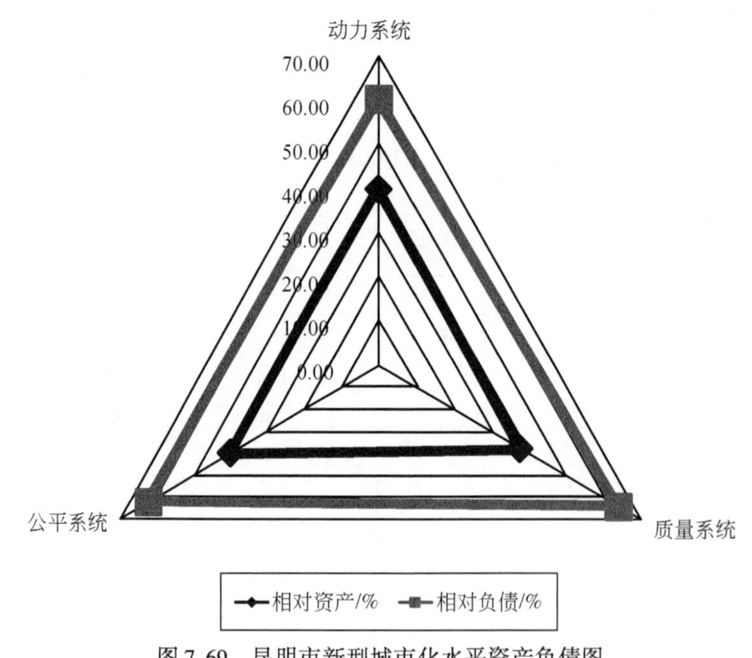


图 7-69　昆明市新型城市化水平资产负债图

**表 7-62　昆明市新型城市化水平资产负债表**

| 资　产 | | | | | | | 三大系统 | | 负　债 | | | | | | |
|---|---|---|---|---|---|---|---|---|---|---|---|---|---|---|---|
| 位　次 | | 指标数 | 占指标总数/% | 指标分值 | 相对资产/% | 资产质量系数 | | | 位　次 | | 指标数 | 占指标总数/% | 指标分值 | 相对负债/% | 负债质量系数 |
| 动力系统 | 1～5 | 0 | 0.00 | 0.0 | 0.00 | | 动力系统 | | 动力系统 | 1～5 | 0 | 0.00 | 0.00 | 0.00 | |
| | 6～10 | 0 | 0.00 | 0.0 | 0.00 | | | | | 6～10 | 0 | 0.00 | 0.00 | 0.00 | |
| | 11～15 | 1 | 4.17 | 3.8 | 3.17 | | 资产：负债 | | | 11～15 | 1 | 4.17 | -1.30 | -1.08 | |
| | 16～20 | 1 | 4.17 | 3.3 | 2.75 | | 40.01 | 60.49 | | 16～20 | 1 | 4.17 | 0.00 | 0.00 | |
| | 21～25 | 2 | 8.33 | 5.7 | 4.75 | | 相对净资产 | -20.48 | | 21～25 | 2 | 8.33 | -4.50 | -3.75 | |
| | 26～30 | 5 | 20.83 | 11.4 | 9.50 | | | | | 26～30 | 5 | 20.83 | -14.10 | -11.75 | |
| | 31～35 | 8 | 33.33 | 14.7 | 12.25 | | | | | 31～35 | 8 | 33.33 | -26.10 | -21.75 | |
| | 36～40 | 6 | 25.00 | 8.3 | 6.92 | | | | | 36～40 | 6 | 25.00 | -22.30 | -18.58 | |
| | 41～45 | 1 | 4.17 | 0.8 | 0.67 | | | | | 41～45 | 1 | 4.17 | -4.30 | -3.58 | |
| | 46～50 | 0 | 0.00 | 0.0 | 0.00 | | | | | 46～50 | 0 | 0.00 | 0.00 | 0.00 | |
| 合　计 | | 24 | 100.00 | 48.0 | 40.01 | 2.00 | 24 | | 合　计 | | 24 | 100.00 | -72.60 | -60.49 | -3.03 |
| 质量系统 | 1～5 | 0 | 0.00 | 0.0 | 0.00 | | 质量系统 | | 质量系统 | 1～5 | 0 | 0.00 | 0.00 | 0.00 | |
| | 6～10 | 0 | 0.00 | 0.0 | 0.00 | | | | | 6～10 | 0 | 0.00 | 0.00 | 0.00 | |
| | 11～15 | 0 | 0.00 | 0.0 | 0.00 | | 资产：负债 | | | 11～15 | 0 | 0.00 | 0.00 | 0.00 | |
| | 16～20 | 0 | 0.00 | 0.0 | 0.00 | | 37.83 | 64.17 | | 16～20 | 0 | 0.00 | 0.00 | 0.00 | |
| | 21～25 | 1 | 8.33 | 2.6 | 4.33 | | 相对净资产 | -26.34 | | 21～25 | 1 | 8.33 | -2.50 | -4.17 | |
| | 26～30 | 3 | 25.00 | 6.8 | 11.33 | | | | | 26～30 | 3 | 25.00 | -8.50 | -14.17 | |
| | 31～35 | 7 | 58.33 | 13.0 | 21.67 | | | | | 31～35 | 7 | 58.33 | -22.70 | -37.83 | |
| | 36～40 | 0 | 0.00 | 0.0 | 0.00 | | | | | 36～40 | 0 | 0.00 | 0.00 | 0.00 | |
| | 41～45 | 0 | 0.00 | 0.0 | 0.00 | | | | | 41～45 | 0 | 0.00 | 0.00 | 0.00 | |
| | 46～50 | 1 | 8.33 | 0.3 | 0.50 | | | | | 46～50 | 1 | 8.33 | -4.80 | -8.00 | |
| 合　计 | | 12 | 100.00 | 22.7 | 37.83 | 1.89 | 12 | | 合　计 | | 12 | 100.00 | -38.50 | -64.17 | -3.21 |
| 公平系统 | 1～5 | 1 | 7.14 | 4.7 | 6.71 | | 公平系统 | | 公平系统 | 1～5 | 1 | 7.14 | -0.40 | -0.57 | |
| | 6～10 | 0 | 0.00 | 0.0 | 0.00 | | | | | 6～10 | 0 | 0.00 | 0.00 | 0.00 | |
| | 11～15 | 0 | 0.00 | 0.0 | 0.00 | | 资产：负债 | | | 11～15 | 0 | 0.00 | 0.00 | 0.00 | |
| | 16～20 | 0 | 0.00 | 0.0 | 0.00 | | 39.85 | 62.15 | | 16～20 | 0 | 0.00 | 0.00 | 0.00 | |
| | 21～25 | 0 | 0.00 | 0.0 | 0.00 | | 相对净资产 | -22.30 | | 21～25 | 0 | 0.00 | 0.00 | 0.00 | |
| | 26～30 | 3 | 21.43 | 7.0 | 10.00 | | | | | 26～30 | 3 | 21.43 | -8.30 | -11.86 | |
| | 31～35 | 6 | 42.86 | 11.0 | 15.71 | | | | | 31～35 | 6 | 42.86 | -19.60 | -28.00 | |
| | 36～40 | 3 | 21.43 | 4.2 | 6.00 | | | | | 36～40 | 3 | 21.43 | -11.10 | -15.86 | |
| | 41～45 | 1 | 7.14 | 1.0 | 1.43 | | | | | 41～45 | 1 | 7.14 | -4.10 | -5.86 | |
| | 46～50 | 0 | 0.00 | 0.0 | 0.00 | | | | | 46～50 | 0 | 0.00 | 0.00 | 0.00 | |
| 合　计 | | 14 | 100.00 | 27.9 | 39.85 | 1.99 | 14 | | 合　计 | | 14 | 100.00 | -43.50 | -62.15 | -3.11 |
| 资产总指标数 | | | 占指标总数/% | 总资产分值 | 相对总资产/% | 总资产质量系数 | 相对总资产：相对总负债 | | 负债总指标数 | | | 占指标总数/% | 总负债分值 | 相对总负债/% | 总负债质量系数 |
| | | | | | | | 39.44 | 61.84 | | | | | | | |
| 50 | | | 100.00 | 98.6 | 39.44 | 1.97 | 相对净资产 | -22.40 | 50 | | | 100.00 | -154.60 | -61.84 | -3.09 |

### （四十五）西安市新型城市化水平资产负债分析

1）城乡发展动力系统：在总数 24 个源指标中，资产累计得分为 58. 00，相对资产为 48. 33%，资产质量系数为 2. 42，表明资产质量一般。同时，负债累计得分为-64. 40，相对负债为-53. 67%，负债质量系数为-2. 68，表明负债质量一般。在该大项中，相对净资产为-5. 33%。

2）城乡发展质量系统：在总数 12 个源指标中，资产累计得分为 24. 20，相对资产为 40. 34%，资产质量系数为 2. 02，表明资产质量一般。同时，负债累计得分为-37. 00，相对负债为-61. 66%，负债质量系数为-3. 08，表明负债质量很差。在该大项中，相对净资产为-21. 32%。

3）城乡发展公平系统：在总数 14 个源指标中，资产累计得分为 35. 70，相对资产为 51. 00%，资产质量系数为 2. 55，表明资产质量一般。同时，负债累计得分为-35. 70，相对负债为-50. 99%，负债质量系数为-2. 55，表明负债质量一般。在该大项中，相对净资产为 0. 01%。

总计上述三大项，在总数 50 个源指标中，总资产累计得分为 117. 90，相对资产为 47. 16%，资产质量系数为 2. 36，表明资产质量一般。同时，负债累计得分为-137. 10，相对负债为-54. 84%，负债质量系数为-2. 74，表明负债质量一般。在该大项中，相对净资产为-7. 68%（图 7-70，表 7-63）。

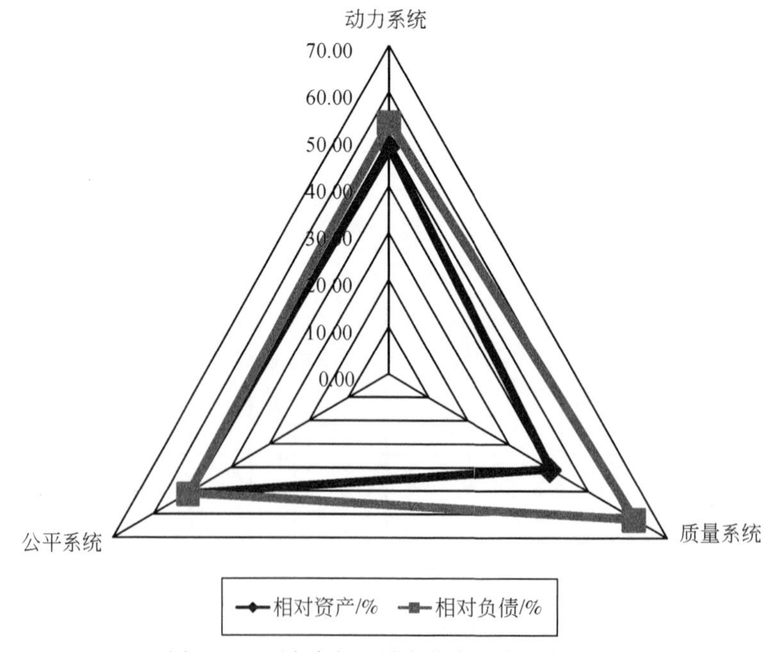


图 7-70　西安市新型城市化水平资产负债图

**表 7-63　西安市新型城市化水平资产负债表**

| 资产 | | | | | | | 三大系统 | | 负债 | | | | | | |
|---|---|---|---|---|---|---|---|---|---|---|---|---|---|---|---|
| 位次 | | 指标数 | 占指标总数/% | 指标分值 | 相对资产/% | 资产质量系数 | 三大系统 | | 位次 | | 指标数 | 占指标总数/% | 指标分值 | 相对负债/% | 负债质量系数 |
| 动力系统 | 1～5 | 0 | 0.00 | 0.0 | 0.00 | | 动力系统 | | 动力系统 | 1～5 | 0 | 0.00 | 0.00 | 0.00 | |
| | 6～10 | 1 | 4.17 | 4.2 | 3.50 | | | | | 6～10 | 1 | 4.17 | -0.90 | -0.75 | |
| | 11～15 | 1 | 4.17 | 3.9 | 3.25 | | 资产：负债 | | | 11～15 | 1 | 4.17 | -1.20 | -1.00 | |
| | 16～20 | 4 | 16.67 | 13.3 | 11.08 | | 48.33 | 53.67 | | 16～20 | 4 | 16.67 | -7.10 | -5.92 | |
| | 21～25 | 4 | 16.67 | 11.3 | 9.42 | | 相对净资产 | -5.33 | | 21～25 | 4 | 16.67 | -9.10 | -7.58 | |
| | 26～30 | 6 | 25.00 | 13.7 | 11.42 | | | | | 26～30 | 6 | 25.00 | -16.90 | -14.08 | |
| | 31～35 | 3 | 12.50 | 5.8 | 4.83 | | | | | 31～35 | 3 | 12.50 | -9.50 | -7.92 | |
| | 36～40 | 3 | 12.50 | 4.0 | 3.33 | | | | | 36～40 | 3 | 12.50 | -11.30 | -9.42 | |
| | 41～45 | 2 | 8.33 | 1.8 | 1.50 | | | | | 41～45 | 2 | 8.33 | -8.40 | -7.00 | |
| | 46～50 | 0 | 0.00 | 0.0 | 0.00 | | | | | 46～50 | 0 | 0.00 | 0.00 | 0.00 | |
| 合计 | | 24 | 100.00 | 58.0 | 48.33 | 2.42 | 24 | | 合计 | | 24 | 100.00 | -64.40 | -53.67 | -2.68 |
| 质量系统 | 1～5 | 1 | 8.33 | 5.0 | 8.33 | | 质量系统 | | 质量系统 | 1～5 | 1 | 8.33 | -0.10 | -0.17 | |
| | 6～10 | 0 | 0.00 | 0.0 | 0.00 | | | | | 6～10 | 0 | 0.00 | 0.00 | 0.00 | |
| | 11～15 | 0 | 0.00 | 0.0 | 0.00 | | 资产：负债 | | | 11～15 | 0 | 0.00 | 0.00 | 0.00 | |
| | 16～20 | 0 | 0.00 | 0.0 | 0.00 | | 40.34 | 61.66 | | 16～20 | 0 | 0.00 | 0.00 | 0.00 | |
| | 21～25 | 3 | 25.00 | 8.1 | 132.50 | | 相对净资产 | -21.32 | | 21～25 | 3 | 25.00 | -7.20 | -12.00 | |
| | 26～30 | 2 | 16.67 | 4.6 | 7.67 | | | | | 26～30 | 2 | 16.67 | -5.60 | -9.33 | |
| | 31～35 | 1 | 8.33 | 1.8 | 3.00 | | | | | 31～35 | 1 | 8.33 | -3.30 | -5.50 | |
| | 36～40 | 2 | 16.67 | 2.7 | 4.50 | | | | | 36～40 | 2 | 16.67 | -7.50 | -12.50 | |
| | 41～45 | 2 | 16.67 | 1.6 | 2.67 | | | | | 41～45 | 2 | 16.67 | -8.60 | -14.33 | |
| | 46～50 | 1 | 8.33 | 0.4 | 0.67 | | | | | 46～50 | 1 | 18.33 | -4.70 | -7.83 | |
| 合计 | | 12 | 100.00 | 24.2 | 40.34 | 2.02 | 12 | | 合计 | | 12 | 100.00 | -37.00 | -61.66 | -3.08 |
| 公平系统 | 1～5 | 2 | 14.29 | 9.8 | 14.00 | | 公平系统 | | 公平系统 | 1～5 | 2 | 14.29 | -0.40 | -0.57 | |
| | 6～10 | 0 | 0.00 | 0.0 | 0.00 | | | | | 6～10 | 0 | 0.00 | 0.00 | 0.00 | |
| | 11～15 | 0 | 0.00 | 0.0 | 0.00 | | 资产：负债 | | | 11～15 | 0 | 0.00 | 0.00 | 0.00 | |
| | 16～20 | 1 | 7.14 | 3.2 | 4.57 | | 51.00 | 50.99 | | 16～20 | 1 | 7.14 | -1.90 | -2.71 | |
| | 21～25 | 3 | 21.43 | 7.9 | 11.29 | | 相对净资产 | 0.01 | | 21～25 | 3 | 21.43 | -7.40 | -10.57 | |
| | 26～30 | 3 | 21.43 | 7.1 | 10.14 | | | | | 26～30 | 3 | 21.43 | -8.20 | -11.71 | |
| | 31～35 | 2 | 14.29 | 3.5 | 5.00 | | | | | 31～35 | 2 | 14.29 | -6.70 | -9.57 | |
| | 36～40 | 3 | 21.43 | 4.2 | 6.00 | | | | | 36～40 | 3 | 21.43 | -11.10 | -15.86 | |
| | 41～45 | 0 | 0.00 | 0.0 | 0.00 | | | | | 41～45 | 0 | 0.00 | 0.00 | 0.00 | |
| | 46～50 | 0 | 0.00 | 0.0 | 0.00 | | | | | 46～50 | 0 | 0.00 | 0.00 | 0.00 | |
| 合计 | | 14 | 100.00 | 35.7 | 51.00 | 2.55 | 14 | | 合计 | | 14 | 100.00 | -35.70 | -50.99 | -2.55 |
| 资产总指标数 | | | 占指标总数/% | 总资产分值 | 相对总资产/% | 总资产质量系数 | 相对总资产：相对总负债 | | 负债总指标数 | | | 占指标总数/% | 总负债分值 | 相对总负债/% | 总负债质量系数 |
| | | | | | | | 47.16 | 54.84 | | | | | | | |
| 50 | | | 100.00 | 117.9 | 47.16 | 2.36 | 相对净资产 | -7.68 | 50 | | | 100.00 | -137.10 | -54.84 | -2.74 |

### （四十六）兰州市新型城市化水平资产负债分析

1）城乡发展动力系统：在总数 24 个源指标中，资产累计得分为 26.20，相对资产为 21.83%，资产质量系数为 1.09，表明资产质量很差。同时，负债累计得分为-96.20，相对负债为-80.17%，负债质量系数为-4.01，表明负债质量很差。在该大项中，相对净资产为-58.34%。

2）城乡发展质量系统：在总数 12 个源指标中，资产累计得分为 11.70，相对资产为 19.50%，资产质量系数为 0.98，表明资产质量很差。同时，负债累计得分为-49.50，相对负债为-82.50%，负债质量系数为-4.13，表明负债质量很差。在该大项中，相对净资产为-63.00%。

3）城乡发展公平系统：在总数 14 个源指标中，资产累计得分为 18.20，相对资产为 26.01%，资产质量系数为 1.30，表明资产质量很差。同时，负债累计得分为-53.20，相对负债为-76.00%，负债质量系数为-3.80，表明负债质量很差。在该大项中，相对净资产为-49.99%。

总计上述三大项，在总数 50 个源指标中，总资产累计得分为 56.10，相对资产为 22.44%，资产质量系数为 1.12，表明资产质量很差。同时，负债累计得分为-198.90，相对负债为-79.56%，负债质量系数为-3.98，表明负债质量很差。在该大项中，相对净资产为-57.12%（图 7-71，表 7-64）。

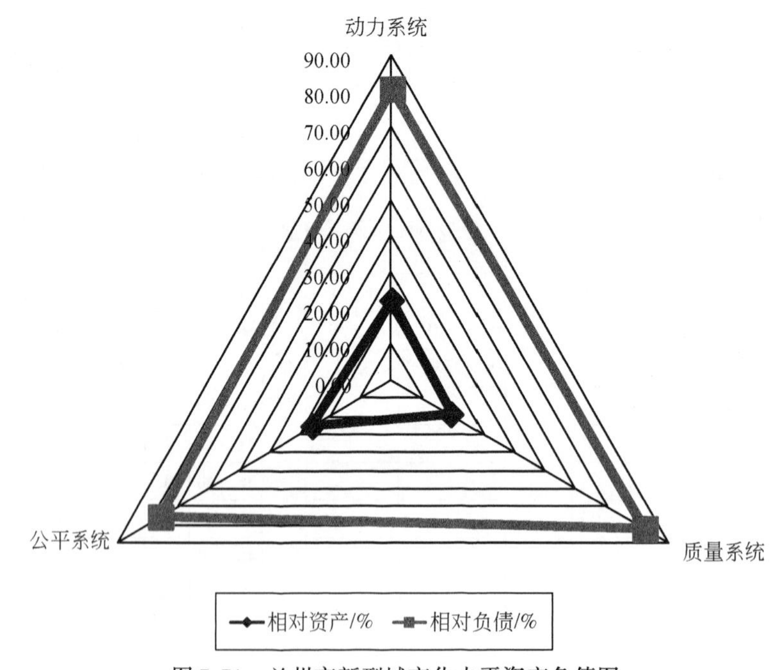


图 7-71　兰州市新型城市化水平资产负债图

**表7-64　兰州市新型城市化水平资产负债表**

| 资产 | | | | | | | 三大系统 | | 负债 | | | | | | |
|---|---|---|---|---|---|---|---|---|---|---|---|---|---|---|---|
| 位次 | | 指标数 | 占指标总数/% | 指标分值 | 相对资产/% | 资产质量系数 | | | 位次 | | 指标数 | 占指标总数/% | 指标分值 | 相对负债/% | 负债质量系数 |
| 动力系统 | 1～5 | 0 | 0.00 | 0.0 | 0.00 | | 动力系统 | | 动力系统 | 1～5 | 0 | 0.00 | 0.00 | 0.00 | |
| | 6～10 | 0 | 0.00 | 0.0 | 0.00 | | | | | 6～10 | 0 | 0.00 | 0.00 | 0.00 | |
| | 11～15 | 0 | 0.00 | 0.0 | 0.00 | | 资产：负债 | | | 11～15 | 0 | 0.00 | 0.00 | 0.00 | |
| | 16～20 | 0 | 0.00 | 0.0 | 0.00 | | 21.83 | 80.17 | | 16～20 | 0 | 0.00 | 0.00 | 0.00 | |
| | 21～25 | 1 | 4.17 | 2.7 | 2.25 | | 相对净资产 | -58.34 | | 21～25 | 1 | 4.17 | -2.40 | -2.00 | |
| | 26～30 | 1 | 4.17 | 2.1 | 1.75 | | | | | 26～30 | 1 | 4.17 | -3.00 | -2.50 | |
| | 31～35 | 2 | 8.33 | 3.9 | 3.25 | | | | | 31～35 | 2 | 8.33 | -6.30 | -5.25 | |
| | 36～40 | 6 | 25.00 | 7.5 | 6.25 | | | | | 36～40 | 6 | 25.00 | -23.10 | -19.25 | |
| | 41～45 | 12 | 50.00 | 9.3 | 7.75 | | | | | 41～45 | 12 | 50.00 | -51.90 | -43.25 | |
| | 46～50 | 2 | 8.33 | 0.7 | 0.58 | | | | | 46～50 | 2 | 8.33 | -9.50 | -7.92 | |
| 合计 | | 24 | 100.00 | 26.2 | 21.83 | 1.09 | 24 | | 合计 | | 24 | 100.00 | -96.20 | -80.17 | -4.01 |
| 质量系统 | 1～5 | 1 | 8.33 | 4.8 | 8.00 | | 质量系统 | | 质量系统 | 1～5 | 1 | 8.33 | -0.30 | -0.50 | |
| | 6～10 | 0 | 0.00 | 0.0 | 0.00 | | | | | 6～10 | 0 | 0.00 | 0.00 | 0.00 | |
| | 11～15 | 0 | 0.00 | 0.0 | 0.00 | | 资产：负债 | | | 11～15 | 0 | 0.00 | 0.00 | 0.00 | |
| | 16～20 | 0 | 0.00 | 0.0 | 0.00 | | 19.50 | 82.50 | | 16～20 | 0 | 0.00 | 0.00 | 0.00 | |
| | 21～25 | 0 | 0.00 | 0.0 | 0.00 | | 相对净资产 | -63.00 | | 21～25 | 0 | 0.00 | 0.00 | 0.00 | |
| | 26～30 | 0 | 0.00 | 0.0 | 0.00 | | | | | 26～30 | 0 | 0.00 | 0.00 | 0.00 | |
| | 31～35 | 0 | 0.00 | 0.0 | 0.00 | | | | | 31～35 | 0 | 0.00 | 0.00 | 0.00 | |
| | 36～40 | 3 | 25.00 | 3.8 | 6.33 | | | | | 36～40 | 3 | 25.00 | -11.50 | -19.17 | |
| | 41～45 | 2 | 16.67 | 1.2 | 2.00 | | | | | 41～45 | 2 | 16.67 | -9.00 | -15.00 | |
| | 46～50 | 6 | 50.00 | 1.9 | 3.17 | | | | | 46～50 | 6 | 50.00 | -28.70 | -47.83 | |
| 合计 | | 12 | 100.00 | 11.7 | 19.50 | 0.98 | 12 | | 合计 | | 12 | 100.00 | -49.50 | -82.50 | -4.13 |
| 公平系统 | 1～5 | 1 | 7.14 | 4.8 | 6.86 | | 公平系统 | | 公平系统 | 1～5 | 1 | 7.14 | -0.30 | -0.43 | |
| | 6～10 | 1 | 7.14 | 4.2 | 6.00 | | | | | 6～10 | 1 | 7.14 | -0.90 | -1.29 | |
| | 11～15 | 0 | 0.00 | 0.0 | 0.00 | | 资产：负债 | | | 11～15 | 0 | 0.00 | 0.00 | 0.00 | |
| | 16～20 | 0 | 0.00 | 0.0 | 0.00 | | 26.01 | 76.00 | | 16～20 | 0 | 0.00 | 0.00 | 0.00 | |
| | 21～25 | 0 | 0.00 | 0.0 | 0.00 | | 相对净资产 | -49.99 | | 21～25 | 0 | 0.00 | 0.00 | 0.00 | |
| | 26～30 | 0 | 0.00 | 0.0 | 0.00 | | | | | 26～30 | 0 | 0.00 | 0.00 | 0.00 | |
| | 31～35 | 1 | 7.14 | 1.7 | 2.43 | | | | | 31～35 | 1 | 7.14 | -3.40 | -4.86 | |
| | 36～40 | 1 | 7.14 | 1.1 | 1.57 | | | | | 36～40 | 1 | 7.14 | -4.00 | -5.71 | |
| | 41～45 | 7 | 50.00 | 5.5 | 7.86 | | | | | 41～45 | 7 | 50.00 | -30.20 | -43.14 | |
| | 46～50 | 3 | 21.43 | 0.9 | 1.29 | | | | | 46～50 | 3 | 21.43 | -14.40 | -20.57 | |
| 合计 | | 14 | 100.00 | 18.2 | 26.01 | 1.30 | 14 | | 合计 | | 14 | 100.00 | -53.20 | -76.00 | -3.80 |
| 资产总指标数 | | | 占指标总数/% | 总资产分值 | 相对总资产/% | 总资产质量系数 | 相对总资产：相对总负债 | | 负债总指标数 | | | 占指标总数/% | 总负债分值 | 相对总负债/% | 总负债质量系数 |
| | | | | | | | 22.44 | 79.56 | | | | | | | |
| 50 | | | 100.00 | 56.1 | 22.44 | 1.12 | 相对净资产 | -57.12 | 50 | | | 100.00 | -198.90 | -79.56 | -3.98 |

## （四十七）西宁市新型城市化水平资产负债分析

1）城乡发展动力系统：在总数 24 个源指标中，资产累计得分为 13.30，相对资产为 11.08%，资产质量系数为 0.55，表明资产质量很差。同时，负债累计得分为-109.10，相对负债为-90.92%，负债质量系数为-4.55，表明负债质量很差。在该大项中，相对净资产为-79.84%。

2）城乡发展质量系统：在总数 12 个源指标中，资产累计得分为 8.60，相对资产为 14.34%，资产质量系数为 0.72，表明资产质量很差。同时，负债累计得分为-52.60，相对负债为-87.66%，负债质量系数为-4.38，表明负债质量很差。在该大项中，相对净资产为-73.32%。

3）城乡发展公平系统：在总数 14 个源指标中，资产累计得分为 13.80，相对资产为 19.71%，资产质量系数为 0.99，表明资产质量很差。同时，负债累计得分为-57.60，相对负债为-82.28%，负债质量系数为-4.11，表明负债质量很差。在该大项中，相对净资产为-62.57%。

总计上述三大项，在总数 50 个源指标中，总资产累计得分为 35.70，相对资产为 14.28%，资产质量系数为 0.71，表明资产质量很差。同时，负债累计得分为-219.30，相对负债为-87.72%，负债质量系数为-4.39，表明负债质量很差。在该大项中，相对净资产为-73.44%（图 7-72，表 7-65）。

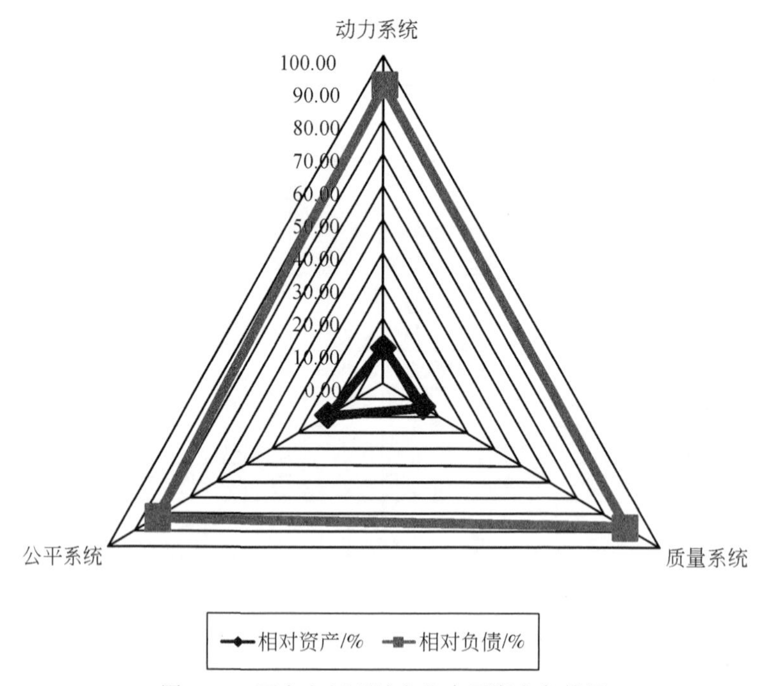


图 7-72　西宁市新型城市化水平资产负债图

**表 7-65　西宁市新型城市化水平资产负债表**

| 资产 | | | | | | | 三大系统 | | 负债 | | | | | | |
|---|---|---|---|---|---|---|---|---|---|---|---|---|---|---|---|
| 位次 | | 指标数 | 占指标总数/% | 指标分值 | 相对资产/% | 资产质量系数 | | | 位次 | | 指标数 | 占指标总数/% | 指标分值 | 相对负债/% | 负债质量系数 |
| 动力系统 | 1～5 | 0 | 0.00 | 0.0 | 0.00 | | 动力系统 | | 动力系统 | 1～5 | 0 | 0.00 | 0.00 | 0.00 | |
| | 6～10 | 0 | 0.00 | 0.0 | 0.00 | | | | | 6～10 | 0 | 0.00 | 0.00 | 0.00 | |
| | 11～15 | 0 | 0.00 | 0.0 | 0.00 | | 资产：负债 | | | 11～15 | 0 | 0.00 | 0.00 | 0.00 | |
| | 16～20 | 0 | 0.00 | 0.0 | 0.00 | | 11.08 | 90.92 | | 16～20 | 0 | 0.00 | 0.00 | 0.00 | |
| | 21～25 | 0 | 0.00 | 0.0 | 0.00 | | 相对净资产 | -79.84 | | 21～25 | 0 | 0.00 | 0.00 | 0.00 | |
| | 26～30 | 0 | 0.00 | 0.0 | 0.00 | | | | | 26～30 | 0 | 0.00 | 0.00 | 0.00 | |
| | 31～35 | 1 | 4.17 | 2.0 | 1.67 | | | | | 31～35 | 1 | 4.17 | -3.10 | -2.58 | |
| | 36～40 | 0 | 0.00 | 0.0 | 0.00 | | | | | 36～40 | 0 | 0.00 | 0.00 | 0.00 | |
| | 41～45 | 8 | 33.33 | 5.5 | 4.58 | | | | | 41～45 | 8 | 33.33 | -35.30 | -29.42 | |
| | 46～50 | 15 | 62.50 | 5.8 | 4.83 | | | | | 46～50 | 15 | 62.50 | -70.70 | -58.92 | |
| 合　计 | | 24 | 100.00 | 13.3 | 11.08 | 0.55 | 24 | | 合　计 | | 24 | 100.00 | -109.10 | -90.92 | -4.55 |
| 质量系统 | 1～5 | 1 | 8.33 | 4.6 | 7.67 | | 质量系统 | | 质量系统 | 1～5 | 1 | 8.33 | -0.50 | -0.83 | |
| | 6～10 | 0 | 0.00 | 0.0 | 0.00 | | | | | 6～10 | 0 | 0.00 | 0.00 | 0.00 | |
| | 11～15 | 0 | 0.00 | 0.0 | 0.00 | | 资产：负债 | | | 11～15 | 0 | 0.00 | 0.00 | 0.00 | |
| | 16～20 | 0 | 0.00 | 0.0 | 0.00 | | 14.34 | 87.66 | | 16～20 | 0 | 0.00 | 0.00 | 0.00 | |
| | 21～25 | 0 | 0.00 | 0.0 | 0.00 | | 相对净资产 | -73.32 | | 21～25 | 0 | 0.00 | 0.00 | 0.00 | |
| | 26～30 | 0 | 0.00 | 0.0 | 0.00 | | | | | 26～30 | 0 | 0.00 | 0.00 | 0.00 | |
| | 31～35 | 0 | 0.00 | 0.0 | 0.00 | | | | | 31～35 | 0 | 0.00 | 0.00 | 0.00 | |
| | 36～40 | 0 | 0.00 | 0.0 | 0.00 | | | | | 36～40 | 0 | 0.00 | 0.00 | 0.00 | |
| | 41～45 | 2 | 16.67 | 1.2 | 2.00 | | | | | 41～45 | 2 | 16.67 | -9.00 | -15.00 | |
| | 46～50 | 9 | 75.00 | 2.8 | 4.67 | | | | | 46～50 | 9 | 75.00 | -43.10 | -71.83 | |
| 合　计 | | 12 | 100.00 | 8.6 | 14.34 | 0.72 | 12 | | 合　计 | | 12 | 100.00 | -52.60 | -87.66 | -4.38 |
| 公平系统 | 1～5 | 1 | 7.14 | 4.6 | 6.57 | | 公平系统 | | 公平系统 | 1～5 | 1 | 7.14 | -0.50 | -0.71 | |
| | 6～10 | 0 | 0.00 | 0.0 | 0.00 | | | | | 6～10 | 0 | 0.00 | 0.00 | 0.00 | |
| | 11～15 | 1 | 7.14 | 3.9 | 5.57 | | 资产：负债 | | | 11～15 | 1 | 7.14 | -1.20 | -1.71 | |
| | 16～20 | 0 | 0.00 | 0.0 | 0.00 | | 19.71 | 82.28 | | 16～20 | 0 | 0.00 | 0.00 | 0.00 | |
| | 21～25 | 0 | 0.00 | 0.0 | 0.00 | | 相对净资产 | -62.57 | | 21～25 | 0 | 0.00 | 0.00 | 0.00 | |
| | 26～30 | 0 | 0.00 | 0.0 | 0.00 | | | | | 26～30 | 0 | 0.00 | 0.00 | 0.00 | |
| | 31～35 | 0 | 0.00 | 0.0 | 0.00 | | | | | 31～35 | 0 | 0.00 | 0.00 | 0.00 | |
| | 36～40 | 0 | 0.00 | 0.0 | 0.00 | | | | | 36～40 | 0 | 0.00 | 0.00 | 0.00 | |
| | 41～45 | 2 | 14.29 | 1.4 | 2.00 | | | | | 41～45 | 2 | 14.29 | -8.80 | -12.57 | |
| | 46～50 | 10 | 71.43 | 3.9 | 5.57 | | | | | 46～50 | 10 | 71.43 | -47.10 | -67.29 | |
| 合　计 | | 14 | 100.00 | 13.8 | 19.71 | 0.99 | 14 | | 合　计 | | 14 | 100.00 | -57.60 | -82.28 | -4.11 |
| 资产总指标数 | | | 占指标总数/% | 总资产分值 | 相对总资产/% | 总资产质量系数 | 相对总资产：相对总负债 | | 负债总指标数 | | | 占指标总数/% | 总负债分值 | 相对总负债/% | 总负债质量系数 |
| | | | | | | | 14.28 | 87.72 | | | | | | | |
| 50 | | | 100.00 | 35.7 | 14.28 | 0.71 | 相对净资产 | -73.44 | 50 | | | 100.00 | -219.30 | -87.72 | -4.39 |

### （四十八）银川市新型城市化水平资产负债分析

1）城乡发展动力系统：在总数 24 个源指标中，资产累计得分为 23. 30，相对资产为 19. 42%，资产质量系数为 0. 97，表明资产质量很差。同时，负债累计得分为-99. 10，相对负债为-82. 58%，负债质量系数为-4. 13，表明负债质量很差。在该大项中，相对净资产为-63. 16%。

2）城乡发展质量系统：在总数 12 个源指标中，资产累计得分为 12. 90，相对资产为 21. 49%，资产质量系数为 1. 08，表明资产质量很差。同时，负债累计得分为-48. 30，相对负债为-80. 49%，负债质量系数为-4. 03，表明负债质量很差。在该大项中，相对净资产为-59. 00%。

3）城乡发展公平系统：在总数 14 个源指标中，资产累计得分为 15. 20，相对资产为 21. 71%，资产质量系数为 1. 09，表明资产质量很差。同时，负债累计得分为-56. 20，相对负债为-80. 28%，负债质量系数为-4. 01，表明负债质量很差。在该大项中，相对净资产为-58. 57%。

总计上述三大项，在总数 50 个源指标中，总资产累计得分为 51. 40，相对资产为 20. 56%，资产质量系数为 1. 03，表明资产质量很差。同时，负债累计得分为-203. 60，相对负债为-81. 44%，负债质量系数为-4. 07，表明负债质量很差。在该大项中，相对净资产为-60. 88%（图 7-73，表 7-66）。

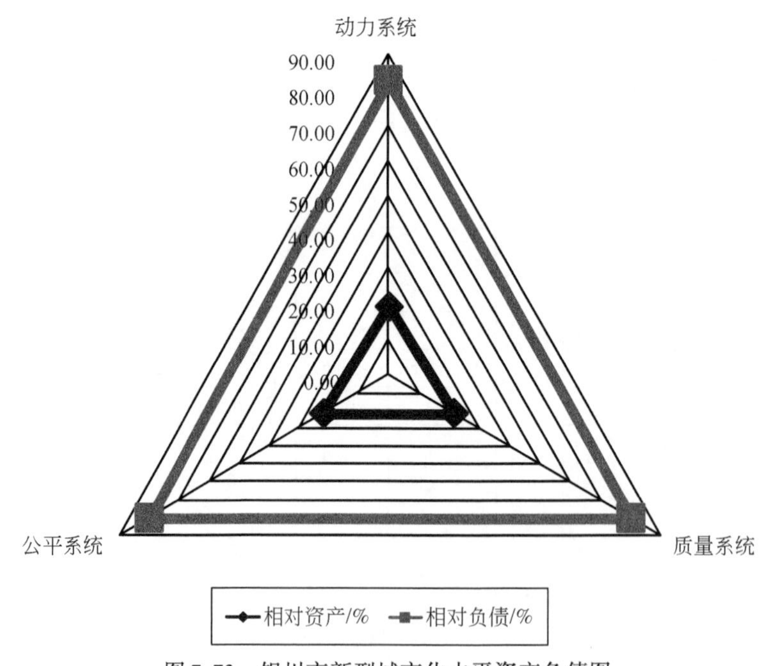


图 7-73　银川市新型城市化水平资产负债图

**表 7-66　银川市新型城市化水平资产负债表**

| 资产 | | | | | | | 三大系统 | | 负债 | | | | | | |
|---|---|---|---|---|---|---|---|---|---|---|---|---|---|---|---|
| 位次 | | 指标数 | 占指标总数/% | 指标分值 | 相对资产/% | 资产质量系数 | | | 位次 | | 指标数 | 占指标总数/% | 指标分值 | 相对负债/% | 负债质量系数 |
| 动力系统 | 1～5 | 0 | 0.00 | 0.0 | 0.00 | | 动力系统 | | 动力系统 | 1～5 | 0 | 0.00 | 0.00 | 0.00 | |
| | 6～10 | 0 | 0.00 | 0.0 | 0.00 | | | | | 6～10 | 0 | 0.00 | 0.00 | 0.00 | |
| | 11～15 | 1 | 4.17 | 3.7 | 3.08 | | 资产：负债 | | | 11～15 | 1 | 4.17 | -1.40 | -1.17 | |
| | 16～20 | 0 | 0.00 | 0.0 | 0.00 | | 19.42 | 82.58 | | 16～20 | 0 | 0.00 | 0.00 | 0.00 | |
| | 21～25 | 0 | 0.00 | 0.0 | 0.00 | | 相对净资产 | -63.16 | | 21～25 | 0 | 0.00 | 0.00 | 0.00 | |
| | 26～30 | 1 | 4.17 | 2.2 | 1.83 | | | | | 26～30 | 1 | 4.17 | -2.90 | -2.42 | |
| | 31～35 | 0 | 0.00 | 0.0 | 0.00 | | | | | 31～35 | 0 | 0.00 | 0.00 | 0.00 | |
| | 36～40 | 3 | 12.50 | 3.5 | 2.92 | | | | | 36～40 | 3 | 12.50 | -11.80 | -9.83 | |
| | 41～45 | 14 | 58.33 | 11.6 | 9.67 | | | | | 41～45 | 14 | 58.33 | -59.80 | -49.83 | |
| | 46～50 | 5 | 20.83 | 2.3 | 1.92 | | | | | 46～50 | 5 | 20.83 | -23.20 | -19.33 | |
| 合计 | | 24 | 100.00 | 23.3 | 19.42 | 0.97 | 24 | | 合计 | | 24 | 100.00 | -99.10 | -82.58 | -4.13 |
| 质量系统 | 1～5 | 1 | 8.33 | 4.7 | 7.83 | | 质量系统 | | 质量系统 | 1～5 | 1 | 8.33 | -0.40 | -0.67 | |
| | 6～10 | 0 | 0.00 | 0.0 | 0.00 | | | | | 6～10 | 0 | 0.00 | 0.00 | 0.00 | |
| | 11～15 | 0 | 0.00 | 0.0 | 0.00 | | 资产：负债 | | | 11～15 | 0 | 0.00 | 0.00 | 0.00 | |
| | 16～20 | 0 | 0.00 | 0.0 | 0.00 | | 21.49 | 80.49 | | 16～20 | 0 | 0.00 | 0.00 | 0.00 | |
| | 21～25 | 0 | 0.00 | 0.0 | 0.00 | | 相对净资产 | -59.00 | | 21～25 | 0 | 0.00 | 0.00 | 0.00 | |
| | 26～30 | 0 | 0.00 | 0.0 | 0.00 | | | | | 26～30 | 0 | 0.00 | 0.00 | 0.00 | |
| | 31～35 | 0 | 0.00 | 0.0 | 0.00 | | | | | 31～35 | 0 | 0.00 | 0.00 | 0.00 | |
| | 36～40 | 1 | 8.33 | 1.2 | 2.00 | | | | | 36～40 | 1 | 8.33 | -3.90 | -6.50 | |
| | 41～45 | 7 | 58.33 | 5.6 | 9.33 | | | | | 41～45 | 7 | 58.33 | -30.10 | -50.17 | |
| | 46～50 | 3 | 25.00 | 1.4 | 2.33 | | | | | 46～50 | 3 | 25.00 | -13.90 | -23.17 | |
| 合计 | | 12 | 100.00 | 12.9 | 21.49 | 1.08 | 12 | | 合计 | | 12 | 100.00 | -48.30 | -80.49 | -4.03 |
| 公平系统 | 1～5 | 1 | 7.14 | 4.7 | 6.71 | | 公平系统 | | 公平系统 | 1～5 | 1 | 7.14 | -0.40 | -0.57 | |
| | 6～10 | 0 | 0.00 | 0.0 | 0.00 | | | | | 6～10 | 0 | 0.00 | 0.00 | 0.00 | |
| | 11～15 | 0 | 0.00 | 0.0 | 0.00 | | 资产：负债 | | | 11～15 | 0 | 0.00 | 0.00 | 0.00 | |
| | 16～20 | 1 | 7.14 | 3.3 | 4.71 | | 21.71 | 80.28 | | 16～20 | 1 | 7.14 | -1.80 | -2.57 | |
| | 21～25 | 0 | 0.00 | 0.0 | 0.00 | | 相对净资产 | -58.57 | | 21～25 | 0 | 0.00 | 0.00 | 0.00 | |
| | 26～30 | 0 | 0.00 | 0.0 | 0.00 | | | | | 26～30 | 0 | 0.00 | 0.00 | 0.00 | |
| | 31～35 | 0 | 0.00 | 0.0 | 0.00 | | | | | 31～35 | 0 | 0.00 | 0.00 | 0.00 | |
| | 36～40 | 0 | 0.00 | 0.0 | 0.00 | | | | | 36～40 | 0 | 0.00 | 0.00 | 0.00 | |
| | 41～45 | 7 | 50.00 | 4.8 | 6.86 | | | | | 41～45 | 7 | 50.00 | -30.90 | -44.14 | |
| | 46～50 | 5 | 35.71 | 2.4 | 3.43 | | | | | 46～50 | 5 | 35.71 | -23.10 | -33.00 | |
| 合计 | | 14 | 100.00 | 15.2 | 21.71 | 1.09 | 14 | | 合计 | | 14 | 100.00 | -56.20 | -80.28 | -4.01 |
| 资产总指标数 | | | 占指标总数/% | 总资产分值 | 相对总资产/% | 总资产质量系数 | 相对总资产:相对总负债 | | 负债总指标数 | | | 占指标总数/% | 总负债分值 | 相对总负债/% | 总负债质量系数 |
| | | | | | | | 20.56 | 81.44 | | | | | | | |
| 50 | | | 100.00 | 51.4 | 20.56 | 1.03 | 相对净资产 | -60.88 | 50 | | | 100.00 | -203.60 | -81.44 | -4.07 |

### （四十九）乌鲁木齐市新型城市化水平资产负债分析

1）城乡发展动力系统：在总数 24 个源指标中，资产累计得分为 38.60，相对资产为 32.17%，资产质量系数为 1.61，表明资产质量很差。同时，负债累计得分为-83.80，相对负债为-69.83%，负债质量系数为-3.49，表明负债质量很差。在该大项中，相对净资产为-37.66%。

2）城乡发展质量系统：在总数 12 个源指标中，资产累计得分为 16.40，相对资产为 27.34%，资产质量系数为 1.37，表明资产质量很差。同时，负债累计得分为-44.80，相对负债为-74.66%，负债质量系数为-3.73，表明负债质量很差。在该大项中，相对净资产为-47.32%。

3）城乡发展公平系统：在总数 14 个源指标中，资产累计得分为 21.10，相对资产为 30.14%，资产质量系数为 1.51，表明资产质量很差。同时，负债累计得分为-50.30，相对负债为-71.86%，负债质量系数为-3.59，表明负债质量很差。在该大项中，相对净资产为-41.72%。

总计上述三大项，在总数 50 个源指标中，总资产累计得分为 76.10，相对资产为 30.44%，资产质量系数为 1.52，表明资产质量很差。同时，负债累计得分为-178.90，相对负债为-71.56%，负债质量系数为-3.58，表明负债质量很差。在该大项中，相对净资产为-41.12%（图 7-74，表 7-67）。

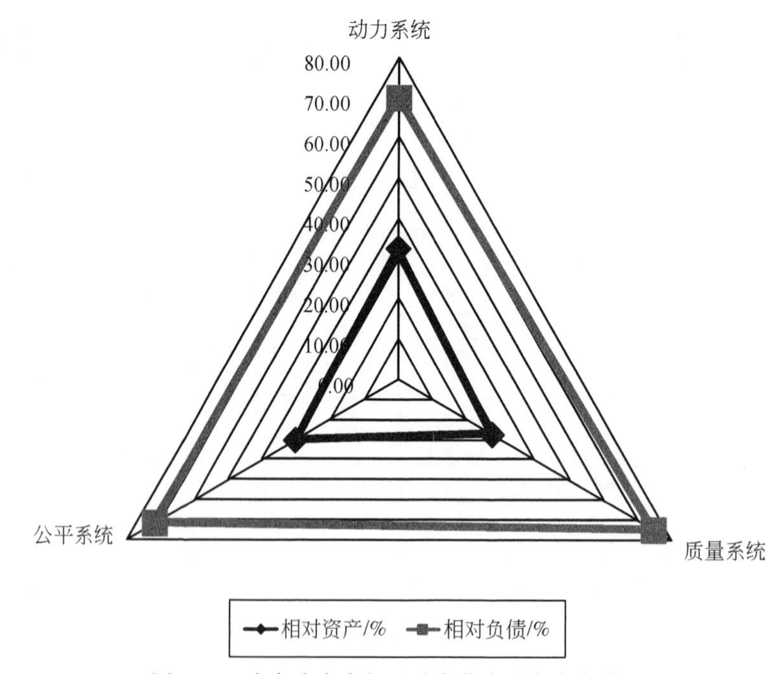


图 7-74　乌鲁木齐市新型城市化水平资产负债图

**表 7-67　乌鲁木齐市新型城市化水平资产负债表**

| 资产 | | | | | | | 三大系统 | | 负债 | | | | | | |
|---|---|---|---|---|---|---|---|---|---|---|---|---|---|---|---|
| 位次 | | 指标数 | 占指标总数/% | 指标分值 | 相对资产/% | 资产质量系数 | | | 位次 | | 指标数 | 占指标总数/% | 指标分值 | 相对负债/% | 负债质量系数 |
| 动力系统 | 1～5 | 0 | 0.00 | 0.0 | 0.00 | | 动力系统 | | 动力系统 | 1～5 | 0 | 0.00 | 0.00 | 0.00 | |
| | 6～10 | 1 | 4.17 | 4.2 | 3.50 | | | | | 6～10 | 1 | 4.17 | −0.90 | −0.75 | |
| | 11～15 | 0 | 0.00 | 0.0 | 0.00 | | 资产：负债 | | | 11～15 | 0 | 0.00 | 0.00 | 0.00 | |
| | 16～20 | 1 | 4.17 | 3.5 | 2.92 | | 32.17 | 69.83 | | 16～20 | 1 | 4.17 | −1.60 | −1.33 | |
| | 21～25 | 2 | 8.33 | 5.7 | 4.75 | | 相对净资产 | −37.66 | | 21～25 | 2 | 8.33 | −4.50 | −3.75 | |
| | 26～30 | 2 | 8.33 | 4.8 | 4.00 | | | | | 26～30 | 2 | 8.33 | −5.40 | −4.50 | |
| | 31～35 | 6 | 25.00 | 10.2 | 8.50 | | | | | 31～35 | 6 | 25.00 | −20.40 | −17.00 | |
| | 36～40 | 5 | 20.83 | 6.1 | 5.08 | | | | | 36～40 | 5 | 20.83 | −19.40 | −16.17 | |
| | 41～45 | 4 | 16.67 | 3.3 | 2.75 | | | | | 41～45 | 4 | 16.67 | −17.10 | −14.25 | |
| | 46～50 | 3 | 12.50 | 0.8 | 0.67 | | | | | 46～50 | 3 | 12.50 | −14.50 | −12.08 | |
| 合计 | | 24 | 100.00 | 38.6 | 32.17 | 1.61 | 24 | | 合计 | | 24 | 100.00 | −83.80 | −69.83 | −3.49 |
| 质量系统 | 1～5 | 1 | 8.33 | 4.9 | 8.17 | | 质量系统 | | 质量系统 | 1～5 | 1 | 8.33 | −0.20 | −0.33 | |
| | 6～10 | 0 | 0.00 | 0.0 | 0.00 | | | | | 6～10 | 0 | 0.00 | 0.00 | 0.00 | |
| | 11～15 | 0 | 0.00 | 0.0 | 0.00 | | 资产：负债 | | | 11～15 | 0 | 0.00 | 0.00 | 0.00 | |
| | 16～20 | 0 | 0.00 | 0.0 | 0.00 | | 27.34 | 74.66 | | 16～20 | 0 | 0.00 | 0.00 | 0.00 | |
| | 21～25 | 1 | 8.33 | 3.0 | 5.00 | | 相对净资产 | −47.32 | | 21～25 | 1 | 8.33 | −2.10 | −3.50 | |
| | 26～30 | 1 | 8.33 | 2.1 | 3.50 | | | | | 26～30 | 1 | 8.33 | −3.00 | −5.00 | |
| | 31～35 | 0 | 0.00 | 0.0 | 0.00 | | | | | 31～35 | 0 | 0.00 | 0.00 | 0.00 | |
| | 36～40 | 2 | 16.67 | 2.6 | 4.33 | | | | | 36～40 | 2 | 16.67 | −7.60 | −12.67 | |
| | 41～45 | 4 | 33.33 | 3.1 | 5.17 | | | | | 41～45 | 4 | 33.33 | −17.30 | −28.83 | |
| | 46～50 | 3 | 25.00 | 0.7 | 1.17 | | | | | 46～50 | 3 | 25.00 | −14.60 | −24.33 | |
| 合计 | | 12 | 100.00 | 16.4 | 27.34 | 1.37 | 12 | | 合计 | | 12 | 100.00 | −44.80 | −74.66 | −3.73 |
| 公平系统 | 1～5 | 1 | 7.14 | 4.9 | 7.00 | | 公平系统 | | 公平系统 | 1～5 | 1 | 7.14 | −0.20 | −0.29 | |
| | 6～10 | 0 | 0.00 | 0.0 | 0.00 | | | | | 6～10 | 0 | 0.00 | 0.00 | 0.00 | |
| | 11～15 | 0 | 0.00 | 0.0 | 0.00 | | 资产：负债 | | | 11～15 | 0 | 0.00 | 0.00 | 0.00 | |
| | 16～20 | 0 | 0.00 | 0.0 | 0.00 | | 30.14 | 71.86 | | 16～20 | 0 | 0.00 | 0.00 | 0.00 | |
| | 21～25 | 0 | 0.00 | 0.0 | 0.00 | | 相对净资产 | −41.72 | | 21～25 | 0 | 0.00 | 0.00 | 0.00 | |
| | 26～30 | 1 | 7.14 | 2.3 | 3.29 | | | | | 26～30 | 1 | 7.14 | −2.80 | −4.00 | |
| | 31～35 | 2 | 14.29 | 3.3 | 4.71 | | | | | 31～35 | 2 | 14.29 | −6.90 | −9.86 | |
| | 36～40 | 4 | 28.57 | 4.9 | 7.00 | | | | | 36～40 | 4 | 28.57 | −15.50 | −22.14 | |
| | 41～45 | 6 | 42.86 | 5.7 | 8.14 | | | | | 41～45 | 6 | 42.86 | −24.90 | −35.57 | |
| | 46～50 | 0 | 0.00 | 0.0 | 0.00 | | | | | 46～50 | 0 | 0.00 | 0.00 | 0.00 | |
| 合计 | | 14 | 100.00 | 21.1 | 30.14 | 1.51 | 14 | | 合计 | | 14 | 100.00 | −50.30 | −71.86 | −3.59 |
| 资产总指标数 | | | 占指标总数/% | 总资产分值 | 相对总资产/% | 总资产质量系数 | 相对总资产：相对总负债 | | 负债总指标数 | | | 占指标总数/% | 总负债分值 | 相对总负债/% | 总负债质量系数 |
| | | | | | | | 30.44 | 71.56 | | | | | | | |
| 50 | | | 100.00 | 76.1 | 30.44 | 1.52 | 相对净资产 | −41.12 | 50 | | | 100.00 | −178.90 | −71.56 | −3.58 |

## 参考文献


鲍寿柏 . 2000. 专业性工矿城市发展模式 . 北京：科学出版社 .

北京市农村城镇化评价指标体系及测评方法研究课题组 . 2005. 北京市农村城镇化评价指标体系及测评方法研究 . 北京：北京市农村城镇化评价指标体系及测评方法研究课题组 .

陈红，梁立杰，杨彩霞 . 2004. 可持续发展的公路建设生态观 . 长安大学学报：自然科学版，1：69-71.

陈雪松 . 2009. 沈阳市铁西旧工业区更新策略研究 . 哈尔滨：哈尔滨工业大学硕士学位论文 .

成都统筹城乡发展评价指标体系研究课题组 . 2008. 成都统筹城乡发展评价指标体系研究 . 成都：成都统筹城乡发展评价指标体系研究课题组 .

代合治，刘兆德 . 1998. 复合指标法及其在测度中国省域城市化水平中的应用 . 城市问题，(4)：21-24.

丁良川，金勇 . 2005. 城市道路交通环境的社会学分析 . 城市问题，2：5-8.

杜学君 . 2012. 基于生态环境建设的现代城市发展全略 . 神州，25：145-145.

方向新，杨盛海，刘艳文，等 . 2009. 政府公信力现状评价与对策探析 . 湘潮（下半月）（理论），(12)：1-4.

付允，刘怡君 . 2009. 指标体系有效性的 RST 评价方法及应用，管理评论，(7)：91-95.

宫天文 . 2010. 我国城市文化建设问题与对策研究 . 济南：山东大学硕士学位论文 .

顾基发 . 2006. 物理-事理-人理的系统方法论：理论与应用 . 上海：上海科技教育出版社 .

郭济，高小平，沈荣华 . 2005. 中央和大城市政府应急机制建设 . 北京：中国人民大学出版社 .

郭显光 . 1998. 改进的熵值法及其在经济效益评价中的应用 . 系统工程理论与实践，12：98-102.

国家减灾委办公室 . 2011. 2011 年自然灾害基本情况 . http：//www. mca. gov. cn/article/zrzh/2011/index. htm

国家减灾委办公室 . 2012. 2012 年自然灾害基本情况 . http：//www. mca. gov. cn/article/zrzh/201212/index. htm

国家减灾委办公室 . 2013. 2013 年自然灾害基本情况 . http：//www. mca. gov. cn/article/zrzh/201312/index. htm

国家减灾委办公室 . 2014. 2014 年自然灾害基本情况 . http：//www. mca. gov. cn/article/zrzh/201412/index. htm

韩增林，刘天宝 . 2010. 中国地级以上城市城市化质量特征及空间差异分析 . 地理研究，28（6）：1508-1515.

贾敬敦，黄黔，徐铭 . 2004. 中国资源（矿业）枯竭型城市经济转型科技战略研究 . 北京：中国农业科学技术出版社 .

李旭辉 . 2013. 城市生活垃圾梯次处理模式及其规划布局方法研究 . 武汉：武汉理工大学博士学位论文 .

李雪铭，晋培育 . 2012. 中国城市人居环境质量特征与时空差异分析 . 地理科学，5：521-529.

李永东 . 2010. 中国中小城市文化产业发展规划论纲 . 华北电力大学学报，2：29-35.

林映梅 . 2011. 城市精神的文化解读 . 教育文化论坛，6：59-61.

陆钟武，王鹤鸣，岳强 . 2011. 脱钩指数：资源消耗、废物排放与经济增长的定量表达 . 资源科学，33（1）：2-9.

牛文元 . 1994. 持续发展导论 . 北京：商务印书馆 .

欧名豪，李武艳，刘向南，等 . 2004. 区域城市化水平的综合测度研究——以江苏省为例 . 长江流域资源与环境，13（5）：408-412.

全国绿化委员会办公室 . 2012. 2011 中国国土绿化状况公报 . http：//www. forestry. gov. cn/.

全国绿化委员会办公室 . 2013. 2012 中国国土绿化状况公报 . http：//www. forestry. gov. cn/.

全国绿化委员会办公室 . 2014. 2013 中国国土绿化状况公报 . http：//www. forestry. gov. cn/.

宋涛，刘莉 . 2013. 成都直面交通拥堵现实公交优先就是百姓优先 . 环球人物，15：64-66.

王立 . 2008. 城市文化建设问题研究综述 . 重庆邮电大学学报：社会科学版，2：118-121.

王炜 . 2003. 城市交通管理规划理论体系框架设计 . 东南大学学报（自然科学版），(03)：335-339.
王晓红 . 2006. 国际化城市文化发展战略的比较研究 . 首都经济贸易大学学报，6：64-67.
王兴国 . 2014. 城市现代化与成都文化现代化 . 成都大学学报：社会科学版，1：44-48.
厦门市环保局 . 2011. 厦门市环境质量公报 .
厦门市环保局 . 2012. 厦门市环境质量公报 .
厦门市环保局 . 2013. 厦门市环境质量公报 .
厦门市环保局 . 2014. 厦门市环境质量公报 .
徐秋艳 . 2007. 城市化水平测度方法研究综述 . 统计科学与实践，(6)：31-32.
杨小凯，张永生 . 2000. 新兴古典经济学和超边际分析 . 北京：中国人民大学出版社 .
杨章贤，刘继生 . 2002. 城市文化与我国城市文化建设的思考 . 人文地理，4：25-28.
姚士谋，顾文选，朱振国 . 2001. 中国城市化量化指标的综合思考 . 规划师，17（3）：77-81.
叶南客 . 2003. 都市社会的微观再造：中外城市社区比较新论 . 南京：东南大学出版社 .
叶裕民 . 2001. 中国城市化之路——经济支持与制度创新 . 北京：商务印书馆 .
张耕田 . 1998. 关于建立城市化水平指标体系的探讨 . 城市问题，(1)：6-9.
张继权，张会，冈田宪夫 . 2007. 综合城市灾害风险管理：创新的途径和新世纪的挑战 . 人文地理，(05)：19-23.
张琳 . 2013. 城市化进程中的人居环境建设现状与优化战略初探 . 青春岁月，12：428.
赵力平 . 2000. 论城市文化建设 . 浙江社会科学，2：107-109.
赵夏 . 2008. 城市文化遗产保护与城市文化建设 . 城市问题，4：76-80.
赵予萌 . 2012. 新时期城市文化建设问题研究 . 长春：吉林大学硕士学位论文 .
中国产业信息网 . 2014. 2014-2019 年中国劳动力市场行情动态及投资前景研究报告 .
中国社会科学院法学研究所 . 2014. 中国法治发展报告 No. 12（2014）. 北京：社会科学文献出版社 .
中国行业研究网 . 2014. 北京市环保局——公布 2013 年全年空气质量状况 . http：//www. chinairn. com/news/20140107/165838667. html.
中华人民共和国国家统计局 . 2001. 中国统计年鉴 2001. 北京：中国统计出版社 .
中华人民共和国国家统计局 . 2002. 中国统计年鉴 2002. 北京：中国统计出版社 .
中华人民共和国国家统计局 . 2003. 中国统计年鉴 2003. 北京：中国统计出版社 .
中华人民共和国国家统计局 . 2004. 中国统计年鉴 2004. 北京：中国统计出版社 .
中华人民共和国国家统计局 . 2005. 中国统计年鉴 2005. 北京：中国统计出版社 .
中华人民共和国国家统计局 . 2006. 中国统计年鉴 2006. 北京：中国统计出版社 .
中华人民共和国国家统计局 . 2007. 中国统计年鉴 2007. 北京：中国统计出版社 .
中华人民共和国国家统计局 . 2008. 中国统计年鉴 2008. 北京：中国统计出版社 .
中华人民共和国国家统计局 . 2009. 中国统计年鉴 2009. 北京：中国统计出版社 .
中华人民共和国国家统计局 . 2010. 中国统计年鉴 2010. 北京：中国统计出版社 .
中华人民共和国国家统计局 . 2011. 2011 年国民经济和社会发展统计公报 . http：//www. stats. gov. cn/tjsj/tigb/ndtjgb/qgndtijb/201202/t20120222_ 30026. html.
中华人民共和国国家统计局 . 2011. 中国统计年鉴 2011. 北京：中国统计出版社 .
中华人民共和国国家统计局 . 2012. 2012 年国民经济和社会发展统计公报 . http：//www. stats. gov. cn/tjsj/tigb/ndtjgb/qgndtijb/201302/t20130221_ 30027. html.
中华人民共和国国家统计局 . 2012. 中国统计年鉴 2012. 北京：中国统计出版社 .
中华人民共和国国家统计局 . 2013. 2013 年国民经济和社会发展统计公报 . http：//www. stats. gov. cn/tjsj/tigb/ndtjgb/qgndtijb/201402/t20140224_ 514970. html.
中华人民共和国国家统计局 . 2013. 中国统计年鉴 2013. 北京：中国统计出版社 .

中华人民共和国国家统计局 . 2014. 中国统计年鉴 2014. 北京：中国统计出版社 .

中华人民共和国国家统计局城市社会经济调查司 . 2001. 中国城市统计年鉴 2001. 北京：中国统计出版社.

中华人民共和国国家统计局城市社会经济调查司 . 2012. 中国城市统计年鉴 2012. 北京：中国统计出版社.

中华人民共和国国家统计局城市社会经济调查司 . 2013. 中国城市统计年鉴 2013. 北京：中国统计出版社.

中华人民共和国国家统计局城市社会经济调查司 . 2014. 中国城市统计年鉴 2014. 北京：中国统计出版社.

中华人民共和国住房和城乡建设部 . 2013. 2013 年度国家智慧城市试点名单 . http：//www. gov. cn/gzdt/2013-08/05/content_2461584. html.

中华人民共和国住房和城乡建设部 . 2013. 中国城市建设统计年鉴 2013. 北京：中国统计出版社 .

周加来 . 2001. 城市化 . 城镇化 . 农村城市化 . 城乡一体化——城市化概念辨析 . 中国农村经济，（5）：40-44.

朱林兴，孙林桥 . 1996. 论中国农村城市化 . 上海：同挤大学出版社 .

祝志川，于海波 . 2014. 中国城市人居环境的因子分析实证研究 . 产业与科技论坛，23：93-96.

Hansen J W，Jones J W. 1996. A systems framework for characterizing farm sustainability. Agricultural Systems，51（2）：185-201.

Kates R W，Clark W C，Corell R，et al. 2001. Environment and development：sustainability science. Science，292：641-642.

Niu W Y，Harris W M. 1996. China：the forecast of its environmental situation in the 21st century. Journal of Environmental Management，47（2）：101-114.